Pierre V. GROSJEAN

Docteur en Sciences
Diariste occasionnel

LES CHATS N'ONT-ILS PAS NEUF VIES ?

Les Presses du Midi

Impression PDM

___

121 avenue d'Orient - 83100 Toulon
Tel. : 04 94 16 90 20 - Fax : 04 94 16 90 29
Crédit photographique Frank - Paris - (photos 23 et 24)
Dépôt légal mars 1999
ISBN : 2-87867-182-1

À Jacqueline, ma femme,
sans laquelle ce livre
eut été impossible.

PRÉFACE

Les chats n'ont-ils pas neuf vies ? N'est-ce pas là le plus beau titre qu'on puisse donner à une autobiographie pour, d'entrée de jeu, prévenir le lecteur que dans les pages qu'il va lire ce n'est pas une vie ordinaire qui leur sera contée.

Car il est vrai que l'auteur n'a pas eu une vie ordinaire comme on peut en juger par un simple résumé de son curriculum vitae : de la physique-mathématique à l'armée active, de la guerre à la captivité, à l'industrie, à la météorologie, à l'UNESCO, à l'université ; de la Belgique au Congo, à la Tunisie, à la France, au Maroc. Et enfin rentrée en Belgique et retraite en France.

Mais une vie d'homme n'est pas uniquement professionnelle.

C'est aussi une vie familiale dont l'auteur retrace avec simplicité et franchise les heurts et les malheurs.

C'est aussi une vie de loisirs et de hobbies où apparaissent les multiples facettes d'une riche personnalité : pianiste, amateur de théâtre et de cinéma, monteur de spectacles, revuiste, humoriste, auteur d'émissions de radio, critique, journaliste, militant de grandes causes. Et également écrivain : deux romans policiers rédigés en captivité et un livre décrivant de manière impitoyable mais cependant humoristique les milieux internationaux. Titre : « ONU soit qui mal y pense. »

Grand voyageur, tant pour des congrès scientifiques que pour son agrément, il parcourt inlassablement, avec son épouse Jacqueline, l'Europe, l'Afrique, l'Asie et les deux Amériques. Dans son livre, il nous fait participer avec finesse à ses joies, à ses étonnements, à ses admirations et à ses désappointements.

Ajoutons enfin que la Politique n'a pas échappé à son intérêt : fréquemment il évoque les événements du moment, soit sur le plan international, soit en rapport avec le pays où il se trouve. Ceux et celles qui ont vécu les périodes d'avant, pendant et après la guerre de 39-45, y trouveront bien des réminiscences.

Il a également plongé dans la politique active en militant au sein du parti tout nouveau qu'était le Rassemblement Wallon.

En bref, l'auteur nous invite à revivre toute une vie d'homme. Il le fait dans un style alerte, enjoué, plein d'humour : jetant un regard critique sur ce qu'il voit, sur ce qu'il entend, sur le milieu dans lequel il vit, sur des institutions avec lesquelles il se trouve en contact. Doté d'une large érudition, il émaille son propos de nombreuses citations qui ne manqueront pas d'intéresser ses lecteurs.

Cette autobiographie apparaît ainsi comme le fruit d'une remarquable expérience humaine et elle se lit comme un véritable roman.

Chevalier Stassen,

Professeur émérite à l'Université de Liège,
Directeur général honoraire de
l'Institut International des Sciences Administratives,
Lieutenant-Colonel honoraire de réserve.

FOREWORD

In an age of specialization, Pierre Grosjean is that rare exception: a broad-based, broad-minded «generalist». He is a man of letters and a man of science, a multi-faceted scholar and a keen observer, an inveterate traveler and a bon vivant. He has lived more in one lifetime than most of us even dream of.

I am grateful to have known him during at least two of his «incarnations». His friendship has been a joy and a revelation. His vast experience and his store of knowledge never fail to amaze me.

He says in his preface that he envies celebrities because their autobiographies are sure to be avidly read, but he proves you don't have to be a «celebrity» to have lived a full and fascinating life. In his quiet, confident, charming way, he has lived a life (no -- nine lives !) of passion and intellect. He is truly a 20th-century Renaissance man.

Joan Z. Shore,
American journalist, Paris

En ces temps de spécialisation, Pierre Grosjean constitue une rare exception : un «généraliste» à la culture très vaste et toujours ouverte.

C'est un homme de lettres et un homme de science, un érudit aux multiples facettes et un observateur pénétrant, un voyageur infatigable et un bon vivant. Ainsi a-t-il vécu plus que ce que la plupart d'entre nous pourraient rêver.

J'ai eu la grande chance de l'avoir connu durant au moins deux de ses «incarnations». Son amitié a été pour moi une joie et une révélation. Jamais il n'a cessé de m'étonner par sa grande expérience et par ses inépuisables connaissances.

Dans son préambule, il dit envier ces célébrités dont les autobiographies seront certainement lues avec avidité. Mais n'est-il pas lui-même la preuve qu'il n'est pas nécessaire d'être une «célébrité» pour avoir eu une existence fascinante et bien remplie ? À sa manière calme, confiante et charmante, Pierre Grosjean a connu une vie (non, - neuf vies !) de passion et d'intellect.

C'est vraiment un homme de la Renaissance en ce 20e siècle.

Joan Z. Shore,
Journaliste américaine, Paris

PRÉAMBULE... par l'auteur

Heureux sont-ils, les hommes et les femmes célèbres. Car s'ils couchent leurs mémoires sur papier, ils sont sûrs d'être lus. C'est vrai pour François-René de Chateaubriand (44 volumes) comme pour Brigitte Bardot (500.000 exemplaires), en passant par Georges Simenon dont les divers "Pedigree", parfois contradictoires, furent autant de best-sellers.

Quant à nous, "les petits, les obscurs, les sans-grade" (Edmond Rostand, *L'Aiglon*), nous pouvons certes nous autobiographier, cela fera passer les longues journées de notre longue vieillesse. Mais ne comptons pas trop sur des lecteurs, même dans la tribu familiale dont cependant l'un ou l'autre représentant, bien intentionné, nous aura un jour glissé, comme ça, mine de rien : "Mais Grand-Père, pourquoi donc ne rédigez-vous pas vos mémoires ?"

Il arrive qu'après d'aussi bonnes paroles le brave grand-père décide de se mettre à table. Oui, "se mettre à table", comme on dit chez les flics, c'est-à-dire raconter et se raconter, reconnaître et se reconnaître, avouer et s'avouer. Et déballer tous ces précieux petits secrets qui tissent la vie de tout un chacun.

Premier problème : quel titre choisir? Car de nos jours il faut faire original, n'est-ce pas. Et éviter les pièges littéraires. Grand-Père n'a-t-il pas entendu raconter que Madame Bardot avait voulu intituler son œuvre *Mémoires d'un âne*, mais que son éditeur lui avait signalé que ce serait là un plagiat. Attention donc, pas de plagiat.

Second problème : assis, le crayon à la main, Grand-Père se demande par où commencer. N'obtenant pas de réponse, il voit surgir l'éternelle question métaphysique : “Pourquoi?”. Ou, plus subtilement, “Pour quoi?”. Et puis, à quoi bon un tel travail ? Pourquoi ? Pour quoi ?

Va-t-il abandonner? Non, car Edmond Rostand (seconde citation) lui crie à l'oreille par la voix de Cyrano : “Non ! Non, c'est bien plus beau lorsque c'est inutile.”

Et Grand-Père se rappelle une parole de Léopold Sédar Senghor : “Un homme qui meurt, c'est une bibliothèque qui brûle”. Mais oui, se dit Grand-Père, ne suis-je pas, moi aussi, une bibliothèque ? Même si elle ne contient que des romans de gare, ne mérite-t-elle pas d'être sauvée du feu ?

Mais Grand-Père hésite, hésite, et son regard en vient à croiser celui des yeux verts de sa chatte Sophie-Charlotte (Lolotte, dans l'intimité), couchée somnolente dans le bac à courrier. Dialogue :

- Dis-moi, Lolotte, les chats n'ont-ils pas neuf vies, à ce qu'on dit ? Pourquoi ne racontes-tu pas les tiennes ?

- Parce que je n'en ai encore eu que deux, et tu le sais : dix ans de vie cloîtrée dans un appartement à Bruxelles puis cinq ans de liberté dans un rez-de-jardin à la Côte d'Azur. Alors, j'attends, j'attends les sept autres. Mais toi, Grand-Père, tu as déjà eu six, neuf, douze vies, que sais-je. Tu en as eu bien plus qu'un chat. Alors, Bon Dieu, raconte, raconte ! En avant !

Sur cette injonction, le crayon de Grand-Père s'est mis à écrire un titre… “Les chats n'ont-ils pas neuf vies ?”. Puis un sous-titre : “Préambule”.

* * *

Première Vie

I. - PEDIGREE

"Sire, il n'y a pas de Belges."
***Jules Destrée,** 1912*

Pedigree? Mais c'est un plagiat! Où en sont donc mes bonnes résolutions? Tant pis, mettons-nous à table. Comme devant le commissaire (Maigret, évidemment). Comme devant le juge Coméliau, personnage omniprésent des romans de Simenon le Liégeois (ce juge a réellement existé à Liège, toute la presse locale en parlait). Coméliau me prie de décliner mon identité :

Nom : GROSJEAN
Prénoms : Pierre Victor Gérard Marie
Profession : Prof d'Univ, mais émérite (c.-à-d. retraité)
Lieu de naissance : Liège (Belgique, Région wallonne)
Date de naissance : 20 mai 1912
Résidence : La-Colle-sur-Loup, Côte d'Azur
Signe distinctif : Taureau.

La-Colle-sur-Loup, au pied de Saint-Paul de Vence : ainsi suis-je un concitoyen des aïeuls d'Eugène Sue, célébrité locale indirecte et écrivain lui aussi (*Les Mystères de Paris. Le Juif errant*)

Grosjean… Que voilà certes un nom bien français, à en croire Jean de La Fontaine, *La laitière et le pot au lait* :

"Quelque accident fait-il que je rentre en moi-même ;
Je suis gros Jean comme devant."

Gros-Jean ou gros Jean, peu importe. Ce que ce maudit vers a pu m'empoisonner et me poursuivre, ma vie durant, à l'école, à la fac, à l'armée et au-delà : "Grosjean ? Ah oui, Gros-jean-comm'devant !" Fin, très fin…

Un nom bien français ? Euh… Un jour, en la Vallée des Merveilles, je bavarde avec un touriste inconnu. Surprise, c'est un Grosjean, et il est français, jurassien. Mais une autre fois, à l'université de Gand, je bavarde avec un collègue inconnu. Surprise, c'est un Grosjean, mais il est flamand ! Puis, à Bruxelles, en ce super machin d'optique baptisé Optérion, je bavarde avec un employé inconnu. Surprise, c'est un Grosjean, mais il est suisse ! Dans les Vosges cependant, je m'étais un jour trouvé à table avec un autre Grosjean inconnu ; celui-là était un Français, bien français.

En fait, tous les Grosjean ou Grojean ou Gros-Jean sont issus du Nord-Est de la France, Haute-Saône, Franche-Comté, Jura, en compagnie des Grosclaude, Groscolas, Grosgeorges, Grosdidier, etc. Les uns ont émigré en Suisse, et d'autres dans l'Est belge, attirés par la richesse, aujourd'hui bien morte, de l'industrie verviétoise de la laine. Mes ancêtres paternels directs viennent de là. Et de Verviers. Et du textile.

Côté maternel, mes chers ancêtres sont flamands. Mon grand-père Louis était un Verschaeve de Bruges, de la famille d'un poète flamingant, Cyril Verschaeve. Je n'ai jamais connu ce grand-père, mais je sais qu'il fut un moment le sacristain de la plus vieille église de Liège, Saint-Servais, aujourd'hui partiellement détruite. C'était le "tchiesse-tchin", comme on disait en wallon, celui qui chasse les chiens, les empêchant de venir faire leur prière (et autre chose) dans le sanctuaire.

Bon-papa Louis était l'un de ces innombrables Flamands qui, au 19e siècle, avaient quitté leur pauvre terre de Flandre pour chercher mieux en la Wallonie industrielle, alors si riche. D'autres avaient émigré en France, où leur piètre connaissance de la langue fut à l'origine de ces “histoires belges” que les Français avaient bien oubliées mais que Michel Colucchi dit Coluche, a ressuscitées sur la scène de l'Olympia.

Je suis donc un bel échantillon du Belge moyen, aux ascendances nationales soigneusement mélangées. Mais au train où vont les choses, je n'en serai bientôt plus qu'un curieux fossile. C'est en 1912 en effet, l'année même de ma naissance, que, le 23 août, le député socialiste wallon Jules Destrée avait écrit au roi Albert 1er une lettre ouverte, restée célèbre :

“Sire, il n'y a pas de Belges. Il y a des Flamands et des Wallons.”

La suite expliquait que contrairement aux dires d'une Histoire alors “politiquement correcte”, la Belgique n'est qu'une fiction juridique apparue en 1830 et réunissant deux nations bien distinctes. Destrée n'était pas le seul à penser de la sorte, et de nos jours, ce sont ses idées qui sont “politically correct”.

Cinq ans plus tard, le gouverneur général allemand, général von Bissing, inspiré par le “Raad van Vlaanderen” (Conseil des Flandres), un clan d'activistes collaborateurs, mettait les idées de Destrée en pratique : la Belgique sera divisée en deux zones administratives, avec Bruxelles comme capitale de la Flandre et Namur celle de la Wallonie. Herr General était un précurseur, puisqu'aujourd'hui nous en sommes là, très très exactement.

Le naufrage de la Belgique aura donc commencé alors que je venais au monde, en 1912. Cette année-là fut d'ailleurs celle d'autres naufrages : le super paquebot “Titanic”, la paix des Balkans, l'expédition polaire Scott, le vote censitaire, l'empire chinois, le champion de boxe Georges Carpentier, sans oublier la bande à Bonnot. Pour plus de détails, faites comme moi, consultez votre “Chronique du XX^{e}siècle”.

Je précise que je ne suis pour rien dans cette série de catastrophes. Car alors, comme tout bébé qui se respecte, je braillais, je rotais, je tétais, je souillais mes langes (les Pampers n'avaient pas encore été inventés). Le tout chez moi, où j'étais né, puisqu'en ce temps-là les femmes accouchaient à la maison. Et chez moi, c'était au 215 Montagne Sainte Walburge, tout en haut, à gauche en venant du centre. Je dis bien au 215 à gauche, car à Liège c'est comme en France, les numéros impairs sont à gauche, contrairement à l'usage en Belgique.

Mon vieux 215 était l'une de ces maisons belges typiques, semi-bourgeoises, "unifamiliales" disait-on. Le genre en avait proliféré à Bruxelles après 1830, car il fallait abriter les provinciaux venus chercher (et trouver) du travail dans la nouvelle capitale. Liège et les autres villes avaient suivi le mouvement.

Puis, la décroissance démographique aidant, ces maisons étaient devenues plurifamiliales, si bien que l'on s'y partageait, entre familles, les points d'eau, les toilettes, les caves, les paliers. En France, prétendait ma mère, c'est beaucoup mieux : les maisons n'ont toutes que des "appartements français" (expression reçue), des appartements dotés chacun d'une porte individuelle. Je crois que ma mère ne devait pas bien connaître la France…

Comme beaucoup d'unifamiliales, mon bon 215 comportait une cave-cuisine réservée à la bonne, un rez-de-chaussée pour le séjour et deux étages pour le dodo. Une pièce de ce rez-de-chaussée avait cependant été prévue pour un petit commerce : large fenêtre et porte vitrée.

Aujourd'hui cette fenêtre et cette porte ont été murées, ô horreur, au moyen de briques plus claires que celles de l'immeuble. Je me demande quel corrompu ou quel imbécile d'employé de mairie a pu permettre un tel massacre. J'en suis d'ailleurs venu à ne plus croire au bon goût des Liégeois, j'aurai sûrement à en reparler.

La maison se dresse au coin de la Montagne et d'un long escalier, le Thier Savary, où s'ouvre la cave-cuisine. Ne cherchez pas le mot "thier" dans votre Larousse, il n'existe pas. Et pourtant on compte à Liège une dizaine de thiers. Tous sont des montées, parfois aménagées en escaliers. Oui, de ces escaliers si nombreux à Liège, et si variés, tantôt larges et solennels, tantôt courts et sombres, tantôt tortueux et mystérieux, parfois si énigmatiques qu'Alain Robbe-Grillet les avait choisis comme décors obsessionnels de son premier film, *Les Gommes*, lequel préfigurait étrangement *L'année dernière à Marienbad.*

Mais ce qu'ignore la majorité des Français c'est que leur Histoire nationale a bien failli basculer près de ce Thier Savary, près de chez moi. C'était en 1468.

Liège était alors la capitale d'une principauté épiscopale mi-wallonne mi-flamande, couvrant le tiers de la Belgique actuelle et relevant, de façon très lâche, du Saint Empire Germanique. Toujours les rois de France avaient gardé un œil sur elle, y entretenant des intelligences, et cela sera encore vrai au temps de Richelieu. Au XV^{e}siècle, elle n'était plus qu'un protectorat bourguignon, au grand dam de ses habitants, grugés et rançonnés.

Après plusieurs péripéties dramatiques, les choses tournent très mal en septembre 1468, quand le cri de “Vive le roi de France” retentit dans les rues de Liège. Grossis, déformés, les événements sont rapportés au duc Charles le Téméraire qui négociait alors à Péronne avec Louis XI, son suzerain. Fou de rage, Charles tient le roi pour responsable des désordres et l'oblige à l'accompagner à Liège pour y châtier les rebelles. L'armée bourguignonne se met en route, tuant et pillant tant qu'elle pouvait. La veille de l'assaut final, elle campe sur les hauteurs de Sainte-Walburge.

Les Liégeois vont tenter un coup de main désespéré. Ils constituent un commando d'une centaine d'hommes, 600 dit-on, pour beaucoup venus du ban vassal de Franchimont. Dans la nuit du 29 au 30 octobre, ils sortent des remparts et par le vallon très encaissé du Fond-Pirette, ils se glissent, invisibles, jusqu'au pied de la montée devenue plus tard le Thier Savary.

Nos hommes escaladent cette colline assez rude (je la connais, y ayant tant joué, jadis). Ils s'infiltrent dans le camp où l'ennemi s'est endormi sans méfiance. Ils veulent capturer, sinon égorger, le duc Charles, mais aussi Louis XI qu'ils tiennent pour traître. Ils arrivent à la maison où repose le Téméraire... Mais ils n'iront pas plus loin. Trahis par leur accent liégeois (déjà bien reconnaissable en ce temps-là !), ils se voient engagés dans une terrible mêlée, et c'est l'échec.

Le lendemain verra le pillage, le massacre, les viols, les incendies, la destruction de la cité. Il ne restera que le souvenir de l'héroïsme des “600 Franchimontois”. Les Liégeois leur ont dédié le plus bel escalier de la ville, la Montagne-de-Bueren, du nom d'un de leurs chefs. Ils l'appellent les “600 escaliers”, en wallon “li rowe six cints”. Combien de fois l'aurai-je monté et descendu, quatre fois par jour, lorsque j'allais en première année primaire à l'Institut Saint-Barthélemy…

Ma rue natale, la Montagne Sainte-Walburge, longe à sa droite les anciens remparts de la ville (ou ce qu'il en reste). Derrière ceux-ci s'allongent d'interminables vergers appartenant à l'ancien Hôpital des Anglais, jadis Collège des Jésuites anglais. La dénivellation assez importante du site a failli jouer, dans l'histoire de la Physique, le même rôle que les 55 mètres de hauteur de la Tour Saint-Jacques, à Paris. On sait que là, en 1648, Pascal avait répété ses expériences du Puy-de-Dôme sur la pesanteur de l'air.

Eh bien, comme lui, les bons jésuites de Liège avaient observé un baromètre à mercure, le transbahutant depuis l'actuel hôpital, au bas de la pente, jusqu'au haut de la Montagne Sainte-Walburge, à la Porte de Pierreuse. Ils auraient dû observer, comme Pascal, une chute du mercure. Mais ils n'ont rien vu du tout, - ce qui peut arriver, - et en ont tiré des conclusions prématurées,- ce qui est bien peu scientifique. Étonnant, pour des jésuites… Peut-être n'aimaient-ils pas Pascal, - lequel n'aimait guère les jésuites…

Tout cet environnement historique, Franchimontois héroïques et jésuites maladroits, mêlé aux souvenirs de ma petite enfance, je ne l'ai évidemment réalisé que tard, très tard. Quant à mes premiers vrais souvenirs, réminiscences “vécues” de mon premier cadre de vie, ils remontent au plus à ma cinquième année. Plus tôt, ce serait vraiment étonnant…

Mais ce furent des souvenirs historiques. Hélas, dirais-je, puisqu'alors nous étions plongés dans la guerre 1914-1918, celle qu'on allait appeler plus tard “la der des der”, la dernière des dernières.

II - ET CE FUT LA DER DES DER...

"On les aura, les Boches !"
***Vox populi**, 1914-1918*

Je suis né dans un environnement militaire. La colline Sainte-Walburge est en effet un point stratégique, gardant la route de Tongres. Après la création des Pays-Bas en 1815, les Hollandais y avaient consolidé cette forteresse que les Liégeois appellent "la Citadelle". Aujourd'hui encore il en subsiste un ensemble de fossés, de redans, de casemates, de meurtrières, de saillants, de glacis. Et le Mur des Fusillés de 40-44.

Combien de fois y aurons-nous joué à la guerre, nous les gosses du quartier... Jusqu'au jour où un nommé Broca y avait violé et étranglé l'un d'entre nous. Les mégères de la rue Pierreuse voulaient qu'on le traîne devant elles pour lui arracher les... (vous devinez quoi). Eh oui, déjà alors, il y avait des pédophiles en Belgique. Mais ce n'était que des tâcherons. Depuis lors, avec Marc Dutroux, on a fait beaucoup mieux.

Prise en 1830 par les révolutionnaires liégeois, la Citadelle allait devenir une caserne d'infanterie pour l'armée belge. Évidemment, les Allemands s'y installèrent dès 1914. Ils y revinrent en 1940, et m'y hébergèrent, moi, lieutenant Grosjean, leur prisonnier! C'en était fini de jouer au petit soldat dans les glacis de la Citadelle...

Aujourd'hui, la caserne a été rasée et remplacée par l'hôpital de la ville. Redans et casemates sont toujours là, et aussi le beau parc qui les entoure, parc d'où l'on jouit d'un magnifique panorama de la ville, avec ses collines, son fleuve, ses vieux quartiers, sa vingtaine d'églises. Et incongrûment dressés çà et là comme des arbres morts, ses modernes buildings.

De la fenêtre d'angle de mon premier étage j'apercevais l'entrée du parc de la Citadelle. Assis là, je regardais monter et descendre les soldats feldgrau, en pelotons, en groupes ou isolés. Je vois encore l'un d'eux perché sur un poteau téléphonique, au-dessus du vieux rempart ; équipé d'éperons d'élagueur, ce qui m'amusait beaucoup, il réparait quelque chose.

Je me souviens aussi d'un officier allemand portant un petit colis. Ma mère lui avait fait signe d'entrer et lui avait illico acheté son paquet : des biscuits, des conserves. Des vivres !

Des vivres alors bien précieux, car le blocus de guerre imposé à l'Allemagne avait affamé les territoires occupés, malgré les apports généreux de la Commission américaine “For Relief in Belgium”. Alors, on se débrouillait comme on pouvait.

Avec des voisins, ma mère et moi allions glaner dans les champs, sur la route de Tongres. Puis on broyait les grains dans notre vieux moulin à café, qui n'avait plus de café à moudre. On buvait de la chicorée, quand il y en avait ; ou du blé torréfié ; ou du lait condensé.

Ce cher et délicieux lait condensé ! Il aura toujours pour moi un goût de disette et de guerre. Après vingt ans d'oubli, j'allais le retrouver en 40-45 dans les camps de prisonniers.

En ville, nous allions au “Restaurant Économique”. On nous y servait du chou, du rutabaga, des pommes de terre vieillottes. Et du millet ! Après quoi nous descendions les escaliers du restaurant en faisant mine de voler comme les oiseaux auxquels nous venions de dérober la pitance !

À deux pas de chez moi, il y avait le jardin de ma grand-mère, rue Pierreuse, de l'autre côté des vergers et des remparts. Un grand jardin maraîcher, - notre providence ! - avec son poulailler, ses deux poiriers, ses haies de groseilliers. Et ses carrés de tomates, de salades, de haricots, de persil, de patates.

Au bout du jardin, la maison familiale des Verschaeve. Maison campagnarde, vieille, très vieille, un peu primitive. Mais ce vaste potager et sa petite bicoque auront été les témoins de certaines des plus belles heures de ma petite enfance, partagée entre le 195 de la rue Pierreuse et le 215 de la Montagne Sainte-Walburge.

Au 215, ma mère, instable et changeante, nous aura fait vivre tantôt sur deux pièces et tantôt sur quatre, tantôt en haut et tantôt en bas. Ne me demandez pas plus de précision, car là, j'ai oublié. Ce que je sais, c'est qu'en 1917 il y avait au second étage, au-dessus de chez nous, un curieux bonhomme que nous appelions le vieux Dubois.

M'a-t-on assez répété qu'il était “théosophe”, sans me dire jamais de quoi il s'agissait ! Aujourd'hui je sais qu'un théosophe est un disciple d'Hélène Blavatski, une illuminée russo-américaine du siècle dernier. Cette grosse dame prétendait avoir eu des révélations au Tibet, où des bonzes lui avaient montré un livre écrit en une langue mystérieuse.

Notre vieux théosophe vivait dans la crasse la plus totale et le désordre le plus absolu, dans un enchevêtrement de caisses, de chaises, de cartons, de collections, de papiers, de bouchons, de bibelots, de verreries. Mais aussi d'antiquités et de livres.

Mon oncle Armand, fils adoptif de ma grand-mère, allait hériter de la bibliothèque, meuble et contenu. Par la suite, j'aurai souvent eu l'occasion d'aller la consulter. Peut-être est-ce à elle que je dois une certaine attirance, - aussi objective que possible ! - pour l'ésotérisme et le soi-disant paranormal.

Un jour, le vieux Dubois dépose un drôle de petit samovar sur l'escalier : “Pour Pierrot”, murmure-t-il (Pierrot, c'était moi). Et il meurt le soir même, tout seul.

Nous récoltons tout son fourbi, ce qui demandera des jours et des jours pour le tri. Nous installons enfin chez nous une grosse horloge, une commode ancienne, des statues et aussi une très curieuse table de tripot. En tournant, le plateau révélait une cachette où les joueurs pouvaient rapidement précipiter leurs cartes et leurs enjeux. Elle allait nous rendre un grand service.

En 1917, les Allemands s'étaient mis à réquisitionner tout ce qu'ils pouvaient trouver comme cuivre, et cela allait des cloches des églises aux clenches des portes et aux appliques des pianos. Les Belges et les Français du Nord avaient alors hâtivement entrepris de démonter, de peindre, de cacher tout ce qui risquait d'être ainsi confisqué. Nous, c'est dans la table de tripot que nous nous sommes empressés d'enfouir les poids de l'horloge, son balancier, un vieux crucifix liégeois et que sais-je encore. Sur ce, nous avons attendu l'ennemi de pied ferme. Et il est venu.

Un Gefreiter et un troufion se présentent, inspectent, regardent sous la table : pas de tiroir visible. Bravo, nos cuivres sont sauvés ! Mais restaient, bien visibles, les poignées de la cuisinière, nous n'y avions pas pensé. Bref dialogue :

- Ça, Madame, faut enlever.

- Pas savoir, moi !

- Madame, c'est Monsieur faire zimzim (geste à l'appui).

Notre vieux poêle ayant longtemps survécu avec des poignées de bois, quelqu'un avait dû faire zimzim avec une lime sur les rivets. Mais qui ? Un ami ? Mon père ? Je ne sais. Car chez nous les relations conjugales auront toujours été plutôt tumultueuses. Mon père disparaissait pour aller travailler je ne sais où et faire je ne sais quoi (il aura souvent changé de métier, - comme moi !). Ou bien, c'était la rupture et il retournait chez sa mère à Verviers. Puis le ménage se recollait, provisoirement. Impossible de vous dire quand mes parents ont réellement vécu ensemble.

En 1918, mon père habitait chez nous au 215, je me le rappelle clairement pour une bonne raison : quelqu'un était un jour venu nous annoncer qu'il avait été arrêté par les Allemands et incarcéré à la prison Saint-Léonard. J'étais là, je me suis caché en pleurant derrière la lourde armoire à glace. Ce sont là des souvenirs qui vous marquent.

Mon père aurait donc été un "résistant"? Halte, en 14-18 le mot n'existait pas, et "terroriste" pas davantage. J'ai été surpris d'entendre les deux termes employés récemment dans une série TV "*Les Steenfort maîtres de l'orge*". On y voyait même des Français, quelque part dans le Nord occupé, cacher des armes dans les cuves d'une brasserie, et se préparer à intervenir pour faciliter l'arrivée des troupes américaines. Anachronismes absurdes !

Mais y a-t-il eu cependant des "francs-tireurs", comme on disait? Dès août 1914, les Allemands prétendirent en avoir vu partout en Belgique, ce qui fut le prétexte d'horribles répressions, avec incendies et massacres, comme à Andenne, à Rossignol, à Visé, à Louvain. Et aussi à Liège le 20 août, place de l'Université, aujourd'hui "Place du XX août". "Ils ont brûlé toutes les maisons, racontait ma mère, et ont jeté dans le feu ce pauvre marchand de pommes de terre que je connaissais si bien."

Mais la paix revenue, des commissions belges et même allemandes ont démontré qu'il n'y avait jamais eu de francs-tireurs en Belgique, rappelant que cela eut été contraire aux lois de la guerre. L'inverse de ce qui s'est passé après 1945 : tout le monde a résisté, a-t-on alors dit et répété, ajoutant que quantité de patriotes furent des "résistants armés", - des francs-tireurs donc, en dépit des lois de la guerre...

Ce qui est vrai, c'est qu'en 14-18 de nombreux Belges et Français se lancèrent dans le renseignement ou firent passer la frontière hollandaise à des Belges, des Anglais, des Français. Cela n'allait pas sans risques car la frontière était fermée par un puissant réseau électrifié. C'est ainsi que deux patriotes très actives, la Française Louise de Bettignies et la Belge Marthe Cnockaert, seront arrêtées et déportées, tandis qu'à Bruxelles Gabrielle Petit (22 ans !) et Edith Cavell (une infirmière), seront fusillées en tant qu'espionnes au service des Alliés.

On compare parfois ces "espionnes" à Mata-Hari. C'est injuste. Cette bonne Hollandaise, agent double assez maladroite, n'avait peut-être pas mérité de finir fusillée par les Français. Malgré une poitrine maigrichonne, elle avait été danseuse nue à Montmartre. Innovatrice méconnue, elle inventa le strip-tease. Pourtant, c'est sur elle, plutôt que sur l'héroïque Gabrielle Petit, que s'est forgé le mythe de l'espionne 14-18.

Mon père avait-il réellement été un "espion". Je ne l'ai jamais su. Toujours aimable à l'égard de son mari, ma mère disait : "Il n'avait rien fait du tout. Mais il avait trop bu et trop parlé." Je crois avoir compris que mon père avait été ramassé dans une rafle, dans un café qui était le siège d'une organisation patriotique clandestine. Pendant sa détention, il a colorié une photo de moi, que j'ai toujours : un bel enfant sage, aux longs cheveux blonds, adossé à un petit canapé.

Finalement, mon père n'a pas dû rester longtemps en prison. Sans doute les Allemands n'avaient-ils rien pu retenir contre lui. Ou plutôt se montraient-ils alors moins stricts, la guerre tournant à leur désavantage. Effectivement, quelques mois plus tard, c'était l'armistice du 11 novembre 1918.

Dans l'intervalle, j'étais entré à l'école primaire. On avait coupé mes beaux cheveux, "pour que tu n'aies pas l'air d'une fille", disait ma mère. Et mes classes se sont trouvées quelque peu bousculées dans l'atmosphère de liesse des premières semaines de l'armistice.

On les avait eus, les Boches ! On traquait les fuyards, réels ou hypothétiques. "Oui, il y en a un caché dans le Kursaal !" Ou dans le couvent, ou chez sa maîtresse. C'était la chasse à l'homme. Quant aux infortunées "maîtresses", on leur coupait les cheveux et on les promenait plus ou moins nues dans les rues (nous allions revoir ça en 44). Et l'on jetait leur mobilier par la fenêtre. C'est ainsi que j'ai failli recevoir un piano sur la tête !

"Venez vite, les Anglais sont là, ils défilent dans les rues !" Non, ce sont des Écossais, ils ont des jupes ! Si bien qu'en courant voir les vaillants soldats, - et surtout leurs kilts, - je me suis perdu en ville. J'ai cependant fini par retrouver la rue Pierreuse, où j'ai entendu ma grand-mère passer à ma mère une engueulade maison, moitié en français, moitié en wallon.

Puis ce furent les cortèges de la victoire. Je revois encore le roi Albert et la reine Élisabeth défilant à cheval au "Cadran", un carrefour qui n'existe plus aujourd'hui : les Allemands en retraite l'ont fait sauter en 44 et les Liégeois en ont continué la démolition au cours de ces gigantesques travaux qui pendant 25 ans ont remplacé la place Saint-Lambert par le T.G.T, le très grand trou.

"Et maintenant, on va aller tout casser chez eux !" C'est ce que répétait ma mère, et bien d'autres avec elle. "Les Boches paieront !", ajoutait-on. À la maison, dans la rue, à l'école, j'aurai été élevé dans la haine de l'Allemagne. C'était trop fort, la dose était trop massive, et le virus n'a pas pris chez moi. Pourquoi, je ne sais. Mais bien plus tard, en lisant Jacques Bainville, journaliste et historien connu, rallié à l'Action Française, je me suis aperçu que j'avais eu raison. J'ai perdu la référence, mais je me rappelle très bien le thème sinon le texte :

"Pour la première fois dans l'histoire, écrivait Bainville, on a signé une paix morale et non une paix politique. Le traité de Versailles a été composé par et pour des lecteurs de Bible. Ainsi a-t-on voulu "punir" l'Allemagne, et cela nous allons le payer cher, très cher."

Cette paix enlève tout à l'Allemagne, tout, sauf le principal, la puissance politique, génératrice des autres puissances. Le traité de Versailles ne fait que resserrer l'unité de l'Allemagne, et cette Allemagne unie nous refera la guerre avant vingt ans.

Oui, oui, je cite de mémoire, mais ce texte m'avait tellement impressionné que je n'ai jamais pu oublier le prophétisme de Bainville, dont je ne partage en rien les opinions politiques, bien proches alors de celles de M. Le Pen aujourd'hui.

Au nom du droit des peuples à disposer d'eux-mêmes, poursuivait le prophète, on a créé des États artificiels, la Yougoslavie par exemple. Ils éclateront un jour et ce sera très malsain pour nous.

Quant à l'Allemagne, rejetée, humiliée, ruinée, spoliée, elle se resserrera dans son malheur. Et alors, normalement, viendra un homme, un chef, un leader qui criera : "Allemagne réveille-toi !".

C'est toujours Bainville qui parle. Vers 1920 je crois. Et je ne pense pas avoir ici trahi sa pensée, malgré l'un ou l'autre inévitable trou de mémoire.

En 1918 bien sûr, je n'avais que six ans, et j'étais loin de ces cogitations pessimistes. Ma mère, mon oncle, les Petits Frères, les jésuites, les curés, les vicaires, - et mon père, à l'occasion, - tout ce petit monde allait s'acharner à faire de moi un bon chrétien, un bon élève, un bon citoyen respectueux de l'ordre et de la morale.

Et ils y sont arrivés… Jusqu'au jour où j'ai trouvé, quand même, qu'ils y avaient été un peu trop fort.

* * *

III. - RETOUR EN ENFANCE

"Si un jour tu ne sais plus où tu vas,
alors retourne-toi, tu le sauras."
Proverbe africain.

Il m'arrive, comme à tout le monde, de me retourner vers mon passé. Alors, comme dans un film vidéo rembobiné à grande vitesse, défilent les images des villes où il m'est arrivé de résider : Nice, Bruxelles, Mons, Rabat, Spa, Caen, Tunis, Paris, Carthage, Bukavu, Maastricht, Kinshasa, Malines, Utrecht, Ixelles, Hambourg, Lienz, Arlon. Puis la machine à remonter le temps s'arrête et se bloque sur Liège, là où j'aurai passé le tiers de mon existence.

Un proverbe local dit : " Liégeois un jour, Liégeois toujours". En fait, Liège vous colle à la peau, et les Liégeois éprouvent toujours le besoin de parler de leur ville, en bien comme en mal, avec cet inénarrable accent chantant dont Georges Simenon lui-même ne s'était jamais débarrassé.

Dans les camps de prisonniers, il arrivait que les Liégeois se réunissent entre eux pour essayer de reconstituer de mémoire le plan de leur chère ville. "Ô Lidge vi r'veye, vola tote nosse penseye", chante un vieil air wallon : "Ô Liège vous revoir, voilà toute notre pensée".

Le wallon ! Un jour en Dordogne je me suis trouvé bavardant avec un poète occitan ; ensemble nous arrivions à la même constatation, bien triste : nos langues n'ont pas eu de chance, le français les a éclipsées. Et de même qu'en France on interdisait aux petits Bretons de parler breton à l'école, chez nous il était défendu de parler wallon. "Laisse cela aux petits crapuleux de la communale", disait ma mère. Et pourtant le wallon m'a imprégné, d'oreille, comme ça, sans que je l'eusse jamais pratiqué.

On sait que Liège est la plus française des villes belges. Et que les Liégeois aiment à répéter que leur ville est un petit Paris, ce qui est un peu vrai,- un peu, un tout petit peu. Les mots "Lutèce" (Paris) et "Luttich" (Liège, en allemand) ont même structure et ils désignent une île au milieu d'un grand fleuve. Mais si Paris a conservé son île, Liège n'en a gardé que le souvenir, en toponymie notamment : "Rue Vinâve d'Ile", "Rue du Pont d'Ile", "Rue du Pont d'Avroy".

Plus d'île à Liège, d'importants travaux ayant jadis détourné le cours de la Meuse. Quand cela, je ne sais plus. "C'était au temps du Vieux Bon Dieu", disait ma mère. Le Vieux Bon Dieu, écologiste avant la lettre, avait dû être très mécontent de cette destruction d'un environnement car en 1926 il s'était vengé en renvoyant la Meuse dans son ancien lit, provoquant ainsi de désastreuses inondations dans le cœur de la ville.

L'histoire de Liège semble parfois copier celle de Paris. En 1789 les nobles français abolissent les privilèges (la fameuse nuit du 4 août) ; la même année, les Liégeois en font autant. Louis XVI est-il ramené de force à Paris après la malheureuse fuite de Varennes ? Hoensbroeck, prince-évêque de Liège, connaîtra un sort semblable. Et ses sujets révoltés lanceront une "Déclaration des droits de l'homme et du citoyen" bien plus radicale encore que celle proclamée par les constituants français.

Les Parisiens ont-ils pris et rasé la Bastille ? Les Liégeois en feront autant de leur superbe cathédrale Saint-Lambert, symbole du pouvoir princier. Ce fut la seule cathédrale gothique détruite en Europe, avec celle d'Arras, patrie de Robespierre : les Liégeois n'en sont pas plus fiers que ça, et dès 1970 environ, ils ont creusé d'interminables trous place Saint-Lambert pour retrouver les vestiges du monument disparu.

Mieux, ils auront voulu copier Paris, une fois de plus : de même que Place de la Bastille des lignes de pierre claire marquent le tracé de la vieille forteresse anéantie, ainsi à Liège d'aucuns avaient envisagé de faire quelque chose de ce genre place Saint-Lambert. Mais le projet a été englouti dans le "TGT" (le très grand trou) en même temps que le parc Notger, les degrés Saint-Pierre, le théâtre du Gymnase et des dizaines de maisons.

Aujourd'hui, il n'y a pas un Français sur cent mille qui sache qu'en 1793 la Principauté de Liège s'est rattachée spontanément à la France. Même l'Encyclopédie Larousse ne parle que d'une "annexion" qui aurait frappé la Principauté en même temps que les anciens "États belgiques unis" (Flandre, Brabant, Hainaut, Namur).

Plus tard, Liège allait jouer le rôle de composante essentielle de cette Belgique devenue, à l'époque de ma naissance, la seconde puissance industrielle européenne. C'était l'âge du fer et du charbon, et le soir, du haut de la Citadelle, on voyait le ciel rougeoyer : encore une coulée de fonte à Ougrée-Marihaye ou à Seraing, me disait-on. Quant au charbon, je le croisais aux coins des rues, sur les visages des mineurs rentrant d'un dur travail passé au fond de l'un ou l'autre de ces charbonnages qui encerclaient la ville d'une ceinture noire de terrils.

L'atmosphère francophile de Liège, chacun la sentait chez lui. Ainsi ma mère chantait-elle des couplets revenchards :

"Vous avez pris l'Alsace et la Lorraine,
Mais malgré vous nous resterons français.
Vous avez pu germaniser la plaine,
Mais notre cœur, vous ne l'aurez jamais !"

Savait-elle au juste de quoi il s'agissait? Non sans doute et pas davantage lorsqu'elle entamait cette chanson dreyfusarde :

"Tu reviendras, vaillant martyr de France,
Pauvre exilé, banni de ton pays.
Souris enfin à ta belle espérance,
En maudissant tes lâches ennemis."

J'aurai même connu la Marseillaise avant la Brabançonne ! Ce qu'il peut paraître ringard, ce bon vieil hymne national belge déroulant le romantisme de ses couplets surannés. Et faux, avec ça !

"Après des siècles d'escalava-a-age,
Le-e Belge sortant du tombeau"...

Non, non, et non, personne n'a jamais été esclave, ni dans la Principauté, ni dans les États belgiques unis. Les ducs et les princes, bien que souvent étrangers, avaient octroyé tant de privilèges, de chartes, de libertés que l'Europe en était jalouse ! "Qu'il fait bon vivre sous la crosse", disait-on à Liège.

Et puis quel était ce Belge sortant d'un tombeau? Où il n'était jamais entré puisqu'il n'existait pas ! Le Belge de César, peut-être ? C'est ce que prétendait le "Valeureux Liégeois", l'hymne local sorti de la Révolution de 1789 :

"César vainqueur de l'univers,
Te-e décerna le nom-om de-e "brave".
Des Romains tu brisas les fers..."

Non, non, et non. Ces "Belges" que César qualifiait de "braves" mais aussi de "barbares", c'était les habitants de la "Gaule belgique", laquelle, au-delà de la "Gaule celtique", s'étendait de la Marne au Rhin. La romanisation et le métissage aidant, ces vaillants Gaulois belges ne sont plus que des ancêtres plutôt mythiques des Belges d'aujourd'hui, des Hollandais du Sud et du tiers des Français.

Et puis, les Belges de César n'ont brisé aucun fer. Certes, il y a eu Ambiorix, cousin d'Astérix et de Vercingétorix. Mais pas plus que ce dernier, Ambiorix n'a réussi dans sa révolte. Laissons-le donc en paix et saluons à Tongres sa statue, due au même sculpteur que celle de Vercingétorix à Clermont-Ferrand.

Ironie, l'hymne liégeois continue en affirmant, contrairement à la Brabançonne, que “ja-amais tu ne vécus escla-ave...”

“Brabançonne” et “Valeureux Liégeois”, hymnes pompiers écrits dans la foulée des mythologies nationalistes du début du 19e siècle ? Oui, certes, mais la Marseillaise ne vaut guère mieux :

> *“Contre nous de la tyrannie,*
> *L'étendard sanglant est levé !”*

Quelle tyrannie? Celle de ce gros balourd de Louis XVI? Et d'ailleurs l'étendard de ce “tyran” n'était pas rouge, mais blanc, tout blanc, on le sait ! Le rouge sanglant sera celui de vrais tyrans “révolutionnaires”, Staline et compagnie !

Ma mère chantait aussi, en toute innocence, *Le temps des cerises.* Ce qu'elle ignorait, elle, la bonne catholique, c'est que cette charmante élégie avait été l'hymne de la Commune. N'ayant appris la chose que très récemment, j'ai déploré qu'on ait récupéré ces cerises (Barbara Hendrickx, à la Bastille, janvier 1996) pour la confection d'un nouveau mythe, celui de François Mitterrand.

Et comme tout cela ne suffisait peut-être pas à me faire vivre dans une atmosphère suffisamment française, le hasard avait voulu que j'aie deux tantes françaises ! Deux Verschaeve, deux sœurs de ma mère. L'une avait épousé un Parisien dont je n'ai jamais rien su. Devenue veuve, elle ne l'appelait jamais que “ce pauvre Emile”, et c'est là le seul souvenir que j'en ai.

L'autre était la femme d'un médecin de l'armée française, le médecin major Jules Rocheblave. C'est lui qui m'avait offert mon premier Meccano. Je le revois, mon oncle Jules, bavardant un soir sous le vieux tilleul du jardin de la rue Pierreuse. Il était barbichu et parlait avec l'un de ces accents méridionaux que je n'ai retrouvés que dans les films de Marcel Pagnol.

Il avait “fait le Tonkin”, me disait-on. Ce dont il me reste deux photos plutôt sinistres : avant et après la décapitation d'un criminel (ou d'un rebelle?) tonkinois. Dans le fond, bien rangés, des militaires français porteurs de ce casque blanc dont les tiers-mondistes d'aujourd'hui ont fait le symbole du colonialisme qu'ils abhorrent.

De laquelle de mes deux tantes françaises tenais-je ce vieil album de “Belles Images” reliées, je ne sais. En ce temps où la bande dessinée n'avait pas encore vu le jour, les magazines publiaient des “récits illustrés”. Dans ce style, les pages centrales des “Belles Images” racontaient aux enfants l'histoire de France. Usé, mutilé, incomplet, mon album s'en tenait aux règnes de Henri IV et de Richelieu, - pardon, de Louis XIII.

Je m'étais alors pris d'une admiration folle pour le grand cardinal, véritable homme d'État. Si bien que, plus tard, j'ai détesté *Les trois mousquetaires,* tant le portrait de Richelieu, tel que brossé par Alexandre Dumas, m'apparaissait stupidement caricatural. Mais par la suite, j'ai quelque peu déchanté. Car loin de vivre dans un dénuement spartiate, le nouveau ministre de Louis XIII s'était immédiatement fait construire à Paris son palais “cardinal”, l'actuel Palais Royal. Luxueux palace avec chapelle privée dont l'autel était serti de diamants, pas moins! De nos jours, mon cher Richelieu aurait été mis en examen pour abus de biens sociaux!

Mais c'est de ma tante parisienne que j'aurai reçu les livres qui ont le plus marqué mon enfance, et peut-être décidé de ma carrière vagabonde : le “Journal des Voyages”, de 1900 à 1914. Une fantastique collection d'une douzaine de volumes reliés.

Tout l'univers y défilait, et aussi l'histoire récente. Chaque numéro contenait deux ou trois feuilletons, des récits d'aventures dus à des auteurs aujourd'hui bien oubliés mais qui vivaient alors leurs heures de célébrité.

Il y avait Louis Boussenard, connu surtout pour *Le tour du monde d'un gamin de Paris.* Son héros principal s'appelait toujours Jean ou Johannès. Tantôt il était un insurgé bulgare en guerre contre l'empire ottoman. Tantôt un zouave du Second Empire, bataillant au

Mexique ou à Sébastopol (le zouave de Malakoff). Tantôt on retrouvait Jean en Afrique noire ou en Indochine, sur les traces des vaillants colonisateurs français.

Il y avait mon préféré, Paul d'Ivoy, spécialiste de l'anticipation scientifique. On l'a accusé d'avoir plagié Jules Verne, oubliant que Monsieur Verne fut lui-même un fameux plagiaire ! Chez Paul d'Ivoy, des personnages mal intentionnés utilisaient le radium, l'air liquide, les rayons laser, et que sais-je encore, pour faire tort à autrui. Cela vous transportait en Chine, en Inde, en Amérique du Sud… Son ouvrage le plus célèbre fut *Les Cinq Sous de Lavarède* ; comme chacun le sait, on en a tiré un film assez drôle, avec Fernandel.

Il y avait aussi le “capitaine Danry”, de son vrai nom, Driant ; colonel des Chasseurs à Pied, il fut tué à Verdun en 1916, victime de cette guerre qu'il avait prévue et décrite dans l'un de ses romans. Ses héros étaient surtout des “Robinsons” : *Robinsons de l'air* (en dirigeable, une évocation de la malheureuse expédition Andrée au pôle nord), *Robinsons de la mer* (inspiré par le naufrage bien réel d'un sous-marin français, sauvé in extremis).

Ces livres ont bercé mon enfance et presque mon adolescence. J'allais les chercher l'un après l'autre rue Pierreuse, chez mon oncle Armand, où ils avaient été déposés. Au lieu de me les léguer, le brave homme les a innocemment revendus, et ce fut là une perte, une très grande perte pour moi. En compensation, il me laissait la bibliothèque du vieux théosophe, ce dont je n'avais vraiment que faire. Lui-même ne l'avait jamais lue, pas plus que les quelque douze gros volumes du “Journal des Voyages”.

Oui, dans mon milieu familial, on n'aimait pas beaucoup les livres. Pression cléricale aidant, on les considérait comme de “mauvais livres” possibles, interdits par la religion. Mes prix scolaires, donnés par une école catholique, échappaient évidemment à cette malédiction. Et aussi les feuilletons de “La Gazette de Liège”, feuille bien pensante à laquelle a travaillé le pigiste Georges Simenon. Ces œuvres à l'eau de rose paraissaient en longue bande au bas d'une page ; on les découpait, les roulait ensemble et les enfouissait dans un tiroir.

Ce devait être une coutume générale, car ce cher Simenon, issu d'un milieu liégeois très comparable au mien, raconte exactement la même chose. Chez moi, écrit-il, il n'y avait pas d'autre livre.

Mes goûts pour le savoir et la littérature se seront développés malgré le poids de cette atmosphère quelque peu obscurantiste. Heureusement pour moi, il y avait l'école, ma chère école des Petits Frères. J'y suis entré peu avant l'armistice, disais-je. J'allais y rester neuf ans avant de connaître les jésuites puis l'université, mais ceci est une autre histoire.

* * *

IV. - CES MESSIEURS TOUT DE NOIR VÊTUS

"L'enfance est le tout d'une vie,
puisqu'elle nous en donne la clé."
François Mauriac, Mémoires.

Ce n'est qu'à grand renfort de dons, de prêts et de bourses que j'ai pu continuer mes études jusqu'au bout. Car nous n'étions pas riches. Ma mère travaillait ou ne travaillait pas. Mon père était là ou n'y était pas. Il payait une pension ou ne la payait pas. Je me demande parfois par quelle série de prodiges nous avons pu nous en sortir, Didine et moi. Ma mère s'appelait Gérardine, mais tout le monde disait Didine, ou "la Grande Didine".

"Nous sommes des pauvres honteux", répétait Didine. Oui, des pauvres qui ne se plaignent pas, des pauvres qui se taisent et soignent leur aspect, leur tenue, leur ménage. Et qui laissent bouillir de l'eau dans des casseroles avec couvercle, laissant ainsi croire aux visiteurs qu'on prépare un repas gastronomique. (Ça, c'est encore une fois du Simenon, mais je l'ai vécu !).

Parfois, ma mère me demandait de dire une prière devant l'armoire à glace dans laquelle une boîte, souvent vide, faisait office de minicoffre-fort. "Mon Dieu, faites qu'il y ait là un petit billet". Mais Dieu ne nous écoutait pas. Heureusement pour Lui, car s'Il y avait été de "son miracle", comme disait ma pieuse mère, Il risquait d'être inculpé comme faux-monnayeur !

Didine, cependant, était tailleuse, une très bonne tailleuse. À la fin de la guerre 14-18 nous avions deux ouvrières à domicile. Je les revois nettement, travaillant à la lumière d'une lampe à pétrole (le gaz ne devait être installé que plus tard). Mais, trop fière, Didine s'en allait répétant : "Non, pas de publicité, pas d'annonce, pas de plaque sur la porte. Je ne veux pas courir après les clients. Et puis c'est inutile, on me connaît."

Bien sûr, bien sûr, mais les clients finirent par ne plus la connaître du tout, et les derniers temps, avant que je ne gagne mes premiers sous comme officier, la Grande Didine en était réduite aux menus travaux de couture chez des particuliers.

Avec son caractère impossible, elle avait lentement creusé sa fosse. "Plus tard tu comprendras", devait me dire un jour mon père. Qu'y a-t-il à comprendre lorsque vous avez des parents qui, n'étant pas faits l'un pour l'autre, ne s'entendent pas, mais là pas du tout. Et cela à une époque où le divorce était encore considéré, chez les bons chrétiens, comme l'abomination de la désolation.

Certes, c'est grâce à ma mère que j'ai pu poursuivre mes études. Je lui en suis infiniment reconnaissant, mais je déplore néanmoins qu'elle m'ait fait vivre dans une atmosphère rendue trop souvent difficile par un caractère trop souvent difficile.

De chez moi, Montagne Sainte-Walburge, à l'Institut Saint-Barthélemy, rue Hors Château, il y a une demi-heure de marche. Et je m'enfilais cela quatre fois par jour puisqu'en ce temps-là on ne prenait pas de repas à l'école. Une ouvrière de ma mère m'accompagnait jusqu'au haut des "600 escaliers" le long des glacis de la Citadelle. Endroit dangereux, me disait-on. Un soir, des voyous n'avaient-ils pas attaqué une jeune fille puis l'avaient déshabillée et jetée toute nue dans les orties. Brr…

Au bas des escaliers, une maison au portail bizarre m'intriguait quelque peu : Temple Antoiniste. C'était le centre d'une secte fondée à Liège par le "Père Antoine", guérisseur et théosophe. Ses adeptes se promenaient tout de noir vêtus, les femmes avec un voile, les hommes avec une sorte de gibus.

À l'Institut, je rencontrais d'autres messieurs tout noirs eux aussi, les Frères des Écoles Chrétiennes : un tricorne, une soutane, une bavette blanche. Il arrivait qu'en rue des gamins leur crient “couac, couac” en les traitant de corbeaux, ceci à cause de leur grand manteau flottant dont ils n'enfilaient pas les manches - à la mode limousine, paraît-il.

Que tout cela est loin ! Aujourd'hui, plus de soutane, plus de bavette, plus de tricorne, plus de manteau limousin. Et plus de Petits Frères. Dans quelle trappe êtes-vous donc tombés, vous qui auriez dû prendre le relais de mes professeurs d'alors, Frère Gabriel, Frère Léonard, Frère René, etc. etc.

Frère Gabriel, mon tout premier maître, était un beau blond, le chéri de ces dames parentes d'élèves. Je lui dois d'avoir su lire et écrire sans faute, et ce à 7 ans, ce qui n'est plus guère fréquent de nos jours.

Mes souvenirs d'époque ne portent pas spécialement sur mes premiers livres scolaires, mais plutôt sur une grande affiche, collée dans notre cave et représentant une dame se jetant sous un train : Anna Karenine. Oui, à 7 ans, j'avais été voir au théâtre du Gymnase le chef-d'œuvre de Léon Tolstoï. Je n'ai pas dû comprendre grand-chose à la virulente critique sociale sous-entendue par le grand écrivain russe. Je ne me souviens que de la scène finale : derrière le praticable d'où allait sauter la pauvre Anna, un faisceau lumineux, projeté par le phare de la locomotive supposée, s'avançait en faisant “tchouk-tchouk-tchouk-tchouk”.

Mon père était alors employé dans ce théâtre, ce qui nous valait des billets de faveur. Quelles pièces ai-je encore vues, je ne sais plus ; mais je me remémore Napoléon en pleine engueulade avec le pape tout de blanc vêtu : “Tragediante ! Commediante !”.

Si bien que lorsqu'on m'a opéré des polypes nasaux, - à la maison ! - je me suis écrié, en me voyant dans la grande glace, tout emballé de blanc : “Je suis le pape ! Je suis le pape!” Le petit pape a très bien supporté l'opération, merci, mais pas sa mère, qui s'est évanouie.

Surprise, en fin d'année je suis solennellement proclamé premier de classe. J'allais voir cette scène se répéter pendant 12 ans : premier partout, - sauf en dessin et en flamand. J'étais donc condamné à un rôle bien défini, celui du bon élève, du préféré des maîtres, du modèle à suivre : "Faites comme Pierrot, étudiez !"

Surprise plus désagréable, Martin-Hubert, évêque de Liège, décide de transformer l'Institut Saint-Barthélemy en un Collège épiscopal, confié à des prêtres séculiers. Cette curieuse expulsion nous rendait tous furibards, professeurs, parents, élèves, et le portrait de l'évêque se mit à voler en petits morceaux dans tous les coins.

Et ainsi, à la rentrée de 1919, me suis-je trouvé dans une autre école des Frères, l'Institut Saint-Joseph, rue Sainte-Marguerite. Une école pour garçons, évidemment, puisqu'alors les sexes étaient aussi rigoureusement séparés que chez les musulmans intégristes d'aujourd'hui ! Je l'ai revu, mon Institut ; j'y ai été reçu par une dame professeur, mais oui. Il ne restait que deux Frères, pensait-elle.

C'est là que j'ai vraiment commencé mon éducation religieuse. Cours d'histoire sainte, de catéchisme, et plus tard d'apologétique. Des prix que je raflais aussi, avec la note de 20/20. Même, je pouvais réciter tout le catéchisme par cœur, questions et réponses !

Ce que je faisais notamment en vue de l'examen final, Didine jouant alors le rôle de répétitrice. Et cela dans un brouhaha de kermesse, car notre fête paroissiale tombait au début de juillet. Des comités organisaient des jeux, des courses de sac, des loteries, des concerts populaires, tandis que jeunes et vieux chantaient et dansaient en farandoles, - en "crâmignons" comme disent les Wallons.

Mais que signifiait au juste, pour un gosse de 7 ou 8 ans, tous ces charabias religieux que l'on vous faisait ingurgiter : "L'œuvre de chair ne désireras qu'en mariage seulement". Ou encore, question : "Quels sont les ennemis de la religion". Réponse : "Les juifs, les protestants, les spirites et les francs-maçons" Curieux, c'est parmi ces redoutables ennemis que j'ai eu le plus d'amis par la suite.

C'est là, à Saint-Joseph, qu'on m'a incité à faire au plus tôt ma première communion “privée”, le pape Pie X venant d'ouvrir aux gosses les portes du sacrement.

C'est là qu'on m'a confié mon premier rôle théâtral, si j'ose dire : représenter l'Enfant Jésus de Prague dans la procession paroissiale. Ce mot, Prague, ne me disait rien du tout. Mais il allait être le premier terme d'une géographie hagiographique bien fournie : Sainte Rose “de Lima”, Saint Antoine “de Padoue”, Sainte Thérèse “d'Avila”, Saint François “d'Assise”, Sainte Catherine “de Sienne”, etc. Tant et si bien que plus tard c'est un nom de saint qui me venait d'abord en tête lorsque j'entrais dans une ville inconnue !

À Saint-Joseph, nous allions à la messe tous les jours, avant les classes. J'en aurai vu défiler, de ces chasubles aujourd'hui disparues, des vertes, des rouges, des violettes, des noires. Et surtout des noires, car les paroissiens de Sainte-Marguerite se montraient d'une rare générosité à l'égard de leurs morts : les messes d'anniversaire se succédaient à la cadence d'une tous les deux ou trois jours.

De quoi il me reste la mémoire d'un chant merveilleux dont la sombre poésie est morte avec le latin :

“Dies irae, dies illa”. Jour de colère que ce jour-là.

“Quando saeculum in favilla.” Quand les siècles seront en cendre.

“Teste David cum Sybilla.” Selon David et la Sybille.

“Les trompettes éclatantes, sonnant dans la région des sépulcres, rassembleront tout le monde devant le trône.” Etc., etc. Mais qui donc peut encore croire aujourd'hui en une résurrection générale des morts “avec le même corps qu'ils auront eu en cette vie ?” Où diable les mettrait-on ? L'homme moderne préfère croire aux ovnis, à la réincarnation et à la venue de l'Âge d'Or en l'ère du Verseau.

À Sainte-Marguerite, le vieil organiste gagnait du temps en ne chantant qu'une strophe sur deux. L'autre, il la disait à toute vitesse, un peu à la manière des chanteurs de rap aujourd'hui. L'effet en était assez curieux.

Et le défilé des robes noires s'est poursuivi : après Frère Léonard, petit et râblé, voici, en troisième primaire, Frère René, grand et sec. Rien à signaler, sinon que c'est alors que j'ai reçu une trottinette. Je l'ai brillamment inaugurée en descendant la rue sans savoir comment l'on freine, ce qui m'a fait atterrir dans les jambes d'une paisible passante. Pas contente du tout, la dame !

Puis vint Frère Pascal, gros et courtaud, en quatrième, en cette année 1921-1922 qui fut pour moi celle des décès : la grand-mère de Liège, celle de Verviers, une tante à Bruxelles. "Encore !", avait dit le Frère Pascal en me voyant lui apporter, pour la troisième fois en peu de mois, une demande de congé pour enterrement. C'est la loi des séries, me disait-on, mais le probabiliste que je suis, refuse toute signification réelle à cette expression.

Autre décès, la même année, celui de Méphistophélès, mon joli chat noir. À vrai dire, c'est Didine qui l'avait condamné, prétendant qu'il dérangeait les voisins. Scénario qui allait d'ailleurs se répéter une ou deux fois, sans que lesdits voisins n'aient jamais exprimé le moindre remerciement. Et c'est moi qui ai chaque fois dû transporter le condamné au siège de la S.P.A. !

Autre décès encore, Saint Nicolas. J'y croyais ferme, à ce bon saint, version belgo-hollando-alsacienne du Père Noël. Un jour, en classe, mon voisin, Piron Marcel, me chuchote : "Tu sais qui est Saint Nicolas ?" Et il écrit la réponse sur un bout de papier : "P.M." Alors, moi :

- PM ? Piron Marcel ? C'est toi Saint Nicolas ?

- Non, c'est Père et Mère.

- Menteur, ce n'est pas vrai !!!

Mais le charme était rompu, et j'en ai voulu à Marcel. Car il n'est pas toujours bon de dire la vérité ! Avouerai-je qu'après cela j'ai fait semblant de croire pendant quelques années encore, afin de ne pas perdre le bénéfice des distributions de cadeaux auxquelles procède le bon saint le 6 décembre.

Cinquième primaire, Frère Félix, un grand escogriffe qui aimait répéter : "Je suis bon mais pas bonasse !". Il fut mon initiateur à la langue flamande, sans grand succès, au demeurant.

Ce doit être en ce temps-là (j'avais 10-11 ans) que j'ai commencé à aller au “Cinéma Moderne”, pas loin de chez nous. Cinéma ! Tom Mix, mon cher cow-boy du temps du muet ! Harry Carey, cowboy au Far West et Trader Horn en Afrique ! Charlot, patineur, soldat, vagabond, chef de rayon. Sans oublier l'inévitable pianiste qui accompagnait d'une “Chevauchée des Walkyries” bien enlevée les assauts victorieux de la cavalerie américaine.

À cette époque aussi, Didine avait décidé de tenir un petit commerce de tabac-cigares-papeterie dans notre rez-de-chaussée, d'ailleurs prévu à cet usage. C'était “Chez Madame Pierrot”, comme disaient les gosses du quartier. Cela n'a pas duré longtemps, Didine étant trop entière pour être bonne commerçante.

Voici enfin le Frère Joseph, blond, sévère, qui allait être mon dernier instituteur en primaire. Il a dû participer aux discussions que soulevait alors mon avenir scolaire. Où allait-on mettre Pierrot ? Chez les Jésuites ? Chez les Frères dans le même Institut ? Cette solution prévalut, peut-être parce que les pressants conseils des bons Frères n'étaient pas tout à fait désintéressés. Pourquoi Pierrot, si sage, si pieux, si intelligent, ne deviendrait-il pas un jour l'un des nôtres ?

Regrets, mes Chers Frères, mais ça n'a pas pris. La religion, c'est comme les sucreries, l'excès vous dégoûte et vous rend malade. L'indigestion, pour moi, n'est toutefois survenue que bien plus tard, dans un camp de prisonniers.

En choisissant de me laisser à Saint-Joseph, mes mentors auraient pu commettre une lourde erreur à mon égard. L'Institut n'avait comme enseignement secondaire que trois classes de “commerciales”. Y entrer, c'était se fermer la plupart des portes de l'université puisqu'une loi belge, bien désuète, spécifiait alors que “nul ne peut accéder à l'enseignement supérieur s'il ne justifie de six années d'humanités gréco-latines”. Exception faite toutefois pour les Facultés Polytechniques et pour les sections de mathématique et de physique, - mais pas pour celles de chimie ! Absurde !

Ainsi donc, mon destin se trouvait tout tracé alors que je n'avais que 12 ans : les “nobles” Facultés de Droit ou de Lettres m'étaient fermées, et l'on me rejetait dans les ténèbres extérieures de ces viles mathématiques. Depuis lors, il est vrai, les maths se sont durement vengées, trop durement à mon avis.

Enfin, grâce au Ciel, j'avais déjà des goûts marqués pour les sciences, si bien que, plus tard, je n'aurai pas souffert de l'ostracisme que me valait mon entrée dans les “humanités modernes”, pire, dans une “école moyenne commerciale”, comme on disait.

* * *

V. - PETIT POISSON DEVIENDRA GRAND

"Notre enfant ne doit au pédagogique que les premières quinze ou seize années de sa vie ; le demeurant est dû à l'action."
Montaigne, Essais I, Chap. XXVI

Mon entrée dans le secondaire ne fut en rien un événement. La vie continua comme auparavant : allers et retours pour l'école (à pied, mais oui !), présence en classe (6 jours sur 7, mais oui !), leçons et devoirs quotidiens (à domicile, mais oui !), jeux dans la prairie et dans le bois de robiniers bordant le Thier Savary, devant nos fenêtres.

Et jeux d'intérieur : Meccano, constructions avec des cubes de bois, découpages et collages. Et "mises en scène". Ma spécialité : avec mes cubes, je reconstituais les décors et certains passages des films que je venais de voir, ou j'en imaginais d'autres. Les pièces de mon jeu de domino figuraient les personnages : Double-Six était Richelieu, Double-Cinq d'Artagnan, etc. C'est très précocement que j'ai éprouvé une attirance certaine pour le théâtre.

J'avais même construit un théâtre de table, carcasse, éclairage, décors et personnages. J'y présentais le *Tour du monde en 80 jours*, et mon petit train arrivait sur scène. J'y jouais aussi une pièce dont je me demande encore aujourd'hui où j'avais bien pu pêcher son titre plutôt subversif, *La paysanne pervertie* ? !

Et le sport? me demanderez-vous. Réponse : zéro. Du vieil adage "Mens sana in corpore sano", l'époque n'avait retenu que les deux premiers mots : un esprit sain. D'ailleurs, ma mère veillait : je voulais faire du vélo comme mon oncle Armand? Pas question, c'est trop dangereux! Je voulais aller au bassin de natation avec l'oncle Armand? Mais pas du tout! "Si tu essaies d'apprendre à nager, tu risques de te noyer!"

Restait cependant le footing, Dieu merci. Étant très bonne marcheuse, la grande Didine m'a entraîné dans de longues promenades dominicales autour de Liège, promenades dont j'ai gardé une impérissable nostalgie. La liste en est longue : les bois du Sart-Tilman, bien mutilés depuis l'installation de l'université; Tilff, la vallée de l'Ourthe et les rochers du "Bout du monde"; Trooz, au bord de la Vesdre; Chaudfontaine, ses futaies, ses sources. Puis, plus tard, Banneux-Notre-Dame, rendu mondialement célèbre par des apparitions de la Vierge en 1933.

Et Chèvremont sur sa colline, avec son abbaye, son Chemin de Croix très abrupt, et ses mendiants qui psalmodiaient à longueur de pèlerinage : "Qui nosse bonne Dame di Tchivrimont vos accorde totes sôrtes di bonheurs". C'est à Chèvremont, haut-lieu de la piété liégeoise, que les enfants se rendaient le lundi après leur communion solennelle. Dirais-je, par parenthèse, que je ne me suis pas plié au rite mondain de ladite communion; brillant élève des cours de religion à l'école, je ne voyais pas pourquoi j'aurais dû aller au catéchisme préparatoire, à l'église. Au demeurant, cette décision arrangeait très bien les finances du ménage, et je me suis contenté du sacrement de confirmation (avec gifle de l'évêque!).

Et enfin Spa, ma préférée, jolie villette dans un superbe cadre ardennais. Spa, avec ses forêts et ses innombrables promenades balisées. Spa, connue depuis l'Antiquité pour ses sources d'eaux sulfo-ferrugineuses, ses "pouhons" en dialecte local. Spa, si courue jadis que le mot "spa" est passé dans la langue anglaise pour désigner une ville d'eau. De même qu'à Nice il y a la "Promenade des Anglais", à Spa il y avait un "Hôtel des Anglais". Mais il n'y a plus d'estivants anglais, ni à Nice, ni à Spa...

Spa toutefois se situait en dehors de notre habituelle aire de footing, et ce pour une raison toute simple : pour y aller depuis Liège, il fallait prendre le train. Et le train, ça coûte ! Pour toutes nos autres balades, le tramway suffisait.

Il fallait aussi le train pour aller voir mon père au temps où il résidait à Verviers. Ce que ma mère évitait. On quittait Liège en tramway, puis on faisait dix kilomètres à pied pour arriver au terminus d'un autre tramway, verviétois celui-ci. Je ne me souviens que d'une seule de ces expéditions : nous avions pour tout bagage un balluchon, une grosse boule que j'ai un moment portée sur la tête, tout à fait dans le style "réfugié du Rwanda" !

Plus tard, ayant décidé de chercher fortune ailleurs, mon père avait obtenu un poste de chef de fabrication dans une usine textile à Geraardsbergen, en pays flamand. C'était une belle position, pour quelqu'un qui n'était pas ingénieur. Un jour, ma mère et moi avons fait le voyage (en train, quand même) pour aller passer quelques jours de vacances dans cette gentille ville que les Wallons appellent Grammont et que les coureurs cyclistes redoutent à cause d'un raidillon bien dur à grimper.

J'étais alors "en septième" ou "en première commerciale", comme vous voulez. J'ai gardé un excellent souvenir de mon maître d'alors, le Frère Macaire de Jésus, un petit bonhomme noiraud, originaire du Hainaut. J'étais son chouchou et il m'avait offert un superbe missel latin-français, en cinq volumes. Et bien plus tard, quand je me trouvais doyen de Faculté à Mons, lui était directeur d'un Institut tout proche. On ne l'appelait plus Macaire de Jésus, mais simplement "Macaire de J." Signe des temps.

Être chouchou, c'est être jalousé et cela ne va pas sans risque. Pour la défense des "bons élèves", j'avais alors fondé un "Ordre". Nous n'étions que trois membres, exactement comme les Chiche Capons de ce roman de Pierre Véry, *Les disparus de Saint-Agil*, dont on a tiré deux films. Les activités de notre "Ordre" se sont limitées à la rédaction des statuts. Après 1940, j'ai retrouvé l'un de nous trois dans un camp de prisonniers ; était-ce par nostalgie de notre “Ordre”, je ne sais, mais mon ex-condisciple était devenu membre d'un groupuscule plus ou moins scout, plus ou moins secret, celui des “Wa-Wa”, comme nous disions.

Ma jeunesse s'est passée sans amis à proprement parler, et les membres de mon “Ordre” n'étaient au plus que de bons copains. J'étais un solitaire, malgré ma mère qui aurait tant voulu que je me lie davantage avec son filleul Armand, un garçon de mon âge. Mais rien ne nous rapprochait, Armand et moi, mais là, rien du tout. Je l'aurai progressivement perdu de vue, en dépit des efforts de ma mère, laquelle voulait tout simplement faire pièce à des amitiés bien plus réelles… mais féminines, celles-là !

Ma seconde année de “commerciales” a été marquée par la personnalité de Frère Marc. Lui, je ne le vois plus très bien, - il est assez grand et fort, me semble-t-il, - mais par contre je l'entends encore distinctement :

“Oui, mes enfants, le diable se manifeste dans les loges maçonniques. À côté du fauteuil du grand maître, il y a un trône réservé à Satan. Le dossier en est percé d'un trou permettant au diable d'y faire passer sa queue.” Textuel !

Aujourd'hui, je sais que ce discours, tenu en 1925 ou 26, était un reste de l'énorme canular apparu en France en 1885 et monté par un Marseillais, Léo Taxil. La mystification avait fait des centaines de milliers de dupes chez les catholiques, dont le pape Léon XIII lui-même et de nombreux évêques, surtout français.

Profitant du courant antimaçonnique qui régnait alors dans l'Église, Taxil lance un flot de publications aberrantes, mais dont le succès de masse est foudroyant. Bien illustrés, les feuillets de Taxil montrent un démon faisant de la balançoire avec une dame maçonne, ou un démon crocodile jouant du piano devant les vénérables, ou le démon Asmodée survolant une loge en brandissant la queue du lion de Saint Marc. Mais oui, de ce lion qui n'est pourtant qu'un pur symbole, on devait le savoir !

Comme disait l'autre, j'en passe, et des meilleures, dont par exemple la géniale fabrication d'un inexistant personnage, Miss

Diana Vaughan, Américaine, fille du démon Bitru, amante du démon Asmodée. Convertie à la vraie foi, elle était devenue la passionaria de la lutte antimaçonnique. Taxil en avait même fait applaudir une photo par une assemblée groupant 700 ecclésiastiques.

Finalement, après 12 ans de succès, Taxil a lui-même démonté en public sa propre mystification. Et alors, les catholiques ne l'ont pas cru ! Mon pauvre Frère Marc était vraiment excusable de ressortir à trente ans de distance certains discours de Léo Taxil…

C'est aussi de Frère Marc que j'ai reçu les premiers rudiments de ce que j'appellerai “l'éducation contra-sexuelle”, laquelle régnait en maître dans tous les établissements catholiques. On aurait dit que le décalogue se résumait au seul 6e commandement : “Luxurieux point ne sera, de corps ni de consentement”. Encore du charabia, mais le texte biblique n'était pas beaucoup plus explicite : “Tu ne commettras point d'impuretés”. Quelles impuretés ? De quoi s'agissait-il ? Explication par Frère Marc :

“Deux frères dormaient sur le dos, chacun dans leur lit. Le premier tenait les bras le long du corps tandis que le second dressait les avant-bras à angle droit. Ils sont morts tous les deux, en même temps. Le premier a été tout droit au ciel et le second en enfer, pour l'éternité.” Textuel, encore une fois.

Moi, je ne voyais pas très bien comment on pouvait dormir sous des draps en tenant les avant-bras raidis de cette façon. Puis, j'ai cru comprendre, un jour. Frère Marc essayait là de parler, le plus pudiquement possible, de la masturbation, cette hantise de tous les éducateurs religieux à l'époque. Et de beaucoup de médecins, d'ailleurs. De combien de maux ne menaçait-on pas les malheureux adolescents coupables de masturbation !

Dans les familles, c'était pire encore. Le sexe, la reproduction, les “organes” (féminins), tout était tabou. Un jour, j'avais émis une remarque bien timide devant mon oncle Armand : “Je comprends qu'un enfant ressemble à sa mère, mais je n'avale pas qu'il ressemble aussi à son père". Réponse, tombée comme un couperet : "Si tu ne l'avales pas, laisse-le sur le bord de ton assiette".

Les gosses réagissaient comme ils le pouvaient à cette éducation contra-sexuelle. On se passait des petits papiers : "Les femmes ont des choses", - mais jamais : "Les femmes ont un chose". Ou bien, plus audacieux : "Jean a un gros machin". Tout cela ne faisait guère progresser nos connaissances, et la révolution sexuelle était encore loin, très loin. Dommage qu'elle soit allée trop loin...

Les maladroites tentatives de Frère Marc ne m'auront nullement empêché de commencer à m'intéresser aux filles, bien timidement il est vrai. En cette même année scolaire, je suis tombé amoureux pour la première fois. Jolie, elle avait 18 ou 20 ans, et moi 14. Israélite, elle s'appelait Régine. Sa très juive famille se trouvait apparentée à la mienne, très catholique cependant. Mais ça, it's another story.

En ce temps béni des "familles nombreuses", les Grosjean comptaient dix frères et sœurs, et les Verschaeve six seulement, avec en plus un fils adoptif, mon oncle Armand Delhaes. Autant les premiers s'entendaient bien entre eux, autant les seconds se brouillaient régulièrement. Les deux familles étaient unies par un double mariage : deux Grosjean, mon père Pierre et ma tante Henriette, avaient épousé deux Verschaeve, respectivement ma mère Gérardine et mon oncle Fernand. Ainsi, Henriette, - "la grosse Henriette", comme disait Gérardine, - était-elle deux fois ma tante.

Son mari, l'oncle Fernand, je ne l'ai pas connu, mais toute la Belgique en parlait. Et l'admirait. Bricoleur, mécanicien, casse-cou, coureur motocycliste, il était surnommé "le démon liégeois". Et surtout c'était un aviateur, un pionnier de l'époque héroïque, un contemporain des Blériot, des Védrines, des Wright.

Il m'en reste une photo, tellement typique : casquette à l'envers (comme chez les jeunes aujourd'hui), moustache 1900, col et cravate, grosses godasses, le tout pilotant un biplan Farman, avec par-derrière, l'hélice, et par-devant, le gouvernail de profondeur. Sur une autre photo, on les voit survolant la ville de Hasselt, le Farman et lui.

En 1914, mon oncle était moniteur pour la toute jeune aviation militaire belge. À Sint-Job in't Goor, près d'Anvers, il formait les pilotes qui allaient bientôt s'illustrer dans la Grande Guerre toute proche. Et c'est là, à Sint-Job, qu'il a fait une chute mortelle avec son Farman, juste avant le début des hostilités.

Sa veuve allait se révéler une redoutable femme d'affaires et devenir notre "tante à héritage". Elle se trouva bientôt à la tête d'une maison de couture et d'un luxueux magasin rue Leys, en plein centre d'Anvers. Plus tard, elle allait en fonder un autre à Bruxelles. Elle eut très tôt, chose rare, une voiture automobile, et il lui arrivait de séjourner à la Côte d'Azur, le summum du luxe en ce temps-là.

Mais elle n'est pas restée seule bien longtemps. En secondes noces, elle a épousé un riche diamantaire d'Anvers, M. Wang, mon oncle Josse. "Notre oncle Josse", devrais-je dire, car tous mes cousins et cousines Grosjean semblaient fascinés par ce monsieur juif parachuté dans la famille.

Les Wang louaient, en partie, le château de Hulgenrode, en Campine anversoise. C'est là, dans l'immense parc où je passais quinze jours de vacances, que j'ai rencontré Régine, la sœur cadette de mon oncle. Les choses n'ont pas été plus loin, je m'empresse de le signaler. Mais peut-être est-ce de là que j'ai gardé une certaine attirance (réciproque !) pour le monde juif et pour les Juives ?

Bel homme, comme les Juifs savent l'être, fortuné, généreux, mon oncle Josse était l'affabilité même. Avec son drôle d'accent, juif, évidemment, - il nous racontait des histoires, - juives, évidemment. En voici une, au hasard :

"Janssens et Goldenstein discutent au coin de la Pelikaanstraat :

- J'ai rêvé que j'allais au paradis des Juifs, raconte Janssens ; mais c'était sale, ça sentait mauvais, et il y avait du monde, du monde, ça grouillait.

- Tiens, répond Goldenstein, je me suis trouvé cette nuit au paradis des catholiques ; c'était propre, et beau, avec des lustres et de l'or partout. Mais il n'y avait personne"...

Autre histoire due, elle aussi à l'oncle Josse :

“Chaïm ne parvient pas à dormir. Il s'agite, se plaint à sa femme :
- Ach, Sarah, Sarah, je dois remettre demain 10 000 francs à notre voisin Abraham, et je ne les ai pas.
Sarah se lève, ouvre la fenêtre et appelle :
- Abraham, Abraham !
- Oui, Sarah.
- Chaïm doit te payer 10 000 francs ? Demain ?
- Oui, Sarah.
- Eh bien il ne te les paiera pas.
Et Sarah de se retourner vers son mari :
- Maintenant, tu peux dormir, c'est lui qui ne dormira pas !”

Innocentes histoires juives, pas plus méchantes que les histoires de curés, d'Écossais ou de Belges (en France). Mais j'arrête de les raconter car je risque les foudres de la LICRA, du MRAP, du CRIC, du CROC, ou de Dieu sait quellc autrc association à laquelle on a imprudemment donné le pouvoir de censurer autrui.

Très galant, mais très imprudent, mon bel oncle Josse s'est fait prendre en flagrant délit avec une jeune coreligionnaire. Ce fut le divorce, et ainsi ai-je perdu de vue la famille Wang. J'ai toutefois pu apprendre que mon ex-oncle et ses sœurs s'étaient installés à Nice pendant la guerre. Là, sous l'occupation italienne, ils avaient heureusement pu échapper à l'Holocauste.

Avec le recul, je puis dire que Régine et l'oncle Josse et le château sont des jalons, des points de repère, plantés, par hasard, à un tournant qui s'annonçait dans ma vie : un déménagement, un changement de quartier m'ouvrant d'agréables possibilités de contacts avec nombre de jeunes voisines.

* * *

VI. - DANS LA COUR DES GRANDS

"Il faut beaucoup étudier pour savoir peu."
Montesquieu

Après ces vacances anversoises, il ne me restait plus qu'un an à passer à Saint-Joseph. Ce sera dans la classe de Frère Marie-Ephrem, un grand type sympathique, sentimental même. Mais là, je n'allais plus être le chouchou, cette importante dignité étant passée à Marcel P., celui que je tenais pour responsable de *L'assassinat du Père Noël*, comme aurait dit Pierre Véry. Ou plutôt, pardon, puisque nous sommes en Belgique, l'assassinat du Grand Saint Nicolas.

Aujourd'hui, je me console de ce meurtre en songeant que l'Église moderne (et moderniste) a déclaré que saint Nicolas, évêque de Myre et patron de la Russie, n'avait jamais existé. Ont été trucidés dans la même foulée : sainte Catherine, patronne des catherinettes ; sainte Barbe, patronne des mineurs et des artilleurs ; sainte Gudule, co-patronne avec saint Michel de la ville de Bruxelles (saint Michel a échappé au génocide, car étant immatériel, il ne pouvait pas ne pas exister). Et sainte Marguerite, patronne de cette chère église où j'aurai si souvent écouté le "Dies Irae". (Pauvre Jeanne d'Arc, qui croyait avoir entendu la sainte lui commander de bouter dehors les Anglais...).

Quels souvenirs ai-je de cette année 1926-1927, je ne sais trop. Ah oui, dégoûté du flamand et des Flamands, mon père avait quitté à la fois Grammont et son poste de chef de fabrication. Il avait regagné Verviers, sa ville natale, et s'y contentait d'un emploi plus modeste. Ses apparitions chez nous, trop souvent ponctuées par des scènes de ménage, se firent de plus en plus rares pour finalement cesser tout à fait.

Mon oncle Armand, resté célibataire, habitait toujours rue Pierreuse dans la vieille maison Verschaeve. Il prenait chez nous ses repas de midi, faisant couramment trois-quarts d'heure de marche depuis la grande maison de papeterie en gros, Boulevard d'Avroy, où il travaillait. Là, on l'appelait “Monsieur Armand”, car il était sous-chef (et plus tard chef) de bureau. Il n'a jamais eu d'autre employeur, si bien qu'il y a été décoré pour 50 années de bons et loyaux services. Charmante coutume qui sera bientôt reléguée au rayon des souvenirs historiques.

C'était un homme ouvert, très simple, au visage régulier derrière ses lunettes de myope. Il avait un penchant pour les promenades et pour l'archéologie. Et aussi pour les vers, nous récitant de longs passages de Rostand, de Victor Hugo et d'autres encore. C'est à lui que je dois d'avoir remporté les prix de diction en faisant miens ses chevaux de bataille : la tirade du nez et celle des “non merci” (Cyrano), ou encore les *Chants du crépuscule* :

“Mil huit cent onze !
Ô temps où des peuples sans nombre
Attendaient prosternés sous un nuage sombre
Que le Ciel eût dit oui !” Etc.

Du coup, Frère Pierre, le directeur de l'Institut décida de me confier le premier rôle dans une pièce qu'il aimait beaucoup semble-t-il ! *En Vendée*. Peut-être en était-il l'auteur.

J'y étais un vieux noble qui commandait une troupe de Chouans, au temps de l'insurrection vendéenne. J'y faisais une entrée très remarquée (ou qui aurait dû l'être) :

"C'est pour Jésus-Christ et c'est pour le Roi.
Debout la Vendée ! En avant, Bretagne !
Cours au premier rang défendre ta foi.
L'espoir te soutient, l'espoir t'accompagne.
Vive Jésus-Christ et vive sa Croix !"

Mais ô drame, mon fils unique s'était converti aux idéaux de la République. Officier chez les Bleus, il venait d'être capturé par mes hommes. Et j'avais bien dû le condamner à la fusillade.

Monologue cornélien : "Je dois tuer mon fils, le dernier de ma race. Au vieillard épuisé, Seigneur, donne la grâce..." Mon metteur en scène pleurait en me donnant le ton. Ce qui était presque comique car Frère Pierre était un petit gros,

On devait jouer la pièce en juillet, pour la remise des prix... Patatras, voilà Martin-Hubert, évêque de Liège, qui décède sans crier gare. C'est le second tour qu'il me jouait en peu d'années, et cette fois c'était la représentation supprimée, la cérémonie réduite au minimum. Je croulais sous les prix, j'en laissais même tomber un, très beau, le seul que j'aie encore ici, avec son coin écorné par la chute : "*A la conquête de l'Asie*". Sur la couverture en couleur, style Jules Verne, un vaillant officier français brandit un drapeau (français) en piétinant l'Indochine... Ah ! qu'il était beau, le colonialisme de papa...

Frère Pierre réussit à faire jouer sa pièce l'année suivante, sur la grande scène du collège jésuite où je me trouvais alors élève. J'y avais repris mon rôle. Mes camarades et moi fîmes tout notre possible, mais la représentation fut un bide (sur scène, on sent ces choses-là). Pourquoi confier à de très jeunes adolescents des rôles aussi dramatiques, et mal compris par eux, fatalement.

Je ne devais plus faire de théâtre avant quelque temps, me contentant d'être spectateur. Mais de ce côté, j'étais gâté, ma mère, comme tous les Liégeois, raffolant de l'opéra.

Le Théâtre Royal de Liège donnait régulièrement des "soirées populaires". Les tarifs étaient réduits de 50 %, mais pour avoir une place convenable, il fallait faire la queue dès 5 heures du matin. Et ainsi, que n'ai-je pas vu : *Faust*, mon préféré, dont je déplore la rareté sur les scènes d'aujourd'hui. *Lakmé,* avec malheureusement un couac de la soprano dans l'air des clochettes. *Mignon*, où je ne voyais pas bien ce qu'étaient ces “hommes de marbre” qui appelaient la pauvre dans la nuit, en lui “tendant les bras”. *Carmen*, avec Rose Posidallo dont je me rappelle plutôt l'absence marquée de soutien-gorge. Et *Aïda,* avec ses fameuses trompettes. Et *Madame Butterfly,* et *Rigoletto*, et *Paillasse…*

Nous n'allions plus guère au théâtre, peut-être parce qu'aux yeux de ma mère les spectacles boulevardiers, trop fréquents, s'apparentaient aux “mauvais livres”. Par contre, l'opérette trouvait grâce à ses yeux, et ainsi ai-je pu voir *Les Cloches de Corneville*, *Les Noces de Jeannette*, *La Mascotte*, et d'autres encore de ces charmantes choses aujourd'hui bien oubliées.

Tout cela se jouait au Pavillon de Flore, un vieux petit théâtre du quartier Sainte-Marguerite. Malchance, il se trouvait à un carrefour (route de Bruxelles) que les Allemands en retraite ont fait sauter en 44, en même temps que celui du Cadran (route de Tongres). Il y eut de nombreux morts civils, dont une jeune fille que j'avais connue avant la guerre. Et comme au Cadran, l'incompétence des urbanistes s'est acharnée à poursuivre la destruction.

Le cinéma muet vivait alors ses dernières années : Harold Lloyd, Bebe Daniels, Douglas Fairbanks, Greta Garbo… Certains films étaient fort habilement bruités en salle, notamment *la Grande Parade*, un superbe film de guerre avec John Gilbert (le brave soldat américain) et Renée Adorée (la pauvre petite Française). On quittait la salle complètement abruti par le fracas des mitraillades et des duels d'artillerie.

Puis parut mon film culte, *Métropolis*, chef-d'œuvre de Fritz Lang. Chose curieuse, c'est avant même de l'avoir vu que je lui ai voué une admiration sans borne. Je n'avais pas 16 ans, et ainsi le film m'était-il interdit, sans doute à cause de la “danse de la tentation”, exécutée par une Brigitte Helm à peu près nue. Ce qui me séduisait, - par photos interposées-, ce n'était pas l'anatomie de Brigitte, mais bien les spectaculaires expériences scientifiques de Rotwang, le savant fou, transformant un robot métallique en un sosie maléfique de Brigitte. Et aussi les extraordinaires machines, entre autres la dynamo centrale, dont j'avais construit une maquette en carton.

La signification de cet étrange "syndrome Métropolis" était toute simple : j'avais déjà la vocation scientifique. Vocation que les bons pères jésuites allaient se charger de développer.

Car j'étais entré au Collège Saint-Servais, en 4e année des "humanités modernes". L'établissement était fréquenté par l'élite bourgeoise de Liège, mais celle-ci se cantonnait surtout dans les "humanités gréco-latines", celles qui vous ouvraient toutes les portes. Nous, en moderne, faisions presque figure de prolétaires, au grand dam du Père Schoonjans, préfet des modernes.

Parmi les quelques jésuites que j'ai alors connus, c'est lui qui m'a laissé la plus profonde impression, doublée d'une sympathie aussi sincère que réciproque. C'est à lui que je dois beaucoup de ce que je suis devenu. C'était un petit homme chauve et grassouillet, l'air un peu pépère, mais érudit en tout, professeur de chimie et de physique. Il est décédé d'une crise cardiaque peu après mon entrée à l'université. C'est sûrement l'une des trois ou quatre personnes qui, pour moi, sont mortes au moins dix ans trop tôt.

En entrant à Saint-Servais, j'ai dû recevoir le même choc que n'importe quel jeune qui passe sans transition du système monoprofessoral du primaire au multi-professoral du secondaire. Différents enseignants se succèdent au cours d'une même journée et l'on en retrouve l'un ou l'autre l'année suivante. Il ne vous reste alors que le souvenir d'une école dépersonnalisée, où les années semblent se fondre en un bloc indifférencié.

Les Pères pratiquaient l'enseignement "contra-sexuel" avec autant d'application sinon plus que les Frères. Georges Simenon, passé lui aussi par Saint-Servais, exagérait à peine lorsqu'il déclarait dans une interview : "Il n'y avait que ça, que ça, que ça !".

Le second sexe était éradiqué. Non seulement il n'y avait pas de filles dans nos classes, mais on nous défendait d'en rencontrer en ville. On nous interdisait l'étroite rue des Bénédictines toute proche, lieu de rendez-vous idéal avec ses cinq ou six coudes à angle droit. Et si vous vous étiez promené avec une jeune "personne du sexe", vous risquiez d'être dénoncé chez le préfet de discipline (le censeur, comme on dit en France). Lors des prêches, on vous racontait des histoires de terribles confessions :

"Mon père, j'ai commis un épouvantable péché avec une jeune fille. Elle est morte sur le coup, et maintenant la voilà en enfer ! Le remords me poursuivra toute ma vie..."

Et l'on censurait à qui mieux mieux, en voici un bel exemple :

Les Pères avaient monté une charmante pièce, *Les Bouffons*, de Miguel Zamacoïs. Je n'y jouais qu'une utilité, les grands rôles étant réservés à nos camarades des gréco-latines. Thème selon l'auteur : des jeunes gens se présentent en compétition comme bouffons afin que le gagnant puisse s'installer dans le château où réside la belle dont ils sont tous amoureux. Thème selon les jésuites : point de belle, mais bien un jeune homme dont le père cherche un précepteur ; les bouffons sont candidats à ce poste !

Cette censure était omniprésente : *Madame Bovary* (cette horreur !) se réduisait à la scène comique du Comice agricole ; *L'Ingénu* de Voltaire (cet ennemi des curés !) se ramenait à quelques plaisanteries ; Napoléon (ce geôlier du pape !) avait été victorieux à Austerlitz certes, mais "cette bataille est blâmée par les stratèges". J'étais alors trop jeune pour riposter que les stratèges ne font jamais que gagner ou perdre les batailles du passé...

Je tiens cependant à reconnaître que l'enseignement des jésuites était réellement de très haute qualité. Mais peut-être pas en anglais, à l'époque, j'insiste. Quatrième année : *A Christmas Carol*, Dickens. Cinquième année : *Evangeline*, Longfellow (USA, 1847). Sixième année : *Julius Ceasar,* Shakespeare. Tout cela ex abrupto, les règles grammaticales étant censées se dégager d'elles-mêmes au fur et à mesure de la progression dans ces textes anciens et plutôt difficiles.

Résultat : une connaissance déplorable de l'anglais, plus mauvaise que celle du wallon, que je n'ai jamais appris, ou de l'allemand, que j'ai appris tout seul.

Petite consolation : 70 ans plus tard, j'eus la joie de découvrir en Louisiane la vraie Evangeline, celle qui, chassée du Canada par les Anglais en 1755 avec tous les Acadiens, avait cherché partout son fiancé et l'avait retrouvé mourant à Saint-Martinville :

"Tears came into his eyes; and as slowly he lifted his eyelids,
Vanished the vision away, but Evangeline knelt by his bedside".

Aujourd'hui, Evangeline a dû quitter pour toujours les classes d'anglais, mais le collège, lui, est toujours là. Méconnaissable. Un nouveau bâtiment remplit tellement l'ancienne cour que la grande statue de la Vierge, qui nous regardait jouer, est maintenant collée le nez au mur, ou presque. En pénitence, somme toute.

Disparue, la longue galerie extérieure du premier étage, celle qui donnait accès aux classes supérieures et servait de "cour des grands". Disparue, mais survivant dans un roman de Simenon, *La neige était sale*. Le héros du livre, condamné à mort par les Allemands, passe sa dernière nuit dans une classe s'ouvrant sur cette galerie. Et il se prend à rêver en voyant, au loin, dans le cadre d'une fenêtre illuminée, une silhouette de femme…

Les Pères étant une espèce en voie de disparition, leur maison, vide, et leur église, désertée, ont été vendues puis rasées pour faire place à un supermarché.

Je la regrette, cette église où je servais la messe quand elle était dite par le Père Schoonjans. J'y allais tous les matins, pour l'office de 8 heures, obligatoire avant les classes. J'y allais même pour celui de 7 heures, au prix d'un aller-retour supplémentaire, car il me fallait rentrer déjeuner

Cela m'attirait la sympathie des Pères, car si je m'imposais cet effort, même en hiver, c'était afin de pouvoir communier. Oui, certes, communier… mais surtout, surtout essayer de croiser ma jolie voisine Geneviève, laquelle faisait le chemin en sens inverse pour se rendre à son lycée.

Nous avions déménagé, ma mère et moi, juste avant que je n'entre au collège. Nous habitions maintenant dans le quartier de Sainte-Marguerite, rue Publémont 21, à vingt minutes de marche de ma nouvelle école. Là, j'étais bien entouré : au 19, Nelly; au 17, Geneviève; au 16, Paulette; plus bas, Laure; au 21 bientôt, Juliette.

La blonde Geneviève était ma préférée, mais elle n'aimait visiblement pas le personnage que j'étais alors, un adolescent paralysé par le poids de ce détestable enseignement contra-sexuel. De ma part, c'était donc le mauvais choix. Peut-être serai-je allé deux fois, pas plus, chez Geneviève, sous prétexte d'échange de partitions, vu qu'elle apprenait le piano, comme moi.

Par contre, j'ai eu plus de chance avec Paulette, une brunette primesautière, élève pianiste elle aussi, et restée ma grande amie pendant bien des années. Chez elle, j'étais comme chez moi, et c'est son père qui m'a indirectement initié à cet occultisme dont il était féru et dont j'ai eu quelque mal à me débarrasser.

* * *

VII. - FAKIRS. FUMISTES ET COMPAGNIE

"Rien... En vain, en mon ardente veille,
j'interroge la Nature et le Créateur"...
***Docteur Faust** (selon Gounod)*

Pendant des décennies, ma trajectoire pianistique aura été des plus capricieuses. Tout d'abord, je n'ai commencé qu'à l'âge de 15-16 ans, ce qui est trop tard. Puis, mon professeur n'était pas un vrai professeur. Comme on le chantait à l'époque, "c'était un musicien qui jouait dans les boîtes de nuit", ou plutôt dans les cafés-concerts et les dancings, au temps où les sonos et les disc-jockeys n'en avaient pas encore chassé les orchestres "live".

Et il y avait le problème de l'instrument. Pas question d'acheter ou de louer un piano, nos moyens ne nous le permettaient pas. Nous n'aurions même pas pu nous payer ces leçons que mon professeur me donnait gratuitement en remerciement des juteux tuyaux boursiers que lui passait régulièrement mon oncle Armand. Cela jusqu'au jour où l'un et l'autre burent un fameux bouillon pour avoir imprudemment joué à terme.

Nos proprios, un vieux couple de bien braves gens qui occupaient avec leur famille le reste de l'immeuble, vinrent à mon secours en m'ouvrant généreusement leur piano. Seule condition, je devais apporter mes bougies pour m'éclairer. Soit.

Mais catastrophe, voilà qu'ils revendent la maison et déménagent vers la ville où ils dirigeaient une petite école de coupe. Circonstance qui nous permet de descendre d'un étage, tant mieux, mais me prive de piano, hélas.

Heureusement, la Providence veillait. Ses anges furent pour moi Léon Linze et sa femme, les parents de Paulette. Ils m'invitèrent à poursuivre mes exercices sur leur piano. Là-dessus, nouvelle catastrophe : ma mère commence cette série de déménagements qui aura empoisonné mon adolescence pendant quatre ans. Évidemment, plus de piano, sinon sporadiquement chez Linze ou chez quelque ami.

Et quand j'ai enfin pu avoir mon piano à moi, à moi tout seul, bien tard, un aviateur anglais le démolit en 1940 en essayant maladroitement de bombarder un viaduc voisin de chez nous...

Eva, ma première épouse, me disait que c'est grâce à la famille Linze que j'ai eu un peu de jeunesse. Entendez : l'occasion de fréquenter librement une ado de mon âge et de sortir avec elle, parfois sans parents chaperons. Madame Linze avait-elle quelque idée matrimoniale derrière la tête, je ne sais. En ce cas, elle a dû rapidement comprendre que je n'avais rien du fiancé probable. “Eh oui, disait-on derrière mon dos, avec Pierre il y a sa mère”...

Aujourd'hui, il m'arrive de me demander si ce ne sont pas ces “années Paulette” qui m'ont donné l'habitude des gentilles amitiés féminines. Amitiés sans arrière-pensée, au grand regret parfois des intéressées qui rêvaient d'autre chose, en tout bien tout honneur, ou autrement...

Le père de Paulette, Léon Linze, était un petit moustachu, tout rond, intelligent, curieux de tout. Et homme d'affaires. Alors que j'étais étudiant, il m'a fait gagner mon premier argent en me proposant un métier intermittent, et inattendu : détective privé, ou quelque chose comme ça.

Léon Linze représentait un important consortium de fabricants de cigarettes. Pour d'obscures raisons, ledit consortium imposait aux détaillants un prix minimum, que lesdits détaillants s'empressaient de brader. Alors, les “détectives” de Léon Linze s'en allaient en ville et en province acheter des paquets de cigarettes; à l'intérieur, un numéro dénonçait le commerçant et celui-ci voyait une sanction s'abattre sur lui. Quelle sanction, je ne sais plus.

Cela m'a valu de bien connaître la ville et la banlieue. Le métier comportait des risques, car les commerçants avaient le flair pour détecter les détectives, et ainsi me suis-je parfois fait éjecter manu militari. A d'autres moments, c'était drôle; dans les marchés, il fallait changer de look pour aller d'une échoppe à l'autre : avec ou sans casquette, avec ou sans lunettes, avec ou sans trench-coat, ce qui fait, si vous comptez bien, huit looks différents.

Mais et surtout, Léon Linze fut mon initiateur dans un tout autre domaine, l'occultisme, la parapsychologie et tutti quanti. Il possédait la collection des livres de Paul-C. Jagot, alors très en vogue chez les amateurs de paranormal. Et il pratiquait à l'occasion l'hypnotisme, ce en quoi je me suis empressé de l'imiter. Ce ne fut pas à Liège, mais en Ardenne.

Les jésuites de Saint-Servais possédaient alors (et encore aujourd'hui) une colonie de vacances à Botassart, sur la Semois, non loin de Bouillon et de son château médiéval. Et non loin de Sedan.

De Sedan? Oui, c'est là que Geneviève et sa mère, d'origine française, allaient passer leurs vacances. Ce que sachant, j'avais réussi à convaincre ma mère et mon oncle de me laisser partir pour quinze jours. Généreux envers les bons élèves nécessiteux, les Pères m'y invitaient, gratuitement!

À cette occasion, mon oncle m'a offert mon premier appareil photographique, un machin à soufflet. Des plaques de verre, portant la couche sensible, étaient encastrées dans des châssis ad hoc que l'on glissait dans une fente ad hoc. Un ancêtre, quoi, mais qui aura fait de l'excellent travail.

Ce furent les premières vacances de ma vie, aussi ma mère étaitelle bien inquiète de me voir partir sans elle. Là-bas, sans doute parce que j'étais le “bon élève si sage”, mes copains jugèrent plaisant de me bizuter : eau froide dans le dos, lit en portefeuille, etc. Il fallait me défendre, et c'est alors que j'ai mis en pratique ce que j'avais appris de Léon Linze : l'hypnotisme.

Hypnotiser, c'est simple, vous dira le livre de Jagot. D'abord, préparez le sujet, et même l'assemblée : “Joignez les mains, serrez bien les doigts entre eux… Attention… Vous ne pouvez plus séparer vos mains… Vous ne pouvez plus.” Et ça marche. Évidemment, l'effort tenté pour disjoindre les doigts ne fait que les resserrer davantage. Mais c'est impressionnant.

Puis, faites lever le sujet. Vous lui demandez de fermer les yeux, vous passez derrière lui et vous appliquez vos mains sur ses omoplates : “Attention, dites-vous d'un ton pénétré, je vais retirer mes mains… Mais elles vont vous attirer en arrière… Vous allez tomber. Vous allez tomber…” Et ça marche, encore une fois, et vous avez tout juste le temps de rattraper le sujet. Évidemment : votre homme s'était inconsciemment appuyé sur vos mains !

Là-dessus, vous passez à l'essentiel. Le sujet étant maintenant assis, vous commencez les “passes magnétiques”, les mains ouvertes frôlant la poitrine du sujet. Oui, mains ouvertes car le fluide magnétique obéit, tout comme le fluide électrique, au pouvoir des pointes. Vous regardez le sujet droit dans les yeux ou vous lui faites fixer un objet brillant. Et vous répétez d'une voix monotone : “Vous allez vous endormir… Vos paupières deviennent lourdes, lourdes… Vous dormez… Vous dormez…”

Et ça marche. Inquiétude dans l'auditoire. Et pour vous, un certain prestige, peut-être équivoque, ce qui fut mon cas à Botassart. Finies les brimades, on me fichait la paix. Peut-être même me voyait-on doté d'un mystérieux pouvoir.

Bien à tort, au demeurant. L'hypnotiseur n'est doté d'aucun “pouvoir spécial” et le magnétisme humain n'existe pas. C'est une invention d'un médecin viennois, Antoine Mesmer, qui connut un succès fou à Paris à la fin du 18 e siècle. Il invitait les gens à toucher les objets qu'il avait “magnétisés”, un arbre ou un bassin plein d'eau. Il y eut des guérisons, comme toujours lorsque le psychosomatique est mis en route.

L'hypnose est considérée aujourd'hui comme un phénomène naturel s'inscrivant dans le cadre des activités normales du cerveau humain : une suggestion bien menée excite les centres inhibiteurs, et c'est là tout le secret des gourous et des manieurs de foules. L'hypnotisé exécutera vos ordres, certes, mais à condition que la suggestion rencontre un terrain favorable. Contrairement à une légende tenace, il est vain de vouloir lui commander un meurtre ou une coucherie, - sauf s'il (ou elle) aime ça !

Une gentille suggestion post-hypnotique peut parfois être efficace, et j'en ai fait l'expérience : à Botassart, l'un des jeunes vacanciers, appelons-le Gérard, marquait un goût prononcé pour la dive bouteille. Ce qui inquiétait le Père Schoonjans, d'autant plus que nous devions aller en excursion à Sedan. J'ai hypnotisé Gérard et lui ai interdit de toucher au moindre verre de vin pendant le voyage. Il s'est ponctuellement exécuté et j'ai gardé en souvenir une photo de groupe où l'on voit Gérard brandir une bouteille de Vichy !

Un peu auparavant, j'étais allé seul à Sedan (20 km à pied), pour rencontrer Geneviève. Déception, elle n'était pas venue en France. J'étais rentré en autobus, en cachant dans ma poche une triode pour la TSF du Père Schoonjans ; les douaniers m'avaient regardé avec tellement de suspicion que j'en ai conclu que je ne devais jamais essayer de frauder. Je n'ai pas le physique de l'emploi.

C'était en 1929. L'année suivante je suis retourné à Botassart et j'y ai recommencé mes expériences, avec le même succès. Pour entretenir cette ambiance de mystère, il m'arrivait, le soir, autour d'un feu de camp, de raconter l'une des *Histoires extraordinaires* d'Edgar Allan Poe : *Le cas de M. Valdemar*, *La chute de la Maison Usher.* C'est le Père Schoonjans, - toujours lui ! - qui m'avait fait aimer le grand romantique américain dont il nous faisait lire des textes au cours d'anglais. Mais sûrement pas celui-ci :

"Clasp a rare and radiant maiden whom the angels name Lenore.
Quoth the Raven : "Nevermore."

Ma “maiden” à moi ne s'appelait pas Lenore mais bien Geneviève, et c'était elle, vous le savez, le moteur caché de mes expéditions ardennaises. Cette fois, j'ai pu la rencontrer à Sedan, mais il n'en est rien sorti, par ma faute. Me faisant visiter la maison en l'absence de ses parents, elle m'entraîna dans un petit local obscur où, disait-elle, elle avait très peur. Elle attendait évidemment quelque geste précis de ma part, mais moi je savais (ou croyais) que si je bougeais j'aurais dû me confesser le lendemain matin, avant d'aller communier. Telle fut la fin de mon flirt manqué avec Geneviève. “Nevermore”, disait le Corbeau.

De retour à Liège, j'ai repris, à l'occasion, mes expériences d'hypnotisme. Mon dernier sujet fut Victor Dehin, un jeune avocat que j'avais rencontré lors de fancy-fairs paroissiales : c'est lui qui censurait la “poste volante” par laquelle de timides jeunes gens envoyaient de timides missives à de timides jeunes filles, sans quitter les locaux du “Cercle paroissial Sainte-Marguerite” (aujourd'hui rasé, mais à quoi bon revenir constamment ici sur le déclin généralisé des activités catholiques ?).

J'avais endormi Victor, mais catastrophe, impossible de le réveiller. Suggestions, passes magnétiques, rien n'y faisait. “Il faut aller chercher Monsieur Linze, ici en face”, lança quelqu'un. Comme Léon Linze ne se présentait pas, j'ai envoyé un, deux, trois verres d'eau à la face de l'ensommeillé qui éclata de rire : “J'en ai marre d'être douché !” Victor m'avait bien attrapé, il ne s'était jamais endormi. Ainsi ai-je appris que personne, ou presque, ne peut être hypnotisé contre son gré. Cette chaude alerte marqua la fin définitive de ma carrière d'hypnotiseur.

Par la suite, j'ai présenté des expériences bidon. Vous demandez au sujet de fermer les yeux, puis vous montez, sans conviction, la mise en scène de l'hypnotisme. Le sujet joue le jeu, mais reste persuadé que vous ne l'aurez pas ! Alors, vous dites : “Pour vous réveiller, je vais simplement vous pincer le nez”. Et avec deux doigts enduits de noir de fumée, vous lui dessinez une jolie moustache. Éclats de rire, le sujet est très content de lui, mais tel est pris qui croyait prendre. Cette plaisanterie m'aura fait un ennemi en la personne de l'un de ces “sujets”, alors étudiant.

Je n'en étais cependant pas quitte avec l'occultisme, le hasard m'ayant fait assister à une impressionnante séance chez mon oncle Armand. C'était dans la vieille maison Verschaeve où un spirite, le père Steyart, était venu habiter après le décès de ma grand-mère. Tenue du bout des doigts par mon oncle et par le bonhomme, une petite table s'était mise à tourner, entraînant les deux partenaires d'un bout à l'autre de la pièce. Et elle tapait du pied, que c'en était une merveille. “Elle m'avait même prédit la date de l'armistice”, déclarait ravi le brave Steyart.

Le Père Schoonjans, auquel je racontais l'aventure, m'a proposé de faire une étude puis un exposé sur le spiritisme. Ce fut ma première entreprise de démystification. J'ai appris que le phénomène des tables tournantes est dû aux mouvements inconscients des participants de bonne foi, ou bien à la prestidigitation pure et simple (voir à ce propos Majax, entre autres).

Pire, ma petite étude chez les jésuites m'a révélé que tous les grands médiums des 19e et 20e siècle se sont fait prendre en flagrant délit de tricherie, ou ont avoué, à commencer par les sœurs Fox, ces deux gamines américaines qui, dès 1847, avaient réussi à faire croire aux “esprits frappeurs”. Qu'en ai-je conclu, sinon “Nevermore”, on ne m'aurait plus.

Mais je me suis alors pris d'un nouvel enthousiasme, pour la chiromancie cette fois. Lignes de vie ou de cœur, monts de Vénus ou de Jupiter, plus rien n'avait de secret pour moi. Je n'ai toutefois exercé ces talents qu'à l'occasion de fancy-fairs ou de fêtes scolaires de fin d'année. Eh bien, j'ai été étonné de l'intérêt crédule manifesté par la plupart des consultants. Puis j'ai commencé à deviner les trucs des voyants.

Je disais ex abrupto à une jeune fille : “Vous avez eu une déception amoureuse”. Réponse : “Oh oui, comment le savez-vous ?” Je ne savais rien, mais j'avais neuf chances sur dix de taper juste. En cas de réponse négative, j'aurais dit : “Attention, ce petit trait sur votre mont de Vénus me dit que la déception est proche”.

J'ai refait le coup au Festival de la Voyance à Cannes, vis-à-vis d'une charmante employée qui travaillait dans un stand de "Chiromancie par ordinateur" (on n'arrête pas le progrès). Nous étions donc dans un milieu de professionnels, mais cependant ça a marché, et de consultant potentiel j'étais devenu consulté !

Que retenir de la chiromancie, comme de la cartomancie à laquelle j'aurai aussi tâté ? Eh bien, rien, ne fut-ce qu'à cause de l'absence de statistiques probantes, comme on en pratique régulièrement en médecine par exemple. Rien, sinon l'immense crédulité humaine qui assure la fortune de quelque 50000 voyants pour la seule France, faisant ainsi couler un pactole supérieur à celui dont dispose la recherche scientifique.

Rien, comme se lamente le Docteur Faust après de longues interrogations suivies de déceptions. Rien. Et "Nevermore".

Rien surtout en astrologie, n'en déplaise à la brillante Élisabeth Teissier. Je ne vais pas recommencer ici, après tant d'autres, le procès de cette fausse science à laquelle je n'ai pas tâté à proprement parler. Simplement une anecdote :

Le matin du jour de mon mariage avec Jacqueline, à Rabat, j'avais machinalement jeté un coup d'œil distrait sur les horoscopes journaliers publiés par une petite feuille locale. Surprise, je lis, sous mon signe, le Taureau : "Attention. Un seul mot peut changer votre vie." Un seul mot, le jour de mon mariage !

Fantastique ? Mais non. Dans un horoscope quelconque, on est frappé par ce qui vous paraît positif, juste, exact, et l'on n'accorde qu'une faible attention au reste. Élémentaire, mon cher Watson.

Et puis, mon signe n'était le Taureau qu'au 2e siècle avant notre ère. Depuis lors, la précession des équinoxes a changé tout cela : mon vrai signe est la constellation du Bélier. Farceurs seront ceux qui compareront mon caractère à celui du taureau : têtu, fonceur, sanguin, lubrique, etc. C'est faux, c'est faux.

Et la numérologie, dada de certains chefs du personnel ? Rien, rien. Là, je n'avais fait que de timides essais, mon tempérament de physico-mathématicien me disant qu'elle repose sur une base totalement arbitraire, notre numérotation décimale. Le seul système numérique ayant une valeur universelle, intrinsèque, c'est le binaire, celui de la logique, des ordinateurs, de la TV numérique, de l'Internet. Et de notre cerveau. Il n'utilise que deux chiffres, 0 et 1. Alors si vous faites des additions numérologiques en base binaire, vous n'obtiendrez jamais que 0 ou 1 comme “nombre d'expression”. Nombre zéro ? Vous êtes nul, mon cher. Nombre un ? Vous êtes tout, bravo, un génie peut-être.

Alors, continuons. La Grande Pyramide ? Ah ça, j'y ai cru, surtout par la faute de l'abbé Moreux, ce génial vulgarisateur qui sévissait entre les deux guerres et avait écrit *La science mystérieuse des Pharaons*. Combien de fois aurai-je redessiné la coupe verticale de Khéops, avec ses étranges galeries ! Las ! Aucun mystère, comme l'a montré le grand égyptologue Lauer : le choix des pentes et des proportions a été dicté uniquement par des impératifs techniques. Le restant est dû au hasard, aux approximations, à l'imagination, et parfois à la tricherie.

Et pourtant, en 1945, Victor Dehin, mon ex-pseudo-hypnotisé, a écrit le plus sérieusement du monde un livre où, inspiré par Moreux, il affirme que les données astronomiques (ou soi-disant telles !) de Khéops sont venues en ligne directe d'Adam. Oui, Adam, notre père à tous, que Dieu avait doté de la science universelle, selon la Genèse. N'en voulons pas trop à mon ami car depuis lors on a écrit bien plus sottement à propos du paranormal et de l'ésotérisme.

À quoi ai-je encore cru ou failli croire ? À Nostradamus, bien sûr, avant de savoir que ce savant médecin n'était qu'un poète saturnien ayant décrit au futur les terreurs et les fantasmes d'une épouvantable époque de guerres et de pestes, la sienne.

Et les sourciers ? J'ai essayé, mais je déplorais de ne pouvoir trouver l'indispensable “baguette de coudrier”, - ignorant alors qu'un coudrier c'est tout bonnement un noisetier. L'un de mes professeurs, Georges Guében, très bon physicien, s'intéressait beaucoup à la chose. Cela lui a valu autant de déboires qu'à son illustre collègue français Yves Rocard, physicien lui aussi et père de l'ancien ministre. Les rationalistes n'aiment pas les sourciers. Mais qui écoute encore les rationalistes, aujourd'hui ?

Un grand sourcier, l'abbé Bouly, aura connu à Liège un flop retentissant. Il avait déclaré que le tombeau de Notger se trouvait sous l'une des chapelles latérales de la vieille église de Saint-Jean l'Évangéliste. Notger, le grand prince-évêque du 10e siècle ! On réunit capitaux et machines, on transforme Saint-Jean en chantier, et on creuse, on creuse. Résultat : néant.

Après les sourciers, voici d'autres détenteurs de "pouvoirs spéciaux", les fakirs. Mais oui, tout le monde y croyait à l'époque ! Ces supposés Hindous étaient très en vogue, comme aujourd'hui les gourous et autres farceurs. C'est à leur propos que j'ai reçu un vrai choc démystifiant, définitif pour ma vie entière.

À Liège, une association organisait des débats contradictoires auxquels j'assistais régulièrement. On y parlait de tout, depuis le nudisme jusqu'à l'existence de Jésus. Un jour, une affiche annonce : *"Fakirs, fumistes et compagnie"*. La séance commence et voici le Fakir Tarah-Bey, en plein travail : planche à clous, échelle de sabres, catalepsie, télépathie, lecture de plis fermés, etc. Très applaudi, le fakir laisse la scène à son contradicteur.

Surprise énorme : le rationaliste démystificateur, c'est Tarah-Bey lui-même, sans pagne, sans turban ! Un beau jeune homme, au demeurant. Explication : le fakirisme n'existe pas, il n'y a que prestidigitation et phénomènes physiques élémentaires. Exemples :

La planche à clous ? Il y a tellement de pointes que chacune n'exerce qu'une pression insuffisante pour percer la peau. L'échelle de sabres ? Aucun problème, il suffit de ne pas faire glisser le pied sur le tranchant. La catalepsie ? L'effort est réparti sur tous les muscles du corps, si bien qu'on peut vous faire reposer tout raide avec seulement un point d'appui sous la nuque et un autre sous les talons. Quelqu'un peut même s'asseoir sur vous !

La lecture aveugle ? Vous distribuez des papiers sur lesquels les auditeurs peuvent écrire une question. Chacun vous remet son papier après l'avoir enfermé dans une enveloppe. Vous appuyez l'un après l'autre les plis sur votre front, et chaque fois, après un effort de concentration, vous donnez la réponse à la question posée. Là-dessus vous ouvrez l'enveloppe et vous lisez le texte. Miracle, votre réponse était juste ! Il y a un truc, bien sûr.

Truc tellement simple que je vous laisse le soin de le deviner. Une indication : il y a un compère dans la salle.

Alors, conclusion ? Celle du Docteur Faust : rien. Il n'y a rien dans l'occultisme, rien dans l'astrologie, rien dans le paranormal. Rien dans la voyance, sinon une bonne dose de psychologie, aidée peut-être par des “supports de voyance”, comme on dit : tarots, marc de café, boule de cristal, carte du ciel, etc, tous objets dépourvus de sens par eux-mêmes mais qui facilitent (dit-on !) l'intuition du “voyant”. Tous objets qui sont avant tout et surtout des “supports de croyance”.

Le drame aujourd'hui, a écrit Umberto Eco, ce n'est pas que les hommes ne croient plus en rien, c'est qu'ils croient en tout.

* * *

VIII. - ALMA MATER, MATER DOLOROSA

"Au demeurant, on attend parfois beaucoup trop de l'Université."
Arthur Bodson *(1997)*
Recteur de l'Université de Liège

Ah, l'Université ! Ah, la Fac ! C'était le bon temps ! Les meilleures années de ma vie !

Combien de fois n'entend-on pas de ces exclamations (ou soupirs, ou cris du cœur), lesquelles, à force d'être répétées, en sont devenues des lieux communs.

En ce qui me concerne, je ne dirai pas que mes quatre années d'université furent les meilleures de ma jeunesse. Ni les plus mauvaises, loin de là. Non, je les vois s'intercaler comme une phase neutre entre deux périodes plus heureuses, l'école (12 années) et l'armée (13 années).

Je m'empresse d'ajouter que l'Université de Liège n'y est pour rien, ou presque. Cette bonne vieille institution, fondée par Guillaume 1er d'Orange, affichait encore, à l'époque, un petit air de fin de siècle : classique, rigide, guindée, solennelle, très contente d'elle-même. Cela lui est un peu resté…

Ce qu'elle en imposait, mon univ, avec ses rentrées académiques où l'appariteur portait, devant le recteur, une volumineuse masse d'armes (un peu comme dans *La souris qui rugissait*, ce film des années soixante où Peter Sellers tenait le rôle de la grande-duchesse d'un mini-Etat européen). Oui, mon univ était elle-même un peu grande-duchesse mais cependant forte d'une solide renommée.

Et j'ai beaucoup apprécié qu'elle n'ait pas eu d'idéologie dominante. Ceci contrairement à ses rivales, les universités "libres" de Louvain et Bruxelles. Présidée par un "Recteur Magnifique", évêque in partibus, la première était catholique, par définition même. Et elle l'est toujours, mais très moderato. La seconde, avec comme recteur un Vénérable, dignitaire du Ne degré, était anticléricale, puisque telle était alors la mode dans les milieux maçonniques.

Il arrivait cependant que Magnifique et Vénérable se rencontrassent dans quelque discret salon de la Fondation Universitaire. Des intérêts communs amenaient ainsi la Croix et le Triangle à se donner la main, si j'ose dire.

Il y avait si peu d'idéologie militante à Liège que je n'aurai connu qu'une seule manifestation étudiante. Purement professionnelle d'ailleurs : nous défendions le titre d'ingénieur à une époque où tout plombier pouvait se proclamer "ingénieur sanitaire" !

J'entrais donc à l'univ en 1930, année faste pour la Belgique qui célébrait alors le centenaire de sa naissance. Liège et Anvers fêtaient l'événement par de "Grandes Expositions", Bruxelles se réservant pour 1935.

Année faste pour moi également : j'étais classé premier à l'examen d'admission, devant quelque cent cinquante candidats ! Sonnez, les trompettes d'Aïda !

Oui, mais le plus drôle est que cet examen ne me concernait en rien. Absolument en rien : c'est la Faculté Polytechnique qui l'exigeait, mais nullement la Faculté des Sciences dans laquelle je voulais entrer !

Je soupçonne les Bons Pères de m'avoir poussé à cet examen, espérant bien que j'en sortirais brillamment - très brillamment - pour la plus grande gloire du Collège Saint-Servais. Ainsi aurai-je été un athlète que l'on dope en vue d'un trophée national. Et puisque ça a marché, tant mieux pour les entraîneurs, ils l'avaient bien mérité. On-a-ga-gné ! On-a-ga-gné !

Certes, il avait été un moment question que j'entre en Polytechnique. Mais voilà, on se trouvait en plein dans l'énorme crise économique engendrée par le fameux “jeudi noir” de Wall Street en 1929. Chez nous, on ne voyait certes pas, comme à New York, des milliardaires ruinés se jeter du haut des buildings. Mais on rencontrait des ingénieurs chômeurs, - ou conducteurs de tramway.

“Ton avenir, avaient déclaré mes mentors, ton avenir est dans la physique ou dans les mathématiques”. Je dis bien “ou” et non “et” car en 1929, juste avant que je n'entre en Faculté, était sortie la Loi Nolfe qui refondait entièrement l'enseignement supérieur. En particulier, elle supprimait le vieux doctorat en “Sciences physiques et mathématiques”.

Malgré l'énorme évolution du savoir, et même malgré mai 1968, ladite loi allait rester intangible pendant plus d'un demi-siècle. Alors que, de son côté, la France universitaire courait de réforme en réforme, trébuchant de l'une à l'autre. La rigidité belge était-elle préférable ? Je ne le crois pas. “In medio stat virtus”.

Cette loi frappait non seulement le doctorat physico-mathématique mais tous les anciens doctorats, ceux que l'on acquérait en quatre années. En remplacement, elle créait les titres de “licencié” et “d'agrégé”, titres que j'allais être l'un des tout premiers Belges à porter. J'essuyais les plâtres, somme toute !

Attention, cette agrégation, dite “agrégation à l'enseignement secondaire du degré supérieur” (ouf !), n'a rien de commun avec sa brillante homonyme française. C'est un petit diplôme, purement pédagogique, indispensable pour accéder aux fonctions de professeur.

La Belgique s'était depuis longtemps détachée du système français d'enseignement, et ainsi les lycées et athénées ne donnaient-ils aucun cours de philo. Pour combler ce vide, la Loi Nolfe introduisait des éléments de philosophie dans toutes les licences : logique, morale, psychologie. Dans les Facultés de Sciences, ces cours furent l'objet d'un mépris certain, et souvent sabotés. Je l'ai toujours regretté car j'estimais indispensable de faire quelque peu sortir les futurs universitaires du cadre trop étroit de leur spécialisation propre.

Quant à la séparation mathématique-physique, elle s'inscrivait dans un mouvement général qui allait progressivement conduire au triomphe des “mathématiques modernes” et à leur introduction, très peu justifiable, dans l'enseignement secondaire du degré inférieur.

Pour les savants de la Renaissance, cependant, il n'y avait pas grande différence entre les objets dont traitent les mathématiques et ceux dont traitent les sciences de la Nature. Simon Stévin de Bruges, par exemple, était à la fois grand ingénieur et grand algébriste. Mais dès les années 1900, le mathématicien a voulu se cantonner dans l'abstraction et ne connaître d'autre vérité que la non-contradiction interne. Quant aux applications pratiques de son art et de son savoir, cela devenait le moindre de ses soucis. Ainsi donc, et contrairement à une idée très répandue, Einstein n'est pas un mathématicien au sens actuel du terme. Il s'est génialement servi des mathématiques, certes, mais il ne les a jamais considérées comme une fin en soi.

Dès l'origine, le divorce math-physique s'est marqué par des querelles de profs, ouvertes ou sournoises, tantôt comiques, - ce dont nous nous amusions, nous, les étudiants, - mais tantôt dramatiques : dans les années 60 à l'Université de Liège, un véritable ostracisme aura frappé les mathématiques modernes, au détriment des carrières, parfois, et de la science, surtout.

Et moi, qu'allais-je choisir? En première année, j'ai “fait les maths”, et la sortie n'en fut pas glorieuse : une petite mention de “distinction” (“assez bien”, dirait-on en France). Quelle chute! Qui incriminer? Ce système universitaire qui fait tant et tant de victimes? Non, le système n'est pas mauvais en soi, mais il impose un choc au jeune qui quitte la tutelle de l'enseignement secondaire pour se retrouver brutalement livré à lui-même. Et ce choc, d'aucuns le supportent très mal.

Là-dessus, mes mentors sont à nouveau intervenus : “Tu dois choisir la physique, c'est la branche de l'avenir, en particulier dans l'industrie, où la crise ne durera pas toujours.” Soit. Mais c'était oublier qu'à Liège, alors capitale du charbon et de l'acier, on ne jurait que par les ingénieurs, si bien que l'on s'est empressé de créer un titre “d'ingénieur physicien”. Voilà qui allait rejeter dans les ténèbres extérieures ces malencontreux licenciés qui auraient voulu forcer les portes d'un monde où règne un si solide corporatisme.

Et ainsi, bien que n'ayant aucune ambition industrielle, je me suis inscrit en physique pour ma seconde année. La sortie en fut un peu plus brillante qu'en première : “grande distinction”. Autrement dit : mention “bien”. “Pourrait faire mieux”, aurait écrit un prof de lycée dans mon carnet de notes.

Oui, j'aurais pu faire mieux, peut-être, si le milieu, l'ambiance, les relations, la vie familiale eussent été autres. Peut-être, peut-être. À cette époque, ma mère sortait des affres si féminines de la ménopause. “Mère agitée”, annonçait trop souvent ma petite météo personnelle.

La brouille s'étant installée avec les nouveaux proprios de la rue Publémont, ma mère décide de déménager. Elle déniche à Ans, en banlieue, presque à la campagne, une gentille maisonnette dotée d'une petite tour pointue. C'était l'ancien logis du gardien de la grosse villa voisine où vivait un vieux général portant un nom alors connu, Graf : son fils, le lieutenant Graf, avait été assassiné par un fanatique en Rhénanie occupée.

Très bien la maisonnette, très confortable, avec un beau jardin. Mais cela m'obligeait à une marche d'une heure environ pour me rendre aux cours. Et autant pour l'oncle Armand qui soignait le jardin et venait prendre chez nous son repas de midi. Il y avait certes le tramway n° 12, mais c'était un peu cher pour nous. Enfin, nous étions assez heureux à Ans, - mais cela n'a pas duré.

Un an plus tard environ, nouveau déménagement. Une brouille de voisinage, je crois. Nous voici plus près du centre, rue Emile Gérard, dans notre ancien quartier de Sainte-Marguerite, non loin d'un couvent de franciscains, aujourd'hui complètement rasé. Ma mère décide même mon oncle Armand à quitter la maison familiale de la rue Pierreuse et à venir s'installer dans notre immeuble, un étage au-dessus de chez nous.

Un an plus tard, - eh oui, je me répète, - nouveau déménagement. Une brouille avec le locataire principal. Nous voici rue Eracle, toujours dans le même quartier. Quant à l'oncle Armand, il reste en carafe rue Emile Gérard. C'est à partir de là, je crois, qu'il a commencé à penser qu'il pourrait peut-être songer à éventuellement se marier, un jour.

Un an plus tard, - mais oui, mais oui ! - nouveau déménagement. Nous étions au milieu de 1934, à la fin de ma dernière année d'univ. Cette fois la brouille fut si sérieuse qu'un dimanche, après la messe, j'avais dû taper du pied et hurler pour séparer ma mère et sa proprio. Comme deux mégères, elles étaient sur le point d'en venir aux mains ! Quittant la très tranquille rue Eracle (nom d'un ancien prince-évêque), nous émigrons vers la rue Wazon (un autre prince-évêque), en bordure de la ligne de chemin de fer Liège-Bruxelles, ce qui était nettement moins tranquille, on s'en doute.

L'inévitable brouille avec la proprio est évidemment survenue, mais assez tard, cette fois, en 1940. Et tel le chat Raminagrobis de Jean de La Fontaine, un aviateur anglais “mit les plaideurs d'accord en croquant l'un et l'autre”, - pardon, en bombardant impartialement leurs appartements respectifs. Moi, je n'étais pas là. Ma mère a alors émigré rue Monulphe (encore un prince-évêque !), et c'est là que je l'ai retrouvée après la guerre.

Il est heureux que tous ces chambardements se soient déroulés dans le même quartier de Sainte-Marguerite car ainsi ai-je pu conserver des contacts suivis avec mes rares amis, et surtout avec Paulette Linze, sa famille, - et son piano.

Son père ne s'occupait plus d'hypnotisme, mais toujours entreprenant, il avait fondé avec quelques amis, dont mon futur beau-père n° 1 M. Goldenberg, l'une des toutes premières sociétés d'assurance-maladie, la “Mutuelle Sainte-Marguerite”.

Paulette avait deux frères dont le plus jeune, Jacques, un enfant bien turbulent, allait devenir un écrivain connu. L'aîné, Maurice, plus placide, fut l'un des 6000 ou 7000 soldats belges tués lors de la campagne de 1940. Ce qui incita son père à entrer dans la Résistance active, en même temps que Georges, le fiancé de Paulette, un grand blond à lunettes de presbyte. Arrêté par les Allemands, Georges connut le destin de tant d'héroïques garçons de chez nous : décapité à la hache, quelque part en Rhénanie

Vers 1930, Léon Linze avait acheté une “Nouvelle Chevrolet”. Je n'en ai jamais oublié le prix, 36500 francs belges, ce qui ferait 35000 euros au cours d'aujourd'hui. Sa famille, sa Chevrolet et moi-même aurons connu de bien agréables journées dans les Ardennes, les Fagnes, le Luxembourg, le Brabant. On était gai, on chantait un tube de Pils et Tabet, alors à la mode :

“Couchés dans le foin avec le soleil pour témoin,
Un p'tit oiseau qui chante au loin...”

Et il nous arrivait aussi de dîner en ville, notamment dans un restaurant, voisin du cinéma Palace, où se pratiquait une cuisine alors révolutionnaire à Liège : la cuisine italienne ! Mme Linze m'avait même appris à préparer un spaghetti bolognaise, ce qui allait m'être bien utile plus tard dans les camps allemands.

Autres relations ? Des étudiants, bien sûr, notamment des étrangers, des “Poustis”, comme on les appelait à Liège. Mes Poustis à moi étaient surtout des Juifs polonais. L'un d'eux m'avait même appris l'alphabet hébreux, ce dont je m'étais servi pour signer une mystérieuse carte postale envoyée à Gabrielle, une mince jeune fille rencontrée lors d'une fancy fair. Jamais je n'aurais osé signer en français ! Et d'ailleurs Gabrielle était amoureuse du jeune avocat Dehin, mon faux hypnotisé.

Lui et moi et quelques autres, nous nous retrouvions aux Jeunesses Universitaires Catholiques, à la “JUC”. Là, nous aurons vécu des soirées bien passionnantes sous la présidence d'un intelligent vicaire, l'abbé Rorive.

Victor Dehin était l'un des membres les plus actifs. À la fois rigide et plaisantin, il arborait une moustache 1900 et une éternelle jaquette 1910 sur un pantalon rayé. En complément, un chapeau melon et une canne à pommeau d'argent. Mais Gabrielle l'aimait comme ça ! Spécialiste d'Aristote et de Saint-Thomas d'Aquin, c'est à lui que je dois d'avoir acquis des notions de métaphysique, et aussi, peut-être, le goût de la philosophie.

En écoutant saint Thomas parler par la bouche de Victor Dehin, j'ai appris que le meilleur régime politique est la monarchie (absolue !), parce qu'il est à l'image de Dieu. Mais, remarque le Docteur Angélique, comme la corruption du meilleur est toujours le pire, la république, quoique imparfaite, reste préférable. Bravo.

J'ai appris à distinguer la matière de la forme. La matière, qui est potentialité s'oppose à la forme, qui est actualisation. Notre matière, c'est notre corps ; notre forme, c'est notre âme. J'allais retrouver ces bonnes vieilles thèses, si délicieusement thomistes, dans les cours de psychologie du professeur Janssens, celui que les étudiants surnommaient "l'archevêque de Trooz".

J'ai appris à ne pas confondre la substance et l'accident. La substance est ce qui est permanent dans les choses qui changent ; l'accident est ce qui peut changer, sans altérer la substance. Le génie théologique de saint Thomas vient ici tout inverser : lors de la consécration de l'Eucharistie, c'est la substance qui change dans l'hostie et non l'apparence, l'accident, lesquels subsistent. Très simple, il fallait y penser.

Un physicien moderne, hélas, ne voit absolument pas ce qu'est la "substance du pain et du vin", pas plus que la "substance du corps et du sang de Jésus-Christ". Il n'y a là que molécules et atomes, cellules et spirales d'ADN. Et tel ou tel "accident du vin", sa couleur par exemple, est simplement dû à certaines molécules faisant intimement partie de la "substance du vin".

Pour un rationaliste, il n'y a que superstition dans ce mystérieux pouvoir de transsubstantiation, conféré au prêtre lors de l'ordination. Mais croyance pour croyance, ce supposé pouvoir n'est-il pas préférable aux “pouvoirs spéciaux” que d'aucuns attribuent à leurs gourous respectifs? Saint Thomas est certainement moins dangereux que le docteur Jouret du Temple Solaire et moins farfelu que le Maharishi Mahesh Yogi de la Transcendental Meditation.

Étrangère à ces préoccupations intellectuelles, ma vie familiale me paraissait bien terne. Ma mère avait peu d'amis : les parents de son filleul, des ouvriers, à l'autre bout de la ville; une vieille fille, couturière retraitée, que nous appelions Mamie Barbe; d'autres figures peut-être, mais si grisâtres que je les distingue à peine dans les brumes du passé.

Une fois ou deux par mois, ma mère et mon oncle m'entraînaient chez Mamie Barbe, au centre de la ville, pour jouer au whist! Au whist! Un jeu de vieux! Ce que j'en ai bouffé des “Grandes Misères” et des “Petites Misères”! Et même des “Petits Chelems”!

Et cependant, les jours de carnaval, à deux pas de là, une jeunesse bruyante se bousculait rue Pont d'Avroy, se battant gaiement à coups de serpentins et de confettis. Cela m'a dégoûté des cartes, pour toujours, malgré une parenthèse “bridgc” dans les camps de prisonniers de guerre.

Mais pourquoi diable ne voulait-on pas que je sois jeune comme tous ceux de mon âge?

* * *

IX. - GAUDEAMUS IGITUR...

"Juvenes dum sumus, gaudeamus..."
(Hymne estudiantin allemand)

De ma vieille collection de partitions musicales, j'ai conservé un album d'ouvertures de Franz von Suppé. Dans l'une d'elles, "*Flotte Bursche*" - Joyeux drilles ! - L'auteur a incorporé un vieux chant estudiantin allemand, un hymne à la joie et à la jeunesse : "Réjouissons-nous, nous les jeunes... Gaudeamus !"

Mais ma jeunesse à moi, elle se passait plutôt familialement, on le devine. C'est en famille que j'allais au cinéma où le parlant venait de faire une entrée fracassante avec deux films américains, *Le chanteur de jazz* puis *Le fou chantant*. Ce fou était Al Jolson, un faux nègre, bientôt sacré grand mythe du cinéma moderne, avec son *Sonny Boy* :

"When there are grey skies,
I don't mean the grey skies
You make them blue, Sonny Boy."

Puis il y avait les fameux comiques, Buster Keaton, les Marx Brothers, Laurel et Hardy, et toujours Charlie Chaplin, increvable. Et les grands films, tels *l'Ange Bleu* (Marlène...), *Frankenstein* (le premier !), *L'Atlantide* (celle de Pabst), *Le Signe de la Croix* (Cecil

B. DeMille), *Tarzan* (le premier !), *King Kong* (le premier, le meilleur !). Là, je cite au hasard, et j'en passe, à mon grand regret.

Mention cependant pour *Extase*, une audacieuse production tchèque que je ne devais voir que bien plus tard - et seul ! La vedette, Hedy Lamarr, fut la première de l'imposante cohorte de femmes nues qui allait envahir le grand et le petit écran. En comparaison, Joséphine Baker était d'une pudeur…

"J'ai deux amours,
Mon pays et Paris"

Les dimanches d'hiver, ma mère et moi allions au "Phare", l'un de ces cafés-cinémas très florissants à une époque où, faute de second projecteur, il fallait bien rendre la lumière dans la salle après chaque bobine. Cela faisait très cosy, et j'ai gardé l'image d'une jeune et jolie blonde, toujours assise à une table voisine de la nôtre. Et à qui je n'ai jamais adressé la parole. Le contraire eut été étonnant, n'est-il pas vrai ?

Aujourd'hui, disparu, le Phare, tombé avec tant d'autres souvenirs dans le T.G.T., le Très Grand Trou (de la Place Saint-Lambert).

D'un niveau nettement plus culturel que le cinéma ordinaire, il y avait à Liège les séances des "Loisirs de l'ouvrier", lesquelles mariaient intelligemment une conférence et un film. J'y allais, encadré, - bien sûr ! - par ma mère et mon oncle.

C'est là, plutôt qu'à l'univ, que j'aurai appris le plus de choses sur l'expédition stratosphérique du physicien suisse Auguste Piccard, professeur à l'Université Libre de Bruxelles.

La Belgique venait alors de créer le FNRS, une réplique du CNRS français. Dès son origine, ce fonds de recherche a été appelé à financer deux énormes entreprises scientifiques, les fouilles d'Apamée en Syrie, et l'ascension en ballon de Piccard et de Kipfer. En mai 1931, les deux aéronautes atteignent l'altitude record de 16000 mètres et en ramènent quantité de données sur les rayons cosmiques, alors très mal connus, et sur la couche d'ozone, qui ne semblait pas encore avoir été trouée.

S'il n'y avait eu qu'un professeur Piccard pour occuper l'actualité, tout eut été pour le mieux dans le meilleur des mondes. Mais il était également question d'un certain "Monsieur Hitler" qui gagnait les élections en 1930 puis se faisait plébisciter par 40 millions d'Allemands en 1933. Comme le grand public n'y attachait pas tellement d'importance, le réveil allait être dur, très dur.

Côté culture, j'étais bien servi aussi avec une remarquable association, "Le Vieux-Liège". Fondée par l'archiviste Comhaire, elle fut animée, notamment, par mon oncle Armand qui lui resta fidèle jusqu'à la mort. Association très active : tous les dimanches, quel que soit le temps, excursion pédestre dans la région liégeoise, avec visites de sites archéologiques, de châteaux ou d'églises (en ces temps bénis, les églises restaient constamment ouvertes !). Tous les samedis, conférence ou visite guidée d'un musée ou d'un immeuble ancien. Ou de l'une des nombreuses églises de Liège, - il y en a trente-deux, disait ma mère, - ces églises que je visitais toutes très soigneusement le Jeudi-Saint, le jour des indulgences.

Au Vieux-Liège, nous étions des écologistes avant la lettre : combien de fois n'avons-nous pas protesté ou agi contre la destruction de sites ou la dégradation de monuments historiques ! La dernière fois, à ma connaissance, ce fut dans les années soixante, quand a été décidé le saccage de la Place Saint-Lambert. Furieux, l'échevin Lejeune retira au Vieux-Liège le local qu'il lui avait concédé dans le pittoresque quartier des Ursulines.

Chose curieuse par ailleurs, ma mère avait voulu que je suive des cours de danse ! J'allais chez Cheneau où un beau jeune homme faisait valser les filles tandis qu'une grosse dame enseignait le fox et le tango aux jeunes gens, dont moi.

Et ainsi, avec ma mère comme chaperon, - mais oui ! - j'allais aux soirées du "Théâtre des Familles" ou de son concurrent dissident le "Théâtre Familia". Les soirées commençaient par l'une ou l'autre pièce jouée par d'excellentes troupes d'amateurs. Et l'on se revoyait les dimanches, en des excursions où le milieu était un peu plus jeune qu'au Vieux-Liège. Et c'est là, vers la fin de ma seconde année d'univ, que j'ai rencontré Jeanne Lallemand.

Comme leur nom ne l'indique peut-être pas, ces Lallemand étaient d'ascendance juive, mais catholiques pratiquants. Tous, père, mère, fils. Et aussi les deux filles, Jeanne et Lily.

Ils possédaient une petite entreprise d'enseignes lumineuses, qui marchait très bien. Et une voiture, avec laquelle nous avons fait plus d'une balade, aux courses de Spa-Francorchamps notamment. Et une maison de campagne, au bord de l'Ourthe, où je serai allé bien souvent. Et où j'ai un jour fait mes adieux à Jeanne, disant que j'entrais à l'armée et que j'abandonnais mes études. “Mais pourquoi”, demandait-elle étonnée. Oui, pourquoi ?

Peut-être parce que, entre elle et moi, cela n'avait jamais parfaitement marché, bien que je me considérasse comme fiancé. Ni laide ni jolie, Jeanne était une très gentille personne, et jamais nous n'avons eu un mot plus haut que l'autre. Mais pas davantage de "privautés". Nous nous disions “vous”, “Mademoiselle”, “Monsieur”, jamais de prénom! Les rapports étaient exactement les mêmes, d'ailleurs, entre Lily et son fiancé Robert, un architecte, - avec de semblables perspectives d'échec pour le couple.

Comme toujours en de pareils cas intervenaient des tiers plus ou moins bien intentionnés. “Ce n'est pas une fille pour vous”, me disait la mère de Paulette. “Tu ne dois pas t'attacher”, me répétait ma mère. “Oui, nous pensons qu'avec Monsieur Grosjean, il y a sa mère”, me confiait Madame Lallemand, ne se doutant pas que j'avais déjà entendu cela.

Et un dimanche, lors d'une fête de campagne, comme Robert et moi avions dû quitter les Lallemand, deux jeunes gens de province ont invité les deux sœurs à une danse, - qui s'est continuée pour la vie. Et voilà, Robert et moi, nous étions virés. Sombre dimanche.

Ce fut ma première déception sentimentale. À qui la faute? Question inutile. Je n'ai jamais gardé de rancune contre Jeanne, que je n'ai d'ailleurs revue qu'une seule fois, par accident, peu après la guerre. Elle était mariée, moi je divorçais.

Quant à l'architecte il avait fort mal tiré ses plans : s'étant sottement lancé dans la collaboration avec l'ennemi, il s'est vu condamné par l'une de ces cours spéciales qui poussaient comme des champignons après la Libération : on comptait, paraît-il, 600 000 dossiers de collaboration ouverts en Belgique.

Après la rupture, Robert et moi nous sommes un moment consolés avec Gabrielle et sa cousine Emma, deux filles de mon quartier. Bien que Gabrielle ne songeât plus guère à son beau Victor, nos rencontres n'ont pas été très nombreuses. Emma n'a pas épousé l'architecte et Gabrielle, hélas, est morte, très jeune, 25 ans.

Y a-t-il eu d'autres filles dans ma vie d'étudiant? Guère, mais notamment une ressuscitée d'entre les morts. Et ce dans ma propre famille!

Ma mère était brouillée à mort avec ma tante Joséphine, une sœur de mon père qui vivait à Liège avec un mari et une fille de mon âge, Alphonsine ou Fonsine. Je ne les avais jamais vus, sauf vaguement, à un enterrement peut-être. La brouille devait être très ancienne, ma mère reprochant à ma tante d'avoir servi de boîte aux lettres pour mon père, à une époque où celui-ci avait une maîtresse.

Surprise, nous lisons un jour dans le journal l'annonce du décès d'Alphonsine Fils, ma cousine! Surmontant sa rancune, ma mère me dépêche chez les parents. Je sonne, et qui vient m'ouvrir? Fonsine en chair et en os! L'avis mortuaire n'était qu'une blague d'étudiants, blague de fort mauvais goût, au demeurant.

Après cette résurrection, j'aurai souvent revu ma cousine, une petite grosse toujours gaie. Pendant toute la guerre, ses parents et elle ont caché chez eux un étudiant juif, à leurs risques et périls, on s'en doute. L'affaire s'est bien terminée : un mariage.

Autres filles? Des étudiantes, oui, mais fort timidement. Avec elles aussi, c'était “Monsieur” et “Mademoiselle”. Touchante époque! L'une d'elles s'est cependant bien rattrapée : lors d'un dîner d'anciens, elle m'a confié qu'elle avait couché avec la plupart des messieurs présents. Moi, je ne figurais pas à ce palmarès. C'est peut-être cela qu'elle me reprochait, mine de rien, en se livrant à de tels aveux, d'une authenticité non garantie, d'ailleurs.

Nous n'étions guère nombreux dans ces nouvelles sections de licence. Trois pour la physique, un peu plus pour les mathématiques. Mais ces trois pionniers ne se sont pas mal débrouillés dans la vie. Moi j'ai fini comme prof d'univ et Maurice Désirant comme directeur de recherches dans l'industrie. J'ai eu très peu de contacts avec lui, mais nettement plus avec le troisième, Marcel Nicolet.

D'abord météorologiste, Marcel s'est lancé dans une science assez nouvelle à l'époque, l'aéronomie, étude des propriétés physico-chimiques de l'atmosphère. Il y a fait de nombreuses recherches, et sur sa foulée, il a fondé à l'Observatoire d'Uccle-Bruxelles, un Institut consacré à cette discipline, ce qui lui a valu un renom international. Si bien qu'un beau jour, Baudouin, roi des Belges, l'a promu à la baronnie.

Remarquable carrière pour un fils de la campagne, et fameux démenti pour tous les pédago-idéologues qui prétendent qu'un milieu familial trop simplc constitue un irrémédiable handicap au bon déroulement d'études supérieures. Ils oublient que “l'esprit souffle où il veut”, comme le dit quelque part l'Écriture.

* * *

X. - CHEVALIERS DE LA TABLE RONDE

"D'une part, le physicien d'aujourd'hui
et, d'autre part, le primitif de toujours,
raisonnent selon le même mode."
Emile Meyerson,
"Du cheminement de la pensée", 1931

Ce n'est vraiment qu'à partir de la troisième année, alors que je commençais à approfondir la physique moderne, que j'ai effectivement connu une vie estudiantine normale : cercles, cafés, bières, sorties. Et "guindailles", comme on dit en langue belgique. On buvait, on braillait des chansons dont certaines avaient d'abord choqué mes chastes oreilles, *Les moines de Saint-Bernardin* par exemple, où l'on piétinait allègrement tout ce qui m'avait été inculqué, le respect du prêtre, le respect de la femme :

"Pour notre coucher dans un lit aux draps blancs (bis)
Une belle nonne de seize à vingt ans (bis)
A la taille bien faite, et aux appas bien ronds...
Voilà qui est bon. Et bon et bon et bon et bon !"

Il y avait pire : *Les vérolés* ou *Le cordonnier Pamphile*. Et, plus gentil, *Jeanneton prend sa faucille* ou *les Chevaliers de la Table Ronde*. Oui, toujours le vin et les femmes. Les femmes et le vin. Ou la bière. Des domaines où notre expérience à nous, adolescents de ces temps lointains, était à peu près nulle. Sans doute ces chants et ces chœurs tenaient-ils lieu de cérémonie d'initiation ? Et d'antidote à notre éducation contra-sexuelle ?

Mon cercle préféré était l'un des plus actifs à l'époque, la Fédération des Étudiants Catholiques. Ses membres portaient la calotte (et ses adversaires chantaient "À bas la Calotte"). Je me serai contenté d'une casquette à courte visière brillante.

La Fédération était alors animée par un groupe formidable, les "Rhéto-29", tous issus du Collège Saint-Servais. Je n'en étais qu'un modeste membre coopté, puisque ni "rhétorique", ni "1929". Dans la vie, les "Rhéto-29" ont tous occupé des postes remarquables, à Liège ou ailleurs : avocats renommés, présidents de sociétés, ministres même. Leur leader était Manu Bronne, un garçon débordant de vie, d'humour et d'intelligence. Il est mort au combat, dans la Résistance armée.

Chaque année, la Fédération présentait une revue, ensemble de saynètes humoristiques et surtout satiriques dont les profs étaient les victimes. Victimes consentantes et parfois très heureuses. En 1933, pour le 25e anniversaire de son journal "Le Vaillant", la Fédération avait même engagé, pour les rôles du compère et de la commère, des comédiens professionnels de Bruxelles et de Paris. Tous les autres acteurs étaient étudiants.

La revue fourmillait de chansons originales, toutes sur des airs connus : *Sous les ponts de Paris*, *Pour être un jour aimé de toi*, *L'auberge du Cheval Blanc, On a l'béguin.* Et *Stormy Weather*, qui m'est resté si cher :

"Il est tard,
Le clair de lune est blafard,
J'ai le cafard."

Ça continuait : "Au nez des agents, gais étudiants, soufflez les réverbères. Et buvez de la bière". Mélancolies d'adolescents…

Eh bien moi aussi, je me suis mis à écrire des revues, mais pour un public restreint, celui de notre Cercle d'Études Scientifiques (CES). Mon coauteur était Denis Lejeune, futur mathématicien, futur officier d'active, futur prisonnier de guerre, comme moi. On répétait en de folles soirées chez Paulette Linze, devenue notre égérie à tous. L'exécution se donnait le soir dans un restaurant de la ville, sur une scène improvisée, après un repas.

Triomphèrent ainsi deux revues, *Les Maths trônent* en 34 et une autre, en 33, dont le titre est une formule mathématique qui se lit : "*Nu, Intégrale D Bêta*". Puis en 37, le CES se trouva en panne d'auteur et me relança, alors que j'étais déjà officier élève près d'Anvers. Grâce à une permission spéciale, j'ai pu venir à Liège jouer mon œuvre, *Les Types des Maths lassés*. La commère était une grande amie mathématicienne, Denise Moray, que j'allais revoir bien des fois par la suite.

Chose curieuse, les rôles que j'ai alors tenus sont ceux de profs spécialistes de matières que j'allais moi-même enseigner plus tard dans l'une ou l'autre université : Mécanique analytique, Physique théorique, Analyse mathématique, Logique formelle. Chose plus curieuse encore, c'est à travers ces innocentes revues que je revois mes profs de jadis. Presque tous remarquables, au demeurant :

Jacques Deruyts, chauve et vieillot, un pionnier de l'analyse mathématique moderne, expliquant avec un incroyable accent liégeois la théorie de l'infiniment petit potentiel : "Tu m'apportes un epsilon, hein, eh bien moi, je t'en donne un plus petit. Tu veux m'en apporter un plus petit que le mien, hein, oui mais moi je te rattrape avec un plus petit encore..."

Lucien Godeau, grand, costaud, impressionnant. Un géomètre mondialement connu, issu de la grande école italienne. J'aurai souvent pu compter sur son soutien.

Florent Bureau, jeune et brillant analyste, formé à Paris. Il venait assister à nos revues, et en riait très fort.

Léon Rosenfeld, petit, un peu chauve, physicien et bras droit de Niels Bohr. Nous l'avons chanté en revue parce qu'il avait épousé l'une de nos camarades. Air : *Je t'ai donné mon cœur*. Lui aussi m'aura activement soutenu.

Henry Janne, grand, aimable, précieux, le verbe aisé, physicien théoricien et quelque peu philosophe, ne m'a aidé en rien, bien que c'était sous son patronage que je préparais mon mémoire de licence.

Louis Meurisse, prof de mécanique, surnommé “Peutchet”. Un petit bonhomme boitillant, roulant les “r”. En 1914, alors qu'il était bourgmestre de Visé, au nord de Liège, les Allemands l'avaient arrêté et pendu par les pieds pendant qu'ils saccageaient la ville.

J'en oublie certainement plusieurs, que leurs mânes m'excusent. Ah non, voici Paul Nève de Mévergnies, dignité, redingote, accent châtié. Et cours de logique à la façon d'Aristote, - alors que cette discipline se développait partout dans de tout autres directions. Le syllogisme était l'un de ses chevaux de bataille.

Dans ma revue de 1934, il faisait passer un examen, chantant, sur l'air du thème de Laurel et Hardy : “Des syllogismes donnez m'en ?”. Réponse :

“Fritz est allemand,
Or tous les Allemands sont des moules,
Conclusion : Fritz est moule.”

Fin, très fin, mais toutes nos revues fourmillaient de jeux de mots du même acabit. Couplet final, “Un autre exemple je vous prie ? :

“ *Toutes les filles sont hardies,*
Or Mademoiselle Laure est une fille,
Donc, Laure elle est hardie.”

Halte, halte, pour l'amour de Dieu, et passons à des choses plus sérieuses, Albert Einstein, par exemple.

En mars 33, fuyant la persécution nazie, le grand physicien s'était installé à Coq-sur-Mer, en Belgique, avant d'émigrer vers les États-Unis. En 29 déjà, il avait été reçu par le roi et la reine et avait joué du violon en leur présence. Maintenant, l'Université Libre de Bruxelles l'invitait pour un séminaire auquel j'ai eu la grande chance de pouvoir assister.

Einstein nous a parlé de ces grandeurs alors un peu mystérieuses, les spineurs, qui allaient jouer un si grand rôle dans la mécanique ondulatoire relativiste, et aussi dans certains de mes travaux ultérieurs. Ayant commencé en français, le grand homme a bafouillé, s'est excusé et a continué en allemand. C'était alors la langue universelle de la physique, et je m'escrimais à l'apprendre tout seul dans mon coin, sans me douter que cela allait me servir à tout autre chose qu'à la physique…

J'avais terminé ma troisième année avec encore une fois la mention “grande distinction”. Oui, l'élève Grosjean “pourrait mieux faire”. Aussi, pour le choix de mon mémoire de fin d'études, je me suis tourné vers une branche qui passait pour la plus difficile, la physique théorique et mathématique. Or, ce n'était pas le bon choix : à l'époque, les petits malins se ruaient vers l'Observatoire de Liège-Cointe où régnait un puissant personnage, le professeur Marcel Dehalu, administrateur inspecteur des biens universitaires, et, comme tel, dispensateur de fonds et de faveurs. Ayant innové la recherche en astrophysique et en spectroscopie dans son cher Observatoire, où il résidait, il favorisait tous ceux qui se lançaient dans cette direction, - mais avait tendance à oublier les autres !

Restons cependant objectifs : Dehalu aura poussé en avant des gens de très grande valeur, notamment Polydore Swings, qui allait lui succéder, et aussi Paul Ledoux, un ami sur lequel j'ai toujours pu compter.

Mon patron de mémoire, Henry Janne, me proposa un sujet de Mécanique Ondulatoire, théorie fondée dix ans plus tôt par Louis de Broglie. Irréprochable au point de vue mathématique, la théorie était déroutante dans son interprétation. Comment comprendre, en effet, qu'un même objet physique puisse être à la fois une particule extrêmement petite et une onde étendue à tout l'espace? On me demandait une étude critique des différents procédés qui avaient été avancés jusqu'alors pour concilier l'inconciliable. Et si possible d'apporter quelque contribution nouvelle, pas moins.

C'est avec l'aide d'un jeune physicien français, Max Morand, professeur à Liège, que j'ai pu présenter un petit quelque chose de neuf. Grand et sec, Morand avait perdu un œil dans une expérience de laboratoire. Ses étudiants, de futurs médecins, le trouvaient trop dur et le haïssaient. Mais lui et moi nous nous entendions à merveille, et ensemble nous avons pioché dans les travaux de Georges Bouligand, un mathématicien de Poitiers. Et aussi dans le *Cheminement de la pensée*, du philosophe Emile Meyerson.

Placé devant les contradictions apparentes de la Mécanique Ondulatoire, explique Meyerson, le physicien moderne est dans la même situation de pensée que l'Indien Bororo qui, selon Lévy-Bruhl, se prétend à la fois homme et perroquet ara. Contrairement à nous, ce primitif se montre indifférent à la contradiction, car il pense qu'il “participe” à la nature de l'homme et à celle du perroquet. Ainsi, l'objet physique “participerait” à la nature de l'onde et à celle du corpuscule.

Très bien, mais de son côté, Niels Bohr allait expliquer que ces natures, - ces concepts, plutôt, - sont “complémentaires”, et c'est cette idée qui a prévalu,

Mon Dieu, que tout cela est loin! Et loin des préoccupations actuelles des théoriciens de la physique des quantas!

Mon mémoire ayant eu son petit succès, l'examen final se clôtura sur une “plus grande distinction”. Très bien, très bien! Ouf!

Mais après ce triomphe, tout ce qu'on pouvait me proposer, c'était dix années d'intérims dans l'enseignement secondaire, à travers toute la Wallonie. “Aucun espoir dans l'Université, me déclarait péremptoirement mon patron de mémoire. Voyez, tous ceux qu'on a récemment nommés, ce sont des jeunes à l'âme chevillée dans le corps. Et du côté de Dehalu, rien à faire. Ce n'est pas un professeur, c'est un général !"Et du doigt Henry Janne esquissait le dessin de trois étoiles sur son revers.

Alors, pourquoi diable tant de gens ont-ils paru étonnés en apprenant que j'avais répondu "oui" au conseil de révision, lorsque le médecin militaire m'avait gentiment demandé si oui ou non je voulais faire mon service ? (Des pistons avaient cependant agi en faveur du "non"). Et plus étonnés encore quand ils ont su que je voulais rester à l'armée et y faire carrière.

Et ça, ce ne fut pas le mauvais choix. Mais là, pas du tout.

* * *

Troisième Vie

XI - DEBOUT SUR LA FRONTIÈRE

"Gauche ! Droite !"
***Général Robert Close** (1996)*

"Mais c'est le glas ! s'écrie ma mère. On sonne le glas à Sainte-Marguerite !"

C'était le matin du dimanche 18 février 1934. Albert Ier, alpiniste fervent, avait fait la veille une chute mortelle dans les rochers de Marche-les-Dames, non loin de Namur. Ce fut un drame pour tous les Belges, et plus encore pour le prince héritier, le futur roi Léopold III, roi dans la guerre, roi dans la capitulation, roi dans la captivité, roi dans l'exil et l'abdication.

Et roi dans le deuil à nouveau, quand, le 29 août 1935, disparaît brutalement la reine Astrid. Quelques décennies plus tard, deux autres princesses de légende et de charme, Grâce de Monaco, puis Diana de Galles, allaient trouver la même mort qu'Astrid de Belgique : dans un accident de voiture.

Les circonstances étranges de la mort du roi Albert firent naître le soupçon d'un assassinat politique organisé par l'Allemagne. C'était faux, sans doute, mais la montée du régime nazi, de plus en plus violent, n'était pas propre à rassurer les opinions.

Non seulement Hitler détruisait systématiquement ses adversaires, communistes et autres, mais il s'en prenait aux Juifs, qui ne lui avaient rien fait, et laissait massacrer ses vieux camarades de combat, les S.A., les nervis en chemise brune (le 30 juin 1934, au cours de cette fameuse “Nuit des longs couteaux”, qui allait plus tard inspirer Visconti pour son film *Les Damnés*). Et de sa voix rauque, de plus en plus souvent entendue, le Führer appelait l'Allemagne au redressement et à la revanche.

À vrai dire, la Belgique et la France, alors liées par un pacte d'alliance militaire, n'avaient pas attendu ces signes alarmants pour créer un système de défense nettement orienté contre l'Est. Dès avant 1930, la France entreprenait la construction d'un ouvrage qui allait être le plus célèbre, - mais le plus inutile ! - de toute l'histoire militaire de l'Europe : la Ligne Maginot.

Plus modeste, la Belgique creusait le Canal Albert, formidable fossé antichar déployant ses 130 km de Liège à Anvers. Et l'on rajeunissait les vieilles fortifications de Liège et de Namur en même temps qu'on se dotait de forts ultra-modernes du type Maginot : Aubin-Neufchâteau et Eben-Emael gardant la Meuse, Batisse et Pepinster sur la Vesdre. Peut-être eut-il mieux valu, pour le même prix, équiper des divisions blindées, mais ceci est une autre histoire…

Contre ce réarmement, une masse de 50000 manifestants défila dans les rues de Bruxelles, préfigurant celles qu'on allait voir s'activer cinquante ans plus tard, contre les missiles Pershing cette fois. Indécrottables, les pacifistes. Et aveugles.

Bien conçu pour l'époque, le système défensif belge alliait à la construction de puissants ouvrages la création de nouvelles unités mobiles, légères, modernes, rapides, établies le long de la frontière allemande. Au nord, les “bérets bleus”, des bataillons cyclistes rattachés au IIIe Corps d'Armée, celui de Liège. Et plus au Sud, les “bérets verts”, les Chasseurs Ardennais, répartis en trois régiments : Vielsalm, Bastogne, Arlon.

Eh bien, c'est à Arlon, le 15 août 1934, que je me suis vu endossant l'uniforme des conscrits. Et ce pour 14 mois ! Pourquoi à Arlon, alors que j'avais demandé Liège ? Et pourquoi dans l'infanterie, alors que j'étais candidat à la licence en physique et ainsi normalement destiné à l'artillerie ou au génie ? Toutes les démarches entreprises par ma famille, mes amis, mes professeurs, en vue de me faire affecter à Liège, au 3e régiment d'artillerie, toutes s'étaient heurtées à un mur. L'armée donnait la priorité à ses Chasseurs Ardennais, rien ne pouvait l'en détourner.

Pour moi, c'était la rupture du cordon ombilical, ce qui ne me déplaisait nullement. Enfin, j'allais me trouver moi-même, dans un milieu nouveau, dans une ville nouvelle, inconnue. Mais charmante, au demeurant. Et dans un remarquable corps d'élite où le ministère n'envoyait que des cadres sélectionnés.

J'étais incorporé à la compagnie-école, destinée à former les officiers de réserve. Une belle unité, et toujours je garderai le souvenir des admirables chefs qui la commandaient :

Le lieutenant Dardenne, au salut si chaleureux : tué à la frontière grand-ducale, le premier jour de la guerre.

Le capitaine Bricart, consciencieux au possible sous des dehors un peu fantaisistes : tué à Bodange, le soir du même jour, après avoir bloqué, pendant plusieurs heures et avec quelques dizaines d'hommes, l'avance d'une Panzer division.

Oui, corps d'élite, les Chasseurs Ardennais ! Mais un tel privilège se paie par le sang. Ils étaient *Ceux qui veillent*, comme le titrait un film documentaire de l'époque. Et comme le chantait la *Marche des Chasseurs Ardennais* :

"*Debout sur la frontière,*
Au flanc des noirs coteaux,
Voici la troupe altière,
Qui veille sans repos.
Devant la menace,
Le chasseur fait face
Et lutte un contre trois."

Un contre trois ? Seulement trois ? Quel dangereux optimisme !

Paroles bien naïves, dirait-on aujourd'hui. Peut-être, peut-être, mais nous, nous les aimions, même si parfois elles nous faisaient sourire.

Pour peu qu'on y réfléchisse, il paraît étrange qu'après des études scientifiques qualifiées de brillantes, je me sois retrouvé simple fantassin. Et pour comble, heureux de l'être ! Oui, heureux. Pourquoi ?

Pour le grand air d'abord. La caserne Calmeyn se situait un peu en dehors de la ville, et ainsi toute sortie, en groupe ou isolément, était une promenade à la campagne. Je revivais un peu mon passé de petit randonneur en pays liégeois, avec ma mère, avec des amies, avec le Vieux-Liège. `

Heureux aussi, sans doute, parce que les Chasseurs n'étaient pas des fantassins comme les autres. Certes, il y avait le drill, le drill à la française, hérité de la guerre 14-18. Certes, il y avait la marche au pas cadencé : gauche, droite, gauche, droite ! Et les quarts de tour. Et les demi-tours. Et…, non non, pas de tours entiers, cela n'existe dans aucune armée.

On nous apprenait le maniement saccadé de notre vieux fusil Mauser-1880, survivant de 14-18 lui aussi : “Portez Armes”, 1-2-3 ! “Déposez Armes”, 1-2-3 (Ici, hurlement du sous-off : “Ne faites pas claquer la crosse sur le sol, vous allez en casser le bois !”)

Je crois que tout cela m'amusait parce qu'intérieurement je riais du zèle que j'apportais à exécuter au mieux tous ces gestes stéréotypés. Gestes restés inchangés depuis Napoléon ou presque, et dont on était en droit de se demander quels rapports ils pouvaient bien avoir aujourd'hui avec les nécessités tactiques des guerres modernes…

Mais, je répète, les Chasseurs Ardennais n'étaient pas des fantassins comme les autres. Car en cas de guerre, ils n'auraient pas seulement à combattre, mais aussi à assurer la destruction de ponts, de carrefours, de remblais, de maisons isolées et de tout ce qui pourrait faciliter la progression d'une troupe ennemie.

Et ainsi ai-je appris à manier (sans peur !) les explosifs. Comment sertir un fil électrique ou un cordon Bickford dans un minuscule détonateur au fulminate. Comment enchâsser ce dangereux bidule dans un pain de trinitrotoluène (TNT) ou de Dieu sait quoi pouvant faire boum. Comment lier convenablement le dispositif à une poutrelle. De tout cela, je n'ai retenu qu'une seule chose pratique : comment faire un nœud droit, un vrai nœud droit, ce que la plupart des gens ignorent.

J'étais heureux, peut-être parce que je m'insérais bien dans une discipline qui me débarrassait momentanément de ce qui semblait avoir été le principal souci de ma vie : penser, étudier, et encore penser, et encore étudier. On peut se sentir très libre dans un cadre d'ordres et d'obligations. Libre, et même heureux. Et ce n'est nullement un paradoxe, lisez Alfred de Vigny : *Servitude et grandeur militaires.*

Et puis, en ce temps-là, existait encore le prestige de l'uniforme. Les militaires sortaient en tenue militaire, et non en tenue de clochard ou de loubard comme aujourd'hui. Les filles se montraient sensibles à ce prestige, et ravies de sortir avec un “béret vert”. A Arlon, les petites futées vous disaient avec un magnifique accent germanique : “Ma mère me répète que les militaires sont des oiseaux de passage.” Mais chacune espérait bien capturer l'un de ces beaux oiseaux.

Certes, à Arlon, j'aurais pu avoir des relations durables, avec échéance matrimoniale à l'horizon. Je me suis contenté de flirts, de flirts en série, moins sages que jadis à Liège, mais très sages quand même. En ce temps-là, j'étais toujours le bon élève issu de l'enseignement contra-sexuel des Chers Frères et des Bons Pères. Néanmoins, loin de chez moi, je me sentais plus libre, plus entreprenant, et dès lors, le défilé a commencé : Alice, Bernadette, Charlotte, Denise, Elvire, Non, j'exagère. En cette année arlonaise, il n'y a pas eu autant de flirts que de lettres de l'alphabet, mais certainement plus qu'il ne s'y trouve de voyelles.

Je ne voyais ma mère que tous les quinze jours, mes moyens ne me permettant pas de me payer le train hebdomadaire Mais mes dimanches à Arlon n'auront jamais été vides. D'ailleurs, j'avais encore des examens à préparer, les programmes des nouvelles licences ayant paru tellement lourds que les professeurs nous autorisaient à répartir nos épreuves sur les deux sessions d'examens d'une même année académique.

Loin de ma mère et de ses craintes, je m'étais mis en tête d'apprendre enfin le vélo, le dimanche, dans la cour de la caserne. Ce qui m'a valu un jour de tomber nez à nez avec le général Chardomme, commandant en chef de la division. Eberlué, j'ai fait un grand geste de salut militaire… et nous nous sommes retrouvés enchevêtrés, le vélo et moi, aux pieds du général ! Lequel a dû grommeler, par habitude : “Très bien. Continuez.”

Un remarquable personnage, le général Chardomme, véritable fondateur et créateur de ces magnifiques Chasseurs Ardennais. Enthousiaste, grande gueule, meneur d'hommes, intelligence aiguë. Pourquoi diable, prisonnier en Allemagne, s'est-il mis en tête de vouloir aller combattre le communisme sur le front russe, sans doute à la tête de la Légion Wallonie, sous l'uniforme SS ?

Pourquoi, pourquoi, pourquoi ? Nous ne l'avons jamais compris. Rapatrié par les Allemands, Chardomme, heureusement pour lui, s'est heurté à un géant, le cardinal-archevêque Van Roey, celui qui avait cassé les reins au mouvement rexiste. Sermonné par le prélat, notre général a compris qu'il se trompait de guerre, et dès lors il s'est tenu complètement coi.

Arrêté après la libération, il n'en est pas moins passé en Conseil de Guerre. Et condamné, sans qu'on tienne compte de sa valeur ni de son passé. Le cas Pétain, somme toute, mais en plus petit.

Pour moi, à Arlon, le temps passait et se passait : marches, flirts, exercices, permissions, théories, rigolades. Mais voilà qu'après deux mois de service, on me reprend mon beau béret vert pour me donner le "pinnemouche", le calot plat avec floche par-devant, si caractéristique de l'armée belge d'avant-guerre. En même temps, on me priait d'échanger ma capote de fantassin contre l'ample manteau du cavalier. Finie pour moi, l'infanterie. Je passais au peloton-école du groupe d'artillerie des Chasseurs Ardennais, de création toute récente.

Ce qui m'a obligé à abandonner ma jolie caserne semi-campagnarde pour un bâtiment sombre et vétuste, en ville, la caserne Léopold. Confort trois-étoiles : une chambrée au troisième étage et les w.c. (à la turque) dans la cour. Et pas d'ascenseur !

Le peloton-école comptait une quinzaine de gars, tous sympathiques Dieu merci, des Ardennais et des Liégeois. Parmi ceux-ci, Hubert, qui allait devenir un ami alors que tout nous séparait, à commencer par sa propension à coucher avec toutes les filles qui lui tombaient sous la main. Son père, bottier, sera un jour mon chausseur, et sa mère, - mais ça je ne l'ai appris que progressivement, - sa mère tenait à Liège une maison accueillante où de jolies filles accueillaient les messieurs en mal d'accueil…

Mais Hubert avait une belle auto, une voiture de sport qui m'aura été bien précieuse pour mes retours en permission. J'étais l'hôte favori de son spider, ce curieux siège arrière qui vous donnait l'impression d'être assis dans le coffre à bagages.

Notre groupe d'artillerie avait été confié au major Hautem, un bel officier, grand, distingué, ancien professeur de balistique. Au cours de la guerre, il allait connaître le sort de tant et tant de résistants, une mort misérable dans un sordide camp nazi.

Moins sympathique peut-être, notre commandant de batterie souffrait de deux complexes dus, l'un à sa petite taille, l'autre à son passé d'interné en Hollande pendant la guerre de 14-18. Pourtant, ce n'était pas de sa faute si la pression allemande d'août 1914 avait repoussé son unité et quelques autres au-delà de la frontière nord. Mais cette aventure avait nui à son avancement, et cela devait le turlupiner au point qu'un jour, nous désignant le paysage ardennais vers lequel nous pointions nos canons, n'avait-il pas crié de sa voix aigre : “A votre gauche, le clocher d'Utrecht” !

Ces canons, c'étaient des 75-Bofors, de remarquables engins suédois, tout neufs, très supérieurs aux vieux 75 français dont j'allais faire connaissance plus tard à Liège. Et bien qu'on nous habillât en cavaliers, il n'y avait pas de chevaux chez nous, lesdits Bofors étant tractés mécaniquement, ce qui était encore assez exceptionnel en Belgique.

À l'automne de 1934, j'ai déclaré à notre lieutenant instructeur que mon intention était de m'engager et de faire carrière à l'armée. Bravo, m'a-t-on répondu, vous serez sous-lieutenant avant deux ans. Ce qui s'est avéré exact.

Les besoins du réarmement obligeaient la Belgique à rapidement étoffer les cadres de son armée. Aux licenciés comme moi on donnait même deux années de supplément d'ancienneté pour l'accession au grade de capitaine. Bien mieux que ce que l'Éducation Nationale aurait alors pu m'offrir.

Et puis, disons-le franchement, la vie militaire me plaisait. Tandis que l'enseignement secondaire ne m'attirait nullement, mais là, pas du tout, du tout. Au grand dam de ma mère qui aurait tant aimé achever ses jours aux côtés d'un brave petit professeur célibataire...

Au printemps 35, mes camarades et moi avons été nommés brigadiers (caporaux, si vous voulez), et commissionnés au premier grade de sous-officier : maréchal des logis. Ladrerie de l'État belge, on vous donnait les responsabilités du grade, mais pas le salaire! J'en restais à ma solde de l'époque, 30 centimes par jour. Je me demande toujours comment ma mère, qui travaillait de moins en moins, a pu arriver à ce que je m'offre un uniforme dit "de fantaisie", en tissu gabardine plus fin que celui de l'armée et pratiquement indispensable pour un sous-officier.

À l'été, nous avons eu des manœuvres de tir au camp d'Elsenborn. J'étais “chef de pièce”, et ainsi ai-je fièrement traversé l'Ardenne assis dans mon tracteur, mon Bofors derrière moi. Site magnifique, Elsenborn, où je devais retourner plus d'une fois par la suite. Champ de tir immense, aux portes de l'Eiffel allemand, dans un décor de fagnes, de collines, de forêts.

Là, un soir, mon adjudant m'a quelque peu étonné. Je crois que nous ne nous aimions pas plus que ça, et d'ailleurs il m'avait fait écoper de quatre jours d'arrêts, à cause d'un péché mignon dont je ne me suis jamais bien débarrassé : traînailler avec plaisir au petit déjeuner, - ce qui vous fait arriver en retard aux appels. Eh bien, un soir, l'adjupète m'a invité à me promener avec lui, et en marchant il m'a pris comme confident, parlant de ses problèmes, m'interrogeant sur mes projets d'avenir. Une ouverture totale, subite, que rien n'avait pu prévoir, en contraste avec un passé qui ne fut pas toujours agréable pour moi. Qu'en penser ? No comment, dirais-je, c'est plus simple. Pourquoi épiloguer sur les mystères et les misères de la nature humaine ?

Entretemps, on m'avait annoncé que j'étais inscrit au “Cours A”, à l'école de Brasschaet, au nord d'Anvers. Là, on donnait aux engagés une formation accélérée de sous-lieutenant d'artillerie.

Et un jour de septembre 1935, ce fut le grand départ, avec armes et bagages, casque en tête, fusil au dos. Voyage en chemin de fer, arrivée au camp de Brasschaet, éclat de rire général de mes futurs camarades de promotion : j'étais le seul à être venu équipé en guerrier, les autres ayant revêtu leur uniforme de fantaisie, tout simplement…

Drôle d'entrée dans une nouvelle vie, où par ailleurs m'attendait quelque chose que je redoutais un peu : devoir monter à cheval !

* * *

XII. - A CHEVAL !

"Calme, droit, en avant."
***Général L'Hotte** (1880)*

De nos jours, on ne se rend nullement compte de ce qu'était un régiment d'artillerie montée, sauf si l'on regarde, par hasard, un film historique ad hoc. L'indispensable mobilité reposait sur le cheval, uniquement sur le cheval, et sans lui, les bouches à feu étaient bonnes pour la ferraille. D'où la nécessité d'une formation équestre généralisée, du colonel au dernier troufion.

Ainsi me serai-je trouvé à cheval, tous les jours de service, pendant cinq ans, jusqu'à un galop final, le 28 mai 1940, quand je cherchais à savoir si oui ou non l'armée belge avait capitulé. Après, dans la vie civile, j'ai continué à monter jusqu'au jour de la retraite, ou à peu près.

Et pourtant, les débuts avaient été bien pénibles. D'abord parce que j'avais déjà 23 ans; comme pour le piano jadis, je commençais très tard, un peu trop tard. Ensuite parce que je n'avais aucune préparation sportive pour des journées qui commençaient invariablement par une heure de manège fatigant pour se continuer par des cours théoriques et des études en chambre.

Comme tout le monde, je serai tombé de cheval, plus d'une fois, sans casse heureusement, car j'avais vite appris à me laisser aller, l'épaule en avant dans la chute. Et j'aurai été à l'occasion le héros d'un numéro comique involontaire où le bel animal, n'en faisant qu'à sa tête dans un fol galop, me secouait de toutes les manières possibles jusqu'à ce qu'il daigne s'arrêter.

Nous avions de très bons instructeurs, tous formés selon la doctrine française qui repose sur le principe du "cheval calme, droit, en avant". Principe qui conduit à une entente parfaite entre la monture et le cavalier dont la main assure une communication légère mais constante avec la bouche (“Ne tirez pas sur vos rênes!”), tandis que les jambes, toujours en contact, donnent l'impulsion et la direction (“Talons vers le bas, serrez des jambes!”). Et l'assiette, l'assiette! Au galop! Laissez-vous glisser! Les reins, messieurs, la souplesse des reins!

Et ainsi, dans les cris, la poussière, la sueur (la mienne et celle du cheval), je suis devenu, en huit mois, un cavalier à peu près acceptable, sachant rester maître du cheval : “Au pas! Au trot! Au galop! Changez de pied! Halte! Appuyez! Reculez! Pivotez!”. Mais jamais de cabriole ni de pas espagnol, nous n'étions ni à Saumur ni à Vienne…

Cette année-là, le Cours A comptait seize candidats officiers. Des universitaires, surtout ingénieurs, mais aussi de vrais sous-officiers de carrière, voulant progresser à la force des poignets. Tous les seize, ou presque, furent de bons camarades, mais sans plus, et après la guerre on ne s'est guère revus.

Mais surprise, parmi eux, Denis Lejeune, jadis étudiant comme moi à la Faculté des Sciences de Liège. Candidat pour les mathématiques, il comptait achever plus tard ses études et notamment présenter son mémoire de licence. On lui avait proposé, comme à moi, un sujet difficile de mécanique ondulatoire; aussi, devait-il me dire plus tard, il comptait sur moi pour l'aider, voire pour rédiger le texte à sa place, moyennant finances! Il paraît que cela se faisait couramment, je l'ignorais. Mais cela m'a déplu.

Nous allions partager la même chambre pendant huit mois et étudier ensemble l'hippologie, la chimie des explosifs, le service en campagne, les fortifications, le règlement de discipline, la mécanique des affûts, le déploiement d'une division, le réglage des tirs, le calcul des probabilités, la marche d'approche.

Sans oublier, bien sûr, la balistique intérieure et la balistique extérieure, sciences à propos desquelles on se répétait une plaisanterie bien militaire : “Dans quoi entre l'obus quand il quitte le canon ?” Réponse : “L'obus entre dans la balistique extérieure.” Ce qui était aussi spirituel que ceci : “Qu'est-ce que le cheval ?” Réponse : “Le cheval est l'objet de tous les soins du cavalier”. Ou que cet autre trait d'esprit, plus classique, mais plus troufion encore : “Avec quoi se lave le soldat ?” Réponse : “Le soldat se lave avec le torse nu.” Prenez tout ça comme du comique au second degré, et alors peut-être rirez-vous…

Bien sûr, il y avait plus drôle, au cinéma notamment, les Frères Marx *Une nuit à l'opéra*, ou Charlie Chaplin *Temps modernes*, ou les increvables Laurel et Hardy *Fra Diavolo*. Et les grands fantaisistes, Charles Trenet, Maurice Chevalier, Fernandel, sans oublier Ray Ventura qui venait de lancer un immortel tube :

> “*Tout va très bien, Madame la Marquise,*
> *Il faut pourtant, il faut que l'on vous dise,*
> *On déplore un tout petit rien.*”

Un tout petit rien? Léon Degrelle, par exemple, qui montait, montait, répétant “Rex vaincra”. Son parti fascisant venait d'entrer à la Chambre avec une vingtaine de députés. D'où la boutade qui courait alors : Rex vaincra? Non, Rex a vain… cu!

De tout le tintamarre rexiste, je n'ai retenu que les caricatures de Jam, qui valait bien le Faizant de l'actuel “Figaro”. Après la guerre, Jam a continué une belle carrière de dessinateur politique dans l'hebdomadaire satirique “Pan”, sous le pseudonyme d'Alidor.

Je n'ai jamais suivi le mouvement que de très loin et n'ai connu qu'un seul rexiste, un ex-camarade de classe de l'école des Frères. Je l'avais perdu de vue puis rencontré par hasard à Liège pendant la mobilisation. C'était un garçon sérieux au possible, très croyant, idéaliste comme on n'en fait plus. Plus tard, je devais apprendre qu'il s'était engagé comme officier SS dans la Légion Wallonie et s'était très bien battu à Tcherkassy, sous les ordres de l'Obersturmbahnführer Léon Degrelle. Arrêté après la libération, il a été l'un des quelque 250 Belges fusillés pour collaboration active. Encore un qui s'était trompé d'ennemi.

“Tout va très bien, Madame la Marquise”. Voire ! Mussolini envahit l'Ethiopie, Hitler réoccupe la Rhénanie, la France se donne au Front Populaire, l'Espagne se prépare à la guerre civile.

Mais nous, en parfaits militaires, nous ne nous occupions que très peu de politique. Notre vie de bons élèves se poursuivait très calme à Brasschaet, si calme que je n'en ai guère conservé de souvenirs précis.

Sauf celui d'une méchanceté gratuite. Dans un bal près de notre camp j'avais rencontré une charmante fille, arlonaise comme par hasard. Je l'avais reconduite chez elle, après avoir vaguement flirté. Trop vaguement peut-être. Le surlendemain, je vois, piquée dans le tableau d'affichage, une carte postale qui m'était destinée. La jeune personne m'écrivait, assez brutalement, qu'elle ne souhaitait pas me revoir. La carte était tombée aux mains de l'un d'entre nous, lequel l'avait délibérément affichée, le texte bien en vue. Je n'aurai d'ailleurs pas été la seule victime de ce personnage qui prenait plaisir à humilier ses camarades.

Puis vinrent les examens, en avril 36. Nous devions les passer à l'École Royale Militaire, et pour cela nous étions logés à la caserne d'artillerie d'Etterbeek, totalement rasée aujourd'hui et remplacée par des "immeubles sociaux". Je me souviens surtout de mon examen oral de fortifications. Question : “Le siège de Liège en août 1914”. Coup de pot !

Car en bon Liégeois je connaissais l'histoire à fond et j'avais parcouru le terrain lors de mes randonnées de jadis. Je me revois devant le jury, résumant l'affaire par deux noms, ceux des généraux Ludendorff et Leman.

Le premier, allemand, savait qu'entre les forts d'Evegnée et de Fléron existait un intervalle dont la défense avait été oubliée par l'état-major belge. Il s'y infiltre avec quelques canons de campagne, et du haut de Jupille il bombarde la ville, démoralisant ainsi les civils et les militaires.

Le second, belge, commandait à la fois, ô erreur, la place forte et les troupes mobiles. Un coup de main ayant menacé son QG au quartier Saint-Léonard il se réfugie dans le fort de Loncin, sur la route de Bruxelles. S'étant ainsi coupé des réalités, il ordonne à sa division d'armée de quitter Liège, alors que la situation avait tourné presque partout à l'avantage des défenseurs !

Les douze forts, livrés à eux-mêmes, continueront à harceler l'ennemi. Mais pris à revers par le feu des énormes mortiers de 420, dont certains tiraient depuis le centre de la ville, ils tomberont l'un après l'autre. Loncin sautera le 15 août, ensevelissant sa garnison. Le général Leman en sortira vivant et les Allemands lui rendront les honneurs de la guerre.

J'aurais pu compléter ce beau récit par les derniers vers d'une chanson patriotique du temps de mon enfance :

"Liège par sa vaillance
Avait sauvé la France."

Liège a d'ailleurs reçu la Légion d'Honneur, le 7 août 1914.

Cet examen se termina par les félicitations du jury ! Et peu après j'apprenais que j'étais sorti premier, pour la Ne et dernière fois de ma vie. En jargon militaire, j'étais "chef de promotion" ("major", dit-on en France), et comme tel je pouvais choisir ma future garnison. "Liège !", ai-je immédiatement déclaré. Et là, le 3e d'artillerie (à cheval !) plutôt qu'un fort (immobile !).

Dans l'immédiat cependant, il me fallait rentrer à Arlon. J'y ai été aussitôt commissionné adjudant, mais à mon grand étonnement les vieux sous-offs ont tiré la g…, et même refusé de saluer ce blanc-bec qui se permettait de leur passer par-dessus la tête.

Là, en attente de ma nomination d'officier, je n'ai pas eu de fonction bien définie, et j'ai pu prendre ce qui me restait de congés. D'où sorties et promenades. D'où Daisy.

Non, elle ne s'appelait pas Daisy, mais portait un autre nom de fleur. Comment nous sommes-nous décidés à “franchir le pas”, je ne sais. Nous étions deux novices, intégralement novices, et nous nous sommes retrouvés, un peu étonnés, dans un petit hôtel des environs, hôtel qui portait un nom plutôt curieux pour une maison de passe, “Le Pôle Nord”, mais oui !

Les choses ayant bien marché, nous avons remis ça, une fois à Longwy, une ou deux fois à Luxembourg, évitant le territoire national, je me demande bien pourquoi. Plus tard, nous nous sommes revus à Bruxelles, où elle était devenue boniche dans une quelconque maison bourgeoise. Et nous en sommes restés là.

J'ai eu de ses nouvelles, longtemps après, je ne sais comment. Elle s'était trouvée enceinte, - pas de moi ! - et son père l'avait jetée à la porte. Il était sacristain, ce cher papa, mais le sens du pardon et la charité chrétienne semblaient être les moindres de ses soucis. Il leur préférait “l'honneur”, sans nul doute.

On m'a dit aussi que Daisy, livrée à elle-même avec son gosse, a été un moment employée dans une “boîte à soldats” près du camp de Beverloo. Elle n'était qu'entraîneuse, pas plus, car l'aumônerie catholique veillait scrupuleusement à ce qu'il n'y ait aucun bordel près des installations militaires…

Et puis un jour, à Arlon, dans la cour de la caserne, je vois mon petit commandant, si sec et si peu aimable d'habitude, s'avancer vers moi, la main tendue, et un sourire large comme ça :

“Toutes mes félicitations, mon cher collègue !”

Nous étions le 26 juin 1936. Je venais d'être nommé sous-lieutenant, matricule 36.401. J'avais 24 ans.

Illico, j'ai enlevé de mes revers mes étoiles d'argent, insignes du grade d'adjudant, pour en piquer deux en or, une de chaque côté Immédiatement, les vieux sous-officiers ronchons m'ont honoré du salut qu'ils m'avaient refusé jusqu'alors. “Servitude et grandeur militaires”, n'est-ce pas ?

XIII.- EN GARNISON

"Dans l'armée, il y avait trop de médiocres, endormis par la monotonie de la vie de garnison."
Henri Bernard,
"Panorama d'une défaite" 1984

Le 4 août 1914, sur la route de Liège à Aachen, tombait le cavalier Fonck, premier soldat belge tué à l'ennemi. Après la Grande Guerre, son nom fut donné à une caserne, celle qui m'attendait.

Grand ensemble aujourd'hui vendu à l'Institut Saint-Luc, la caserne Fonck s'articule autour des restes d'une ancienne abbaye, dans le pittoresque quartier d'Outre-Meuse. À leur arrivée en 1944, les Américains en firent une clinique très moderne, ce qui se justifiait par la proximité du vieil hôpital de Bavière, un CHU, rasé aujourd'hui à l'exception de sa chapelle, là où Georges Simenon avait servi comme enfant de chœur. Lorsque les Belges récupérèrent la caserne, ils s'empressèrent de démolir les installations américaines, sans doute pour rendre les anciennes écuries aux derniers chevaux de l'armée.

Dès mon arrivée, je fais connaissance avec Denise. Assez grande, un regard vif, pas trop nerveuse, une belle robe bai sombre, mais des paturons un peu gros. Denise sera mon premier cheval.

Je dis "mon" au sens strict du terme, car Denise devint ma propriété personnelle, selon une tradition bien désuète voulant que le jeune officier se paie sur ses deniers (1 400 francs nets à l'époque, soit 1 500 euros au taux d'aujourd'hui) non seulement son cheval, mais aussi sa selle, ses bottes, ses uniformes, son sabre, son pistolet. Ce qui le plongeait dans les dettes dès le début de sa carrière !

Mes connaissances, pourtant limitées, de la langue allemande me valurent une affectation à la 7e batterie, rattachée au 3e groupe d'artillerie, réservé aux conscrits venus de ces cantons germanophones qu'on qualifiait de “rédimés” parce que repris en 1919 à l'Allemagne qui les avait annexés en 1815 : Eupen, Malmédy, Saint-Vith. L'instruction, les commandements, tout se donnait en allemand. Ce n'était nullement désagréable.

Aujourd'hui ces braves garçons, - qui ont bien vieilli, on s'en doute ! - sont les membres les plus fidèles et les plus assidus de la Fraternelle régimentaire rassemblant les anciens du 3A.

Ma batterie était commandée par un officier que j'ai beaucoup apprécié, le capitaine Simonet, un homme simple, franc, droit, consciencieux. Dans sa jeunesse, il avait fait du renseignement pour les Alliés, ce qui lui avait coûté un emprisonnement en Allemagne. Puis il avait grimpé les échelons de la hiérarchie militaire, lentement, très lentement, à une époque où, comble d'absurdité, on restait lieutenant pendant 16 ou 18 ans et l'on ne devenait colonel ou général qu'aux portes du troisième âge.

Ce bel officier a été tué à la guerre, bêtement. Comme il se repliait sous la pression ennemie, après avoir épuisé ses munitions, un officier (belge) d'état-major l'a apostrophé en hurlant : “Regagnez votre position !”. Discipliné comme pas deux, le brave Simonet a obéi. Une mitraillette l'a fauché.

Autre. officier dont je garde un bon souvenir, le capitaine Bovy, qui devait bientôt recevoir le commandement du superbe fort de Battice. Malade et exempt de service en mai 1940, il a voulu regagner son poste le 10, le jour de l'agression allemande. Et il y est mort en arrivant, foudroyé par un infarctus. Quant au fort, il succombera, comme les autres, sous les bombardements aériens.

Un curieux personnage, c'était Delvoye, l'adjudant de ma 7e batterie, tout miel ou toute colère selon les moments. Comme il m'agaçait quelque peu, je m'en étais plaint au capitaine Simonet, lequel avait pris un air mystérieux pour me glisser, tout bas : "Attention, il travaille pour le Deuxième Bureau". Effectivement, Delvoye était le confident de nos recrues, souvent bien informées de ce qui se passait de l'autre côté de la frontière.

À la septième aussi, j'avais un collègue, le lieutenant Julien Marchand. Brillamment issu de l'École Militaire, supérieurement intelligent, amateur de belles filles, Julien a terminé sa carrière comme général. Oui, à côté d'un trop-plein de médiocres que déplore le professeur Henri Bernard, il y avait réellement des gens de grande valeur dans l'armée belge d'avant-guerre.

Par ailleurs, c'est avec raison que ce vieil ami dénonce l'abrutissante monotonie de la vie de garnison. Soit, mais n'appartenait-il pas à chacun de rompre cette monotonie selon ses propres moyens ? Personnellement, je ne me serai jamais ennuyé pendant les trois ans qui se sont écoulés entre ma nomination et la mobilisation. Peut-être cependant n'aurais-je pas apprécié que cela durât plus longtemps.

Vie de garnison ? En hiver, instruction des recrues : manèges, inspections, cours théoriques, exercices à pied, exercices aux pièces, exercices à cheval. Et l'après-midi, pour les hommes, pansage des chevaux ; pour les officiers, leçons de tactique ou de flamand, ou missions, ou gardes, ou inspections. Ou repos à la maison. Ou "tir en chambre".

Rassurez-vous, nous ne tirions pas au canon dans les chambrées. Les exercices se pratiquaient en salle, autour d'une vaste maquette représentant un terrain où l'on disposait les objectifs ennemis, les postes d'observation, les positions des batteries. La chute des obus (fictifs) était commandée par tirage au sort, car le réglage des tirs (réels) relevait d'applications très précises du calcul des probabilités, ainsi que cela avait été mis au point en 14-18 par une très savante commission siégeant à l'Observatoire de Paris. Notre artillerie avait ainsi acquis une redoutable efficacité, - au grand dam des troufions allemands en 40.

J'ajouterai que l'industrie militaire belge avait remarquablement perfectionné nos vieux 75 français : l'affût, à l'origine destiné au 77 allemand, avait été articulé en son milieu, ce qui permettait de lever davantage le tube et d'ainsi augmenter la portée.

Et la vie de garnison en été ? Ah, c'était plus gai. Sur le terrain toute la matinée. La caserne se vidait dès 8 heures, et toutes les unités, avec canons et caissons, cheminaient au pas lent des chevaux jusqu'à la plaine des manœuvres, sur les hauteurs de Robermont. Une heure pour aller, autant pour revenir. Vraiment, en ce temps-là, on n'envisageait la guerre qu'au ralenti !

En été aussi, les tirs (réels) au camp d'Elsenborn. On y arrivait par le train, un train qui semblait prendre plaisir à traînailler çà et là. Embarquement et débarquement demandaient chacun une demi-journée ou presque. Ma batterie et moi allions revivre cela en mai 1940, sous les stukas, et toujours au ralenti. Qu'elle était jolie, la guerre de papa !

Mais en temps de paix, c'était quand même une bonne vie. J'habitais chez ma mère, dans le quatre-pièces du 12 rue Wazon, et mon ordonnance (germanophone !) venait l'aider dans le ménage. Je crois qu'ils s'expliquaient surtout par gestes... Nous nous meublions petit à petit, et nous venions d'acquérir un “appareil de T.S.F.” Ce qui nous donnait du Tino Rossi à longueur d'antenne :

“Marinella,
Reviens encore dans mes bras,
Et dansons jusqu'au petit jour
Cette belle rumba d'amour.”

Ce qu'il pouvait avoir l'air godiche, le pauvre ténorino, dans le film de même nom ! Heureusement, la production cinématographique connaissait beaucoup mieux à l'époque : du militaire clinquant, *La charge de la Brigade légère* ; du pacifisme B.C.B.G, *La grande Illusion* ; du truculent, *La Kermesse héroïque*, dont le réalisateur Jacques Feyder avait provoqué l'ire de certains de ses compatriotes (flamingants) en situant l'action dans la ville flamande de Boom.

À Liège, j'avais retrouvé un collègue du Cours A, Paul Evrard, affecté au fort de Barchon. Et mon camarade d'Arlon, Hubert Simplisse, rengagé lui aussi, mais resté sous-officier.

C'est à Paul Evrard que je dois une curieuse aventure. Il m'avait invité à une soirée régimentaire dans un petit théâtre à Barchon. Au programme figurait une danseuse, envoyée par une agence ad hoc. Voilà donc une belle grande fille qui entre en scène, quelque peu déshabillée selon l'usage ; elle fait trois pas de danse puis, plouf, disparaît subito en coulisse. On se précipite et l'on trouve la pauvrette absolument effondrée : un trac incoercible. Finalement nous avons dîné avec Denise, - pas ma jument, non, la danseuse, l'une et l'autre portant le même prénom.

À quelque temps de là, Paul m'invite pour une autre soirée militaro-campagnarde, Denise (la danseuse) étant au programme. Même scénario : trois pas, puis la panique. Re-souper, puis quelques semaines de bonne amitié. Maîtresse en titre d'un notable liégeois (marié comme il se doit), Denise n'était pas faite pour le théâtre. Mais voilà, elle s'obstinait, s'obstinait. Finalement, elle est partie tenter sa chance à Paris, et n'y a trouvé qu'un emploi de “mannequin du nu” aux Folies Bergère. Il paraît qu'elle a beaucoup pleuré d'en être réduite à ça. On peut la comprendre.

Avec Hubert maintenant, autre histoire féminine. Nous allions les dimanches à Sauheid, au bord de l'Ourthe, dans un site charmant aujourd'hui enseveli sous l'autoroute. Hubert m'avait présenté un ami, Constant le Marin, joyeux garçon et lutteur très connu ; c'est grâce à lui que j'ai apprécié le catch car il m'a appris que ce spectacle n'est que du théâtre, un théâtre comme les autres, avec ses règles, ses scénarios, ses conventions, ses jeux de scène.

Hubert, qui n'en était pas à une femme près, avait alors pour petite amie une danseuse allemande. Je ne sais pourquoi, il voulait s'en débarrasser et ainsi essayait-il de me la refiler. J'ai vite compris que la charmante personne n'aurait pas dit non, ceci d'autant plus que je baragouinais sa langue. Mais je me méfiais, sans doute parce qu'il courait tellement d'histoires d'espionnage dont les héroïnes étaient danseuses ou entraîneuses…

Ce n'était pas de la légende pure. Ainsi le général Robert Close raconte dans ses Mémoires qu'au temps où il dirigeait un réseau de renseignement et de résistance, il avait dans son groupe une certaine Vicky, entraîneuse au bar “Shanghai”, Boulevard de la Sauvenière, en face de cette rue du Pot d'Or qui fut jadis le Pigalle de la ville, au temps où Liège était riche.

Je l'ai connu, ce bar, l'ayant quelque peu fréquenté, en uniforme, chose courante à l'époque. Ma “Dame de Shanghai” n'était pas Vicky, mais Rosette, une très belle fille, d'allure parfaitement correcte, mais à qui il arrivait de se déchaîner, à l'occasion. Je ne crois pas que c'était une espionne, bien qu'elle m'ait fait part de son désir de visiter ma caserne à l'occasion de la journée “portes ouvertes”.

J'emmène donc la jeune femme aux écuries et je lui présente Denise (le cheval, pas la danseuse). Et de là au mess des officiers, où mes collègues, avec quelque jalousie peut-être, me félicitent pour “ma fiancée”, si jolie, si distinguée. Mais le hasard veut que Rosette se trouve assise à côté d'un bien brave homme, le commandant M, lequel, ayant pris un verre de trop, en devient plus qu'entreprenant. Patatras, voilà Rosette qui sent se réveiller en elle son vieil instinct d'entraîneuse ! Aïe !

Obligé de révéler la personnalité exacte de mon amie, je me vois instamment prié de la sortir illico. Facile à dire, la fille s'accrochant à son vieux commandant. Enfin, j'ai fini par la faire un peu circuler, et j'ai prié un sous-officier de nous suivre, de refermer les portes derrière nous et d'y monter la garde. Et ainsi, de porte en porte, nous nous sommes retrouvés tous les trois sur le Boulevard de la Constitution, mon dévoué sous-off se postant devant la grande grille de la caserne. Ouf, pas d'esclandre ! Il ne me restait qu'à reconduire jusqu'au Shanghai une Rosette assez penaude et bredouillant de vagues excuses.

Je m'attendais à des ennuis de la part de mon colonel. Eh bien non, je crois même qu'on a apprécié la performance : avoir osé amener une "fille de boîte" dans un mess quelque peu guindé ! Cela m'a doté d'une réputation que je ne méritais certes pas, mais qui ne me fut nullement défavorable. Après tout, nous étions en milieu cavalier. On y appréciait le toupet, la désinvolture, même si l'on n'osait pas le reconnaître à haute voix…

Quant au brave commandant M., je l'ai revu à Léopoldville. Pensionné, il vivait là avec sa fille et son beau-fils, issus tous deux, comme moi, de la Faculté des Sciences de Liège. Évidemment, je ne lui ai jamais parlé de “l'affaire Rosette” ! Mieux, je lui ai demandé d'être le parrain de mon fils cadet, Paul.

Autre coïncidence, le même Paul s'est plus tard trouvé élève à l'Université du Travail de Charleroi, un grand centre technique dont le directeur était Paul Evrard, jadis intermédiaire, - bien involontaire, - de “l'affaire Denise” (la danseuse) ! Que le monde est petit, disent les bonnes gens.

Entre-temps, mon oncle Armand, âgé de quelque quarante ans, décide enfin de se marier. Ce n'était certes pas les belles occasions qui lui avaient manqué, mais finalement son choix s'était porté sur la plus nulle, la plus passive, la plus bigote des femmes que j'aie jamais rencontrées. Pourtant, il était intelligent, mon oncle, et féru d'archéologie, et auteur de brochures sur les églises de Liège. Loin de le pousser en avant sa femme aura toujours essayé de l'isoler, de le freiner, de le garder pour elle toute seule, refusant de l'accompagner aux réunions, excursions et banquets organisés par ce cher Vieux-Liège dont son mari était l'un des dirigeants. Triste, vraiment triste.

Le repas de mariage a lieu chez des gens plus simples encore, les parents du filleul de ma mère : architecte d'ameublement, celui-ci se sera contenté de fabriquer des cercueils toute sa vie ! Ma mère, toujours aimable, réussit ce jour-là à froisser durablement la mariée, l'accusant d'avoir harcelé son futur époux jusqu'à reddition. C'était vrai, mais enfin… Je me suis empressé de fuir cette joyeuse atmosphère et d'aller retrouver Valy dans un bal à Liège.

Valy, Valérie… Il s'agissait cette fois d'une “vraie jeune fille”, rencontrée à Sauheid, dans la bande de jeunes avec lesquels j'avais réalisé, pour la première et seule fois de ma vie, une escalade, celle de ces “Rochers du Bout du Monde” qui dominent l'Ourthe entre Liège et Tilff.

Belle fille, un peu forte, pas très grande, Valy était douce, très douce. Et c'est de son petit air, très doux, qu'elle me déclare un jour : “Je ne me donnerai qu'à celui qui sera peut-être mon mari”. C'était condamner à mort notre idylle.

Car comment aurais-je pu songer à me marier en ayant ma mère à charge ? Je ne disposais que d'un traitement plutôt faible, tandis qu'un règlement, venu d'un autre âge, interdisait aux officiers d'épouser une femme exerçant une profession autre que libérale. Et Valy n'avait ni fortune ni métier.

Cependant, notre flirt durait encore en octobre lorsque j'ai dû quitter Liège pour aller suivre des cours de perfectionnement à Brasschaet. Et c'est avec Denise (la jument, pas la danseuse) que je devais faire route. Oui, 130 kilomètres à cheval, en solo, par monts et par vaux ! Magnifique !

* * *

XIV. - LIEGE - ANVERS - LIEGE

"Nous devons poursuivre une politique exclusivement et intégralement belge."
Léopold III, *14 octobre 1937*

De Liège à Brasschaet-Polygone à cheval, en quatre étapes : Saint-Trond (35 km), Louvain (35 km), Malines (25 km), Brasschaet (35 km). Dans les fontes de la selle, le linge, les vivres, le nécessaire de toilette. À chaque étape, pour moi, une chambre d'hôtel ; pour Denise, une caserne où elle sera soignée, bichonnée, pomponnée.

Heureux temps où l'automobile n'exerçait pas encore sa tyrannie sur les routes ! Je choisis cependant les petits chemins parallèles, c'est plus gai. Beau temps, pas de pluie, aucun incident de parcours, Dieu merci.

Et revoici Brasschaet, pour la troisième fois. Mais maintenant, je suis officier, logé dans un pavillon pour officiers, nourri au mess des officiers, respecté et salué comme un officier. Formions-nous un monde à part ? Oui, un peu. Bonne chose, mauvaise chose, cette ségrégation ? Je ne sais. Mais c'était dans les mœurs.

À ce "Cours de perfectionnement pour sous-lieutenant d'artillerie" (CEPSLA), je retrouve mes camarades du Cours A, et je découvre toute une promotion de l'École Militaire. Eux, lieutenants à deux étoiles ; nous, sous-lieutenants, une étoile. Eux, professionnels, cinq années d'études ; nous, amateurs, “passés par le cadre”. Mais ces distinctions se sont rapidement estompées, et l'atmosphère fut en général très agréable.

Parmi ces “professionnels”, un gentil lieutenant blondinet, avec une curieuse mèche légèrement dressée sur le front. C'est Paul Remi, frère de Georges Remi, mieux connu sous le nom de Hergé (R.G.). Paul avait un peu servi de modèle pour le personnage de Tintin. Né en 1929, le déjà célèbre Tintin était vieux d'une demi-douzaine d'albums quand j'ai fait la connaissance de son double.

Et les autres ? Et le cadre ? Eh bien, je constate qu'ici mes souvenirs sont plutôt flous. Est-ce parce que nos professeurs n'étaient pas de “vrais” professeurs ? Dois-je répéter après Henri Bernard qu'il s'agissait plutôt “d'instructeurs désignés au gré des disponibilités plutôt que pour leur compétence ou leurs qualités pédagogiques” ? Oui, sans doute, bien que tous ces “instructeurs” m'aient laissé une impression qui, pour peu précise qu'elle soit aujourd'hui, n'en est pas moins favorable.

Mais peut-être est-il tout simplement vrai que les cours, rigoureusement pratiques et techniques, ne m'intéressaient que modérément. D'autant plus qu'au demeurant, “les jeux étaient faits” : dans la carrière qui s'ouvrait devant moi, il ne me restait qu'à avancer à l'ancienneté, exclusivement à l'ancienneté, comme tout le monde. Tant et si bien qu'au classement final du Cours, je me serai trouvé loin de la première place. Cela me changeait un peu, mais n'avait ici aucune espèce d'importance…

Cependant la vie n'était nullement désagréable. La région de Brasschaet est belle, très belle. Terre pauvre certes, peu accidentée, elle est poétiquement parsemée d'étangs, de bruyères, de pins, et coupée de longs chemins sablonneux où nous avions plaisir à galoper. Car nous étions souvent à cheval, pour des mises en batterie, pour des reconnaissances, pour des exercices d'orientation, pour des séances d'entraînement à l'obstacle, pour des lectures de carte (au galop !)

À midi et le soir, quand on ne sortait pas, on se retrouvait au mess, où l'on bavardait, bavardait. En bons militaires, nous ne nous occupions guère de politique, mais la politique s'occupait de nous et de notre armée : le 14 octobre 1936, dans un important discours, le roi Léopold III proclamait le retour de la Belgique à la neutralité. Il dénonçait ainsi les accords de Locarno, - ce que venait de faire Hitler en réoccupant la Rhénanie. Le roi coupait ainsi tout contact entre l'état-major belge et ses homologues français et anglais.

Il faut se rappeler ici que la France du "Front Populaire" n'inspirait guère confiance. Quel secours la Belgique pouvait-elle attendre d'une nation où la pagaille régnait dans les usines d'armement (et dans toutes les usines!), et où se profilaient des menaces de guerre civile, à l'exemple de l'Espagne?

Notons que le discours du roi avait été rédigé par des ministres et prononcé sous leur responsabilité exclusive, ainsi que le veut la Constitution. N'ont donc aucun sens les critiques formulées ultérieurement contre Léopold III, en France notamment. Cette politique de neutralité était-elle la meilleure? En 36 peut-être, mais elle comportait maints aspects négatifs qui ne se révéleront qu'à l'heure de vérité, en mai 1940.

Officiers frais émoulus, nous ne nous livrions guère à des pronostics trop pessimistes. Nous savions que l'armée allait être renforcée et nous pensions bien qu'il y aurait l'un ou l'autre grand changement. En attendant, nous nous laissions vivre.

Notre régime était celui d'une école supérieure : week-ends et vacances traditionnelles. La veille du Nouvel An, je serai sorti à Liège avec Valy et je me souviens de notre soirée à "L'Ane Rouge", un cabaret genre Montmartre, où l'animateur nous avait adressé des vœux plutôt originaux : "Il y a huit jours, c'était Joyeux Noël; aujourd'hui, je vous souhaite une Joyeuse Circoncision!". Mais le mot "Circoncision" a disparu des éphémérides du 1er janvier…

En février, un drame va nous bouleverser. Au camp de cavalerie de Brasschaet, voisin du nôtre, un groupe devait faire sauter une charge de vingt kilos de tonite. On allume la mèche, pas d'explosion. Quelques-uns inspectent le dispositif, s'avancent le long du cordeau, et c'est la catastrophe. Une terrible déflagration. Une dizaine de blessés, et sept tués, sept jeunes officiers. C'est très émus que nous sommes allés à leurs funérailles, quasi nationales.

D'un tout autre genre fut notre équipée à l'abbaye de Westmalle. A cheval, avec un chariot derrière nous. Pourquoi ce chariot? Pour ramener au camp les imprudents qui se seraient trop bien laissé séduire par la très célèbre bière brune des bons moines...

Lors de mes allers-retours Anvers-Liège, il m'arrivait de m'arrêter à Bruxelles, et c'est ainsi qu'un samedi soir, Denis Lejeune et moi sommes allés voir la troupe du Casino de Paris. Spectacle classique de paillettes, de jolies filles et de variétés. Un chanteur, alors bien connu, y débitait une rengaine, alors bien connue elle aussi :

"*Vous, qui passez sans me voir,*
Sans même dire bonsoir,
Donnez-moi un peu d'espoir
Ce soir."

Mais Ginette et Louisette, elles, n'étaient pas passées sans nous voir, Denis et moi. Venues s'asseoir à une table voisine de la nôtre, dans un grand café de la Place Rogier, elles s'étaient gentiment laissé aborder. Comme elles se disaient danseuses dans la troupe du Casino de Paris, nous sommes allés les applaudir le soir même, échangeant de petits signes entre la scène et la salle.

Bien entendu, nous avons soupé ensemble. Puis nous nous sommes revus, comme ça, entre deux trains, Denis s'occupant de la plus jolie, Louisette, et me laissant aimablement l'autre.

Devant enfin repartir pour Paris, Ginette me demande mon adresse. Et, surprise, je reçois une lettre d'elle. Bien qu'ayant retrouvé son vieux quartier, rue Frochot (Pigalle !), elle s'y ennuie, écrit-elle, regrettant Bruxelles et le gentil lieutenant belge. Mais de mon côté, impossible de jouer les prolongations. Rideau !

Et le 1er avril, ce fut Eva. Du sérieux, cette fois, alors que la date fait plutôt penser à une bonne plaisanterie. Le dimanche de Pâques, à la sortie d'une messe entendue dans ma vieille église Sainte-Marguerite, j'avais repéré, sans plus, une délicate petite jeune fille, plutôt mince, très mince, toute jeunette, l'air gentil et déluré. 18 ans, visiblement.

En vacances à Liège le jeudi suivant, je croise Eva dans le centre de la ville. Pur hasard, oui. Je l'accoste avec les banalités de circonstance : “Excusez-moi, mais j'ai l'impression de vous connaître”. Réponse : “N'habitez-vous pas dans mon quartier”. Etc., etc. Crac, c'était parti ! Et ce pour longtemps, avec mariage à la clé. Elle s'appelait Goldenberg et était juive par son père. Mais oui, une personne juive de plus dans ma vie…

Le dimanche 11 avril, j'ai accidentellement assisté à un spectacle moins drôle que celui du Casino de Paris : une chasse au rexiste dans une rue de Bruxelles. Six semaines plus tôt, Degrelle, fondateur du parti “Christus Rex”, avait annoncé que l'un de ses députés démissionnait, ainsi que tous les suppléants. Ce qui obligeait la capitale à voter dans les quarante jours. Et Degrelle se présentait, seul de sa liste, pour le siège vacant.

Le petit malin croyait que les diverses formations iraient à la bataille en ordre dispersé, ce qui lui aurait garanti la victoire. Mais voilà que tous les partis se mettent d'accord sur un seul candidat, une personnalité apolitique, Paul Van Zeeland, ancien ministre.

À l'avant-veille du scrutin, prévu pour le 11 avril, le cardinal Van Roey assène à Degrelle un coup de crosse décisif, qualifiant Rex de danger pour l'Église et pour le pays. Dommage qu'il n'ait pas eu le même succès, quelques années auparavant, quand il avait tout aussi vigoureusement condamné le flamingantisme…

Le 14, Van Zeeland entrait triomphalement à la Chambre. Degrelle était battu, et pour le rexisme c'était le commencement de la fin. Le vainqueur constitua un cabinet ministériel… qui dut démissionner quelques mois plus tard, à la suite d'un scandale financier retentissant ! Degrelle aura sans doute vu là une revanche du destin, lui qui avait bâti sa carrière politique en dénonçant plusieurs cas flagrants de corruption.

À Brasschaet maintenant, pendant mes heures de loisir, je faisais du vélo. J'avais rapporté de Liège une véritable pièce de musée, la bécane modèle 1910 de mon ancêtre l'aviateur. C'était lourd, mais dur, robuste. J'ai ainsi parcouru la campagne et revu le château de Hulgenrode, souvenir de la belle Juive Régine et de son frère mon oncle Josse Wang, mari de ma tante Henriette.

Divorcée de son diamantaire, celle-ci s'était remariée avec une belle fortune, pardon, avec un monsieur très riche mais impotent. Charmant homme au demeurant. Le ménage habitait l'un des beaux boulevards bruxellois, et j'y allais à l'occasion. Ma tante me faisait de la morale : "Dans ta situation, tu dois épouser une fille riche."

C'est ce que me répétait sa sœur, ma tante Rosa, propriétaire avec son mari d'une filature de laine à Verviers. "Tu dois prendre une femme qui a des "aidants" (des aidants, en wallon de Verviers, ce sont des sous*)*. Et m'ayant invité, - en uniforme, surtout! - au mariage de son fils aîné, elle m'avait donné, comme cavalière, la fille d'un petit industriel... qui avait des aidants.

Hélas, celle-ci n'était ni jolie ni aimable, comme on le voit sur la photo qui m'est restée de la cérémonie. Lui ayant proposé, par acquit de conscience, un rendez-vous dans un coin B.C.B.G. de Liège, cette petite bourgeoise m'a posé un lapin puis s'en est vantée auprès ma tante. Pas très chic.

De toute façon, mon flirt avec Eva prenait une tournure solide, bien qu'elle n'ait guère "d'aidants", semblait-il. Tout comme mon ancien professeur de piano, papa Goldenberg était à la fois musicien et représentant de commerce. Son autre fille, fiancée à un ingénieur, achevait ses études universitaires. Et la famille possédait une solide maison dans mon vieux quartier.

Ainsi donc, malgré mes tantes, j'étais en train de m'attacher à une fille sans grande fortune et sans profession, comme l'était la pauvre petite Valy. En outre, je faisais fi des recommandations réitérées de ma mère : "Sors avec toutes les femmes que tu veux, mais surtout ne t'attache pas". Autrement dit : "Sois un Don Juan, mon fils". C'était faire peu de cas des braves filles qui auraient nourri des illusions à mon égard ! Égoïsme maternel…

En janvier, à l'occasion de l'un de mes retours hebdomadaires, j'avais monté à Liège une revue estudiantine pour mon ancien cercle de physique mathématique. D'où l'idée d'en faire autant pour la fin de notre période de cours à Brasschaet, en juillet. Je m'étais mis à la tâche avec deux collègues, les lieutenants De Bloch et Robyns, développant un thème d'actualité :

En voyage d'étude en Espagne nous sommes faits prisonniers par les Rouges. Et voilà nos professeurs comparaissant devant un Conseil de Guerre présidé par un cosaque, le général Pougnèkoff (c'est du wallon : qui puise dans le coffre). On devine toute la satire que l'on peut tirer d'un tel thème !

Les auteurs ont été particulièrement brillants (bien que je le dise moi-même !). Écrite en vers, mais oui, une scène montrait deux de nos instructeurs mués en Laurel et Hardy. Une autre, pastichant la tirade des "Non merci" du *Cyrano* d'Edmond Rostand, était en fait une charge contre tous les enseignants du Cours. Et bien que nous nous trouvions en milieu militaire, réputé strict sur le respect des supérieurs, nos têtes de Turc semblaient ravies, exactement comme jadis, en pareil cas, nos profs à l'Univ !

Autre scène, inspirée par un sketch de la revue du Casino de Paris : à la suite d'une erreur d'horaire, trois instructeurs se présentent simultanément et aucun ne veut céder la place à l'autre. On donne la parole à l'un d'eux, le prévenant qu'il pourra être interrompu n'importe quand, d'un simple coup de maillet, la parole passant alors à un autre, et ainsi de suite.

Problème pour les auteurs : rédiger trois textes formant chacun un tout cohérent, mais engendrant une histoire délirante dès qu'ils alternent par tronçons. En fait, ce fut une histoire quelque peu cochonne, le premier des orateurs étant le vétérinaire donnant cours sur la sexualité chevaline tandis que l'un de ses collègues parlait du fusil mitrailleur et l'autre de tactique d'artillerie. Cette gentille revue se terminait par l'entrée victorieuse du général Franco venant délivrer les prisonniers.

Et la salle d'applaudir la pièce, les acteurs, mais aussi Franco. Car nous étions, nous, jeunes officiers, pour les nationalistes espagnols. Peut-on alors nous qualifier d'affreux fascistes? Nullement, et il faut ici remettre les événements dans leur contexte et dans leur époque, 1937 :

La prise de pouvoir d'un gouvernement communiste en Espagne avait tout de suite revêtu un caractère violent et persécuteur, antireligieux, anti-royaliste, anti-tout. Et ainsi, quand le général Franco engagera son soulèvement en 1936, il apparaîtra comme le héros d'une croisade royaliste et catholique. C'est sous cet aspect que nous, nous le voyions, et nous n'étions guère les seuls.

Après notre joyeux sketch militaro-satirique, ce fut le grand bal de fin de cours, le 13 juillet. Et le lendemain, retour dans nos garnisons respectives. À cheval, avec Denise, 130 km en étapes : Brasschaet-Polygone, Malines, Louvain, Saint-Trond, Liège! Et rentrée à la caserne Fonck. Et rentrée au bercail maternel...

* * *

XV - DEMAIN, LA GUERRE

"En avant ! Notre Patrie
Compte sur l'artillerie."
***S/Lieutenant Grosjean**, Marche du 3A.*

À peine ai-je repris ma vie de garnison que mon régiment m'envoie en promenade dans le jardin de mes enfances liégeoises, le Parc de la Citadelle. J'ai donc grimpé, comme jadis, la colline de Sainte-Walburge, mais à cheval cette fois, avec derrière moi un canon et un caisson bourré d'obus.

J'ai braqué le 7.5 sur la ville et j'ai fait tirer. À blanc, rassurez-vous, je ne rééditais pas l'exploit de Ludendorff ! 21 coups de canon, en cadence, et pas un de plus, pas un de moins. Nous étions le 4 août 1937, 23e anniversaire de l'entrée des Allemands en Belgique, avec armes et bagages, sans avoir été invités. Moins de trois ans après mes 21 coups commémoratifs, ils allaient remettre ça !

Comme l'an dernier, la caserne Fonck a eu sa journée "portes ouvertes". J'y ai emmené Eva, qui a eu son petit succès. Je devais avoir l'air très sage avec "ma fiancée", car d'aucuns ont dit (et d'autres me l'ont répété) que le lieutenant Grosjean avait bien changé depuis "l'affaire Rosette". Possible, mais moi je ne m'en étais pas aperçu...

Chez moi, - ou plutôt chez ma mère, - rue Wazon, ma petite vie de bon fils avait repris son train-train. J'envoyais mon ordonnance pour aider dans le ménage, et j'avais amélioré l'appartement en faisant percer une baie entre les deux pièces de façade. Comme il fallait meubler ce living, j'avais acheté (à crédit !) un salon et une salle à manger. Et un piano, enfin !

Puis vint une bibliothèque (à crédit !) car je commençais, enfin ! à posséder d'autres livres que des prix scolaires. J'avais découvert Simenon, dont je ne savais rien car en ce temps-là Liège ignorait délibérément son plus illustre enfant. Et ma mère de me demander, à propos de mes romans policiers : “Ce sont tes supérieurs qui te disent d'acheter de tels ouvrages ?” Vieille hantise du danger que les “mauvais livres” font courir aux âmes chrétiennes…

Ma mère restait donc pareille à elle-même. Mais chose curieuse, elle, qui ne s'était jamais occupée de sport, semblait soudain intéressée par le Tour de France. Il est vrai que 1937 allait être l'année d'un scandale retentissant : Silvère Maes, leader belge de la course, en était sorti en claquant la porte, si j'ose dire, entraînant avec lui toute son équipe. Motif? Roger Lapébie, champion français, avait honteusement triché. Et à l'arrivée, on avait accueilli Maes à coups de pierres. Quelque trente-cinq ans plus tard, Eddy Merckx, autre gloire vélocipédique belge, devait connaître de semblables agressions venant de “sportifs” français.

Un jour, je rencontre incidemment l'un de mes anciens professeurs, le grand physicien Léon Rosenfeld, lequel me conseille de reprendre mes études et de préparer un doctorat. Et il me remet, comme sujet de thèse possible, un manuscrit de mécanique quantique auquel, dit-il, personne ne comprend rien. Il comptait sur moi.

J'ai emporté le texte à tout hasard. Lors de la campagne de tirs à Elsenborn, j'ai passé mes heures de loisir à essayer de le déchiffrer. Ceci au grand étonnement de mon vieux major qui me voyait très studieusement assis devant ma fenêtre. Mais malgré tous mes efforts, j'ai fini par rejoindre le club des chercheurs qui avaient donné leur langue au chat à propos de cette publication.

Après la période des manœuvres, ce fut l'arrivée des nouveaux appelés. Surprise, ils sont tous wallons, nos germanophones ayant été envoyés dans des dépôts de l'arrière. Il paraît qu'en haut lieu on s'en méfiait. Dommage, c'étaient de bons gars.

Et me voilà chargé d'une nouvelle fonction : instruire et entraîner les mitrailleurs antiaériens. La technique? Primitive au possible. Nos mitrailleuses terrestres se voyaient affublées d'une mire correctrice, sensée tenir compte de la vitesse des avions, lesquels ne volaient pas trop vite en ces temps bénis.

J'exerçais mes hommes en leur faisant pointer l'arme sur des maquettes d'avion pouvant circuler au plafond de la salle grâce à un système de rails et de roulettes que j'avais fait monter par le mécanicien de ma batterie. Je ne crois pas qu'en 40 nous ayons abattu beaucoup de Stukas par un tel procédé. Enfin, on fait ce qu'on peut, dans une petite armée pas riche du tout.

En outre, j'avais conçu tout un drill pour que les hommes et leurs lourdes armes montassent en bon ordre dans les camions transporteurs. Il paraît que des fenêtres de la caserne on s'amusait beaucoup des évolutions du “ballet du lieutenant Grosjean”…

Eva et moi, ça continuait, gentiment. Comme on s'en doute, nous avions franchi le pas, mais ce qui compliquait les choses, c'est que je ne pouvais amener chez moi, - pardon, chez ma mère, - une fille pour la nuit ou même pour une soirée intime. J'avais certes présenté Eva à ma mère. Ce fut quelque peu glacial, et après, ma génitrice me déclara tout de go : “Tu ne vas quand même pas épouser cette petite bonne femme qui te fera tourner comme elle le voudra autour de son doigt.” Ceci dit avec, à l'appui, un geste rotatoire de l'index tendu verticalement.

Et les soirs où nous ne nous réfugions pas dans une chambre ad hoc, nous allions au cinéma, comme tout le monde. Je me souviens du “Bizarre, bizarre, vous avez dit bizarre” de *Drôle de drame*, l'increvable chef-d'œuvre de Carné et Prévert. Et du premier Walt Disney avec personnages réellement humains, *Blanche Neige et les Sept Nains*.

"Un jour mon prince viendra,
Un jour, il me dira..."

Dira quoi ? Ce que roucoulent 60 % des amoureux, les autres préférant l'acte à la parole.

Au printemps 1938, mes fonctions de mitrailleur en chef me valent d'être envoyé à Nieuport avec mes hommes. C'est là que chaque année des unités venaient tirer à balles traçantes sur une cible remorquée par un avion survolant la mer.

Très fascinant était alors le littoral hors saison : rues vides et maisons désertées. Presque inquiétantes, ces villas balnéaires dont les fenêtres étaient protégées par des planches grossièrement clouées. Bien reposantes cependant, ces promenades solitaires, le long de l'interminable digue battue par les flots.

Puis vint la Semaine Sainte : le Jeudi (Saint) j'ai entraîné Eva, quelque peu étonnée, dans ma tournée annuelle des trente-deux (?) églises de Liège. Selon un rituel aujourd'hui disparu, le Saint-Sacrement était exposé toute la journée, et ainsi chaque visite vous valait une indulgence, - de sept ans et sept quarantaines, je crois.

Ce qui m'était bien utile, car selon le bon croyant que j'étais encore à l'époque, mes relations avec Eva me mettaient en état de péché mortel. Mais bof, "il est avec le Ciel des accommodements", et je m'accommodais... Au demeurant, j'admettais de moins en moins qu'une faute finie puisse vous valoir un châtiment infini.

Aussi le Ciel a-t-il voulu me punir en suggérant à mon colonel d'appliquer à mon égard le vieil adage militaire : "N'importe qui, étant bon pour n'importe quoi, peut être envoyé n'importe où n'importe quand". Me voilà désigné pour aller suivre à Bruxelles les cours de moniteur de sport et d'éducation physique !

Catastrophe ! Non seulement cela allait obérer mes finances, mais j'étais certainement le moins apte pour de telles fonctions : je ne savais même pas nager et je me sentais d'une insigne maladresse devant le cheval d'arçons et autres engins de gymnastique !

Heureusement, quelqu'un s'est porté volontaire à ma place, mon bon ami le lieutenant V. Il ne m'en voulait guère de ce qu'un soir je lui avais fermé la porte au nez alors que je reconduisais Denise chez elle (la danseuse bien sûr, pas la jument). Mieux, lors de longs entretiens au mess ou en ville, il m'avait fait connaître les idées du philosophe Bergson. Je lui en étais très reconnaissant, car cela me rappelait le bon temps de la J.U.C. quand Dehin m'initiait à Aristote et à saint Thomas d'Aquin.

Je n'ai aucune intention de résumer ici l'œuvre de Henri Bergson (1859-1941), Prix Nobel, professeur au Collège de France. Se dressant contre les idées rationalistes régnantes, il sera l'apôtre d'un néo-spiritualisme. Défendant la “durée”, cette durée que nous sentons tous, il l'opposera au “temps”, le temps matériel des horloges et de la mécanique. Cette dichotomie de la durée et du temps est évidemment parente de celle de l'esprit et de la matière. La durée bergsonienne est à la fois conservation du passé et création de nouveauté, elle est le moteur de cette “évolution créatrice” qui engendra l'univers, la vie, la pensée.

Voilà qui paraîtra bien abstrait, et l'on peut alors se demander pourquoi l'enseignement de Bergson a passionné les belles dames du Tout-Paris à la Belle Époque. Oui, pourquoi ?

Une réponse m'a été donnée cinquante ans plus tard, alors que je préparais, pour une radio libre, une émission consacrée à Julien Benda, l'auteur de *La trahison des clercs*. Bergson, écrivait-il en 1914, “Bergson dit à l'actuelle société exactement ce qu'elle voulait entendre”. En d'autres termes, Bergson fut une sorte de gourou, infiniment plus intelligent et plus bienveillant certes que les dangereux meneurs de sectes d'aujourd'hui, mais néanmoins quelqu'un dont les discours ex-cathedra comblaient le vide spirituel dont souffraient certains, peut-être inconsciemment.

Et moi, pourquoi ai-je éprouvé un réel plaisir à la lecture de *L'évolution créatrice* et de *Matière et mémoire*. Je ne sais. Émergence d'un tempérament philosophico-littéraire refoulé? Il se peut. Quoi qu'il en soit, Bergson fut le compagnon discret de bien des nuits de garde, tant dans ma caserne qu'en de dangereux postes à la frontière allemande.

Dangereux? Oui, certes. Mon 3e corps d'armée, général de Krahe, était responsable des destructions de ponts et d'autres ouvrages d'art. Les charges explosives étaient constamment en place, et la mise à feu en était confiée à une petite équipe, sous la responsabilité d'un officier auquel ordre était donné de veiller, 24 heures sur 24. Tous les lieutenants du 3e corps allaient à tour de rôle passer un jour et une nuit à Henri-Chapelle, à Welkenraedt, à Bütgenbach et en d'autres sites frontaliers. Le 10 mai 40, tout a sauté comme prévu, sauf à Bütgenbach où la garde a été neutralisée par des civils armés.

Moi, c'est à Welkenraedt que je serai le plus souvent allé, sauf une fois à Henri-Chapelle où j'ai eu la surprise, cette nuit-là, de contempler une aurore boréale, spectacle très rare sous nos latitudes. On nous conduisait et on nous ramenait en voiture, et à l'occasion j'en profitais pour aller voir mon père à Verviers. Toujours séparé de ma mère mais non divorcé, il vivotait dans le textile. Je savais que ses sœurs l'aidaient plus ou moins, mais je n'aurais jamais imaginé qu'on me réclamerait l'intégralité des sommes ainsi versées !

Après une garde, on jouissait d'un congé et c'est comme cela qu'un jour je me suis hasardé à la Cour d'Assises de Liège. S'y déroulait alors un procès retentissant, celui de la veuve Becker, accusée d'avoir empoisonné à la digitaline treize personnes riches et âgées. Il y avait foule et c'est de bien loin que j'ai vu la célèbre veuve se défendre pied à pied, avec calme, roublardise et intelligence.

Elle n'a jamais rien avoué, mais a néanmoins été condamnée "à avoir la tête tranchée, sur la place publique". Formule consacrée, un peu ridicule, puisqu'en Belgique le Roi commuait automatiquement la peine de mort en détention perpétuelle.

Les douze jurés s'étaient prononcés, "en âme et conscience", se basant uniquement sur un faisceau de "présomptions", de suppositions que l'on tenait pour vraies alors qu'il n'y avait pas l'ombre d'une preuve matérielle stricto sensu. Cela m'avait profondément choqué, et je devinais déjà alors les vices d'un système que la France n'allait envisager de corriger qu'en 1996.

Héritage du Siècle des Lumières, le principe qui régit les Cours d'Assises est de faire jouer au peuple le rôle de juge souverain. Comme Dieu, qu'il remplace en l'occurrence, le jury populaire se prononce selon son "intime conviction", sans appel possible, sans motivation exprimée. Absurde. Profondément absurde.

Mais l'opinion publique commençait à s'inquiéter devant des événements internationaux autrement importants. La lecture des journaux de l'époque est édifiante : il n'y en a que pour le Führer !

Février : Hitler remanie l'Oberkommando der Wehrmacht et place à sa tête le général Keitel, l'un des futurs pendus de Nuremberg. Mars : Hitler annexe l'Autriche ("Anschluss"), où son armée est entrée sans rencontrer de résistance. Avril : Hitler organise un plébiscite en Autriche : 99 % de "oui", et l'Europe approuve. Mai : Hitler provoque une dangereuse agitation en Tchécoslovaquie chez les Sudètes germanophones. Juin : Hitler institue le service du travail obligatoire. Juillet : Hitler promulgue de nouvelles mesures vexatoires contre les Juifs. Août : Hitler étale sa force navale par une gigantesque parade à Kiel.

Ce même mois, l'armée belge entreprend des manœuvres de grande ampleur en Ardenne, "Bleus" contre "Rouges". Ma batterie s'installe à Stavelot et je suis chargé d'établir nos postes d'observation sur les crêtes qui dominent l'Amblève. L'un d'eux est installé au point de vue de Ster, d'où je voyais la Cascade de Coo grouillante de vacanciers (oui, déjà à l'époque !). Mais les lanciers de Spa, les blindés légers de "l'ennemi", nous font un coup fumant : infiltrés dans nos lignes ils occupent un à un tous les centraux téléphoniques civils. Privée de liaisons, notre armée "bleue" est neutralisée en moins de 24 heures. Troublant avertissement.

En septembre, Hitler déclare : “J'irai donner la liberté aux Sudètes.” Cette fois, l'Europe daigne enfin réagir : le 26 septembre, la France et la Grande-Bretagne décrètent une mobilisation partielle. Le 27, la Belgique place son armée sur le “pied de paix renforcé”.

Ma caserne déménage et nous voici dans notre centre de mobilisation, en Hesbaye. Nous retrouvons nos réservistes de tous grades, et nous constituons la troisième batterie de notre Groupe. Pour traîner les canons et caissons sortis des dépôts, on fait venir des canassons de la campagne voisine. Surprise : beaucoup de ces lourds percherons sont bien trop gros pour nos selles et nos harnais, prévus pour nos fins chevaux irlandais! Je n'avais guère songé à cela lorsque, comme les autres lieutenants, j'avais été préparer sur place les réquisitions de ces animaux, en vélo, avec un gendarme.

Enfin, nous étant débrouillés, nous avons occupé nos positions dans la PFL (Place Forte de Liège). Ma batterie s'est déployée (comme on dit aujourd'hui) en bordure de la route d'Aix-la-Chapelle, et nous avons attendu l'ennemi.

Mais l'ennemi n'est pas venu… Il ne nous restait donc qu'à plier bagages, à remettre le matériel au dépôt, à rentrer à la caserne Fonck et à renvoyer chez eux, heureux et contents, nos braves réservistes, et aussi les percherons.

Entre-temps, l'Anglais Chamberlain (avec son parapluie) et le Français Daladier (le Taureau du Vaucluse) avaient signé les accords de Munich, en présence de Hitler et de Mussolini. Accords, ou plutôt capitulation? Car le Führer obtenait tous les territoires tchèques qu'il exigeait, sans avoir eu à tirer un seul coup de feu. Le monde respirait… pour un temps.

Puis ce fut l'arrivée des nouvelles recrues, classe 38, francophones elles aussi. Fort de mon diplôme d'agrégé et de mes connaissances en pédagogie expérimentale, j'avais obtenu de leur faire passer des tests. Le résultat fut bon, sans plus, mais il a été l'objet d'une étude menée et publiée par l'Institut de Pédagogie de l'Université.

Cette année-là, l'UFAC, l'Union des Fraternelles d'Anciens Combattants 14-18, voyant ses rangs s'éclaircir, décide de s'étendre aux Futurs Combattants, et d'ainsi créer la COFAG, la "Confédération des Fraternelles d'Après-Guerre". On me propose la présidence de la section qui devait se créer dans mon régiment. Je constitue illico un comité, et bientôt nous comptons près de deux cents membres, appartenant aussi bien à l'active qu'à la réserve.

À la même époque, un chef de musique, le capitaine Hendrickx, venait de composer la "Marche du 3A". C'était un air très entraînant, vraiment de bonne facture. Comment ai-je eu l'idée d'en écrire les paroles, je ne sais. Mais bientôt j'accouchais d'un texte que les jeunes d'aujourd'hui trouveront très ringard et parfaitement nunuche, mais qui eut son petit succès à l'époque :

" Camarades du 3A !
À cheval ! À cheval ! À cheval !
Galopons fièrement ! Hardi là !
Les artilleurs sont des gars un peu là !"

Mon comité envisage d'organiser une séance publique qui présentera aux Liégeois, et la COFAG, et la Marche du régiment. C'est décidé, tout le monde en parle, et me voilà devenu le "Lieutenant Cofag". Du coup, je revends, avec bien des regrets, ma trop vieille Denise, et je la remplace par un hongre bai, très fringant, très beau, très fin, que je baptise "Cofag". Je devais avoir le sens de la publicité...

Notre séance, notre Grand Gala plutôt, a eu lieu le jeudi 15 décembre dans la Salle des Fêtes du Lycée de Waha. Pour le préparer, j'avais été très aidé par l'adjudant Blavier, vice-président, par Eva, *ma fiancée* comme on disait, ainsi que par Jim et Joujette, des duettistes de la Salle Pleyel, devenus des amis. Nous avions obtenu le concours de dix professionnels, chanteurs, diseurs, danseurs, les uns de Liège, les autres de Paris.

Et la Marche ? Chantée par un ténor, elle était accompagnée par les trompettes du régiment. Très prenant, très émouvant. Et bien entendu, j'y avais été de mon petit discours, patriotique comme il se doit. La séance se clôturait par un "Crochet", un concours d'amateurs d'un genre alors très en vogue : si le chanteur déraillait, un gigantesque crochet le ramenait de force en coulisse...

Changement de décor, me voilà président de la commission pédagogique fondée par le lieutenant général de Krahe, lequel voulait réformer l'enseignement à l'armée. D'où nombreuses réunions de travail à la Citadelle avec mes deux adjoints, instituteurs dans le civil. Et rédaction de rapports dont je ne me souviens plus du tout, et dont j'ignore totalement ce qu'il a bien pu en sortir. Rien sans doute.

Changement de décor, encore une fois. Songeant à organiser des voyages d'information sur le Canal Albert, le même général de Krahe me demande, ainsi qu'à quelques autres, de jouer les cicérones lors de tours en autocar. Ce qui m'amène à potasser pas mal d'articles et à aller sur place étudier le terrain.

Pour Eva et moi, ces reconnaissances furent de gaies promenades, malgré les problèmes de transport (nous n'avions pas de voiture !). Eh bien, tout cela n'a servi qu'une fois, et encore ! J'ai piloté des anciens combattants qui, ne songeant qu'à bavarder entre eux, ne m'ont pas posé de question, ne m'ont même pas écouté.

Encore un changement de décor : la mer. J'étais toujours le chef de la section des mitrailleurs antiaériens, d'où nouveau séjour à Nieuport au printemps. Cette fois, j'ai profité de mes loisirs pour découvrir la France proche : Dunkerque et Calais, deux villes alors bien vieillottes. Ce furent mes premiers voyages à l'étranger, si j'excepte ma petite visite à Sedan, - ou plutôt à Geneviève, - neuf ans plus tôt.

Le 26 juin, gros événement qu'Eva et moi fêtons gentiment dans l'intimité : je reçois ma seconde étoile, à l'ancienneté tout bonnement, et me voilà full lieutenant.

Au mois d'août, encore un changement de décor : officier de cibles à Elsenborn. Le job consistait à disposer, le soir, des cibles devant servir aux tirs du lendemain. En conséquence, beaucoup de loisirs, et de nombreuses promenades dans une région que j'aime, mais dont il faut savoir se méfier : j'ai bien failli me noyer dans la fagne avec ce bon Cofag, et une autre fois je me suis perdu avec mon vélo dans une brousse inextricable.

Quant au climat international, hélas, il se dégradait rapidement. En mars, Hitler avait annexé la Bohême-Moravie sans susciter de grandes réactions. Fin juillet, il provoque une grave crise en revendiquant la ville libre de Dantzig. En août, surprise énorme, les deux ennemis idéologiquement irréductibles, Hitler et Staline, signent à Moscou, par ministres interposés, un pacte de non-agression. En même temps, mais en secret, ils se partagent la Pologne.

Sitôt dit, sitôt fait, et le 1er septembre, Hitler envahit la Pologne, bientôt imité par son nouveau complice. Trop c'est trop, et le 3, la France et la Grande-Bretagne déclarent la guerre à l'Allemagne. Le 23 août déjà, la Belgique avait proclamé une mobilisation partielle.

Les dés étaient jetés.

* * *

Quatrième Vie

XVI. - LA DRÔLE DE GUERRE.

"*La guerre est une simple continuation de la politique par d'autres moyens.*"
Karl von Clausewitz, "*Vom Kriege*" (1830)

Le conflit 39-45 commence par un événement unique dans l'Histoire : ceux qui avaient déclaré la guerre restent l'arme au pied, se contentant d'une "drôle de guerre", comme on a dit à l'époque.

Le génial Clausewitz avait raison : cette drôle de guerre était la simple continuation d'une drôle de paix voulue par de drôles de démocraties. Drôles, - ou plutôt pas drôles du tout, - nos démocraties d'alors, parce que sans âme.

L'ordre de mobilisation me surprend dans ma thébaïde fagnarde. Dommage. Eva ne viendra donc pas me rejoindre pour quelques jours, comme elle le projetait après avoir difficilement obtenu l'autorisation parentale.

J'ai embarqué Cofag et mon ordonnance dans un train, et j'ai suivi dans un autre. Un train tellement bondé de vacanciers en fuite que je me trouve coincé, debout, contre une très avenante personne qui se propose comme "marraine de guerre". Regrets, mademoiselle, la place est prise.

Retour à Liège, où l'atmosphère est plutôt morose, on s'en doute. Le 20 mai (pour mon anniversaire ?) s'était ouverte dans le faste la majestueuse “Exposition de l'Eau”, dont les pavillons et les palais s'étalaient au confluent de la Meuse et du Canal Albert. Maintenant, on craint que l'Expo ne doive fermer prématurément ses portes, ce qui est d'ailleurs arrivé.

Retour à ma caserne Fonck, en plein déménagement. Voilà mon sergent-major qui me joue un sketch digne d'un best-seller des années vingt, *Les silences du colonel Bramble*, d'André Maurois. Moi, affairé : “Voulez-vous me donner les cartes enfermées dans l'armoire forte ?” Lui, effrayé : “Mon lieutenant, je ne peux pas, ce sont les cartes de guerre !”. Moi, effaré : “Mais nous y sommes, en guerre !”

Retour au centre de mobilisation de Lantin, où l'on jouait les reprises. Re-bonjour les réservistes, re-bonjour les canassons de Hesbaye, re-bonjour les 7.5 sortant des dépôts. Mais “Au revoir, mon capitaine”, ce cher Simonet étant affecté à d'autres fonctions. À sa place, voici un réserviste, architecte dans le civil, le commandant Fraikin, lequel, apparemment, connaît très bien son occasionnel métier d'artilleur.

Retour enfin à notre position de Bois de Breux, aux portes de Liège. Ma 7e batterie appuie l'infanterie de la 3e DI, défensivement déployée de part et d'autre de la route d'Aachen. Cette fois, on ne rééditera pas les erreurs de 1914 : les intervalles entre les forts sont tous bien colmatés ! L'ennui, c'est qu'en mai 1940 les Allemands s'amèneront par un tout autre chemin…

Le 31 août, Liège reçoit un choc terrible qui sera interprété comme un très mauvais présage. Miné, comme le sont tous les ouvrages d'art, le pont-rail du Val-Benoît saute, la foudre ayant frappé les détonateurs. Il y a des victimes, un train s'étant embouti sur le tablier détruit. Hitler envoie ses condoléances à la Belgique, - mais oui ! - et là-dessus déclenche la campagne de Pologne. Et le 3 septembre, le voilà en guerre contre la France et la Grande-Bretagne.

Le 4, le roi Léopold III adresse un ordre du jour :

"Je prends aujourd'hui le commandement de l'armée. J'ai la certitude qu'en toutes circonstances elle saura, par sa bravoure et son abnégation, se montrer digne de la confiance que la nation tout entière place en elle."

Cette déclaration sera l'origine de regrettables tensions entre le roi et le pouvoir politique, tensions qui ne feront que s'aggraver jusqu'à la capitulation de l'armée et se prolonger, après la guerre, dans la triste "question royale".

En prenant cette décision, comme l'avait d'ailleurs fait Albert 1er en 1914, Léopold III se conformait strictement à l'article 68 de la Constitution : "Le Roi commande les forces de terre et de mer, etc". Mais pour le premier ministre Hubert Pierlot, le roi avait violé l'article 64 de la même Constitution : "Aucun acte du Roi ne peut avoir d'effet s'il n'est contresigné par un ministre, etc". Or, le Roi avait agi seul. Juristes et historiens ont débattu de cette contradiction constitutionnelle, mais en général ils ont donné raison à Léopold III.

En France, autre proclamation, répétée très médiatiquement : "Nous vaincrons parce que nous sommes les plus forts". Cela nous fait rire aujourd'hui, après ce qui s'est passé. Mais les historiens vous montreront qu'en septembre 1939, les Alliés et les neutres (Belgique, Hollande) avaient au total plus d'hommes, plus de bouches à feu, plus d'avions, plus de chars, plus de sous-marins que l'Allemagne de Hitler. Une offensive alliée en direction de la Ruhr eut alors été une catastrophe pour le Reich, dont les armées étaient presque toutes engagées en Pologne. Tel était d'ailleurs l'avis de plusieurs généraux allemands.

C'est dans la crainte d'une telle opération offensive que l'Allemagne construisait une ligne de fortifications le long de la frontière belge, ce qui excitait la verve des chansonniers anglais, et chez nous celle de Ray Ventura et de son orchestre :

"On ira pendre notre linge sur la Ligne Siegfried,
Si on la trouve encore là !"

Un peu pauvre, cette rengaine, surtout dans sa traduction française. Vraiment, les auteurs de chansons étaient mieux inspirés pendant l'autre guerre, avec *La Madelon* et *It's a long way to Tipperary*. Signe des temps, peut-être…

La vie de garnison est certes monotone, mais c'est pire en mobilisation où l'on se sent bloqué dans des cantonnements de fortune. Les fantassins peuvent se livrer à toutes sortes de mini-manoeuvres, ce qui les distrait, mais les pauvres artilleurs, eux, sont liés à leurs lourds canons. Et les journées passent, passent…

Plus tard, j'ai fondé un magazine à usage interne, *Si je l'osais*, allusion claire au commandant de notre 3e DI, le général Losey. Ce titre bizarre avait été choisi par nos officiers de réserve, après une inspection où Losey s'était conduit comme une vieille baderne, inutilement désagréable. Nos réservistes en avaient été très démoralisés, car vraiment ils ne méritaient pas ça. Le rédacteur principal fut le sous-officier Mesnil, un garçon un peu fantaisiste qui allait tomber l'un des premiers lors de l'offensive de mai 1940.

Ce qui m'étonnait, c'est que j'étais le seul lieutenant du 3A à n'avoir pas reçu le commandement d'une batterie. Je m'en ouvre au “porte-étendard” (quand cet officier ne portait rien, il était secrétaire du colonel). La réponse me suffoque : “Tiens, nous croyions que cela ne t'intéressait pas”. L'injustice est rapidement réparée, et je prends la place de mon capitaine réserviste. Celui-ci m'en a voulu, mais je puis jurer que jamais je n'avais revendiqué son poste à lui !

Le 8 novembre, à Munich, Hitler échappe de justesse à un attentat. Peu après, nous sommes mis en alerte, événement qui se reproduira quelques fois. On sait maintenant que les Hollandais et les Belges étaient régulièrement mis au courant de tout ce qui se tramait à Berlin, ceci grâce à un officier anti-hitlérien, le courageux major Oster. Trente fois Hitler a voulu attaquer la Belgique, et vingt-neuf fois il a dû annuler l'ordre à cause de circonstances diverses, surtout météorologiques. D'où toutes les alertes que nous avons vécues de novembre 1939 à mai 1940.

Celle de novembre semble sérieuse car l'armée rappelle de nouvelles classes de réservistes. Je revois avec plaisir mes germanophones, et reçois avec surprise des soldats flamands : me voilà à la tête d'une unité trilingue, chose rarissime ! Et l'on nous envoie tous à l'ouest de Bruxelles, vers Ninove. En position contre la France. La Belgique neutre se défendait tous azimuts car il ne fallait fâcher en rien "Monsieur Hitler".

Mes soldats wallons me déclarent que si les Français arrivent, ils ne tireront pas. Heureusement, les Français ne sont pas venus (sous-entendu : en ennemis). Quant à nous, en décembre, nous quitterons le "front français" pour regagner nos positions de la PFL, sur le "front allemand"

En attendant, il fallait s'organiser. Nos pièces sont en batterie dans les champs de la ferme où nous logeons, à Strijtem. Ordre étant donné de dégager le champ de tir, je fais abattre un énorme peuplier qui nous gênait. Difficile travail, pour des non-professionnels ! Le lendemain, contre-ordre ennuyé : notre général avait reçu la visite d'un châtelain furibard, propriétaire du géant que j'avais massacré; il paraît que mon initiative privait l'industrie allumettière locale d'une fort précieuse matière première ! Que répondre in petto, sinon que "Krieg ist Krieg".

Perdu dans un beau coin de ce "plat pays" si cher aux Français qui ont entendu Jacques Brel, le village de Strijtem n'est guère connu, sauf peut-être par le très mortuaire squelette qui domine le maître-autel de l'église. Ce macabre machin nous aurait-il porté la poisse, à Eva et à moi ?

Un dimanche, nous nous étions rencontrés à Bruxelles. Après-midi intime, petit dîner, adieux devant la Gare du Nord. Moi, je regagne Strijtem par le tramway vicinal, mais en route, à un arrêt, je vois un taxi qui stoppe et Eva qui en sort en faisant de grands signes. Son train, le dernier pour Liège, avait été supprimé !

Il n'était malheureusement pas question pour moi, ni pour personne, de passer la nuit dans un cantonnement avec une femme. Donc, demi-tour vers Bruxelles, avec le même taxi, et nous voilà dans un hôtel. Ce sera notre première “nuit conjugale”, plutôt courte.

Peu après arrivent les nouvelles de Liège. La mère d'Eva avait fait une scène terrible dans le style “Tu nous as déshonorés…, et blablabla et blablabla”. Ne lui en voulons pas trop, c'était comme ça en ce temps-là, les parents ne pouvant admettre qu'une fille de 21 ans découchât. Ni même songer à ce qu'elle puisse faire du théâtre professionnel, ce qu’Eva aurait tant désiré. Une jeune fille “bien” ne peut se permettre d'être une actrice. No comment.

J'ai alors estimé, peut-être à tort, que la seule chose à faire, pour l'honneur perdu de ma fiancée, c'était de rompre. Que l'infâme séducteur disparaisse ! Eva en a été totalement désespérée, et ma mère absolument ravie : “Tu ne devais pas t'attacher... et blablabla et blablabla.”

Puis est arrivé l'ordre de mouvement : ma batterie rentrait à Liège, à Bellaire plutôt, au-dessus de Jupille (petite ville déjà connue pour sa fameuse bière). Je logeais, une fois de plus, chez l'habitant. Mais ici ma chambre était dotée d'un piano, parfait, parfait ! Ma logeuse était encore jeune, et voilà qu'au grand scandale de sa mère, elle me raconte que son mari étant mobilisé, elle dormait en serrant l'édredon dans ses bras. Était-ce une invite ? Je ne sais, mais je n'ai pas remplacé l'édredon.

À la même époque j'ai vécu une aventure pour le moins cocasse. Dans un dancing de Liège, je rencontre une gentille fille, un peu sotte, laquelle me raconte que son frère est cuistot à l'armée et qu'il est si gentil envers sa famille : il leur rapporte de bons morceaux de viande piqués dans le lot réservé aux officiers. Comme je suis en uniforme, elle me demande si je connais le frérot. Et elle m'en donne le nom : Georges M., c'était mon propre cuisinier !!!

À Liège encore, Place Saint-Lambert, - mais ceci est plus sérieux, je sens qu'on m'accroche par le bras. C'était Eva, vive, gaie, souriante, pas rancunière pour un sou. Là-dessus, sans plus, nous avons repris notre gentille petite vie comme s'il n'y avait jamais eu rupture. Je n'en ai rien dit à ma mère, inutile de jeter de l'huile sur le feu…

Le 10 janvier, un avion militaire allemand fait un atterrissage forcé à Mechelen-sur-Meuse, dans le Limbourg belge. À son bord, un major, porteur de documents ultra-secrets. Emmené dans un poste de commandement, il va essayer, à deux reprises, de brûler ses papiers, mais une partie importante en est sauvée par un officier belge, au prix de sérieuses brûlures à la main.

Ces documents étaient tout bonnement les plans détaillés d'une puissante attaque allemande à l'ouest, avec blindés et parachutistes. La nuit même, ils aboutissent au GQG belge, et le roi ordonne immédiatement d'aviser les autorités des pays voisins.

Le 13 on rappelle les permissionnaires, et le 17 c'est l'alerte, une de plus, tandis qu'une terrible vague de froid s'abat sur l'Europe. Le général Van den Bergen, chef d'état-major, fait ouvrir illico les barrières qui fermaient la frontière française.

Le calme revenu, ce geste lui coûtera son poste. Ne fallait-il pas jouer jusqu'au dernier acte la piètre comédie de la neutralité?

C'est en février, je crois, que j'ai été écouter à l'université de Liège mon ancien professeur Léon Rosenfeld. Toujours bienveillant, celui-ci me dit qu'il pourrait peut-être m'offrir un poste d'assistant. Je réponds que c'est malheureusement un peu tard, et que d'ailleurs je venais de postuler un emploi de répétiteur de physique à l'École Royale Militaire. Ainsi resterais-je à cheval sur mes deux domaines, le scientifique et le militaire.

Revenant de Copenhague, Rosenfeld, bras droit de Niels Bohr, nous fait des révélations inattendues. À l'automne 38, deux physiciens allemands, Hahn et Strassmann, découvrent la fission de l'uranium. Le Français Joliot en déduit la possibilité de réaction en chaîne, ce que l'expérience confirme. Puis Bohr et son élève Wheeler concluent, après des calculs théoriques, que l'élément responsable du phénomène est un rarissime isotope, l'uranium 235. Si l'on parvenait à isoler celui-ci, l'industrie disposerait d'une formidable source d'énergie.

Rosenfeld ne voyait pas comment on pourrait réaliser une telle opération à grande échelle. Il ignorait évidemment que le Président

Roosevelt, alerté par Einstein en personne, avait déjà lancé le projet "Manhattan", top secret, d'où allaient sortir les bombes de Hiroshima et de Nagasaki.

Un beau jour de mars, nouvelle affectation pour moi : on me donne le commandement de la 9e batterie, une unité bilingue cantonnée à Beyne-Heusay, non loin de ma position actuelle, mais de l'autre côté de la grand-route. J'y aurai un très fidèle compagnon, Sultan, un superbe berger allemand qu'Eva venait de m'offrir.

Et en avril, me voici attaché pour quinze jours à une commission judiciaire. Composée de deux officiers placés sous la présidence d'un auditeur militaire, une telle commission remplissait les fonctions de juge d'instruction. Ce qui me fera participer à des interrogatoires de toutes sortes mais aussi à d'intéressantes enquêtes en province.

Neufchâteau : Visite à l'hôpital où ont été recueillis deux aviateurs blessés, un Français et un Allemand, victimes d'un combat aérien dans le ciel belge. Nous sommes très chaleureux avec le Français et beaucoup moins avec l'Allemand. Et pourtant, ce brave garçon, nous voyant entrer, s'était mis au garde-à-vous, tout raide dans son lit. Je lui ai quand même adressé quelques mots dans sa langue.

Spa : descente au Pont du Centenaire, au pied de la grande "Vecquée" qui monte vers la Baraque Michel. Apercevant la nuit une silhouette suspecte, la sentinelle avait tiré et ainsi abattu un pauvre paysan.

Aywaille : on nous apporte un étrange objet qui brûlait à la surface de l'Amblève. J'y reconnais un morceau de sodium pur. On sait que ce métal léger peut décomposer l'eau; la chaleur de la réaction est alors telle que l'hydrogène libéré s'enflamme spontanément. Que faisait donc ce dangereux produit sur une rivière ardennaise? Nous, piètres juges d'instruction, nous ne l'avons jamais su.

Le 9 avril, Hitler attaque la Norvège. Les chasseurs alpins français interviennent, mais le 22 ce sera, pour les Alliés, la défaite de Lillehammer. Nous avons l'impression que la guerre se rapproche de nous, et d'ailleurs la Belgique a déjà instauré le rationnement : plus de viande les lundis, et des tickets pour certains autres vivres. Néanmoins, vous pouviez lire dans la presse : “Nos raisons d'espérer”, avec longs commentaires à l'appui.

À la fin du mois, exercices de tir à Helchteren, dans le Limbourg. J'y reçois les plus vives félicitations de mon colonel et c'est quelque peu en triomphateur qu'à cheval je traverse la ville de Hasselt, en route vers Beyne-Heusay. Un mois plus tard, jour pour jour, j'allais encore traverser Hasselt, mais à pied, bien piteusement, en tête d'une minable colonne de prisonniers. La roche tarpéenne est proche du Capitole, tout le monde sait ça depuis l'antiquité romaine.

Le 9 mai, il fait beau, très beau : soleil, printemps précoce. Et le vent est à l'optimisme. “Ils” n'oseront pas, dit-on. Du coup, le GQG rétablit les congés de 5 jours pour agriculteurs, congés qui avaient été supprimés quelque temps auparavant, dans le cadre de l'une des dernières alertes.

Eva me rend visite au cantonnement, et avec Sultan nous nous promenons dans la douce chaleur du crépuscule. Eva m'embrasse, me dit au revoir et monte dans son tramway, tandis que Sultan et moi rentrons dans la maison qui m'héberge, quelque part sur la grand-route.

Le 10, à 2 heures du matin, réveil carillonnant et alerte maximum. Je regagne en hâte mon PC, une petite bicoque au milieu de jardinets, tout près des canons. Dans le ciel, des avions et encore des avions, un spectacle fantastique. Bientôt éclatent de partout de très étourdissants tirs de DCA. Et je vois mon Sultan se terrer en tremblant dans un coin de la cave où je m'installe avec mes cartes, mes tables de tir et mes téléphones.

Lui, Sultan, il avait compris : nous étions en guerre.

* * *

XVII. - LA CAMPAGNE 40-40

"La bataille est engagée.
Une seule chose compte, la gagner."
***Paul Reynaud** au Gl Gamelin, 10 mai 1940*
"Nur eins ist bedeutend,
dass Deutschland siege."
***Propagande nazie**, slogan du 10 mai 1940*

Des milliers de livres et d'articles ont été consacrés à la guerre 39-45. Et beaucoup d'entre eux ont décrit, étudié, disséqué les événements de mai 1940, ceux de la "campagne des 18 jours", appelée par dérision en Belgique la "campagne 40-40".

Je possède une douzaine de ces ouvrages, et je n'ai aucune intention d'en écrire ici un treizième. Mon point de vue sera plus ou moins celui de Fabrice del Dongo, le célèbre héros de la *Chartreuse de Parme* de Stendhal. Le 18 juin 1815, Fabrice erre sur le champ de bataille de Waterloo. Il y croise des cavaliers amis, aperçoit au loin des fantassins ennemis, entend des canonnades, découvre des morts et des blessés. Mais n'ayant évidemment aucune vue d'ensemble, il ne comprend rien à rien.

Alors, comme Fabrice, je vais simplement raconter ici ma campagne jour après jour. Je n'aurai qu'à suivre mon vieil agenda de 1940, miraculeusement rescapé. Une différence toutefois entre Fabrice et moi : j'avais une radio portative.

Vendredi 10 mai.

En voyant passer très haut ces centaines d'avions allemands, mon sous-officier secrétaire s'exclame : “Qu'est-ce qu'ils vont en prendre, les Anglais !” Eh bien non, ces avions, c'est pour nous ! Bientôt ma radio annonce la destruction de plusieurs aérodromes belges et de nœuds ferroviaires importants : Trois-Ponts, Jemelle, Schaerbeek.

Plus tard, elle m'apprendra qu'au petit matin, des planeurs allemands ont atterri sur le fort d'Eben-Emael (qui n'y survivra pas) et sur trois ponts du Canal Albert, juste devant l'enclave de Maastricht. Les ponts tomberont intacts, et ce sera la ruée…

Eva me rend une dernière visite et repart, emmenant Sultan. En ville, me dit-elle, les gens restent calmes, malgré les appels répétés des sirènes d'alerte. En fait, pas une bombe ne tombera sur Liège ni sur nos positions.

Aussi, la surprise sera-t-elle totale lorsque, la nuit, arrivera l'ordre d'évacuation : la place forte de Liège, notre chère PFL, est abandonnée sans combat et le IIIe Corps doit se replier sur la rive gauche de la Meuse. En fait, nous partions pour éviter l'encerclement, tout simplement. Le Corps ne supportera pas très bien cette épreuve, et moins bien encore celles qui allaient suivre.

Samedi 11 mai.

À 6 heures du matin, nous prenons position à Ans, sur les hauteurs de Liège. Nous sommes cantonnés dans une ferme où nous allons attendre, immobiles, toute la journée. La radio nous annonce que les blindés allemands sont un peu partout, depuis le Limbourg jusqu'en Ardenne. Et attention aux parachutistes, ajoute-t-elle. Ce qui provoquera une dangereuse psychose dans tout le pays.

Une bonne nouvelle cependant : les Français sont entrés en Belgique dès le 10 mai et leurs blindés se portent à la rencontre de l'ennemi. À Gembloux, ils livreront, avec un certain succès, la seule bataille de chars de la campagne 40-40.

Le soir, on entend de lointaines explosions : les ponts de Liège sautent les uns après les autres. Destructions peu utiles vu que les Allemands s'engouffrent par l'enclave de Maastricht.

À 22 heures, ordre de départ. Nous faisons nos bagages et j'abandonne dans la ferme la machine à écrire et la stencileuse qui nous permettaient d'éditer *Si je l'osais*. Fini de rire…

Dimanche 12 mai.

Nous avons marché toute la nuit, suivant un itinéraire grossièrement parallèle à l'actuel tracé de l'autoroute de Wallonie (alors inexistante). Il paraît que les plans nous assignaient une position de repli derrière la Mehaigne, une rivière qui se jette dans la Meuse à Huy. Nous n'aurons pas le temps de nous y arrêter, les Allemands allant plus vite que nous !

Ce 12 mai est le dimanche de Pentecôte. Ce ne seront pas les langues de feu du Saint-Esprit qui descendront sur nous, mais bien les bombes des Stukas (bombardiers d'attaque au sol). Il est 10 heures, nous sommes à Vinalmont, à deux pas de ladite Mehaigne. Voyant les avions commencer leur piqué, je fais bloquer les freins et j'ordonne aux hommes de s'abriter dans les fossés. Je me trouve moi-même allongé au bord de la route, à côté d'une jeune fille du patelin. “Votre tête, mademoiselle, rentrez la tête !”

Les Stukas attaquent en hurlant, les bombes tombent, tombent, ce sera notre baptême du feu. Miracle, aucun de nous n'est atteint, ni les hommes, ni les bêtes. Mais à quelque cent mètres, une autre batterie a trinqué. Nous en croisons le commandant, rouge du sang d'un cheval tué à côté de lui, ce qui lui a sauvé la vie.

Nous nous remettons en route, et voilà un soldat cycliste qui s'amène affolé : “Mon lieutenant, mon lieutenant, sauvez-vous vite ! Les Allemands arrivent. Par là !”. Ce valeureux guerrier disparaît comme il est venu, me montrant de la main une route allant vers Tongres, perpendiculairement à la nôtre.

Je fais mettre une pièce en position sur cette route et donne ordre de tirer à vue sur tout blindé qui apparaîtrait. Puis nous continuons notre chemin sous cette protection. Mais les chars ne sont pas venus. Les livres d'histoire m'ont appris qu'au lieu de rester groupés ils s'étaient dispersés à partir de Tongres, ce qui a évité à notre IIIe Corps une destruction quasi certaine.

À 19 heures, nous sommes à Vezin, ayant fait 45 kilomètres, à pied ou à cheval, en un jour et une nuit. Là, j'apprends que nous venons d'avoir un vilain accident : le dernier canon de notre colonne est tombé avec son attelage dans un ravin. Les hommes sont sains et saufs, mais il a fallu abattre les chevaux. Comme il a été impossible de retirer le canon, ma 9e batterie devra continuer la guerre avec trois pièces seulement.

À 19 heures, ordre de départ. Encore une marche de nuit en perspective, seule manière d'échapper au harcèlement des Stukas.

Lundi 13 mai.

Vers 7 heures, harassés, morts de fatigue, nous entrons dans Namur. Le quartier de la gare est en flammes. Mais ô joie, voici l'armée française, des fantassins qui eux aussi s'étaient enfilé des marches de 20 à 30 kilomètres. Échanges de sourires et de poignées de main, puis nous continuons vers Suarlée.

Là, arrêt, repos, et bombardement par les Stukas. Mais décidément j'ai la baraka : aucune victime, aucun dégât ! Le soir, départ vers Charleroi, et à nouveau une marche de nuit.

Comme nous traversions un bois, dans l'obscurité, nous entendons parler allemand. Inquiétude, alerte. Ouf, il ne s'agissait que de réfugiés juifs, fuyant vers… Vers où ? Vers quoi ? Ils ne le savaient pas eux-mêmes.

Mardi 14 mai.

Au matin, traversée de Charleroi et montée vers Loverval. Encore des réfugiés juifs, par familles entières. Je les laisse s'installer un moment sur nos chariots et nos caissons, mais il faudra bientôt les faire descendre, les chevaux étant fourbus. Une Juive s'effondre en hurlant ; elle accouchait, là, sur le trottoir.

Repos à Loverval jusque 16 heures, puis en route vers Gilly-

Sart-Hallez. Là, un train nous attend. Il était temps, nous étions tous épuisés après ces 100 km de route. Une nuit, j'ai même dormi en marchant, accroché au vélo de l'aumônier ! Et une autre nuit, j'ai eu des hallucinations, croyant voir des arbres, des maisons… qui n'existaient pas !

Les 15, 16, 17 et 18 mai.

Train. Sage lenteur. Pas de Stukas, miracle. Arrêt une nuit à Munkzwalm. Débarquement à Ruiselede, quelque part entre Gand et Roulers. Toujours pas de Stukas. Et autre miracle : à part le canon resté là-bas dans le ravin, rien ne manque. Sauf quelques-uns de nos germanophones. Des soldats perdus, oui, dans les deux sens du mot.

À Ruiselede, repos et encore repos. Nous en avions bien besoin, certes, mais nous trouvions bizarre que la guerre nous oubliât à un tel point. Nous ne savions rien de précis, et si je supportais, contraint et forcé, de jouer à Fabrice del Dongo, il n'en allait pas du tout de même pour mes adjoints réservistes, les sous-lieutenants Repriels et Wizer, ingénieurs dans le civil, et l'adjudant-aspirant Bouffioux, mathématicien et ex-camarade d'université. Je les voyais littéralement trépigner d'impatience.

Il y avait la radio, certes, mais ses informations étaient souvent imprécises, sans doute à cause de la censure. On savait cependant que la Hollande avait capitulé le 15, Rotterdam ayant été systématiquement détruite par l'aviation.

De tous les airs alors diffusés, j'ai retenu, et ce pour toujours, un très nostalgique slow. Le texte, mi-anglais mi-yiddish, était de circonstance car il évoquait, à sa façon, les difficultés de langage rencontrées par un émigré juif entrant aux USA :

"Bei mir bist du schein,
Please let me explain,
Bei mir bist du schein means you're great."

Notre unité se recomposait, se réorganisait grâce à des renforts fraîchement arrivés. De leur côté, les hommes prenaient le temps comme il venait. Il faisait beau, toujours beau depuis le 10 mai. Et s'il y avait quelqu'un qui ne chômait guère, c'était notre aumônier : par files entières on attendait son tour pour aller à confesse ! La religion n'est pas l'opium du peuple, comme l'avait dit quelqu'un de bien mal informé ; c'est plutôt la morphine de ceux qui souffrent et l'anti-stress de ceux qui sont angoissés.

Les 19, 20, 21 et 22 mai.

Dimanche 19. Fini le farniente de Ruiselede. Nous partons pour Ginste, autre petit patelin flandrien, à une douzaine de kilomètres plus au sud. Mais là, ce sera à nouveau l'attente !

Sur les routes, des réfugiés et encore des réfugiés. Rien d'étonnant que cette courte campagne ait coûté au pays autant de victimes civiles que de militaires : 6000 à 7000 de chaque côté. Mais chose stupéfiante, je n'ai pas encore vu de morts, ni même de blessés.

Avant de quitter Liège, j'avais répété à tout le monde : “Si la guerre arrive, restez chez vous !” Et j'avais ajouté, pour mes futurs beaux-parents : “Et cachez-y soigneusement des dollars !” Papa Goldenberg m'en a été très reconnaissant.

Toujours un peu vagues, les nouvelles radiodiffusées. Et pourtant, Rommel et ses blindés avaient réussi une percée fantastique, atteignant Abbeville, à l'embouchure de la Somme, le 20 mai. Ce jour-là, j'avais 28 ans, tout juste.

22 mai, 4 heures : départ pour Lendelede, à 6 km au nord de Courtrai. Et dès 11 heures, nous voilà en position de tir, à 4 km de la Lys ; en face de nous, sur l'autre rive, Harelbeke, alors bien connue pour ses excellents tabacs.

Jeudi 23 mai.

Nous savons que maintenant l'armée belge va engager, contre l'envahisseur, une “bataille d'arrêt”. À 18 heures, ordre d'ouvrir le feu ; ce seront les premiers coups de canon de *ma* guerre. On tirera toute la soirée et toute la nuit. Les Allemands reconnaîtront que l'artillerie belge avait été terriblement efficace et qu'elle leur avait causé de sérieuses pertes.

Vendredi 24 mai.

Nous tirons, nous tirons, toute la journée. La bataille de la Lys fut une vraie bataille, et c'est avec raison qu'à Courtrai on l'a commémorée par un très beau monument : le roi, à cheval, est à la tête de ses troupes, déployées en arc de cercle. Saine réaction contre une vilaine campagne de dénigrement qui aura frappé l'armée belge après la guerre.

Certes, la Lys n'était pas l'obstacle idéal : eaux larges et peu profondes, rives assez basses, nombreuses agglomérations. Aussi l'infanterie allemande la franchira-t-elle en plusieurs points, après avoir été contenue pendant plus de trente heures.

À 20 h 30, ordre de repli pour notre 3e DI, qui a assez bien souffert. Miracle encore une fois, ma batterie n'a subi aucune perte. Nous nous retirons vers le nord, vers Ingelmunster, au-delà de la Mandel, un affluent de la Lys. Et pour la nuit, ce sera le repos (mérité !) dans un bois à Ardooie.

Samedi 25 mai.

Le matin, reconnaissance vers Ingelmunster. Nous prenons position derrière le canal de la Mandel, dont le pont à été détruit.

Jouissant de la maîtrise absolue du ciel, voilà la Luftwaffe qui nous envoie un message : sur des tracts, répandus par milliers, une petite carte. Elle nous signale aimablement que nous sommes encerclés, nous, les Belges, les Français, les Anglais. Oui, nous sommes faits comme des rats, le dos à la mer, dans un petit triangle allant de Calais à Lille et à l'embouchure de l'Escaut.

Texte bilingue : “Camarades, la guerre est finie pour vous. Vos chefs vont s'enfuir par avion. Bas les armes”.

Presque en même temps, nous recevons le texte d'une proclamation du roi : “Soldats ! La grande bataille que nous attendions a commencé. Elle sera dure. Nous combattrons avec toutes nos forces et avec une suprême énergie (...) Officiers et soldats ! Quoi qu'il arrive, mon sort sera le vôtre."

"Mon sort sera le vôtre", démenti cinglant au tract allemand, mais promesse bien lourde de conséquences pour l'avenir.

Dimanche 26 mai.

À 1 heure du matin, nous prenons position à Ingelmunster, au bord du canal de la Mandel, côte à côte avec les fantassins. Le moral de ces hommes ne me semble pas fameux. Et je n'ai aucun succès lorsque, dans un rez-de-chaussée déserté, je leur joue au piano la marche du 3A (ou le Boléro de Ravel, je ne sais plus.)

Ici, un seul de nos canons tirera, et une fois seulement : contre un très imprudent officier allemand qui, sur l'autre rive, effectuait une reconnaissance en voiture, jumelles à la main.

À 16 heures, alerte et ordre de repli ! L'Allemand progresse vers nous, venant de l'est. Je fais mettre un canon en batterie sur la route qui longe le canal, derrière un curieux coude qui nous cache à la vue de l'ennemi. Et la pièce a tiré, tiré, pendant que le gros de la batterie filait dare-dare vers l'ouest.

Nous n'allons pas bien loin, nous arrêtant devant un autre pont détruit, celui d'Izegem. Là, dans la nuit, curieux duel entre une de nos pièces et un canon antichar allemand, l'un et l'autre dissimulés dans des porches, de part et d'autre de la même rue ! C'est nous qui gagnons, mon sous-officier chef de pièce ayant tiré plus vite et plus juste que son ennemi, exactement comme dans les westerns classiques…

Lundi 27 mai.

Peu après minuit, ordre de repli. En position à Kruipendaarde, un patelin tout minuscule. Les pièces dans un champ, face au sud, et mon PC dans une petite bicoque. Nous tirons… et nous voilà partis d'un fou rire : les détonations ont tellement secoué la maisonnette que du coup la cheminée en a été ramonée ! Submergés de nuages de suie, nous devons fuir au dehors, avec téléphones, cartes et tables de calcul. Le tir se poursuivra et la suie continuera à tomber par paquets, derrière nous…

Et le soir, voici l'inévitable ordre de repli. Cette fois, c'est grave : on nous ordonne de faire sauter nos pièces !

Mais moi, brave Fabrice mal informé, je ne puis admettre un tel ordre. Pourquoi détruire? Nos trois canons sont intacts, nous n'avons subi aucune perte, les chevaux sont indemnes et prêts à repartir. Pour ma 9e batterie, tout va très bien. Et alors ? Cher Fabrice, ne jugez donc pas, vous ne savez pas ce qui se passe en dehors de votre petit champ de vue.

Je désobéis, pour la première fois de ma vie d'officier. Je ne détruirai pas mes canons. Néanmoins, je fais remplir leurs tubes avec de la terre, et je poste sur chaque caisson un soldat porteur d'un obus amorcé. Si l'ennemi approche de trop près, on met l'obus dans le canon, on s'abrite en tenant le bout d'un long cordon tire-feu. Une traction, et boum, tout saute… Si possible au nez de l'ennemi.

Nous partons, comme ça, jusqu'à Heihoeck, autre tout petit patelin près d'un ancien moulin. On y passera la nuit. Il pleut, ce qui n'était plus arrivé depuis plus de trois semaines.

Mardi 28 mai.

À 9 heures, départ vers Gits, sur la gauche de la route de Roulers à Torhout. Nous sommes inquiets, car cet ordre de destruction du matériel n'annonçait rien de bon. Je me trouve maintenant à la tête d'une colonne hétéroclite dans laquelle se sont glissés des fantassins désemparés, recueillis çà et là, et aussi toutes sortes de véhicules étrangers à la batterie. Ce n'était guère un brillant cortège, loin de là !

Alors, devant couper une route, je poste deux hommes sur chaque caisson, chacun avec un fusil mitrailleur, l'un braqué à droite et l'autre à gauche. On traversera au galop, véhicule après véhicule, avec ordre de tirer sur tout ce qui paraîtra suspect. Folie certes, mais nous sommes passés, sans pertes Dieu merci.

À Gits, quelqu'un m'aborde : "Arrêtez, arrêtez, on a capitulé". Il paraît que j'ai répondu : "Vous, vous avez capitulé. Moi pas." Que voilà une mâle parole, mais dont il ne me restait aucun souvenir.

Et puis, ce sera le dernier galop militaire de ma vie. Un aller-retour vers le poste de commandement le plus proche. Là, tout le monde pleurait. J'en ai fait autant.

L'armée étant prisonnière de guerre, ordre est donné de rester groupés et de remettre à l'ennemi un matériel intact. Plus question de faire sauter les pièces. Néanmoins, nous les rendons inutilisables et jetons nos armes dans les mares du village.

Rester groupés ? Mais n'était-ce pas là le plus sûr moyen de tomber prisonniers tous en bloc ? Mes officiers de réserve me quittent. Ils veulent essayer de rejoindre les franco-britanniques, vers La Panne sans doute. Pris dans des enfers de bombardements ils ne sont pas allés bien loin. D'ailleurs, à peine 150 Belges ont pu atteindre Dunkerke et s'embarquer avec les Anglais.

Je me sépare de mon cher Cofag, disant à Somja, mon ordonnance : "Partez ensemble, peut-être pourrez-vous ainsi rentrer chez vous." Autrement dit, je lui proposais une aventure semblable à celle qu'allait vivre Fernandel dans un film célèbre de l'après-guerre, *La vache et le prisonnier*. Mais Somja n'était pas Fernandel, et lui non plus n'a pas été très loin…

Je remplis mes ultimes bons de réquisition. Les hommes seront nourris et les chevaux recevront leur avoine. Dernière harangue : "Essayez de quitter vos uniformes et de rentrer chez vous. Prenez les chevaux et tout ce que vous voulez."

Telle fut la fin de la 9e batterie. Plus tard, (en 1948 !) j'apprenais que le capitaine Grosjean P.V.G. avait été cité à l'ordre du jour du régiment, pour le motif :

"*A, par son énergie et son esprit de décision, maintenu la discipline dans son unité, notamment le 24 mai 1940 sur la Lys où il n'exécuta l'ordre de repli qu'après avoir épuisé ses munitions.*"

J'ai effectivement entendu dire que l'odyssée de la 9e batterie avait été jugée extraordinaire. Pourtant, qu'avais-je fait, sinon mon métier : exécuter les missions prévues, maintenir l'ordre, sauver autant que possible les hommes, les bêtes et le matériel.

La vérité, telle que mes bouquins d'histoire me l'ont révélée, c'est que la retraite et les combats avaient mis la 3e DI (ma Division) fort mal en point. La 9e batterie s'est ainsi trouvée l'une des rares unités restées opérationnelles jusqu'au bout. Ce dont moi, brave Fabrice, je ne me rendais nullement compte…

Bon, soit. J'avais eu de la chance. La baraka, tout simplement.

* * *

XVIII. - LES PEDEGUS

"Tout est perdu, Madame, fors l'honneur."
François 1er, *Pdg, bataille de Pavie, 1525*

- Sehen Sie ? Dass ist meine Frau. Und mein Kind !

Avec un bon sourire, le Feldwebel (adjudant) me montre les photos de sa femme et de son fils.

Nous étions le 29 mai au matin, et c'était le premier Allemand que je rencontrais. Lui, il réglait la circulation à un carrefour non loin de Gits. Moi, j'étais à côté du chauffeur dans un camion belge que j'avais trouvé abandonné. Avec quelques germanophones de feu ma 9e batterie, nous nous l'étions approprié sans autre forme de procès. J'avais donné la consigne de déclarer à tout Allemand rencontré : "Wir gehen nach Hause". Avec le Feldwebel, ça avait marché, et il nous avait aimablement souhaité bon voyage.

En le quittant, je ne pouvais m'empêcher de songer que si ce brave homme s'était trouvé avant-hier sous le feu de mes pièces, la dame de la photo aurait peut-être fait une jolie veuve. Une de plus.

Nous nous sommes donc remis en route, direction Audenarde, devenue aujourd'hui "Oudenaarde" de par la volonté flamande de flamandisation maximale. Chemin faisant, nous dépassons des soldats belges, les uns isolés, d'autres en groupe avec une sentinelle allemande, plutôt bonasse. C'était visiblement la confusion, la pagaille, tout semblant possible, même l'absurde.

À vrai dire, la Wehrmacht avait été plutôt prise de court par cette avalanche de 600 000 capitulés belges leur tombant dans les bras. Au hasard des ordres, des contre-ordres et des non-ordres, les officiers allemands rassemblaient ou dispersaient les prisonniers, les renvoyant chez eux ou les dirigeant vers l'Est.

C'est ainsi qu'une opinion a prévalu chez beaucoup de militaires de chez nous : ceux qui ont obéi aux ordres, tant belges ("Restez groupés" !) qu'allemands (Zusamen, meine Herrn !), ont été les dindons de la farce, les augustes, les gugus d'un cirque plutôt sinistre. D'où est venue l'expression "Pédégus" pour désigner les "PdG gugus", les prisonniers de guerre dindonnés, - ou supposés tels ! Aucune allusion ici aux "pédés", l'homosexualité n'étant pas encore à la mode.

Nous croisons maintenant des unités allemandes montant vers le front, pas mieux équipées que leurs homologues belges : des chevaux, des chariots, et peu de véhicules à moteur. Notre camion ayant séduit un Hauptmann (capitaine), celui-ci nous prie, - poliment, ô combien ! - de le lui céder. Il me débarque devant une ferme, avec mes hommes et nos bagages, dont ma longue malle. Longue parce que devant contenir ce sabre de parade, aussi joli qu'inutile, mais dont un officier ne pouvait se séparer. Un protocole additionnel de l'acte de capitulation nous autorisait d'ailleurs à le conserver.

Ma malle est déposée dans la ferme voisine, où ma tante Henriette de Bruxelles ira la récupérer en voiture, quelques mois plus tard, si bien que mon sabre aura ainsi survécu à la guerre. Mais victime d'une lubie de ma seconde épouse, ce touchant souvenir terminera sa carrière dans une brocante. Moi qui espérais tant le montrer à mes fils en parodiant un couplet de *La Grande-Duchesse de Gerolstein*, d'Offenbach :

"*Voici le sabre, le sabre, le sabre,*
Voici le sabre, le sabre de-e ton père."

C'est cet air martial que je fredonnais en continuant ma route à pied, sans armes ni bagages. Arrivé à Audenarde-Oudenaarde, je me trouve mêlé à un petit groupe de prisonniers que harangue un Sonderführer (interprète) : "La Wehrmacht n'est pas votre ennemie, etc, etc." Je me suis contenté de lui montrer le trou d'obus qui perçait la façade du vieil hôtel de ville, un superbe édifice flamboyant du 16e siècle. "Ach, malhér la guérre !" Combien de fois encore allais-je entendre cette même phrase prononcée sur ce même ton navré !

On nous embarque en camion jusqu'à Alost puis dans un autre jusqu'à Vilvorde (aujourd'hui, Vilvoorde). Et là, avec d'autres officiers PdG, repas puis dodo dans une caserne, sur des lits de fer dont les matelas avaient, hélas, disparu. Pas très confortable !

Le 30, départ matinal en camion vers Aerschot, ou Aarschot si vous préférez. Repas, puis vilaine surprise : à pied maintenant, direction Diest, 16 km à travers les plaines de ce qui était alors la "Province du Brabant" mais aujourd'hui le "Vlaams-Brabant". En grimpant la rampe d'accès de la vieille citadelle de Diest, l'un de nous soupire : "Que voilà le début de la montée vers Dieu sait quel calvaire."

Le 31, départ vers Hasselt, en autocar jusqu'aux portes de la ville puis à pied jusqu'à la caserne en une peu glorieuse traversée. Et là, attente, ce qui nous permet de bavarder, de nous informer : à l'annonce de la capitulation belge, le Premier Ministre français Paul Reynaud s'était comporté avec une ignominie totale, répétant les calomnies les plus révoltantes :

1. l'armée belge a capitulé "en rase campagne" (non-sens, mais ce mot péjoratif allait rester) ;

2. le Roi n'a pas prévenu ses alliés français et anglais (faux) ;

3. ce Roi a toujours été un Boche et cette trahison le prouve (dégueulasse).

Après ça, rien d'étonnant que les Belges réfugiés en France aient été traités de "Boches du Nord".

J'apprends en même temps, et c'est pour nous un grand réconfort, que le Roi est resté au pays, prisonnier de guerre comme nous. Des historiens déclareront plus tard que ce fut là une immense erreur : si Léopold, disent-ils, était passé en Angleterre, comme la reine de Hollande, il serait revenu en triomphateur, comme elle, après la guerre. Peut-être, peut-être. Et peut-être aussi cela aurait-il évité au pays cette pitoyable “affaire royale”, suivie d'émeutes socialo-wallonnes et de l'abdication du roi au retour d'un long exil en Allemagne.

Inutile ici d'épiloguer, on ne refait pas l'Histoire.

Quatrième jour dans cette sinistre caserne de Hasselt. J'en ai marre et je décide de m'évader. Je me présente au portail et je déclare à la sentinelle : “Ich komme gleich zurück. Sehr bald!” (Je reviens, je reviens tout de suite!) Le culot, ça paie, et me voilà dehors. Libre! Libre avec en poche 2000 F, (2000 euros au taux d'aujourd'hui), remis par un trésorier militaire qui préférait distribuer ses fonds plutôt que de les voir tomber aux mains de l'ennemi.

La chance a voulu que j'aie un peu connu, jadis, la fille d'un major caserné à Hasselt. Je me présente chez elle en regrettant de ne pouvoir lui donner des nouvelles de son père. Très chaleureuse, sa mère m'invite à passer la nuit et elle me prête un costume civil. Un peu étriqué, un peu court, un peu moche, mais enfin, ça allait. Et le lendemain je prends le tramway vicinal pour Tongres.

Là, visite à une amie mathématicienne, Jeanne Mat. Oui, Mat, un nom prédestiné! Cette ancienne camarade d'université avait épousé un autre matheux, Bouffioux, l'aspirant-officier qui avait fait avec moi toute la campagne 40-40. Gîte et couvert, puis, au petit matin de ce mercredi 5 juin, à nouveau la gare des tramways.

Déception, le vicinal ne circule plus! Qu'à cela ne tienne, je ferai à pied, comme jadis avec ma mère ou avec des amis, les 20 km qui me séparent de Liège. Il fait beau, l'air est pur, la route est large, comme le chantait Déroulède. Je me suis procuré une canne, un sac à dos, un peu de linge, et je marche d'un bon pas. Tout va bien, aucun Allemand sur mon chemin. Et d'ailleurs je ne craignais rien, ayant toujours conservé mon ancienne carte d'identité "sans profession".

Et me voilà à Liège, sur les hauteurs de mon vieux quartier Sainte-Marguerite, où j'étais à peu près sûr de trouver Eva donnant ses cours de catéchisme dans une école que je connaissais. Surprise totale, enthousiasme et embrassades. Puis fou rire, car il paraît que j'étais réellement très cocasse dans mon costume de rencontre.

Courte visite à la famille d'Eva. Surprise, enthousiasme, embrassades. Je retrouve mon chien Sultan, fou de joie. Et de là, direction le home maternel, rue Wazon, pas bien loin.

Devant l'hôpital militaire tout proche, une sentinelle feldgrau. Pour la seconde fois donc, à moins d'un quart de siècle d'intervalle, j'aurai vu, dans ma ville natale, des occupants allemands. Maintenant, on ne les appelait plus des Boches, non, mais plus comiquement des Fritz, des Fridolins, des Verts. Signe des temps ?

Au bercail, troisième édition du même scénario : surprise totale, enthousiasme et embrassades. Ici, pas de fou rire, mais des larmes. Puis des questions et encore des questions, ma mère n'arrêtant pas d'en poser avec inquiétude. Car, que suis-je maintenant ? Un démobilisé ? Non. Un homme traqué ? Pas précisément.

Je suis un prisonnier en rupture de ban, et en pareil cas l'uniforme constitue la meilleure protection. Or le mien était resté chez la fille du major. Eva et mon oncle Armand vont se dévouer. Ils dénichent des vélos et les voilà partis vers Hasselt d'où ils reviennent (80 km aller-retour !) avec la précieuse tenue. Sans le moindre incident de parcours, Dieu merci.

Mais voilà des nouvelles de la Kommandantur : les militaires belges doivent se présenter aux autorités allemandes, munis de papiers prouvant qu'ils exercent une profession civile lucrative. Très bien, en chasse donc pour le "Schein", pour le précieux document.

Première démarche : une amie d'Eva m'introduit chez un important monsieur, inspecteur de l'enseignement officiel. Je décline mes titres et pose ma question :

- Pourrais-je obtenir un engagement dans le secondaire afin de m'éviter la captivité en Allemagne ? Un document de complaisance serait suffisant.

Réponse : - Ah ah, vous n'avez pas voulu entrer jadis dans l'enseignement, et maintenant que les choses tournent mal vous voulez bien vous souvenir de votre diplôme de pédagogie. Non monsieur, rien à faire pour vous.

Seconde démarche : je monte à l'Observatoire de Cointe et me présente chez le tout-puissant Dehalu, administrateur inspecteur. Je lui apporte des nouvelles de son fils, légèrement blessé et hospitalisé. Et je répète la question formulée chez l'inspecteur. Réponse :

- Impossible, Monsieur. La loi de cadenas nous interdit tout recrutement d'assistant.

- Mais je ne demande qu'un certificat de complaisance ! Pour m'éviter d'être envoyé en Allemagne !

- Non, cher Monsieur, c'est impossible, les cadres sont complets.

Troisième démarche : je suis reçu par le R.P.Recteur de mon ancien collège Saint-Servais. Réponse immédiate :

- Mais bien sûr, bien sûr. Je vous signe un engagement temporaire de professeur intérimaire de sciences". Merveilleux jésuites ! Le document certifiait tout et le contraire de tout. Mais c'était plus que suffisant. Merci, merci, Révérend Père. Je garderai de votre geste un excellent souvenir (un de plus !), à l'actif de votre Maison.

Hélas, ce papier ne pouvait plus servir à quoi que ce soit. La Kommandantur exigeait maintenant que les officiers d'active rentrés chez eux se présentent sans délai à la Citadelle. Me voilà donc revenu sur les lieux de mon enfance, et là, à la porte de la caserne, je suis reçu par un capitaine autrichien (allemand bien sûr, mais peut-être malgré lui !). Il n'avait pas reçu d'ordres, il ne savait que faire. "Attendez jusqu'à cinq heures, me dit-il, puis rentrez chez vous et revenez demain avec vos bagages."

Je m'exécute, je redescends en ville, librement, en uniforme, et quelque peu étonné de me voir salué par tous les militaires allemands rencontrés. Personne ne s'étonne, personne ne me demande quoi que ce soit. Absurde. Du Kafka, tout pur.

Le lendemain, mardi 11 juin, retour à la Citadelle, porteur d'une vieille valise contenant mon sac à dos. Je retrouve les quelques autres PdG que je n'avais fait qu'entrevoir la veille : un lieutenant-colonel de mon régiment, deux capitaines commandants, cinq lieutenants ou sous-lieutenants. Neuf pédégus liégeois, remettant bêtement leur sort entre les mains d'un Viennois plutôt ennuyé.

À cinq heures, pas de nouvelles, et nous partons, comme des employés quittant leur bureau, journée faite. Sultan m'avait vu de loin et, abandonnant Eva, il avait couru comme un dingue, traversant le pont d'entrée et le corps de garde. “Ein schöner Hund !”, s'exclame l'Autrichien. “Auf Wiedersehen !”. Le même scénario allait se répéter pendant quatre jours !

Au cours de ces longues journées de désœuvrement et d'attente (d'attente de quoi ?) nous discutons, nous échangeons nos piètres informations. Jusqu'au 4 juin, les Alliés ont combattu dans la poche d'encerclement centrée sur Dunkerque. La radio allemande chante les louanges de la Luftwaffe qui, selon elle, a paralysé le rembarquement des troupes vers l'Angleterre (faux : 350000 soldats alliés ont pu être évacués). Et le groupe français des armées du Nord a cessé d'exister, laissant 150000 prisonniers aux mains de l'ennemi (exact, hélas).

Le 10, l'armée norvégienne capitule tandis que l'Italie attaque la France à l'est de Nice. Et le 14 tombe la sinistre nouvelle : la Wehrmacht occupe Paris. Ce qui, en Belgique, provoque de curieuses réactions : “Vous voyez, pas plus fortiches que nous, les Français !” La chute de Paris rendait plus acceptables celles de Liège et de Bruxelles. Dans la vie, on se console comme on peut.

Le samedi 15 sera pour nous le jour du départ définitif : un autocar nous attend. “En Allemagne, vous recevrez votre *Schein*, votre document de libération”, nous déclare l'Autrichien. Ruse naïve, ou déclaration sincère ? Nous ne le saurons jamais.

Toujours est-il que nous voilà partis vers l'Est, dans un car de tourisme conduit par un civil belge qui nous répète : “Si vous le voulez, je vous débarque à Fléron ou à Herve ou n'importe où". Pas de réponse de notre part. Si bien que nous voilà à Henri-Chapelle, devenue ville frontière depuis que l'Allemagne a récupéré les "cantons rédimés” perdus par elle en 1919.

Le douanier s'étonne : “Wo ist der Post ?”. Où est la sentinelle? “Kein Post”. Pas de sentinelle!- “Wo gehen Sie ?” Où nous allons? Ça, nous n'en savons rien, mais là, rien du tout. Le bonhomme téléphone, s'impatiente, puis nous lance : Welkenraedt!

Welkenraedt, là où j'aurai tant de fois monté la garde! Je constate que le pont avait bien été détruit, mais qu'il avait été remplacé par un ouvrage du génie. Dans la ville, aux fenêtres, partout partout, des drapeaux à croix gammée. Et notre chauffeur (civil belge!) nous remet entre les mains d'une unité combattante cantonnée dans une petite usine. Cette fois, les neuf pédégus étaient faits comme des rats, victime de leur naïveté, ou de leur sottise, ou de leur sens de la discipline, ou de tout ce que vous voudrez bien imaginer. Pédégus, pédégus, pédégus…

Quelque part, une radio distillait une rengaine de Rina Ketty :

“*J'attendrai, Le jour et la nuit*
J'attendrai toujours,
Ton retour.”.

Ce sera la complainte des familles des prisonniers de guerre belges. Elles attendront, attendront… Combien de temps?

- Pour les Wallons, 5 ans, et plus.
- Pour les Flamands, 1 an, à peine.

* * *

XIX. - DER KRIEGSGEFANGENE Nr 1421

"On ne connaissait plus les chefs ni le drapeau.
Hier la grande armée, et maintenant troupeau."
***Victor Hugo**, "Les Châtiments" 1853*

L'usine de Welkenraedt nous aura hébergés pendant trois jours. Trois jours au cours desquels notre Hauptmann (banquier dans le civil) attendait les ordres. Le temps passait, passait...

J'avais trouvé par terre un livre qui allait curieusement me servir un peu plus tard, *Le mannequin assassiné*, de Stanislas-André Steeman, cet auteur qu'une journaliste (française, évidemment) qualifierait un jour de "Simenon belge" ! J'aimais beaucoup Steeman, dont le *Démon de Sainte-Croix*, un thriller à l'atmosphère envoûtante, m'avait laissé jadis une forte impression.

Avant de nous quitter, le Hauptmann nous fait une déclaration pour le moins étrange : "Vous voyez le four de l'usine, là. Eh bien, des gens nous accusent d'y faire brûler nos prisonniers noirs ! C'est faux, c'est monstrueux ! Nous ne sommes pas des barbares !"

Bizarre, bizarre. D'où sortait cette rumeur qui indignait sincèrement notre Hauptmann ? Il y avait déjà, certes, des camps de concentration dont certains étaient dotés de crématoriums, mais les pensionnaires n'en étaient encore que des Allemands, Juifs ou autres. Par ailleurs, le racisme nazi frappait les Noirs, on l'avait bien vu lors des Jeux Olympiques de Berlin en 1936, quand Hitler avait refusé de donner la main au merveilleux champion Jesse Owen. Alors ? Télescopage de deux faits, d'un côté le mépris du Nègre et de l'autre l'existence de fours crématoires ? Ou prémonition d'une effrayante réalité qui allait bientôt se concrétiser ? Je ne sais.

Le 18 juin, en avant, marche ! À pied jusque Aix-la-Chapelle, à pied à travers la ville, vers la gare, en ordre dispersé, dernier acte de l'absurde vaudeville que je vivais depuis trois semaines. Car nous voici maintenant embarqués dans un vrai train, avec de vraies sentinelles, l'air pas commode du tout !

Les gares défilent : München-Gladbach, Krefeld, Wesel, Münster. À Meppen, des cris : "Heraus, meine Herrn ! Heraus !" On débarque, et en route pour Versen, à la frontière hollandaise. J'abandonne mon encombrante valise et désormais je me contenterai de mon petit sac à dos. Jusqu'au bout, jusqu'à la fin de la guerre...

Versen n'est qu'un camp de passage, un "Dulag" (Durch Lager), et nous voilà parqués dans un grand hangar. Nous y trouvons des Anglais, visiblement fatigués. J'essaie de bavarder avec eux, de les faire chanter pour leur remonter le moral. Je me rappelle à point une récente scie à la mode :

"*Constantinople !*
Ci.o.èn.ès.ti.eï.èn.ti.aï.èn.o.pi.èl.i.
It's as easy to sing as saying your A.B.C."

Aucun succès, le bide intégral. Je dois encore apprendre l'art de distraire d'infortunés prisonniers. Mais ça viendra, ça viendra.

Le 22, retour à la gare de Meppen. Un Unteroffizier, tout joyeux, nous annonce que la France dépose les armes. La signature de l'armistice aura lieu à Rethondes, près de Compiègne, dans le wagon même où l'Allemagne avait dû s'incliner, le 11 novembre 1918. Il est clair que Hitler voulait savourer une revanche et en même temps imposer une humiliation à la France.

En train jusque Dortmund. Aux portes de la ville, un vaste et sinistre Dulag. Des tentes et encore des tentes. Et, souvenir inoubliable, une immense fosse d'aisance à ciel ouvert, avec pour seul siège, - collectif ! - un long tronc d'arbre. Vous aviez le plaisir de vous y trouver assis, fesses au vent, entre un général trois-étoiles et un tirailleur sénégalais. Avec le risque de vous voir tomber en arrière dans le trou. “Jamais plus de bière de Dortmund!” ont juré certains. Je ne crois pas qu'ils aient tenu parole…

Nous nous sommes ainsi retrouvés entre Belges, par dizaines, par centaines, officiers d'active et réservistes, tous grades confondus. Échanges de souvenirs, d'impressions, de regrets, de rancœurs. Question la plus banale : “Comment es-tu arrivé ici ?” Oui, comment ? Et pourquoi nous, pourquoi pas les autres ?

Mais la Wehrmacht, dans sa clémence, ne nous laisse mariner que 24 heures dans ce pittoresque camping. Embarquement le 23 en gare de Dortmund. Cette fois, ce sera le grand voyage, - et pour moi, le premier “grand voyage”. Destination inconnue.

Trois jours dans le même train, en wagons de 3e classe : Siegen, Hanau, Würzburg, München. Puis Salzburg, avec son château et le souvenir de Mozart. Puis l'Autriche, devenue l'Ostmark, et ses stations de montagne : Bad Hofgastein, Badgastein, Spittal. Et enfin, Lienz. Tout le monde descend !

Premier Oflag, Lienz, XVIII A.

Nous traversons une charmante ville, et je m'étonne de croiser çà et là des regards de sympathie dans la population. En plein centre, voici notre camp, l'un de ces nombreux ensembles de baraques confortables créés par le 3e Reich pour les jeunesses hitlériennes ou autres organisations paramilitaires. Ce sera mon premier Oflag (Offizier Lager, Camp pour officiers), le XVIII A.

Nous, les pédégus liégeois, nous resterons ensemble et partagerons la même chambre, à l'exception de notre lieutenant-colonel, logé avec les officiers supérieurs. Curieuse impression de vacances, dont est responsable le site superbe qui nous encadre et que décrit ainsi le Michelin vert :

“À l'ombre de ses Dolomites, dont les versants sont couturés de ravins et débités en nombreuses facettes, Lienz est le terminus sud des itinéraires du Grossglockner et du Gelber Tauern.” Itinéraires que j'aurai parcourus plus tard, bien plus tard, Lienz étant sur la route de Cortina d'Ampezzo.

L'un de nous, poète à ses heures (il signait Alvarez del Rio) et amoureux de la nature (il avait été permanent à Elsenborn), écrivit des vers dont voici le premier, un superbe alexandrin :

"Montagnes, je vous ai longuement contemplées."

Cette contemplation devenant quelque peu monotone, j'avais préféré faire chanter mes compagnons. L'un d'eux et moi-même avons alors écrit des couplets sur l'air des *Moines de Saint-Bernardin :*

"Nous sommes prisonniers au Tyrol autrichien (bis)
Nous nous couchons tôt et levons tôt matin (bis)."

Petit à petit, notre vie s'organise : lever à 7h30, puis gymnastique, déjeuner, lecture, cours d'allemand, volley-ball, jeux. Et lecture du "Völkischer Beobachter". Je décide d'apprendre le bridge, et quelqu'un me prête la Méthode Culbertson, bien délaissée depuis qu'elle a conduit à de catastrophiques annonces de chelems. Et je me remets très activement aux échecs.

Puis, je ne sais comment, notre chambrée décide de se transformer, deux heures par jour, en un casino dont nous serons les croupiers. La roulette en est une simple flèche de bois, tournant autour d'un grand clou fixé au dos de notre table. Celle-ci est truquée, comme celle que j'avais connue chez moi pendant l'autre guerre : si un importun se présente, on retourne le plateau et une cachette engloutit la roulette et les enjeux, - c'est-à-dire les "Lagermarks", les billets de cette monnaie de singe qui permettait les tractations dans le petit monde des camps de prisonniers. Notre roulette nous a rapporté gros et j'ai ainsi vérifié ce que m'avait appris le Calcul des probabilités : la seule manière de gagner au jeu, c'est d'être actionnaire de casino.

Il nous est permis d'écrire à nos familles, une fois par semaine, mais le courrier sera d'une lenteur désespérante. Ce n'est qu'à la fin juillet que je reçois une première carte d'Eva et en août une lettre de ma mère. Puis le système se stabilisera et le courrier deviendra à peu près régulier. Mais nos geôliers exigeront bientôt que nous écrivions uniquement sur les formules qu'ils nous remettent, la réponse ne pouvant se faire que sur une page annexée au dit document (imprimé sur papier rebelle aux encres sympathiques). Cela continuera implacablement pendant cinq ans !

Entretemps, nous avions été inventoriés puis photographiés comme des convicts : de face avec notre numéro sur la poitrine. Ce numéro, 1421 pour moi, figure aussi sur notre précieuse plaque d'immatriculation. Précieuse parce que destinée à être clouée sur notre croix tombale, le cas échéant. Et aussi à être présentée aux autorités qui nous arrêteraient au cours d'une évasion, car elle sera alors notre sauvegarde, selon la Convention de Genève.

Mais notre séjour au pied des Dolomites n'aura pas été bien long : sept semaines. Le 14 août, ordre de départ. Le 15, embarquement, et en train jusqu'au lendemain : Spittal, Villach, St-Veit... Le paysage devient moins accidenté car nous sommes maintenant dans les Préalpes, en Carinthie. Et voici Wolfsberg, au pied de son imposant château de style Tudor. Terminus, tout le monde descend !

Deuxième Oflag : Wolfsberg, XVIII/B

Ce XVIII/B (qui deviendra le XVIII/C) est une copie du XVIII/A : mêmes baraques en bois, suffisamment confortables avec leurs doubles vitrages. Nous, les huit pédégus liégeois, nous restons groupés et ainsi nous retrouvons-nous dans une même chambrée.

Le plus sympathique de la bande est le commandant Jacques, un homme qui n'a vraiment pas eu de chance : prisonnier en 14 après la chute d'un fort de Namur, il restera quatre ans en Allemagne. Et maintenant, voilà que pour lui ça recommence !

Jacques entreprend de donner des cours de latin. Je décide de les suivre, car il me restait quelque complexe de ces humanités grécolatines dont je m'étais trouvé exclu. Notre manuel sera un simple missel, et les premières leçons porteront sur le “Dies Irae”, doux souvenir de mon enfance chez les Frères de Sainte-Marguerite. L'un des élèves de Jacques se présentera au Jury central à Bruxelles et recevra ainsi un authentique diplôme d'humanités !

Je n'ai pas conservé de souvenir bien clair des autres pédégus liégeois, sinon du sous-lieutenant D. Et ce pour une raison toute simple : il ne ratait pas une occasion de me brocarder, surtout lorsqu'il me voyait travailler à des questions de physique ou de mathématique. Ce n'était cependant pas un mauvais bougre, mais à cause de lui j'ai fini par changer de chambre.

Je n'ai pas poursuivi bien loin mes études latines, car je me suis repris de passion pour la science. À peine installé, je décide d'entamer une série de conférences (il y en aura six) sur la physique moderne. Pas de livre, pas de texte, rien. Tout de mémoire, ça marchait, et j'en étais le premier surpris.

Ici, je rends grâce à feu le R.P.Schoonjans de Saint-Servais de nous avoir fait apprendre et réciter le tableau des éléments, dit de Mendéléeff. Ce tableau sera un des points forts de mes exposés, et mon auditoire s'étonnera de cette résurgence d'un "par cœur" de collégien, - ce qui n'a pourtant rien d'extraordinaire.

Le restant sera plus universitaire : de l'atomisme antique à la fission de l'uranium en passant par Lavoisier et les Curie, sans oublier la physique quantique. Jamais évidemment je n'aurais alors osé imaginer qu'en Amérique la très difficile séparation des isotopes de l'uranium était déjà entrée dans l'ère industrielle, avec toutes les conséquences que l'on connaît aujourd'hui.

J'ai conservé un dessin exécuté par un collègue flamand : on m'y voit en alchimiste, dans un décor d'alchimie. J'y figure avec ces favoris que, lubie de captif, j'avais décidé de me laisser pousser parce que je résidais au pays de feu l'empereur François-Joseph de Habsbourg. Sous la caricature, une inscription qui témoigne de l'intérêt du sujet traité : “Hier verbrijselt men atomen” (ici, on fracasse les atomes).

Mais Wolfsberg aura vu aussi le début de mes activités théâtrales, lesquelles allaient se poursuivre pendant cinq ans, presque sans désemparer, malgré tous les changements d'Oflags.

Et pour commencer, voici une saynète de marionnettes liégeoises, mais vivantes, comme en jouait souvent mon oncle Armand.

On sait qu'à l'encontre de toutes ses sœurs, siciliennes notamment, la marionnette liégeoise n'est articulée que par un seul fil, rigide, fixé dans la tête. Ce fil, c'est son âme, toute son âme. Notre pantin ne se déplacera donc que par bonds et par pirouettes, ce qui fera voltiger les bras, totalement libres. Et si le montreur est un peu maladroit, le personnage parlera en tournant le dos à son interlocuteur ! Ces mouvements sont faciles à imiter par un acteur, avec un effet comique certain.

Les *vraies* marionnettes ont encore leurs théâtres folkloriques à Liège. Le répertoire classique a été conservé : des adaptations de romans populaires du XIXe siècle dont Charlemagne est le personnage principal et “Tchantchès” l'incarnation du gros bon sens populaire. Charlemagne et ses pairs parlent un français agrémenté d'énormes pataquès et d'un accent à couper au couteau. Tchantchès s'y essaie aussi, mais préfère le wallon.

J'avais réuni quelques camarades de bonne volonté et choisi un titre classique du répertoire, *Ogier le Danois*. Et je leur avais dit : “Improvisez, façon Commedia dell'Arte, sur un thème simple : Ogier reçoit le commandement des armées de Charlemagne”.

Nous eûmes un bel auditoire, avec plusieurs généraux, dont Oscar Michiels, le dernier chef d'état-major. Il a dû se reconnaître en Ogier le Danois et deviner, derrière le personnage de Charlemagne, le général Raoul Van Overstraeten, le terrible conseiller militaire de Léopold III (“plus terrible en apparence qu'en réalité”, écrivait mon vieil ami l'historien Henri Bernard).

Avant de partir en guerre, Ogier demande à Charlemagne : “Sire empereur, dois-je supprimer les congés de cinq jours ?” Réponse : “Oui, fidèle Ogier, mais tu les rétabliras la veille de la bataille.” Formidable éclat de rire du public, Michiels s'esclaffant plus encore que les autres (peut-être s'estimait-il vengé).

Car la réplique faisait clairement allusion à la plus énorme des bourdes de la campagne 40-40 : le rétablissement de permissions le jeudi 9 mai au soir ! “Ce n'est pas croyable, écrit à ce sujet l'officier français de liaison auprès du IIIe Corps à Liège. Les Belges ne pouvaient ignorer les mouvements de troupes à la frontière, ni les renseignements fournis par les Affaires Étrangères.” Incroyable mais vrai, comme on dit.

Malgré ce beau succès, nous décidons d'abandonner les improvisations et de nous en tenir, dorénavant, à des textes écrits, préparés. Une troupe amie nous montre d'ailleurs l'exemple, les “Tournées Poncin”, du nom d'un capitaine aviateur. Elles nous présentent, entre autres, un amusant sketch africain où sont finement épinglés quelques travers de la vie des Blancs et des Noirs au Congo. Et une pièce poétique d'Alvarez del Rio.

Un grand hommage, en passant, à ces merveilleux costumiers et accessoiristes qui arrivaient à faire de tout à partir de rien, que ce soit des cuirasses médiévales ou des boubous de négresse.

Dix jours à peine après cet amusant spectacle arrive une nouvelle, catastrophique pour moi. C'est ma mère qui écrit :

“Nos maisons ont été bombardées par les Anglais, mais je suis saine et sauve. M. et Mme Vilain, tués ; la jeune dame voisine tuée avec son mari et ses deux enfants ; et d'autres et d'autres. Tu vois que la Providence m'a protégée. Je suis chez Eva…”

Par une coupure de presse reçue par la suite, j'ai su que dans la nuit du 9 au 10 octobre quatre petites maisons de la rue Wazon s'étaient effondrées, atteintes par deux bombes de fort calibre. Il est clair que le pilote visait le pont-rail qui enjambe la rue Saint-Gilles. Et qu'il avait raté son coup. Bilan de l'opération : 9 tués et autant de blessés. C'est un miracle que ma mère n'ait rien eu, la moitié de sa maison s'étant écroulée à côté d'elle, entraînant notre salle à manger et mon piano.

Le journal, plus ou moins collaborationniste, comme d'autres en ce temps-là, cite la réflexion d'un jeune démobilisé : “C'est pendant notre retraite sur la Lys qu'ils auraient dû venir, les Anglais… Mais alors on ne les voyait pas !”

D'accord, d'accord. Mais si la RAF s'était alors manifestée, elle aurait subi tellement de dégâts que maintenant, en octobre 1940, elle aurait perdu cette fameuse “bataille d'Angleterre” qu'elle venait effectivement de gagner contre la Luftwaffe.

Puis la vie a continué. Bientôt arrivèrent les premiers colis envoyés par les familles. On nous les remettait après une fouille qui se voulait consciencieuse mais qui n'a jamais empêché l'entrée de faux documents destinés aux candidats à l'évasion ni de postes de radio venant en pièces détachées.

Quelques événements, au fil des jours :

1. Un premier décès; funérailles très dignes, avec peloton de la Wehrmacht et salves d'honneur.

2. Un premier cas de collaboration; celui du commandant X., tellement pro nazi dans ses paroles qu'un “conseil de guerre”, constitué dans ma baraque, l'avait condamné à mort; un soir, nous avons entendu une galopade effrénée, c'était notre homme qui courait se réfugier au corps de garde.

3. Une première évasion; sans crainte et sans complexe, un grand diable de lieutenant escalade lentement, en plein jour, le treillis de clôture, puis s'éloigne d'un pas tranquille. Je l'ai revu après la guerre : traqué, seul en montagne, il avait gagné Maribor en Slovénie puis rejoint les forces belges en Angleterre. Bravo, bravo !

Nous recevons enfin des livres pour notre future bibliothèque. Jusqu'alors, je n'en avais eu qu'un seul, ce *Mannequin assassiné* que je traînais depuis Welkenraedt. Et l'idée me vient de l'adapter pour le théâtre. En douze jours, c'est fait, et une première lecture, à la mi-décembre, devant un comité ad hoc, emporte l'adhésion unanime : on jouera la pièce à Noël…

Les accessoiristes vont se surpasser, réalisant ce mannequin que l'inspecteur Malaise doit découvrir devant la locomotive de son train, et aussi la carcasse empaillée de Balthazar, le chat aux griffes empoisonnées en lequel Malaise identifiera l'assassin.

La pièce, trois actes en six tableaux, exigeait une forte distribution : seize acteurs dont trois femmes. Des femmes? Non évidemment, des travestis, que nos costumiers fournissaient en robes et en poitrine. Mais chose curieuse, ce n'est que rarement, en ces cinq années de théâtre-Oflag, que j'aurai vu nos “femmes” doté(e) s de hanches et de tournure. Cette “malformation” ne semblait choquer personne, et cela m'étonne encore aujourd'hui. Avions-nous oublié ce qu'était une silhouette féminine ? En si peu de temps ?

Présentée au réveillon de Noël et rejouée à la Saint Sylvestre, la pièce connut un franc succès. J'y tenais le rôle de l'inspecteur, et j'allais encore être policier dans *L'invraisemblable théorie*, un acte écrit par Zari, l'un de nos acteurs.

Après la guerre, j'ai écrit à Stanislas-André Steeman, à Menton où il se trouvait en convalescence. Il m'a très aimablement répondu, ajoutant qu'il n'était pour rien dans la pauvre et récente adaptation cinématographique du “Mannequin”. Il ne me disait pas qu'il avait remanié son œuvre, y ajoutant son personnage favori, le détective dilettante Wenceslas Vorobeïtchik (rôle tenu dans le film par Claude Volter).

Bien plus tard, j'ai rencontré le grand fantaisiste Stéphane Steeman, lequel voue un véritable culte à son père, l'écrivain. Je lui ai remis des copies de tout ce qui me restait de ma pièce : texte intégral, affiches, programmes. Stéphane en était très ému, m'a-t-il semblé.

En ces mois de 40-41, pendant que nous nous distrayions comme nous pouvions, l'actualité ne chômait guère. À la mi-novembre, la ville de Coventry est rasée en représailles d'un raid anglais sur Munich. Au début de décembre, les Italiens se font contrer en Libye, et aussi en Grèce où Mussolini les avait imprudemment aventurés. Fin janvier, ils perdent Tobrouk. Dès lors, il est clair que le centre des opérations va se déplacer vers le Sud.

Est-ce pour cela que les Allemands décident de nous évacuer ? Le 4 février, c'est l'annonce brutale du départ pour le lendemain à 15 heures. Cinquante heures de train, et ce sera Tibor.

Troisième Oflag, Tibor III/B

Tibor : à la frontière polonaise, un énorme camp, dans les sapins. Je me trouve logé dans une petite chambre, avec trois majors dont chacun aurait pu être mon père. Camp si peu agréable qu'il ne m'en est resté aucun souvenir. Mais heureusement, après trois semaines, on nous déménage à nouveau ! Direction, le Mecklembourg-Poméranie. Vraiment, je suis gâté en matière de tourisme gratuit dans le Grand Reich !

Quatrième Oflag, Neubrandenburg II/E

Neubrandenburg, morne plaine (balte). Et morne camp où nous voilà côte à côte avec des Polonais. D'abord, fraternisation chaleureuse et surenchère nationaliste. Puis léger refroidissement : ce qu'ils peuvent être orgueilleux et susceptibles, nos amis polonais ! J'ébauche cependant une relation d'ordre scientifique avec un mathématicien de Cracovie.

Court séjour de cinq semaines, mais fin dramatique : les Polonais étant consignés dans leurs baraques pendant que nous formons les rangs pour le départ, l'un d'eux, un major, veut absolument nous saluer par la fenêtre. Une sentinelle fait feu et l'abat. Résultat : agitation, cris et protestations du côté belge, énervement du côté allemand où l'on se met à gueuler puis à tirer en l'air. Cette fois-là, j'ai réellement eu peur, je l'avoue.

Cinquième Oflag, Prenzlau II/A

Le 8 avril, notre train nous débarque dans la jolie ville de Prenzlau, elle aussi à 100 km au nord de Berlin. Notre nouvel Oflag est une caserne ultra-moderne, mais nous, les nouveaux arrivants, nous serons logés dans d'immenses garages. Petit à petit cependant, par ces cloisonnages de fortune, nous arriverons à créer des chambrées plus “gemütlich”.

Le camp abritait quelque deux mille officiers arrivés là après Dortmund. Ils s'étaient parfaitement organisés avec cours et conférences, orchestre, bibliothèque, équipements sportifs et trois salles de spectacle dont une très grande, le gymnase. Le lieutenant de réserve Cordier, architecte dans le civil, avait fondé une excellente troupe théâtrale dont j'aurai vu un spectacle pratiquement parfait, *Le Carrosse du Saint-Sacrement*, comédie de Prosper Mérimée.

Sur scène, trente comédiens ou figurants, en costume d'époque (le XVIIIe siècle au Pérou). Devant la scène, un orchestre de douze musiciens dirigés par le chef Redouté. Là, je me suis senti totalement dépassé et j'ai compris que la concurrence allait être rude si je voulais reconstituer ici notre petite troupe de Wolfsberg.

Mais l'occasion ne s'en est pas présentée car un beau jour on demande des volontaires pour un changement de camp vers la Silsie. Je réponds immédiatement “Présent”, et le 1er août me voilà de nouveau en train. Mais entre-temps sont survenus deux événements décisifs, l'un d'une portée internationale énorme, l'autre ne concernant strictement que ma modeste personne.

Le premier, c'est l'opération “Barberousse”, l'invasion de l'URSS par l'Allemagne, le 22 juin. Chaque jour, un flamboyant communiqué, “Der Oberkommando der Wehrmacht gibt bekannt”, sera précédé d'une triomphale ouverture empruntée aux *Préludes* de Liszt.

Et le second fut mon adieu définitif à l'Église. Le Jeudi-Saint, jour où, - jadis ! - je visitais les 32 (?) églises de Liège, je me trouvais dans une file, attendant mon tour pour passer à confesse. Soudain, je me pose la question métaphysique : “Mais qu'est-ce que je fous ici ?” Réponse immédiate : “Rien”. Je fais demi-tour et rentre dans ce garage où, l'avant-veille, on venait de me caser.

En quelques secondes, j'avais rompu avec tout un passé de foi et de pratiques religieuses. Pourquoi ? Comment ? Questions oiseuses. J'avais rompu, un point c'est tout, comme cela arrive dans de vieux ménages. Mais c'était un divorce à l'amiable, car je conservais toute mon estime à l'Église, à ses Petits Frères, à ses Révérends Pères, à ses curés et vicaires de mon enfance. Et aussi la nostalgie de bien belles émotions et de bien beaux jours…

* * *

XX. - VERS LE COMMENCEMENT DE LA FIN

"On assure que seuls les souvenirs des bons moments restent gravés dans la mémoire ; si cela est vrai, le théâtre restera vivace."
Camille Caganus,
"Théâtre en captivité" Liège 1945

En égrenant ces souvenirs où le théâtre semble occuper une place prépondérante, je donne peut-être l'impression de confondre mes Oflags avec des villages du Club Med. À ceci près que chez nous c'était les GM eux-mêmes qui se muaient en chanteurs, danseurs, fantaisistes, comédiens, tandis que les GO, tous de feldgrau vêtus, se réservaient des activités moins frivoles.

Soit. Mais une telle assimilation n'a évidemment de sens que pendant la stricte durée d'un spectacle, pendant ces trois heures au cours desquelles se vérifiait pour nous, prisonniers, un très banal adage : le plaisir du théâtre est une évasion.

Mais en dehors de ces moments d'oubli, quelle était notre vie ? Ici, je laisserai la parole à Camille Caganus, que j'ai bien connu là-bas. Liégeois, journaliste et comédien, bon analyste du phénomène du théâtre en captivité, écrivain et poète, il raconte :

"Lever, coucher, repas et toutes choses matérielles sont identiques. Mais cela n'est rien encore, car voici l'émotion pour une lettre joyeuse, l'angoisse pour une absence de nouvelles, l'espoir pour une “fin”, l'abattement, l'exaltation, la joie, la peine, la souffrance physique de la faim et du froid, la souffrance morale de l'isolement.”

Et, ajouterai-je, les inévitables conflits propres à la vie en commun, les tracasseries des appels et des fouilles, sans oublier les soucis quant à l'avenir conjugal : en 1945, dans notre Oflag II/A, un juriste souvent consulté estimait que le tiers des ménages de PdG ne survivraient pas à l'épreuve.

Peut-être nous dira-t-on : comment arrivez-vous à parler avec sérénité, voire avec légèreté, de cette terrible époque où se multipliaient les camps de concentration et même de mort? Que répondre, sinon que nous n'avions pas choisi notre destin. Nous étions aux mains de l'armée, et non de la SS détestée. La Convention de Genève nous protégeait, et la Wehrmacht savait qu'en cas de violation grave, les prisonniers allemands à l'Ouest feraient l'objet de représailles. Ce qui n'était évidemment pas le cas pour les malheureux prisonniers civils, juifs, résistants, opposants politiques.

Notre vie de PdG ayant été ce qu'elle fut, avec ses joies et ses peines, mieux vaut en rire qu'en pleurer, la grimace est plus belle, comme l'assure la sagesse populaire. Et s'il y eut des camps assez mauvais, d'autres furent meilleurs. C'est parmi ces derniers que je rangerai ce VIII/C, où nous arrivons un beau matin d'août 1942.

Sixième Oflag, Juliusburg VIII/C

Juliusburg, aujourd'hui Jelenia Gora (Pologne), est une petite ville à 100 km de Breslau (aujourd'hui Wroçlaw). Surprise, notre Oflag est un pensionnat pour jeunes filles, le “Sainte-Amélie”. Ces vierges sages ont évidemment disparu, mais les Bonnes Sœurs ont conservé tous les locaux de la “clôture”. Nous, nous serons entassés par chambrées de trente dans les immenses dortoirs avec lits superposés.

Surprise plus grande, il y a ici un *vrai* théâtre, avec scène, rideau, rampe, herse, portants, décors. Et dans les coulisses, un piano et un harmonium. Magnifique! J'écris à ma mère de m'envoyer mes vieilles partitions, rescapées du bombardement. La censure me les remettra avec un avertissement : “Attention à celle-ci. Mendelssohn, auteur juif. Verboten ! Défendu !”

Quelques jours après notre arrivée, une nouvelle va nous scandaliser : Léon Degrelle a fondé une “Légion Wallonie”, et la voilà partante pour le front de l'Est, sous l'uniforme de l'ennemi. Et peu de temps après, nous apprenons que les Juifs sont maintenant obligés, en Allemagne, de porter l'étoile jaune.

Mais pour nous la vie de PdG continue, pareille à elle-même, et quelques amis et moi fondons une troupe théâtrale, les “Mousquetaires au couvent”, les “MAC”. Son insigne sera un mignon Mickey habillé en mousquetaire et juché sur une cloche.

Première production, moins d'un mois plus tard, *Le voyage de Monsieur Perrichon,* une comédie de Labiche et Martin, écrite en 1880. On connaît la morale de cette histoire : nous gardons notre reconnaissance à ceux que nous avons aidés plutôt qu'à ceux qui nous ont aidés.

Les MAC sont lancés. Désormais, et dans la mesure du possible, ils présenteront alternativement une pièce en français, une autre en wallon, un spectacle de music-hall. Et ainsi, trois semaines après Perrichon, voici *Dji m'va marier* et *Li Médecin mâgré lu,* deux de ces classiques jadis joués à Liège, au Trianon ou au Trocadéro. Puis ce sera un autre Labiche, moins bon, *Les vivacités du capitaine Tic.* Notre metteur en scène, pour les deux langues, est Louis Ramaeckers, bon comédien et bon fantaisiste. Moi, je suis, momentanément, le grand directeur. Je dis “momentanément” car en ces quatre années, au hasard des fatigues, des lassitudes, des changements de camp et aussi de petits conflits internes, j'aurai exercé toutes les fonctions : de copiste à dramaturge, de souffleur à producteur, de maquilleur à directeur, de décorateur à régisseur, de figurant à grand premier rôle, de travesti à metteur en scène. Oui, de travesti, une seule fois, dans un sketch d'imitation de… Devinez ? De Marlène Dietrich !

Cette agitation ne m'empêche pas de revenir à mes études. Je me fais expédier des livres scientifiques récents, et doucement, tout doucement, je me remets à songer à ce fichu doctorat, resté en carafe. Et puis, je mets à exécution un très important projet : me marier par procuration. Deux raisons : d'abord, protéger ma fiancée Eva, juive par son père (chose étonnante, son nom, Goldenberg, n'avait pas encore attiré l'attention d'un traqueur de Juifs); et ensuite contrer ma très abusive mère, obstinément rebelle à toute idée de mariage chez son fils.

Le 19 novembre, je comparais devant un bon vieil officier allemand faisant fonction de notaire. La procuration part vers la Belgique et le 18 décembre Eva se marie (sans moi !) à l'Hôtel de Ville. A Liège la famille donne une petite réception, et à l'Oflag les MAC m'offrent un dîner de noces. Sur le menu, on me voit poussant un landau orné de l'écusson des MAC. Ceux-ci n'étaient-ils pas mes enfants ? Et comme des colis arrivaient maintenant d'un peu partout, et très régulièrement, mes camarades avaient pu composer un menu qui vous laisserait rêveur si je pouvais encore le détailler !

Mais entre-temps ces mêmes MAC n'étaient pas restés inactifs : fin novembre, *Ces Messieurs de la Santé* de Paul Armont; puis, à la veille de Noël, un spectacle de cabaret, avec girls; puis, le 18 janvier, du wallon. Et enfin, le 25, *Jazz*, un drame peu connu de Marcel Pagnol. La première avait eu lieu en 1926 à Monte-Carlo avec une distribution prestigieuse : Harry-Baur, Pierre Blanchard, Orane Demazis. Vraiment, nous ne nous refusions rien.

Le texte m'avait assez impressionné à la lecture : le professeur Blaise, personnage principal, doit sa célébrité aux travaux qu'il a menés à partir d'un manuscrit incomplet qu'il a attribué à Platon. Il s'effondre le jour où il apprend qu'il s'est totalement fourvoyé. Un minable étudiant, le fantôme de sa jeunesse, lui reproche amèrement d'avoir été inutilement sacrifié : “La chair des femmes, si douce à voir, est-elle aussi douce à toucher ? Je ne sais pas !”

À la fin de la pièce, le fond du théâtre s'ouvre sur un décor de boîte de nuit style 1925 : un jazz-band et, à l'avant-plan, des entraîneuses “aux grandes bouches graissées de rouge”, comme le précise Pagnol. “Viens, dit le fantôme, viens, c'est là que tu pourras oublier”. Mais Blaise, écœuré, recule en serrant ses livres contre lui. Et il meurt, tué par sa jeunesse ratée.

Nous avions réussi à monter ce décor à transformations. Et notre orchestre de jazz, apparaissant subitement dans la lumière irréelle d'un projecteur stroboscopique, jouait l'un de ces bons classiques :

“*It ain't got a thing*
If it ain't got that swing.”

Plus tard, mon beau-frère Albert Denoël me dira : “Ce Blaise, qui n'a pas eu de jeunesse, n'est-ce pas un peu toi ? Voilà pourquoi tu avais choisi cette pièce !” Oui, peut-être, mais Dieu merci, moi, à l'encontre du pauvre Blaise, j'avais pu réagir à temps. Malgré ma mère qui disait à ses amies, devant moi : “Mon fils est un savant, et ces gens-là ne s'intéressent pas aux femmes.”

Entre nos deux derniers grands spectacles, la guerre est brusquement devenue mondiale avec, le 7 décembre 1941, l'attaque japonaise contre la base américaine de Pearl Harbour ; immédiatement, les États-Unis et l'Angleterre déclarent la guerre au Japon.

Le même jour, autre nouvelle, strictement belge, celle-ci : le Cardinal Van Roey annonce que, deux mois plus tôt, le roi Léopold a contracté mariage avec Mlle Baels, fille d'un ancien ministre flamand. La nouvelle jette la consternation chez les pdg : comment, n'est-il pas prisonnier comme nous ! Comme nous qui vivons séparés de nos familles ! Pourquoi ne s'est-il pas contenté d'une maîtresse, tout simplement, comme son grand-oncle Léopold II, homme d'État s'il en fut ?

Mais le temps estompe les rancœurs, et voici bientôt Pâques. Notre aumônier propose un spectacle religieux, *La montée au Calvaire*. Tandis que lui et moi rédigeons le texte, je songe aux difficultés de la mise en scène : comment faire tenir un crucifié sur sa croix ? Bon, il y a un truc, nos accessoiristes le trouveront.

Après le spectacle, qui fut très émouvant, l'aumônier me demande comment moi, qui me dis incroyant, comment ai-je pu mettre tant de chaleur, - et d'exactitude ! - dans la rédaction et le montage d'une Passion. Que répondre sinon que perdre la foi ne signifie nullement perdre la culture. Je déplore qu'aujourd'hui l'ignorance religieuse organisée coupe nos jeunes des racines mêmes de leur civilisation. Quel sens peut avoir pour eux la statue d'un vieillard qui porte une grosse clé ou celle d'un jeune homme nu percé de flèches ?

Puis, je suis passé du religieux au policier. En tant qu'auteur, j'entends. À Wolfsberg, j'avais écrit un premier polar, *A une minute près,* inspiré d'un meurtre mystérieux survenu près de chez moi en 37. À Juliusburg, j'en attaque un second, *La partie espagnole*, du nom d'une ouverture classique aux échecs, un jeu où je m'étais solidement perfectionné. Le livre sera édité chez Dupuis en Belgique, sous le pseudonyme de Pierre Argant.

Il m'arrivait aussi de tenir l'harmonium dans notre petit orchestre où Louis, notre metteur en scène habituel, se produisait comme chanteur. Incroyable ce qu'il connaissait de refrains d'opérette !

Nous jouions dans la grande cour, séparée du couvent par un large treillis. Si bien que nos concerts avaient des spectatrices enthousiastes, les Bonnes Sœurs. Nous leur aurons ainsi présenté *Phi-Phi,* la célèbre opérette de Henri Christiné : musique complète, paroles sélectionnées. Mais quelles paroles !

La trame du livret est ultra-simpliste : le prince Archimédon veut conquérir la femme de Phidias, le célèbre sculpteur. Il se présente comme modèle, et Phidias (Phi-Phi) lui demande ce qu'il veut faire : la Force ? La Vertu ? Non, répond Archimédon, “Je veux faire l'Amour !” Et nos Bonnes Sœurs de l'applaudir quand il chante : “*Pour l'Amour, pour l'Amour, je m'sens des dispositions...* ”

À un autre moment Archimédon explique l'art de la séduction :

“*Quand on les tient dans la main,*
Mais oui madame,
Je le proclame,

Les p'tits païens,
C'est toute la femme qu'on tient!"

Et les Bonnes Sœurs d'applaudir. Dommage qu'elles n'aient pas aussi entendu le dialogue qui accompagne le refrain, cela les aurait concernées : "Pourquoi dites-vous les païens et non pas les seins? - Parce que nous sommes au 5e siècle avant J-C, et qu'il n'y a pas encore de saints!"

Chères opérettes parisiennes des années 20, avec leur légèreté bon enfant : *Trois jeunes filles nues, Pas sur la bouche, Déshabillez-vous,* etc. Et avec leurs calembours plutôt naïfs, comme dans *Là-haut* : "Ose Anna! Ose Anna! Ose dire ce que tu veux". Ou dans *Phi-Phi*, quand le sculpteur explique "Les modèles n'ayant qu'une ligne quelconque restent habillées, mais la ligne numéro un, celle-là porte maillot". Ceci à l'intention des habitués du métro parisien.

Quant à *Phi-Phi,* je l'aurai vu et revu, à Bruxelles, à Tunis, à Cannes. Chaque fois avec le souvenir presque attendri de notre lointain couvent de Sainte-Amélie, aujourd'hui polonais.

Nous y vécûmes aussi une belle évasion, au sens strict du terme. Prétextant une répétition d'un sketch surprise, quelques-uns de nos compagnons s'enferment "dans un poêle", comme écrivait Descartes, c'est-à-dire dans une chambre dotée d'un de ces monumentaux poêles germaniques. Juchés sur ce meuble, ils percent le plafond. Deux d'entre eux, déguisés en religieuses, se glissent dans les greniers, circulent dans le couvent et sortent par la grand porte.

Le commandant de l'Oflag, un brasseur autrichien, était cependant très libéral. Si nous donnions notre parole d'honneur de ne pas nous évader, nous pouvions nous promener en groupe ou cultiver le jardin des Sœurs. Ou encore aller au cinéma, - où j'aurai découvert Marika Rökk, dite "la Ginger Rogers du IIIe Reich", ainsi qu'un film évoquant Maupassant et dont il ne me reste que le refrain :

"Du hast gluck bei den Frauen, Bel Ami."

Mais les bonnes choses n'ont qu'un temps. En août, bagages et wagons, une fois de plus. Les gares défilent, Breslau, Frankfurt, Berlin, Lüneburg. Balade à pied, et voici Fischbeck.

Septième Oflag, Fischbeck, X/D

Fischbeck, un camp de baraques en bois, dans la lande de Lünebourg, non loin de Hambourg. Il avait été occupé par des officiers français qu'on venait d'évacuer en catastrophe. Nous héritons de locaux plutôt sales, et pendant deux jours nous allons épousseter, laver, poncer, tant le mobilier que les murs et les planchers.

Se sont ici déversés, en plus de notre VIII/A, le IX/AZ (Rothenburg) et le VII/B (Eichstätt), si bien que nous voilà quelque 2000 PdG. Les seuls Flamands parmi nous sont des officiers d'active, tous les autres ayant été libérés depuis un bon bout de temps déjà. Récompense des quelques défections de mai 1940? Ou complaisance à l'égard des activistes flamingants de Belgique plus nazis que les nazis eux-mêmes? Ce qui rendait un peu ridicules l'Ober sturmbahnführer Léon Degrelle et ses légionnaires wallons : ils donnaient tout à Hitler et n'en recevaient rien.

Les anciens du camp d'Eichstätt en Bavière présentaient un curieux cas psychologique : enfermés depuis deux ans dans les mêmes barbelés, ils avaient fait un absolu de leur pauvre petit univers. Pour eux, devenus chauvins en diable, il n'y avait qu'Eichstätt où tout était bien, tout était mieux. Et ainsi avaient-ils été victimes, là-bas, d'une extraordinaire psychose collective : un beau jour, ils font capituler l'Allemagne, - en imagination! D'où cris de joie et manifestations bruyantes, toute une effervescence qui aurait pu très mal tourner si le commandant allemand n'avait gardé son sang-froid.

Parmi eux, il y avait mon beau-frère, Albert Denoël, un ingénieur qui avait épousé la sœur d'Eva et en avait eu deux enfants. Il s'était trouvé prisonnier à la chute du fort de Chaudfontaine, où il était officier de tir.

Après quelques mois, je suis allé habiter avec lui, et nous nous sommes mis en ménage. Dans le jargon des PdG, un “ménage” est une association de deux ou trois personnes qui fristouillent de concert en se partageant tous leurs colis. Leur accessoire principal est la “choubinette”, un petit poêle formé de deux cylindres concentriques provenant de grandes boîtes à conserve. L'engin ne fume pas et récupère la chaleur. Son inventeur aurait été un prisonnier français nommé Choubinet. Quant au combustible, c'est du carton, ou du bois, piqué partout où l'on pouvait : dans les charpentes, sous les baraques, parmi les planches des lits…

À mon arrivée, je m'étais installé dans la même chambrée que Louis, notre metteur en scène. Tout de suite nous nous attelons à la besogne, et puisque nous n'étions plus des “mousquetaires au couvent”, notre troupe changera de nom et s'appellera dorénavant “Amalia”, en souvenir de Sainte-Amélie. Et nous décidons de reprendre le rythme de Juliusburg, alternativement du français, du wallon, du cabaret.

Début septembre, un décès, celui du commandant Goossens. Le plus triste est que son fils était lui aussi prisonnier, dans le même camp. La Wehrmacht fit bien les choses : une délégation belge (dont j'étais) accompagna le corps jusqu'au grand cimetière de Hambourg, un véritable parc. Comme à Wolfsberg il y a deux ans, un peloton en armes tira la salve d'honneur.

Et puis la vie a repris son cours monotone. Le grand réfectoire est notre salle de spectacles. Immédiatement après le repas de midi, on assiste à une transformation à vue. D'abord, une dizaine de grandes et lourdes tables se rassemblent dans le fond, et ce sera la scène. Puis sortent d'une remise les herses, la rampe, les meubles, les accessoires, les décors.

C'est à propos de ceux-ci, précisément, que s'étaient affrontées deux théories, que j'appellerai l'analytique et la synthétique. La première, très classique, veut qu'un décor reproduise la vie réelle, aussi exactement que possible. L'autre, d'avant-garde, déclare que le décor doit se réduire à un fond continu pourvu d'un motif central suggestif : une icône, un blason, une cheminée, un comptoir. Nous adoptons une solution mixte : nos décors seront formés par l'assemblage de panneaux amovibles d'environ 1 m 20 de large. Oranges d'un côté, gris perle de l'autre, ils permettront tous les tracés, toutes les combinaisons.

Ce serait fastidieux d'énumérer ici tous les titres qui furent joués en ces cinq années, que ce soit à Fischbeck ou ailleurs. Dans son livre, Camille Caganus, venu lui aussi d'Eichstätt, en cite une bonne centaine, et il en omet. La plupart sont du genre "boulevard". J'y ajouterai nos comédies en wallon liégeois (trente au moins), nos cabarets (vingt peut-être), de nombreux spectacles en flamand ou en divers dialectes. Chaque pièce ayant été présentée trois ou quatre fois, cela nous fait six cents représentations ! Pour une population totale de 5 500 officiers répartie en divers camps...

N'ayant aucune expérience de la chose, je ne puis parler ici de ce qui se passait dans les Stalags, les camps pour la troupe, où vécurent quelque 75 000 Wallons. De bons livres ont été écrits à ce sujet, notamment *Les Chétifs* de Roland Crahay, mon défunt collègue de l'université de Mons-Hainaut. Les sous-officiers et soldats des Stalags eurent aussi leurs troupes et leurs spectacles, avec les mêmes problèmes et les mêmes joies que chez nous.

Dans la lande de Lünebourg, régnait un croup endémique, et j'en fus victime : quinze jours à l'infirmerie, juste pour la période des réveillons. Je l'avais échappé belle, l'un de nous étant mort un peu auparavant parce que les sérums n'étaient pas arrivés à temps de Belgique.

En mon absence, la troupe décide de monter un succès d'Edmond Sée. Première anicroche, l'auteur est juif, il est interdit de le jouer ; qu'à cela ne tienne, on déclarera à la censure que l'œuvre est due à un certain S. Edmond. Seconde anicroche, la pièce est une histoire de cocu, juste ce qu'il ne faut pas présenter à un auditoire de PdG ! Comme il fallait s'y attendre, le spectacle fut un four intégral, le seul que j'aie jamais connu dans un Oflag.

Pendant ce temps, Stalingrad allait être pour l'Allemagne le début du commencement de la fin : encerclée, l'armée von Paulus devra capituler fin janvier. Sur les quelque 300 000 Allemands prisonniers, à peine 6 000 reviendront au pays.

À ma sortie de l'infirmerie, je reprends mes activités, notamment dans le domaine du music-hall. Comme j'avais acheté un xylophone, je serai un musicien chinois et avec deux camarades nous jouerons *Dans le jardin d'une pagode chinoise*, de Ketèlbey. Ayant donné ma parole d'honneur, je suis autorisé à aller chercher nos costumes à Hambourg, accompagné de notre Sonderführer (interprète), lequel ne ratait jamais une occasion de parler wallon. Je me suis promené seul derrière lui, n'arrêtant pas de répondre aux saluts.

À quelques-uns, nous louons un piano à Hambourg. Faute de place, nous le rangeons dans une cabine à côté de la salle de douches, où je me rendais tous les matins, quelle que fût la saison !

Puis vint un music-hall où j'imitais Stan Laurel, et à cette occasion j'avais aidé au montage d'un numéro de prestidigitation. Un grand coffre étant apporté sur scène, on l'ouvre, on le soulève, on le fait pivoter, on le pose, on le bascule vers le public : il est vide et bien vide. On le referme, on l'ouvre à nouveau, on le bascule : il en sort d'abord un chien puis… le Mahatma Grandhi, c'est-à-dire notre ami Fort, un excellent fantaisiste. Il y a un truc, mais vous le devinerez sans peine en relisant cet alinéa…

En avril, notre Amalia monte une autre pièce de Paul Armont, *Le Valet Maître*. Comme l'indique le titre, toute l'intrigue tourne autour du bridge. En mai, voici un cabaret, *Un beau voyage*, avec tout un exotisme propre à faire rêver les PdG. Et en juin, du wallon, *Å treus vix hommes*, dont je n'ai retenu qu'une réplique : “C'esst'on målheur di div' ni vix” (c'est un malheur de devenir vieux). De Gaulle allait dire à peu près la même chose.

Et en juin, énorme surprise : tous les réservistes belges seront concentrés à Fischbeck et toute l'active le sera à Prenzlau. Et voilà des amis séparés, des “ménages” dissociés, des troupes théâtrales désarticulées. Je lègue mon “testament” à Amalia : “Restez “vous-même”, continuez”. Et je fais mes paquets, où j'enfourne notamment plusieurs ouvrages de physique, récemment acquis.

Avant de me quitter, mon beau-frère me fait une curieuse révélation : “Ma femme et moi avons juré de nous séparer le jour où nous cesserons de nous aimer”. Tiens ? Le ménage serait-il malade ?

Avant notre départ, nous avons connu les premiers grands bombardements sur Hambourg. Après, ce fut terrible : trente-deux nuits consécutives d'alerte; puis, fin juillet, bombardement jour et nuit. Bilan : 30000 victimes civiles. Miracle, le camp de Fischbeck n'a été atteint qu'une seule fois, par l'une des 80000 bombes incendiaires lâchées par l'aviation alliée.

Le crépuscule des dieux tombait lentement sur l'Allemagne. En mai, l'Afrika Korps est détruit. En juillet, à Koursk, en URSS, une offensive tourne à la débâcle. En septembre, l'Italie capitule sous la pression de l'invasion américano-anglo-française.

Huitième Oflag, Prenzlau (bis), II/A

Revoici Prenzlau et son grand lac (où j'irai apprendre à nager avec un groupe de prisonniers sur parole !). Cette fois, pas de garage mais une belle chambre au 2e étage du bâtiment B.

Je reconstitue Amalia, mais j'en abandonne bientôt la direction, voulant consacrer plus de temps à mes études. C'est ainsi qu'en parcourant des publications récemment reçues, je découvre l'adresse de Niels Bohr à Copenhague. Je lui écris, me réclamant de son grand ami et collaborateur Léon Rosenfeld. Cela me vaudra de recevoir très régulièrement de précieux colis danois, tandis que Mme Bohr enverra à ma mère une très gentille lettre.

J'ai écrit une seule fois à Rosenfeld, lui décrivant ce que je croyais être une découverte dans un domaine de la physique mathématique, celui des équations de Dirac, des équations de l'électron. Hélas, ce n'était qu'une redécouverte ! Mais en réorientant ce travail, j'en tirerai plus tard ma toute première publication scientifique, laquelle sera ma thèse annexe de doctorat en 58.

Mon “Amalia” s'est mise au travail, tandis que la Troupe Cordier se surpassait avec une magnifique interprétation de *L'Arlésienne*, le drame d'Alphonse Daudet et Georges Bizet, avec orchestre, chœurs et farandoles provençales.

Plus belle réalisation encore, *La Revue de l'Infanterie,* sur une musique du chef Redouté. Je me souviens de scènes désopilantes, dont "l'inspection armes", un cérémonial qui fut, est, et restera la terreur des bidasses. Dialogue entre un sous-off et un archer grec :

"*As-tu ton carquois ? Oui je l'ai sur moi.*
As-tu ta sarisse ? Oui je la revisse.
Et ton bouclier ? Zut, il est fêlé !"

Et cœtera. Au dernier acte, on apprend que l'infanterie sera enfin dotée de camions transporteurs. Joie, danses, chansons, rideau.

Puis vint "*la Revue de l'Artillerie*", plus modeste. Dans l'un des sketches, les Grecs confédérés préparent le siège de Troie. Agamemnon (vous savez, chez Offenbach, "ce roi barbu qui s'avance, - bu qui s'avance, - bu qui s'avance"), Agamemnon profère l'une de ces âneries militaires qui ont coûté tant de vies humaines en 14-18 : "Faites donner un assaut général par l'infanterie". Le roi barbu (votre serviteur, en l'occurrence) se retire sous les huées.

Comme j'étais un cuisinier fort maladroit, je me suis remis en ménage. Cette fois, mon associé sera Henri Bovie, l'un de nos acteurs du théâtre wallon, et grand amateur de football, ce que je n'étais guère ! Je déménage et m'installe avec lui dans une cave du bloc C. Une cave ? Mais oui, il y faisait d'autant plus chaud que les occupants avaient arraché les isolants des conduites de chaleur.

À Prenzlau existaient des "sociétés secrètes" et des "services secrets" dont j'ai toujours tout ignoré. À l'encontre des premières, peuplées de vieux gamins, les seconds furent d'une efficacité remarquable, ayant à leur actif diverses évasions réussies ainsi que l'installation de récepteurs de radio. En 44-45, nous nous rendions chaque jour à des conférences de presse où quelqu'un résumait les nouvelles reçues de la BBC. Le signal du rassemblement était la sautillante marche cosaque de l'ouverture de *1812* de Tchaïkowski, sifflotée par un initié.

Le matin du 6 juin 1944, l'un de nous, Ernest, bondit dans notre cave en hurlant : “Ils ont débarqué ! Ils ont débarqué en Normandie !” Et il nous lance le nom de la première ville française libérée par des Français : Ouistreham. Ce nom, je ne devais jamais l'oublier, et quand, en 63, j'ai été nommé à l'université de Caen, c'est tout naturellement à Ouistreham que je me suis installé.

Le 7 juin se produit un événement qui nous touchera directement : le roi Léopold et la famille royale sont déportés en Allemagne. Puis, le 20 juillet, alors que nous nous apprêtions à célébrer le lendemain la fête nationale belge, on nous interdit toute manifestation : Hitler vient d'échapper à un attentat perpétré par des officiers.

Les nouvelles vont se succéder : progression continue de l'Armée Rouge, débarquement allié en Provence, liquidation de la poche de Falaise en Normandie, libération de Paris, de Bruxelles, de Liège. Puis apparition des “armes secrètes du Führer” : les V1 et les V2 s'abattent sur Anvers et sur Liège. Pourquoi faut-il que la Belgique paie d'un prix aussi élevé sa récente libération ?

* * *

XXI. - LE GRAND DÉPART

"La route, la route. La route nous dégoûte.
On est moulu, crotté, fourbu, claqué, fichu."
Revue de l'Infanterie, *Prenzlau 1944*

Janvier 1945. Pour le Grand Reich de Mille Ans, c'est bien le commencement de la fin. L'offensive des Ardennes échoue devant Bastogne tandis que la Prusse Orientale tombe aux mains de l'Armée Rouge. Le Führer décrète l'évacuation massive des populations de l'Est : quatre millions d'Allemands sont jetés sur les routes, et avec eux des centaines de milliers de prisonniers, français, belges, anglais, polonais, américains. Devant les fenêtres de notre Oflag II/A (devenu l'Oflag 80), ce sera un défilé incessant.

La progression alliée à l'Ouest va avoir pour nous une conséquence pénible : ni les "parcels" américains, ni les colis familiaux, plus rien ne nous parviendra. Je ne les verrai plus, ces colis qu'au prix de lourds sacrifices ma mère, comme tant d'autres femmes belges, envoyait depuis près de cinq ans avec une régularité d'horloge. Les rations allemandes s'en allant decrescendo, nous allions connaître la faim, la vraie faim, surtout à partir de mars 1945.

Nous avons fouillé les poubelles, mangé des épluchures, des trognons de chou, des haricots moisis. Pompon, mon petit chat noir, disparaît, bouffé par des collègues; Phiphine, le gros mâle de nos voisins, est assaisonné par notre chambrée. Notre dernier bâton de chocolat, à Henri et à moi, nous est volé dans notre propre cassette.

Malgré tout, notre troupe décide de monter un spectacle wallon. Je le mettrai en scène personnellement, et le 4 février verra ainsi la toute dernière représentation théâtrale de toute la captivité. Nous avions choisi un classique, *Les Frés Mathonet*, dont l'action se passe dans la campagne près de Liège. La grande salle est comble, et parmi les spectateurs, un jeune lieutenant-colonel américain, capturé en Ardenne et envoyé chez nous Dieu sait pourquoi. Je lui explique que la pièce a pour cadre une ferme dans la campagne près de Bastogne. Soit. Vu du Middle West, Liège ou Bastogne…

Février. Il a neigé, il neige encore. Des Français titubent sur le chemin, remorquant leurs pauvres bagages sur des traîneaux de fortune. Le 10, on en recueille tout un groupe, et notre chambre hébergera un réserviste parisien. Nous partageons les misérables provisions ayant survécu à la disette, et nous les complétons par un pudding aux épluchures de pomme de terre.

Notre hôte nous raconte que l'un de ses amis s'est tranché les veines du poignet, la nuit précédente. C'était un universitaire qui, pendant quatre ans, avait préparé une thèse de doctorat. Il en avait emporté le manuscrit, mais, mort de fatigue, il l'avait oublié dans la grange où il avait dormi.

Notre Français et son traîneau reprennent la route, mêlés à l'interminable défilé. Des vélos, des enfants à pied, des femmes (allemandes, donc Übermenschen) chargées comme des négresses (Untermenschen). Des villages entiers, maintenant, Herr Burgmeister par-devant… Des chariots et encore des chariots. Sur l'un de ceux-ci, un prisonnier français qui nous crie en montrant une Allemande effondrée à côté de lui : “J'trimbale ma bourgeoise !”.

Où donc ai-je déjà vu ces bizarres véhicules ? Mais en Belgique, il y a cinq ans. Ils déferlaient, ces petits chariots prussiens, gris, trapus, très typiques avec leur caisson trapézoïdal. Ils suivaient l'armée dans son grand rush vers l'Ouest. Mais maintenant c'est la fuite vers l'Ouest. Revanche du destin ? “Laissez passer la justice de Dieu”, répéterait ici le père Hugo.

Remontant ce courant, voici la Wehrmacht. En marche vers l'Est, à la rencontre du fameux “rouleau compresseur” qui ne manquera pas de l'écrabouiller. Pauvre Wehrmacht, Wehrmacht misérable, avec ses vieillards et ses gamins, ses demi-vieux et ses semi-éclopés. Et avec ses camions affublés de leurs invraisemblables gazogènes, certains tractant trois ou quatre petites Opel. Et avec ses Volkswagen “baignoires” dont chacune en remorque une autre. “Benzine sparen !” a dit le Führer. Et toujours la neige, la neige, la neige.

Et nous, dans tout cela? De quoi demain, notre demain, mon demain, sera-t-il fait? La route nous guette, nous aussi. Il suffit d'un ordre imprévu, et ce sera le Grand Départ, comme disent les scouts.

Mars 1945. Une fièvre s'est emparée du camp : il faut se préparer et ici trois théories s'affrontent, le traînage, le charriage, le portage. La première l'emporte : il neige, donc il faudra des traîneaux, comme chez les Français. Au travail, malgré la faim.

On récolte les boîtes à conserve, on les découpe, on les redresse, on les lisse, ce seront d'excellents patins. On fouille les poubelles, les dépôts, les cuisines, les ateliers du théâtre, et ainsi on parvient à rassembler des caisses, des tôles, des toiles, des clous, des boulons, des cordes. Dans cent ateliers de fortune, surgis çà et là, les marteaux improvisés font toc toc toc, tap tap tap. On se croirait chez les Nains de Blanche Neige :

“*To dig dig dig dig dig dig dig*
Is what we like to do.”

Mais la théorie du charriage trouve des avocats chez nos stratèges : il faudra un certain temps, prophétisent ces augures, pour que les Russes enlèvent Varsovie; puis, leur prochain bond ne dépassera pas les 300 km habituels, et alors leur offensive tombera à bout de souffle. D'ici là, la neige aura fondu…

Donc, plus de traîneaux, des chariots. Pour cela, il faut fabriquer des roues. Ou en trouver. Et ce ne sera pas facile. Du coup, on se rabat sur la théorie du portage. À main ou à dos ? Henri et moi choisissons la seconde solution.

Mon sac à dos de Hasselt est vraiment trop petit, j'en fais une besace. Il nous faut de vrais havresacs ? Qu'à cela ne tienne, nous cousons des bretelles canadiennes sur des sacs de jute. Et que faut-il emporter ? Problème délicat qui nous amène à rédiger des listes et à les recommencer moult fois.

Avril 1945. Un événement (heureux) va quelque peu bousculer ces prévisions : la fin de la faim !! Le 10 avril, les colis américains reviennent, ayant fait le tour par la Suède neutre. On nous les livre en vrac, en tas. Mais quand nous chargeons tout cela sur notre dos, Henri et moi tombons à la renverse. Rien à faire, il faut sacrifier. Ou consommer.

Pendant des jours et des heures, Henri cuisinera sur sa choubinette, brûlant mon vieux courrier, puis notre jeu d'échecs et mon xylophone, puis une chaise et même des bouquins. On mangera, on bouffera, on dévorera. Voici un menu journalier, d'après mon agenda. Petit-déjeuner : croque-monsieur ; déjeuner : soupe julienne, toasts et hors-d'œuvre ; goûter : cake et café ; dîner : meat and vegetables, crème au chocolat, moka.

Mais le 12, catastrophe : une bombe russe tombe sur le bâtiment B, là où je logeais un an plus tôt. Huit tués, horriblement déchiquetés. Parmi eux, notre acteur fétiche, le brave commandant Dozin, un bon Liégeois qui avait eu tant de succès deux mois plus tôt dans notre dernière pièce wallonne.

Mort avec lui, Godefroid, un fort et joyeux garçon qui avait été mon instructeur à Brasschaet, au CPSLA (Cours de perfectionnement). Et Stiévenart, un camarade du même Cours. Et Fréson, un ancien de mon école des Frères à Liège. Et Dropsy, un petit rouquin qui s'était mis à apprendre le russe. Et trois autres que je connaissais moins bien.

Contrairement aux dires et aux espoirs des soviétophiles, il s'agissait bel et bien d'une bombe russe, on en a retrouvé des débris portant des caractères cyrilliques. Du coup, nous le réalisons, *ils* approchent. Certes, nous le savions par nos petites radios, mais c'était encore de l'abstrait. Nous avions vécu en vase clos, en autarcie de misère et d'espoir, loin du fracas des bombes écrasant les villes. Maintenant, les huit cadavres, les lettres cyrilliques, c'est la réalité, tangible, brutale, implacable : *ils* approchent, *ils* arrivent...

Après ce massacre, on désigne des "chefs d'îlot". J'en suis, et ainsi vais-je recevoir des leçons de brancardier puis préparer des seaux d'eau où macèrent des essuie-mains américains, rassembler des matelas pour obstruer nos soupiraux, resserrer notre mobilier pour faire place à ceux qui viendraient s'abriter dans notre cave.

On nous donne aussi des leçons élémentaires de russe : au premier contact, dites "Belginski, Belginski". S'ils vous parlent, dites : "Nie ponie mayo", (je ne comprends pas !) Et si vous voulez être bien vu, dites "Vive Staline", c'est-à-dire "Po Staline dji vote", - non, ce n'était pas tout à fait ça, mais nous en avions immédiatement fait du wallon en traduisant "Pour Staline je vote".

Nos radios étant sorties de leur clandestinité, les nouvelles affluent. Les Russes ont franchi l'Oder, et des fenêtres de notre bloc on peut voir au loin flamber des patelins inconnus. À l'Ouest, les Alliés ont franchi le Rhin, et ils progressent de façon foudroyante. À tel point que nous nous demandons si ce n'est pas plutôt dans leurs bras que nous allons tomber. Sauce anglaise ou sauce tartare ?

Sur la route, devant l'Oflag, toujours le sinistre défilé : des réfugiés allemands, des combattants hongrois, des Italiens (prisonniers, depuis la chute de Mussolini). Et toujours des Opel remorquées, des chevaux, des vélos, des Panzers, du bétail, des femmes, des enfants, des feldgraus isolés.

Le 24, juste après notre déjeuner au porc rissolé, Ernest, toujours bien informé, entre en hurlant : "Ça y est, on fout le camp ! L'Oflag 80 doit être évacué demain à l'aube". Agitation, inventaire des bagages, essais de portage,...

À 5 heures de l'après-midi, sirène, et l'on envahit notre cave. Une bombe tombe sur la caserne d'en face. À 30 mètres près, c'était pour nous. L'alerte passée, le chef d'îlot (votre serviteur) fait évacuer sa cave.

À 5 heures du matin, réédition. Cette fois, c'est la ville de Prenzlau elle-même qui trinque. Les copains du dessus se re-précipitent chez nous. Fin d'alerte, pas de dégâts dans l'Oflag, Dieu merci. Le chef d'îlot fait évacuer sa cave.

À 9 heures, "Heraus, heraus", "Dehors, dehors". C'est dit d'une voix lasse par nos vieux, nos très vieux Posten. L'un d'eux jette son fusil par terre et éclate en sanglots : "Nous sommes des criminels. Dieu punit l'Allemagne". Nous le laissons à ses remords et rejoignons le grand rassemblement dans la cour. Un Hauptmann grincheux veut nous compter, - par habitude, - avec de grands coups de gueule, - par habitude, - mais un autre lui jette un regard triste en lui tapotant l'épaule : "Du calme ! A quoi bon ?"

Je franchis la porte d'entrée. Librement, ou presque.

Il faut avoir été enfermé pendant 5 ans pour comprendre toute la signification de ces simples mots. Je franchis cette double porte, hier encore si hostile avec son sas, ses barbelés, ses contrôles, ses filtrages, ses sentinelles armées. Porte béante maintenant, ouverte pour le départ. Le Grand Départ, enfin.

Certes, nous sommes en colonne, plus ou moins encadrés. Mais les rangs vont s'effilocher, et l'allure ne se maintiendra pas longtemps. La première victime de la route sera le vieil homme qui nous sert de sentinelle ; on le charge sur un chariot, et il s'y s'endort, la tête brinquebalante, le fusil entre les jambes.

Sirènes lointaines, avions inconnus, explosions assourdies. On plonge dans les fossés, comme en 40. On se relève, on jette un coup d'œil en arrière. Une crête nous cache la ville, qui ne se révèle plus que par des panaches de fumée noire.

Voici Güstrow, un village quelconque. Dans la cour d'une ferme, un Panzer, tout seul, incongru comme un dinosaure. À côté, une servante aux seins agressifs ; elle nous sourit gauchement. Pour la plupart d'entre nous, c'est la première femme que nous pouvons contempler de près depuis cinq ans. Quelques réflexions égrillardes, presque par principe dirais-je, car le cœur n'y est pas.

Coups de sifflet, rassemblement, départ. Après Schönemark, autre village quelconque, notre itinéraire quitte la grand-route et s'enfonce dans les bois. La colonne s'est tellement allongée que nous voilà seuls, Henri et moi. Tout seuls, et pas rassurés.

Car nous traversons un cantonnement de la Légion Langemark, la légion des Flamands nazis. Nous ignorions alors que ces desperados étaient les rares survivants de ceux qui s'étaient fait massacrer en essayant de défendre Stettin. On nous jette des regards peu amicaux, mais on nous laisse passer.

Coïncidence curieuse, les Wallons de Degrelle se trouvaient aussi dans les environs. D'ailleurs, dans l'un de ses livres, l'Obersturmbahnführer parle de notre exode, décrivant avec mépris “les vieux généraux de 40 se traînant sur les routes”. Où avait-il vu cela? Le colonel commandant l'Oflag 80 avait mis des véhicules à la disposition des quelques généraux belges restés avec nous. Les autres, et ceci est peu connu, se trouvaient alors à Colditz, le camp de haute surveillance où l'on reléguait les durs.

Nous marchons, nous marchons. Les havresacs sont lourds, lourds, mais voici l'étape, Weggun. On nous désigne notre quartier, une grange, où nous tombons sur un groupe de jolies réfugiées berlinoises, dont l'une nous offre un présent apprécié : une tranche du cochon qu'elle venait d'acheter et de faire trucider.

À 6 heures du matin, la route ! Des petits groupes de PdG disparaissent et vont se planquer dans des fermes isolées. Henri et moi préférons continuer. Et le paysage va défiler pendant des heures, avec ses landes, ses bosquets, ses lacs désolés et, miracle, le soleil, toujours le soleil, comme en 40 encore une fois.

À Feldberg, petite ville, vers 17 heures, Henri et moi assistons à l'écroulement simultané de nos muscles et de nos sacs. Dans une ferme, nous dégottons une brouette et l'achetons contre notre dernière ration de café américain, du rarissime café en grains !

Et nous voilà, brillants officiers belges, poussant ou tirant la brouette. Vers 20 heures, halte au village de Watzkendorf. Il était temps, nous avions parcouru une cinquantaine de kilomètres à pied depuis Prenzlau. Surprise, le commandant allemand nous libère ; il nous fait cadeau d'une des fermes d'État du patelin ; il nous délivre une sorte de certificat de bonne conduite ; et miracle de l'organisation allemande, il nous remet nos cartes d'identité !

Il nous quitte, un peu triste, ajoutant : "Pourquoi ne venez-vous pas avec nous ? Nous irions tous ensemble chez les Américains."

Et lentement, je réalise alors une chose énorme :

JE SUIS LIBRE !

* * *

Cinquième Vie

XXII. - NIE PONIE MAYO

"Ney, que suivait naguère une armée, à présent s'évadait, disputant sa montre à trois cosaques".
Victor Hugo, "*Les Châtiments" 1853*

Ma première nuit de liberté va se passer à la belle étoile. Henri et moi avons préféré nous réfugier en plein champ car autour du village ce n'était que bombardements, canonnades, explosions, rafales de mitraillette. Et toute la nuit, l'habituel défilé a continué : réfugiés à pied ou en chariot, soldats feldgrau en ordre ou en désordre.

Le lendemain, nous trouvons un village vide, totalement vide. Passent un ou deux Panzers, puis, à pied, un blessé. Il a marché, dit-il, soutenant un camarade, plus mal en point que lui. Il pleure en racontant qu'il a dû l'abandonner quelque part, sur la route. Il nous fait songer à ce vieux et célèbre chant militaire allemand :

"Ich hatte einen Kameraden"

La journée se passe, le crépuscule descend. Encore des Panzers, avec, à leur tête un tout jeune capitaine; blessé au pied, il marche avec une canne. Nous bavardons avec l'un des tankistes, 18 ans. Il achevait son HBS (baccalauréat) quand il a été mobilisé. "Tant qu'Adolf tient, dit-il, nous tenons. Après…". Un geste fataliste de la main qui se rabat en passant devant la poitrine : “Quatsch !” Quel gâchis ! Ce sera mon dernier soldat allemand.

Ce soir-là, j'ai compris que le nazisme avait été une immense secte, avec ses cruautés délirantes, son idéologie imbécile et son fanatisme absurde. Et son gourou maléfiquement génial.

La nuit tombe, et c'est le vide, le silence. Nous attendons. L'un d'entre nous, connaissant le russe, est posté à l'entrée du village avec un drapeau blanc. Il dira “Belginski !”, quand *les autres* arriveront. Nous ignorions que les Wallons de Degrelle criaient eux aussi “Belginski !” en levant les bras.

Nous attendons, assis ou debout, près de nos bagages. Des rafales, des coups de fusil. Au loin, des silhouettes de fantassins, en file de chaque côté de la route. Personne n'ose faire de lumière, personne n'ose bouger. Ce sont *eux !*

La voix de notre colonel belge : “Les Russes demandent que tout le monde sorte des maisons, les mains vides, et qu'on se range sur les trottoirs.” Nous obtempérons. Enfin les voici, les Popoffs, bonnets d'astrakan, blouses flottantes, arme au poing. Et l'air vide. Çà et là des faciès mongols. Ils nous frôlent. Bon Dieu, ce qu'ils puent la vodka ! Ce qui me rappelle une phrase de *Clochemerle*, cet amusant roman des années 30 : à la guerre, seul l'homme saoul marche droit.

L'un d'eux m'apostrophe : “Chtchassi !” - la montre, en russe. Il répète en allemand “Uhr !”, sans doute le seul mot qu'il connaisse dans cette langue. Rien de changé depuis 1812 : pendant la retraite de Russie, le maréchal Ney a dû disputer sa montre à trois cosaques (selon Victor Hugo). Non, cher Popoff, moi je ne disputerai pas ! Tu as une mitraillette et moi pas…

C'est à ce moment que j'entends derrière moi une rafale. L'un de nous tombe, abattu sans raison. C'est un camarade de promotion, le gentil Zubrodt, un protestant. Sur la porte de sa chambre, à Brasschaet, il affichait : “Dieu est amour”. Nous sommes catastrophés, et nous nous mettons à craindre le pire.

Plus tard, nous apprendrons que, pendant le Grand Départ, quelque six officiers belges sont ainsi tombés sous les balles des amis soviétiques. Pourquoi ? La réponse est donnée par un journaliste polonais dans un article paru à Varsovie en 1997 : "Celui qui portait une carabine et une étoile rouge sur sa chapka avait droit de vie et de mort sur les autres."

Or, l'auteur parlait de Gdansk où il est né, c'est-à-dire de Dantzig, la ville au nom de laquelle nous étions partis en guerre ! Mais pour les hordes mongolo-slaves, il n'y avait ni amis ni ennemis, uniquement des peuplades conquises. "L'Asie, quoi", concluait ce journaliste.

J'étais très heureux de m'en tirer au prix d'une montre. Mais ce n'était pas tout. Un autre "libérateur" me réclame mon ceinturon, tandis qu'un troisième me prend mon petit sac de Hasselt. Le striptease s'est arrêté là, et c'est heureux car mon travail sur les équations de Dirac se trouvait au fond de mon havresac.

Là-dessus, en route ! Après le Grand Départ c'est l'Éternel Retour puisque, paraît-il, nous devons nous diriger vers l'Est. On marche à un train d'enfer, puis tout à coup, stop. Voix de l'interprète :

- Messieurs, l'officier russe de garde au carrefour demande une montre.

- Donne-lui la tienne ! lance quelqu'un.

- Mais je l'ai déjà donnée !

Enfin, l'un de nous se sacrifie et notre troupeau peut continuer sa route.

22 h 30. Nous arrivons, exténués, au château de Möhlebeck, une propriété du parti nazi, d'un luxe inouï. Là, un officier supérieur russe nous présente ses excuses pour tout ce qui vient de nous arriver. "Les coupables seront punis, dit-il, et les montres restituées." Tu parles ! "Faites ici comme chez vous, ajoute-t-il, reposez-vous, servez-vous, mangez !"

Nous nous vautrons sur les énormes fauteuils de cuir, sur les épaisses moquettes, sur les tapis persans, sur les lits aux draps de lin très fin. Nous fraternisons avec quelques Popoffs parlant allemand, d'anciens prisonniers. L'un est orphelin, ses parents ayant été massacrés devant lui. “Vous ne pouvez imaginer tout ce qu'ils ont fait chez nous, répète-t-il, toutes ces horreurs”. Puis, fataliste : “Voïna, voïna”, (la guerre, la guerre). C'est en russe l'équivalent de ce “Malhér la guérre!” que nous aurons si souvent entendu depuis 1940. Là-dessus, Henri et moi allons consciencieusement nous ravitailler dans les énormes cuisines.

Le matin, arrive un ordre venu de je ne sais où : “Messieurs, nous devons retourner à Prenzlau et réoccuper nos chambres. Mais ne passez pas par Feldberg, la position tient toujours.” Feldberg, paysage mélancolique, sur un isthme entre deux lacs brumeux. Nous l'avions traversé il y a trois jours, salués au passage par un Feldwebel très affairé à fortifier le passage : sacs de terre, chicanes, mitrailleuses. Il nous avait souhaité bonne chance. Mentalement, aujourd'hui, nous lui retournons ses bons vœux.

Longeant un autre lac, nous ferons un crochet de 10 km. Sur notre chemin, çà et là, des cadavres de civils ou de militaires. Tiens, un uniforme feldgrau, abandonné au milieu de la route. C'est d'un déserteur, disons-nous. Mais pas du tout, il y a des os et du sang dans le vêtement : un tankiste russe s'était amusé à écrabouiller un ennemi fasciste. Mort ou vivant?

Autour de nous voltigent des billets de millions de marks, souvenirs de la fameuse dévaluation de 1925. Avant de fuir, les paysans du coin, qui les conservaient précieusement (on ne sait jamais!), les avaient enterrés, en même temps que leur exemplaire familial et obligatoire de “Mein Kampf”! Les Popoffs, des paysans eux aussi, avaient un flair spécial pour découvrir les cachettes.

Nuit à Wittenhagen puis départ au matin. Courte halte dans un “Gut”, une petite seigneurie. Tout a été saccagé : vitres et miroirs brisés, buffets éventrés, porcelaines fracassées, tableaux crevés. Et le piano avait servi de cible à des rafales de mitraillette. Simples traces du passage des hordes de Gengis Khan.

Plus loin, nous parlons à une vieille paysanne : “Es gibt hier keine Mädchen mehr!” hoquette-t-elle. Ce qu'on peut entendre de deux manières : ou bien il n'y a plus de jeunes filles, toutes ayant fui; ou bien il n’y a plus de vierges, toutes ayant été violées. Pour les amateurs de statistiques, disons que dans les territoires “libérés” par les Soviétiques, 40 % des femmes ont subi des violences sexuelles répétées de la part des vainqueurs. Cela jusqu'au jour où, après la capitulation allemande, le Maréchal Staline décrétera que tout violeur sera fusillé sur-le-champ…

Voici Arnimsheim, fief de la vieille famille des von Arnim qui a fourni à l'Allemagne des écrivains et des généraux. Nous nous installons près du château, saccagé lui aussi. Nous avons faim, et alors Henri et moi nous nous improvisons chasseurs de poules. Nous resterons bredouilles jusqu'à ce que nous ayons fabriqué un long crochet permettant d'attraper le volatile à distance.

Nous n'irons pas plus loin ce jour-là, 30 avril. Henri fristouille la poule, et moi je vais traire une chèvre. Le lendemain, la route, à nouveau, mais les jambes sont lourdes, lourdes. Et voilà que les Popoffs se mettent à tirailler dans tous les coins : nous sommes le 1er mai ! Ces gens débordent de joie, mais ils ne fêtent pas seulement le Grand Jour du Travail : nous croyons comprendre que Hitler s'est suicidé la veille dans son bunker à Berlin. À Gollmitz, nous tombons en plein dans une fiesta à la russki : mitraillettes et balalaïka. Pan pan pan, partout. Courage, fuyons. Tant pis pour nos jambes, fuyons !

À 8 heures du soir enfin, voici Prenzlau, voici notre ex-Oflag. Il n'a pas souffert et notre cave est restée telle que nous l'avions quittée, huit jours plus tôt. Nous nous écroulons sur nos lits…

Mercredi 2 mai. Nos compagnons de chambrée étant revenus les uns après les autres, nous décidons de nous organiser. Où trouver le nécessaire, sinon dans les maisons d'en face, déjà éventrées et pillées par nos libérateurs ? Nous entrons par une porte béante… et nous tombons sur un cadavre, celui d'un major allemand, suicidé. Respect aux morts, passons à la maison d'à côté. Nous en emportons une petite cuisinière, et aussi quelques pièces de vaisselle que les Popoffs avaient bien voulu laisser intactes.

Jeudi 3 mai. Nous sommes convoqués à une réunion dans la grande cour. Sur une estrade, des officiers russes nous font de longs discours que nos interprètes traduisent au mieux : Berlin est tombée, prise par la Vaillante Armée Populaire des Ouvriers et des Paysans. Cris et vivats, et nous découvrons que selon une mode communiste (ou russe ?), ce sont les candidats à l'applaudissement qui applaudissent les premiers.

Mardi 8 mai. Nouvelle réunion dans la cour. L'Allemagne, ou plutôt ce qu'il en restait, a capitulé. Fini, le cauchemar était fini, bien fini. Et allez-y, à nouveau pan pan dans tous les coins ! Moi, malheureusement, j'étais au lit depuis trois jours. Grippe ou fatigue générale, je ne sais plus. Mais j'avais été bien soigné car la vie dans notre camp - pardon, dans notre caserne, - s'était de mieux en mieux structurée.

Nous formions une population mélangée, avec des Français, des Italiens, des Polonais, quelques Anglais. Les Belges assuraient la direction et l'intendance, ce qui n'alla pas sans problème, entre autres celui-ci : les différents groupes nationaux s'étaient partagés les vaches du Grand Reich, de magnifiques bestiaux qui risquaient de crever si on ne les trayait pas d'urgence. Un jour, notre colonel intendant reçoit une note dactylographiée, du plus pur style administratif : "Oggetto : bestiame." Notre Ernest connaissant l'italien, c'est dans notre cave qu'échoue le papier. Quel en était "l'oggetto", (l'objet) ? Tout bonnement ceci : des Belges avaient osé traire des vaches italiennes ! Ridicule, du Courteline.

Plutôt comique fut l'affaire de la grève déclenchée par des soldats belges communistes, affectés à la boulangerie. Leurs Grands Amis de Là-Bas étant à présent les maîtres, ces braves garçons se voyaient proches du Grand Soir. Las, en pleine nuit voilà le major Dodonof, commandant de quartier, qui, pistolet au poing, bondit en hurlant dans la chambre de notre colonel : "Robota ! Robota !" ou quelque chose comme ça (au travail !) Et simultanément, un détachement russe encercle les garages où logeaient nos soldats. Jamais, dans l'histoire du marxisme, grève n'aura été si rapidement brisée net ! C'est l'un de nos "boulangers" qui concluait en lançant à la tête d'un meneur : "Ni m'djoze pu moï di tes pourris communisses !" (Ne me parle plus jamais de tes fichus communistes !)

Le temps passait, passait, et nous nous demandions vraiment, et parfois avec inquiétude, ce qui allait nous arriver au juste. Et si, comme on le disait tout bas, si un conflit éclatait maintenant entre les Américains et les Russes ? Alors, pauvres de nous !

Le 19 cependant, voici la première annonce de notre prochain départ. Nous sommes priés de nous répartir par camions en vue du Jour J, lequel se fera attendre pendant deux semaines !

Notre chambrée continue à se débrouiller. Nous disposons à présent de conserves, de froment, de sucre ; et l'on cuisine, et l'on fristouille… L'un de nous a récupéré son phono (à ressort !) et ses disques (78 tours !), ce qui me vaut de réentendre Charles Trenet, à satiété :

"*Le soleil a rendez-vous avec la lune,*
Mais la lune n'est pas là et le soleil l'attend."

À l'occasion, nous flânons dans la ville. Les Russes ont déniché partout des vélos, et visiblement cet engin leur était aussi étranger que les montres. Ils pédalaient comme des fous, certains avec des pansements à la tête ; ils tombaient, roulaient par terre puis se relevaient en éclatant de rire.

Une après-midi, on nous appelle : "On vient d'arrêter deux SS ! Venez vite, ils vont être pendus". Tout ce qu'on aura vu, c'est des soldats russes emmener les deux hommes, sans plus. Il existait quand même un certain ordre chez nos amis à demi sauvages.

Entre-temps, s'était installé dans la caserne en face de chez nous un groupe très important, mais inattendu : des Juifs, rescapés du camp d'Oranienburg, près de Berlin. Des Juifs de partout, des hommes et des femmes de toutes nuances, des roux, des bruns, des petits noirauds et des géants blonds. Et des nez comme ça, et des nez tout autres. Ainsi éclatait à nos yeux la stupidité des théories nazies prétendant qu'il existait une seule et même race juive.

De l'avis général, le camp d'Oranienburg était le moins mauvais de tous. Nos Juifs n'étaient pas trop mal en point, pour la bonne raison qu'on les avait fait travailler dans une usine d'aviation. Beaucoup de jolies femmes parmi eux, et du coup voilà les Russes qui décident d'organiser un grand bal dans notre caserne pour le 20 mai (jour de mon anniversaire, délicate attention, merci).

Et c'est ainsi que nous rencontrons deux charmantes jeunes filles juives, une Tchèque, Abzbèta Abrahamova, et une Hongroise, Olga Freiberg. La première, une petite brune, est enjouée, vive, exubérante ; la seconde, plus grande, est blonde, sérieuse, grave. Elles avaient été arrêtées dans leur lycée, en pleine classe. Elles ne se plaignaient pas trop de leur détention, tout en répétant que les SS étaient vraiment de très très méchants hommes.

J'ai tout de suite fraternisé avec Olga, et ensemble nous nous sommes promenés en ville et dans la campagne. Il faisait si beau ! Nous parlions, nous parlions, en allemand, alors langue véhiculaire. N'avions-nous pas tant de choses à nous raconter ?

Les Russes, disait-elle, considéraient Abzbèta comme une amie, parce que tchèque ; mais en elle, Olga, ils ne voyaient que la ressortissante d'un pays ennemi, la Hongrie. C'est injuste, répétait-elle, nous sommes toutes deux juives, et c'est en tant que telles que les nazis nous avaient jetées dans un même camp de concentration. Et elle se sentait quelque peu inquiète pour l'avenir.

Douze ans plus tard, j'ai reçu une lettre d'Olga. En hongrois, totalement incompréhensible pour moi. J'ai péniblement découvert à Liège une organisation s'occupant des Hongrois, mais, - et ceci était important, - n'ayant aucun lien avec le gouvernement communiste de l'époque. La lettre était un appel au secours. Mais que pouvais-je faire ? Presque rien, me répondit quelqu'un de ladite organisation. Peut-être envoyer un vélo... Un vélo ? "Oui, tout autre cadeau n'arriverait pas. Et une lettre de votre part se heurterait à la censure". Alors, je n'ai rien fait. Triste.

Mais le 26 mai 45, c'était l'anniversaire d'Olga, Nous lui avions préparé un dîner somptueux, aligné des cadeaux et rédigé un grand panneau en hongrois, dicté par Abzbèta. Il était écrit (je crois!) “Boldog Szuletes Napot” (je te souhaite un bon anniversaire). Olga a pleuré d'émotion, répétant : “Que vous êtes bons! Comment se peut-il qu'il existe des hommes aussi bons...”. Le souvenir des brutes SS l'avait vraiment marquée.

Le matin du dimanche 3 juin, grand-messe dans la cour. Et soudain, au beau milieu de l'office, un ordre hurlé par des diffuseurs : “Rassemblement avec bagages. Chacun doit se rendre devant le camion dont il a reçu le numéro.” Notre chambrée abandonne les plats qui mijotaient sur la cuisinière et nous nous mettons à courir dans tous les sens, à la recherche de notre camion.

Catastrophe pour Henri et moi et quelques autres : il n'existait pas de camion portant notre numéro! Soit, nous nous jetons sur le premier venu, déjà rempli. Et alors il s'est passé une scène digne du naufrage du Titanic, scène que je n'oublierai jamais : on nous a engueulés, on nous a repoussés, on a refusé de basculer la planche arrière. Et comme nous voulions grimper, escalader, on nous a tapé sur les doigts. Ces gens, ces collègues, ces anciens amis étaient en proie à la panique, comme des naufragés. Que craignaient-ils donc? Que les Russes empêchent le départ d'un véhicule parce que surchargé?

Jouant des poings, nous parvenons enfin à nous hisser dans ce fichu camion. Et c'est assis sur le bord étroit de cette planche arrière que Henri et moi aurons parcouru, en dix longues heures, les quelque 220 km qui nous séparaient de Wismar, en zone anglaise. Nos charmants compagnons ne nous ont pas offert de siège; ils ont boudé pendant tout le trajet, évitant de nous adresser la parole. Peut-être étaient-ils gênés d'eux-mêmes?

Olga nous a regardés partir. Son beau visage, d'ordinaire si grave, était triste, très triste, mais vaguement souriant quand même. Elle a agité la main, et telle fut la dernière image que j'ai emportée des dix jours où elle avait vécu près de nous, partageant notre vie.

Dernière image aussi de ces cinq semaines quelque peu inquiétantes, passées à Prenzlau chez ces chers Russes que, décidément, nous ne parviendrons jamais à comprendre :

"Nie ponie mayo".

* * *

XXIII.- LE REPOS DU GUERRIER

"Où peut-on être mieux, (bis)
Qu'au sein de sa famille ?"
***André Modeste Grétry** (vers 1800)*

Une seconde libération? Telle était plus ou moins notre impression lors de notre entrée en zone anglaise, ce soir du 3 juin. Nous pénétrions là dans un autre monde, et d'ailleurs une cérémonie de baptême ou d'initiation avait été prévue pour nous : un géant écossais nous attendait, porteur d'une énorme seringue, digne d'un médecin de Molière. Non, il ne nous a pas administré de clystère mais bien des insufflations de DDT, cette poudre antiparasite déjà bien connue alors, mais que nous, les PdG, ne connaissions pas du tout ! Et pfutt dans le col, et pfutt dans les manches, et pfutt dans le pantalon, et pfutt partout. Après ce bizutage, nous nous trouvons admis dans la société occidentale d'après-guerre.

Une nuit de camping, puis un train et nous voici à Lübeck, vieille ville hanséatique, avec sa célèbre porte encadrée de deux massives tours jumelles. On nous dirige vers le camp de Bad Schwartau, à quelque dix kilomètres du centre ville. À l'entrée, nous nous arrêtons étonnés devant de bizarres petits véhicules, plutôt plats, que nous n'avions jamais vus. Un British nous explique qu'il s'agit d'une "djîp", ou quelque chose comme ça. Ah?

Nouvelle nuit de camping. Le lendemain, Henri et moi nous nous offrons un peu de tourisme à Lübeck. La ville a certes souffert de bombardements, mais la vie y semble normale. Beaucoup de militaires, beaucoup de réfugiés (on en comptera 100 000 et plus). Tiens, un ciné, réquisitionné par les armées. J'y verrai un film américain, le premier depuis plus de cinq ans : *Lady in the Dark*, un grand machin psychanalytique avec Ginger Rogers. Celle-ci n'y dansait pas, mais s'y révélait une excellente actrice.

Retour à Bad Schwartau, et premiers contacts avec des soldats belges. Non pas des libérés mais bien des libérateurs. L'un d'eux, un grand rigolard, raconte que dans les Ardennes, son groupe de résistants armés avait capturé un jeune officier allemand. Que faire d'un prisonnier dans le maquis, sinon le liquider ? Et ce fut une balle dans la nuque. Le Belge rigolard semblait tout fier de cet exploit.

Devant d'anciens prisonniers, il n'aurait pas dû parler de ce peu reluisant fait d'armes. Mais lui et ses amis semblaient nous regarder de haut, et on sentait se développer chez eux les prémisses de cette hostilité larvée qui allait régner pendant des années entre militaires et résistants. Comme l'écrivait Henri Bernard, quelque peu résistancialiste à ses heures, “la Résistance est le reproche vivant à l'inaction des autres”. Vrai peut-être, mais ces “autres” n'avaient pas tous choisi leur destin.

Le 6, très tôt, départ en camion puis embarquement à Lübeck. Pour la première fois de ma vie, je vais voyager en wagon à bestiaux ! Qu'importe, puisque c'est le Grand Retour, sûr et certain.

Revoici Hambourg et Lunebourg. Puis la très aristocratique ville de Celle, dont les maisons de bois ont heureusement échappé aux ravages de la guerre. Une nuit de repos, et l'on repart : Hanovre, Osnabrück, Wezel. À 3 heures du matin, halte à Bedburg. Et le samedi 9 vers 16 heures, le train et moi quittons cette Allemagne qui m'aura volé cinq années de ma vie.

Courte halte à Eindhoven, et voici Achel, à la frontière belge, enfin ! Là, je me suis rappelé qu'à l'Oflag de Neubrandenburg un

Polonais m'avait dit : “Quand je repasserai la frontière de mon pays, je me prosternerai et je baiserai la terre”. Non, à Achel, je n'ai eu aucune intention de pratiquer ce rite que le pape Jean-Paul II, - un Polonais ! - allait si bien médiatiser.

Herentals, tout le monde descend ! Et nous tombons dans les bras de l'administration belge. Il le fallait d'ailleurs, car des tas de questions surgissaient d'elles-mêmes : Qui sommes-nous ? D'où venons-nous ? Où allons-nous ? Conséquence : papiers, et encore papiers, toute la nuit : écouter, lire, déclarer, signer, contresigner. Et finalement on m'a révélé que ce jour-là, 9 juin 1945, j'avais subitement cessé d'être un prisonnier de guerre… au sens administratif du terme ! Magnifique !

Là-dessus, on nous octroie un congé de trois mois, et à 7 heures, on nous embarque dans des wagons, de vrais wagons de 3e classe, cette fois. Direction Anvers-Bruxelles-Liège.

À Liège : jeune marié

Vers 12 h 30, la voix d'un chef de gare : “Ans. Ans”. Notre train entame la descente du fameux “plan incliné” qui débouche sur la gare des Guillemins à Liège, tandis que sous mes yeux défilent des sites presque oubliés mais jadis si familiers.

Dans la grand-rue d'Ans, une petite maison avec une tour pointue ; c'était chez moi il y a quinze ans. Plus loin, au pied des hauteurs de Naniot et de Xhovémont, voici mon vieux quartier de Sainte-Marguerite, avec sa basilique Saint-Martin, perchée sur la colline de Publémont où j'avais connu Geneviève et Paulette.

Plus loin encore, voici des maisons en ruine, en bordure de la voie ferrée ; là aussi, c'était chez moi. Jusqu'à ce jour d'octobre 1940 où des torpilles anglaises anéantirent tout le coin des rues Wazon et Saint-Gilles. Et notre train roulait maintenant sur ce petit viaduc que le Britannique avait si piteusement raté !

Plus tard, j'allais découvrir bien d'autres ruines à Liège, toutes dues aux V1, aux "robots" disaient les Liégeois. La reconstruction en sera longue, longue, comme si la ville avait peine à sortir d'une interminable convalescence.

Gare des Guillemins. Sur les quais, des femmes et encore des femmes. Elles attendent… Parmi elles, Eva, jolie, fraîche, souriante. Eva, mon épouse par procuration !

Puis ce fut la réédition, en plus chaud, du scénario qui avait accompagné mon retour après mon évasion de Hasselt en 1940 : surprise, enthousiasme, embrassades, émotions, questions et encore questions. Il en fut ainsi avec ma mère, et dans ma belle-famille, et chez les amis, et chez les cousins, et chez mon oncle Armand puis, un peu plus tard, chez mon père.

Mon père… Lui et moi n'avions guère échangé de correspondance pendant ma captivité. En 41, il m'avait envoyé une pipe et du tabac, et du coup j'étais devenu fumeur, ce qui allait durer 35 ans ! C'est dans une toute petite chambre à Verviers que je l'ai retrouvé, retraité, très vieilli, vivant d'une faible pension et des secours que lui accordaient ses sœurs, lesquelles m'en ont plus tard présenté la note ! J'ai payé.

Une autre facture m'attendait, dès mon retour celle-ci. Mon cher oncle Armand avait noté au jour le jour, sans jamais en parler, toutes les petites sommes qu'il avait avancées à ma mère et à moi-même pendant les dix années de mes études secondaires et supérieures. J'en ai été suffoqué, mais mon bon oncle, très généreux, ne me réclamait que des francs au taux d'avant-guerre ! J'ai payé.

De son côté, ma mère était toute fière de me dire que pendant les années de guerre, si difficiles pourtant, elle avait remboursé les fonds que m'avaient octroyés la commune et la province pendant cette même durée d'études. Je crois savoir qu'elle n'y était pas impérativement obligée. "Dans notre famille, disait-elle, on ne fait pas de dettes." Comme elle n'avait vécu que de mes subsides, je ne puis ici que répéter, une fois de plus : j'ai payé.

Maintenant, je me trouvais marié, avec une épouse à charge. Seule solution dans l'immédiat : nous installer chez ma mère, dans son quatre-pièces de la rue Monulphe. Chez ma mère? Pardon, c'était chez moi, le plus légalement du monde; c'était moi qui en réglais le loyer; c'était moi qui avais acheté la bonne moitié du mobilier. Mais pour ma mère, c'est chez elle que nous vivions, ma femme et moi, et elle nous le faisait souvent sentir.

Pourtant, j'étais si heureux de retrouver les quelques meubles rescapés du bombardement anglais, notamment mon petit bureau avec, dans ses flans, mes vieilles boîtes de Meccano. Meccano, à mon âge, pourquoi? Parce que, juste avant la guerre, j'avais conçu une machine à calculer les tirs, basée sur le principe des marégraphes : un fil continu passe sur des poulies mobiles montées sur des curseurs dont chacun portera une correction de tir due à un facteur météorologique ou balistique. Et le bout du fil commande un dernier curseur qui additionnera le tout. Mais en 40 mon appareil ne se réduisait encore qu'à sa seule carcasse, bâtie avec des cornières de Meccano. Me faut-il préciser que de nos jours, tous ces calculs, si longs jadis, se font instantanément par ordinateur.

Pour ma mère, comme pour ma belle-famille, une chose s'imposait d'urgence, notre mariage religieux. Bon, je choisis le 29 juin, jour de ma fête patronale mais surtout "fête double" au sens liturgique : carillon, chasuble rouge, office solennel. Ce qui nous donnait (gratuitement!) une belle messe de mariage. Henri Bovie et sa femme furent nos témoins.

Entre-temps, j'avais été nommé capitaine, avec effet rétroactif. Un moment, j'envisage de monter à Liège l'un de nos spectacles de captivité, mais avec de "vraies femmes" cette fois. Cela enchantait Eva, qui avait toujours rêvé de théâtre. Pour compléter la distribution, j'avais recherché et retrouvé une jeune actrice juive que j'avais applaudie jadis. Mais la pauvre se trouvait horriblement seule, toute sa famille ayant disparu dans les camps de la mort. Elle ne tenait guère à remonter sur les planches, si bien que notre projet n'a pas abouti.

De son côté, une troupe de Prenzlau avait présenté à Liège, au Théâtre du Gymnase, l'un de ses grands succès de jadis, *Les amants terribles*, joué avec des travestis, comme là-bas. Ce fut brillant certes, mais les ovations exprimèrent plutôt la sympathie que l'admiration. Non, tout cela appartenait à un passé qui était mort et bien mort, - mort en même temps que tout le contexte qui l'avait motivé et engendré.

En juillet éclate chez nous l'inévitable drame. Un matin qu'Eva s'était gentiment assise sur mes genoux, ma mère pique une colère terrible, jetant par terre les pommes de terre qu'elle épluchait : "Comment ! Je dois tout faire ici, après les sacrifices que j'ai consentis ! Je vous mets à la porte. Je ne vous veux plus chez moi !" Et voilà Adam et Eva chassés du Paradis pour avoir commis une faute impardonnable, s'être mariés.

Des amis d'Eva nous ont alors prêté un appartement, dans le quartier Saint-Vincent. Nous avons chargé nos petits bagages dans une voiture d'enfant et avons traversé la ville dans cet équipage. Voilà qui me rappelait furieusement mon odyssée en Prusse, quand Henri et moi poussions notre brouette ! Pour comble, tous les ponts étant détruits, il nous fallait faire un grand détour pour passer la Meuse sur des pontons établis par le génie militaire américain à l'emplacement de l'ancien Pont Maghin.

Peu après, à la mi-juillet, nous allions une nouvelle fois être mis à la porte. Cela est arrivé à Bruxelles, chez ma "tante à héritage", mariée à un homme âgé et impotent, mais fortuné. Nous passons la nuit chez elle, et voilà que le lendemain matin, elle nous déclare : "Vous avez fait trop de bruit, oncle Raoul n'en a pas dormi. Il ne veut plus que vous restiez ici. Je vous paie l'hôtel."

Et revoilà Adam et Eva chassés après la faute. *Felix culpa*, comme disent les théologiens, oui, faute heureuse, car c'est cette nuit-là, - tumultueuse, aux dires de l'oncle Raoul, - que fut conçue notre fille Michèle.

Je me réhabituais tout doucement à l'atmosphère du pays. La Belgique avait eu beaucoup de chance : peu de destructions, un port d'Anvers presque intact, une collaboration économique aussi discrète que fructueuse. Certes, les parquets avaient ouvert quelque 600 000 dossiers de collaboration, mais un tiers seulement devait aboutir à des condamnations pour "incivisme".

La solidité du franc et la multiplication des grosses voitures américaines témoignaient de la prospérité du pays. Dommage que cela ait incité certains à jouer aux "nouveaux riches" à l'étranger, ce qui, en France, à l'époque, a valu aux Belges en général une réputation imméritée de vantards stupides et malappris.

D'autre part, "l'affaire royale" s'envenimait désagréablement, surtout en Wallonie. En mai, la 7e armée américaine avait libéré le roi Léopold III, alors détenu près de Salzbourg. Mais à peine avait-on parlé de son retour au pays que de violentes manifestations éclataient à Liège. Une certaine opinion publique lui reprochait aussi bien de s'être marié, - avec une roturière flamande, pour comble ! - que d'avoir eu avec Hitler une entrevue aussi inutile que compromettante. Les socialistes menaient le jeu, et ainsi le roi fut-il confirmé dans une absurde "impossibilité de régner", son frère Charles assurant la régence.

Comme les Flamands soutenaient le roi, "l'affaire" cristallisait le conflit linguistique, toujours latent en Belgique. Et ainsi vit-on, un jour de novembre, le Congrès Wallon opter à Liège pour le fédéralisme dans le cadre d'une Belgique réformée, après avoir préconisé la veille le rattachement de la Wallonie à la France.

En août, à l'autre bout du monde, les Japonais faisaient de plus en plus figure de perdants. Quand, le 6 puis le 9, éclatent les tonnerres de Hiroshima et de Nagasaki, on comprend que la fin est proche. Bientôt le Japon capitule et, le 15, les Alliés proclament la fin de cette guerre qui avait duré 6 ans.

Ce mois-là, Eva, enceinte, se vit prescrire un repos absolu. Nous nous sommes installés en pension dans une petite chambre à Francorchamps, non loin du fameux circuit. Puis, rentrés à Liège, nous avons loué le premier étage d'une maison qui avait été secouée par la chute d'un "robot", non loin de là. Les vitres avaient été remplacées par des tôles noirâtres, d'aspect plutôt sinistre. Nous nous étions meublés à la diable, et c'est sans joie que je me retrouvais dans cette rue Emile-Gérard où ma mère s'était très provisoirement fixée en 1932 avant de déménager une fois de plus.

Fin septembre, mon congé vint à expiration et l'on m'envoya en Allemagne occupée pour des cours de... disons de rééducation. Nous faisons connaissance avec les fameuses autoroutes allemandes, et surtout avec les nouveaux matériels de l'artillerie belge, désormais tractée : adieu donc les chevaux !

À Anvers : Quartermaster.

Mais chose curieuse, je ne suis pas affecté à une unité d'artillerie, mais bien à l'Intendance ! Me voilà "quartermaster", selon la terminologie anglaise, ou si vous voulez, "riz-pain-sel", comme on disait jadis dans l'armée française. Garnison : Anvers.

Ma chambre personnelle et mes bureaux se situent Belgiëlei, dans un bel immeuble repris aux Allemands par l'État belge car c'était jadis la propriété de Juifs fortunés. Qu'y ai-je fait ? Je ne sais plus, des papiers, sûrement. Des ordres de transport à des camions de ravitaillement ? Oui, je crois. Ce n'était guère passionnant. Aussi ai-je réactivé ma candidature de répétiteur à l'École Royale Militaire, introduite juste avant la guerre.

En attendant, je passais à Anvers des journées plutôt ennuyeuses. Je rentrais aux week-ends puis repartais le dimanche soir par le train, comme jadis quand je suivais les cours à Brasschaet. Et c'est dans le train que j'ai rencontré "la blonde d'Anvers".

Personnage purement fictif, "la blonde d'Anvers" était un sujet permanent de plaisanterie de la part de mon épouse. Mais un dimanche, le hasard a fait passer cette blonde de la fiction à la réalité, en la personne de Marcelle Bromberger. Belle femme, intelligente, volontaire, Marcelle était veuve avec deux enfants, son mari, déporté en tant que Juif, ayant disparu dans un camp de la mort. Par des relations... disons israélites, elle avait obtenu la direction de l'École Berlitz, rue Leys. On m'a dit qu'elle y faisait merveille.

Marcelle et moi nous sommes vus, comme ça, sans plus, notamment pour assister à un fantastique spectacle de rock-and-roll joué par des Noirs de l'armée américaine. Comme je me trouvais de garde pour le réveillon de Nouvel An, nous avons dîné ensemble, et ce, non loin de mon bureau puisque je devais être atteignable à tout moment. Marcelle m'a nettement boudé à partir de ce soir-là, ayant compris que, dans l'état actuel des choses, je ne lui proposerais pas de mettre nos relations sur un pied plus intime.

À Bruxelles : Répétiteur

Le 12 janvier, j'étais nommé *répétiteur* à l'École Royale Militaire. Dans ce vénérable établissement d'enseignement supérieur, les fonctions de répétiteur cumulent celles d'assistant d'université et celles de chargé de cours au sens belge, c'est-à-dire de maître de conférences au sens français. J'étais affecté à la chaire de physique, alors confiée à un civil, M. Ledrus.

Alternant mes séances périodiques d'interrogations avec mes cours d'Optique et de Thermodynamique, je n'étais vraiment pas surchargé. Je me suis donc remis à penser sérieusement à un doctorat et ai commencé par publier mon travail de captivité sur les équations ondulatoires des particules, dites équations de Dirac. Ainsi ai-je repris contact par écrit avec mon ami fidèle et secourable, Léon Rosenfeld, maintenant professeur à Utrecht.

En février, Eva et moi nous installons rue Victor Greyson, à Ixelles : deux pièces semi-meublées au premier étage, une salle de bain à l'entresol, une chambre à coucher au second étage. La proprio occupait le rez-de-chaussée ; c'était une vieille fille qui venait d'épouser un major que j'avais connu en Allemagne. J'en ai gardé un vilain souvenir, mais des amis liégeois m'avaient averti : “A Bruxelles, les propriétaires sont tous comme ça, de mauvais coucheurs.” Et ils avaient ajouté : “Méfie-toi”.

Nous nous étions évidemment réconciliés avec ma mère, et j'avais récupéré chez elle mon petit bureau et ma bibliothèque. De son côté, mon beau-père Goldenberg s'était (difficilement) fendu pour nous acheter quelques compléments, ce qui nous avait permis de nous installer à la diable.

En avril naissait Michèle, à Liège, ou plus exactement en banlieue, à Rocour, dans une maternité si renommée que la plupart des jeunes Liégeois de l'époque y ont vu le jour. J'avais assisté à l'accouchement et vu ainsi apparaître un très beau bébé. Et alors a commencé la petite vie sans relief de jeunes parents s'occupant d'un poupon. Le médecin nous avait donné tellement de précisions mathématiques pour la confection des biberons que je me suis désormais réservé cette tâche si hautement scientifique !

En juin 1946, ma ville natale change son orthographe : Liége (avec un é accent aigu) devenait Liège (avec un è accent grave). Je me souviens de ce détail parce que ma mère, mon oncle Armand et leur “Vieux-Liège” avaient ardemment milité pour cette réforme. Avec un “é”, Liège se prononçait Liéche, et c'était très vilain.

À cette époque, j'ai commencé à m'inquiéter de mon avenir militaire. Pour accéder au grade de major, il fallait passer un examen au cours duquel on exigeait un bilinguisme assez poussé. Moi, je me sentais peu doué pour les langues, et d'ailleurs nombre de jeunes officiers de valeur se voyaient bloqués dans leur avancement parce que connaissant mal le flamand.

C'est Rosenfeld qui, bien inconsciemment, m'a indiqué un moyen d'échapper à la difficulté : prendre un doctorat en Hollande, chez lui, à Utrecht. Ainsi deviendrais-je un universitaire de langue néerlandaise, dispensé de tout examen linguistique. Au demeurant, un doctorat me serait bien utile pour progresser dans la chaire de physique : le professeur Ledrus était encore jeune, et je devinais, chez ses deux autres répétiteurs, une volonté bien marquée d'arriver, - volonté légitime au demeurant. Ils sont arrivés…

À la demande de Rosenfeld, l'École m'a accordé un premier congé de dix jours pour Utrecht, en vue de recherches sur la physique des particules. Je jouais là sur le velours, car après Hiroshima les militaires ne juraient plus que par le nucléaire. Ledrus allait d'ailleurs obtenir des crédits pour l'installation d'un accélérateur de particules dans les anciennes écuries de l'École.

Logé dans un hôtel militaire à Utrecht, j'allais tous les jours à l'université où Rosenfeld me proposait un sujet alors très neuf : résoudre numériquement l'équation de certaines forces nucléaires. J'ignorais que ce travail allait exiger des centaines d'heures de calculs de routine, oui, des centaines !

L'actualité internationale se concentrait alors sur le procès de Nuremberg, et le 10 octobre les sentences tombaient, frappant les grands criminels de guerre nazis. Je ressentais cependant une certaine gêne. Pourquoi n'y avait-il pas d'Allemand parmi les magistrats ? Pourquoi escamotait-on les crimes de guerre de l'URSS notamment le massacre à Katyn de 4 000 officiers polonais, prisonniers de guerre ? D'où la conclusion qui allait se vérifier tant de fois par la suite : pour être jugé comme criminel de guerre, il faut d'abord avoir été écrasé militairement.

Puis sont venus les réveillons. Au Nouvel An, nous avions invité ma vieille amie Paulette Linze, mariée à un officier. Et aussi un ami d'Eva, l'avocat Hubert Haquet, résistant puis lieutenant de réserve dans l'un des nouveaux bataillons belges.

À Noël, nous étions à Liège, et combien de fois alors ai-je entendu le nouveau et très grand succès de Tino Rossi :

"*Petit Papa Noël*
Quand tu descendras du ciel..."

Je ne me doutais guère que ce seraient là les deux derniers réveillons avec Eva.

* * *

XXIV.- L'ADIEU AUX ARMES

"Couple, adieu ; je vais voir l'ombre que tu devins."
Stéphane Mallarmé, *"L'après-midi d'un faune", 1876*

À mon retour d'Allemagne, j'avais retrouvé mon beau-frère Albert Denoël, libéré par les Anglais longtemps avant moi. Son moral n'était guère brillant car il digérait très mal ce qui lui arrivait : comme des centaines de milliers d'épouses de prisonniers, en Belgique, en France, en Allemagne, sa femme avait "rencontré quelqu'un", comme aurait dit ma très prude mère.

Autrement dit, un divorce se préparait, mais aussi, chose moins banale, un procès de constat de nullité, en Cour de Rome. Car le "quelqu'un" en question, notaire de son état, appartenait à une vieille famille catholique de Liège, un milieu où l'on ne se remarie pas sans passer devant Monsieur le Curé.

Synthèse des dialogues avec ma belle-sœur Marie-Georges quand elle m'a appris la chose :

Elle : - Albert ne t'a-t-il pas dit que lui et moi avions juré de nous séparer si nous ne nous aimions plus ?

Moi : - Exact.

Elle : - Ce serment est un cas de nullité du mariage religieux.

Moi : - Ah ?

Elle : - Alors, l'affaire sera plaidée à Rome et tu seras appelé comme témoin à l'évêché.

Moi : - Ça alors !

Il y a toujours eu quelque chose qui ne me plaisait guère dans ces "annulations", lesquelles ne sont trop souvent que des divorces camouflés. Je ne sais pas comment se font les choses aujourd'hui, mais en ce temps-là la procédure (secrète) débutait par une enquête (secrète) conduite par "l'Ordinaire" du lieu. Tout le dossier était ensuite traduit en latin et transmis à Rome où le cas était traité, sur pièces exclusivement, avec requérants, avocats, juges, greffiers et tout le toutim. C'était horriblement long, horriblement coûteux.

À l'évêché (devant l'un de mes anciens professeurs !), j'ai juré, sur les saints évangiles, de dire la vérité, toute la vérité. Mais, "à chacun sa vérité" avait écrit Pirandello. Ma vérité n'a pas dû être exactement celle de Marie-Georges, aussi m'en a-t-elle voulu à mort (le secret de la procédure avait donc été violé !). Elle n'en a pas moins obtenu son jugement de nullité et ainsi a-t-elle pu se remarier devant Dieu et devant les hommes.

Époux doublement répudié, - et doublement aigri ! - le pauvre Albert a quitté Liège. Ingénieur dans une vieille société, "La Linière de Saint-Léonard" fondée en 1828 par John Cockerill, il a été nommé directeur technique à Malines dans une succursale de la même entreprise. Je l'ai revu quelques fois et il était toujours accompagné de l'une ou l'autre de ses maîtresses. Je crois qu'il aimait les exhiber...

Puis, pas de chance, il a été victime d'un accident atroce dans sa filature de Malines. Examinant de trop près le fonctionnement d'une carde à lin, il s'est fait happer par l'énorme tambour garni de pointes, tournant à une vitesse folle. Les ouvriers l'ont trouvé gisant sur le sol, couvert de sang, la main et l'avant-bras droits arrachés. C'était le second accident de ce genre, en peu de temps, dans cette même usine.

Un jour de février, Albert, avec un sourire bizarre, me montre un document manuscrit, une lettre qu'Eva avait rédigée mais jamais envoyée. Pas de doute, elle aussi avait "rencontré quelqu'un" ; et ce quelqu'un, je le connaissais, il était venu chez nous au réveillon de

Nouvel An ! Mon sang n'a fait qu'un tour, comme l'aurait écrit Ponson du Terrail. Je suis immédiatement passé à l'action, tout en ayant l'impression d'être l'instrument d'une vengeance.

Eva se trouvait alors à Liège en famille ; comme elle n'aimait guère Bruxelles, cela lui arrivait assez souvent. Je consulte donc un avocat et celui-ci commence par me mettre en tête un principe que j'aurai souvent vu se vérifier : dans un divorce comme dans une succession, pas de quartier ! Second principe : ne prenez aucune initiative, suivez aveuglément les instructions de votre avocat. Cet homme avait raison : le plus souvent en état de choc, - ce qui était mon cas, - un candidat au divorce risque d'accumuler sottises sur sottises et de se mettre dans son tort.

Soit. Profitant de l'absence de l'épouse, je fais transporter à Malines, chez Albert, les quelques meubles m'appartenant. L'École Militaire met une chambre à ma disposition tandis que mon avocat informe l'autre partie du début d'une action en divorce.

J'ai évidemment raconté à ma mère ce qui se passait. Et sa première question a été : "Qu'est-ce qu'il va m'arriver, à moi ?" Cela ne m'a guère étonné.

Là-dessus, je me suis apprêté à quitter cet appartement d'Ixelles que ni Eva ni moi n'avions jamais aimé. Marcelle, devenue entretemps ma confidente occasionnelle, s'était un jour effrayée de l'aspect sinistre des tableaux qui "ornaient" mes murs. Elle m'a alors fait une remarque que je n'ai pas oubliée : "Mais c'est ton âme que tu affiches là !". Or ces œuvres ne m'appartenaient pas, elles faisaient partie de la location. Effectivement, elles révélaient parfaitement l'esprit petit bourgeois de ma proprio.

Bien entendu, celle-ci a exigé un dédit, alors qu'il n'y avait ni bail ni contrat. Puis elle a fait dresser un constat très poussé, ce que j'avais omis de faire à l'entrée. Ainsi aurai-je payé pour des dégâts dont je n'étais pas responsable.

La suite n'a rien de plaisant : entrevues sinistres entre époux, tractations entre avocats, comparution devant notaire. Finalement, nous sommes tombés d'accord pour un divorce par consentement mutuel. C'était la meilleure solution pour tout le monde. J'aurai à payer une pension pour ma fille, ce qui est normal, mais aussi une autre pour mon épouse jusqu'au prononcé du divorce.

"Faites bien attention, avait ajouté l'homme de loi; jusqu'à ce prononcé, vous êtes tenu à la fidélité conjugale. Si vous vous faisiez prendre en flagrant délit, tout se retournerait contre vous! N'ayez aucun contact, même amical, avec votre épouse; ne manquez aucune des comparutions prévues devant le juge. De tels actes seraient interprétés comme des tentatives de réconciliation, ce qui arrêterait toute la procédure"

Brr! Ce n'était pas drôle, un divorce, en Belgique...

À Utrecht : Doctorant.

Selon le plan mis au point précédemment, l'École m'envoie en stage de doctorat à Utrecht, au service de physique nucléaire du professeur Rosenfeld. Nous étions en mai, en 1947.

Et c'est en gare de Rotterdam, en attendant le train, que j'ai rencontré ma future épouse, une Hollandaise de 33 ans, Johanna Boswinkel, qui se faisait appeler Rita.

Grande et belle femme aux cheveux sombres, Rita avait un air si peu hollandais que ma première question fut : "Bent U een Jodin?" Non, elle n'était pas juive, et ses parents, m'a-t-elle dit, se sont toujours demandés comment ils avaient bien pu engendrer une fille d'allure aussi exotique.

Nous nous sommes souvent revus en amis, à Utrecht et aussi à Rotterdam où elle habitait avec sa famille. Elle parlait un français approximatif et moi je profitais de tels contacts pour me perfectionner dans cette langue néerlandaise si nécessaire pour l'avenir de ma carrière militaire. Nous avons fait de belles balades à la campagne et j'ai découvert Rotterdam, dont le centre était encore complètement rasé depuis les effroyables bombardements de mai 1940.

Qu'est-ce donc qui m'avait plu chez elle? Sans doute la similitude de deux destins pas très heureux : elle se trouvait en instance de divorce, et moi aussi; elle avait été prisonnière des Japonais en Indonésie, et moi des Allemands. Et pour elle comme pour moi, le divorce était une conséquence de la guerre.

Son ménage avait sombré dans des circonstances peu ordinaires. Fin février 1942, les Japonais débarquent dans l'ile de Java où Rita résidait alors avec Nils, son mari. Celui-ci prend l'avion pour Sydney, disant à sa femme : “Viens me rejoindre demain”. Mais le lendemain, les Japonais occupaient Batavia (aujourd'hui Jakarta). Les Blancs sont d'abord laissés en liberté, et Rita s'en accommode, ayant elle aussi “rencontré quelqu'un”. Un monsieur très bien, un médecin japonais, devait-elle me confier plus tard.

Mais bientôt elle est arrêtée et se retrouve avec des centaines de femmes dans un camp qui n'avait rien à envier à ceux des Nazis. Toutes les rescapées sont restées marquées par l'épreuve, certaines étant même devenues folles, raconte Rita. Après la capitulation du Japon, en 46, Nils, le mari, revient d'Australie où il avait paisiblement passé la guerre, - et bien entendu “rencontré quelqu'un”. Le ménage est fichu. Rita rentre en Hollande, laissant derrière elle une Indonésie en proie aux premiers soubresauts de la décolonisation exigée depuis le 17 août 46 par Ahmed Soekarno.

Rita m'a fait connaître sa famille, de bien braves gens qui avaient quelques problèmes. Pendant les hostilités, le père et les deux fils aînés avaient dangereusement flirté avec je ne sais quel parti d'extrême-droite. Ils étaient assignés à résidence en Hollande, ainsi que Rita d'ailleurs, sans passeport, sans emploi. Le fils cadet, Koos, sauvait l'honneur en combattant en Indonésie. Mais finalement la famille a été lavée de tout soupçon.

Après quelques semaines, nos relations sont devenues ce qu'elles devaient être entre adultes qui s'aimaient bien. Rita m'a alors demandé d'aider financièrement ses parents. Décidément, depuis mon retour, tout le monde en voulait à mes pauvres petits sous…

Quant à Rosenfeld, il avait couru de sérieux dangers en tant que Juif. Comme la famille d'Anne Franck, il avait vécu longtemps caché dans un grenier. Mais c'était, heureusement, dans sa propre maison, et ainsi sa femme avait pu s'occuper de lui. Seul dans son galetas, il écrivit un livre, *L'électron,* véritable encyclopédie.

Pendant trois mois j'ai donc poursuivi mes calculs sous sa direction. Le problème traitait d'une question très importante de physique moderne, la force d'interaction entre deux particules nucléaires. On connaissait l'équation différentielle du potentiel de cette force, mais il n'existait pas de formule toute faite pour la résoudre. Il fallait procéder pas à pas en essayant diverses valeurs numériques des paramètres, dont la masse du méson, alors très mal connue. Et recommencer, et recommencer. La route avait été indiquée en 40 par le grand physicien Hans Bethe, mais il fallait aller plus loin. Et Rosenfeld comptait sur moi.

Je suis rentré en Belgique à un moment où l'on parlait beaucoup du Plan Marshall, et aussi d'un navire nommé “Exodus” bourré de Juifs rescapés que l'on promenait çà et là, les Anglais s'opposant à ce que ces malheureux débarquent sur la côte palestinienne.

Moi, j'ai pépèrement repris mes cours à l'École Militaire. Les week-ends, je les passais en Hollande, tantôt à Amsterdam où vivait maintenant Rita, tantôt à Maastricht où nous nous retrouvions après que je sois passé par Liège voir Michèle, ma toute petite fille. Traverser la frontière manquait alors d'agrément : il fallait descendre du train, présenter son passeport et subir une fouille douanière !

Surviennent alors deux événements qui allaient tout bouleverser : d'abord, Rosenfeld m'apprend qu'il est nommé à Manchester, mais il ajoute que je pourrai présenter mon doctorat sous sa direction, soit en Angleterre, soit en Belgique. Voilà qui mettait à l'eau tous mes projets linguistiques, basés sur l'opération “Utrecht”.

Ensuite, Albert Denoël me fait une proposition plutôt inattendue : lui succéder à la direction technique de la filature de Malines, lui-même étant nommé à Liège à la tête de l'usine-mère. On m'offre un salaire de près du double de ma solde actuelle, ainsi que le logement dans la maison prévue pour le directeur, avec servante payée par l'entreprise.

Que faire? Tempête sous un crâne. Financièrement, l'opération "Linière-Malines" était évidemment intéressante à un moment où je me ruinais en pensions diverses. Mais elle impliquait ma démission ou tout au moins ma mise en congé sans solde. Je me suis informé : avis d'un ancien camarade de captivité, breveté d'état-major : "Mon cher, tu es un "vieux capitaine". Le système actuel d'avancement à l'ancienneté ne te donnera pas une brillante carrière, même si tu réussis l'examen de major ou l'entrée à l'École de Guerre".

Il avait raison, cet homme : aucun officier de ma promotion n'a dépassé le grade de lieutenant-colonel (équivalent à sous-directeur d'administration). Pardon, l'un d'eux est devenu général, mais il avait la grande chance d'être flamand à une époque où l'armée établissait un système larvé de quotas. À Brasschaet, ce camarade s'appelait René; au moment d'être nommé général et Inspecteur de l'Infanterie, il était devenu Renatus. Mais c'était un garçon très méritant qui avait franchi un à un tous les échelons de la hiérarchie, depuis celui de caporal.

Avis de mon professeur Ledrus : "Faites attention, il n'y a que peu d'avenir pour vous dans l'industrie, vous qui n'êtes pas ingénieur. Et d'ailleurs, vous serait-il possible de monter? Qu'y a-t-il au-dessus de vous ?" Au-dessus? C'était la très puissante Brufina, l'organe financier de la Banque de Bruxelles dont les tentacules enserraient moult et moult entreprises en Belgique et au Congo.

Il avait raison, lui aussi. Mais néanmoins j'ai accepté la proposition d'Albert Denoël. Et le 15 octobre, mon ministère me mettait en congé sans solde pour un an.

À Malines : Directeur d'usine

"Mon" usine était vieillotte à souhait : de hauts bâtiments sombres, des bureaux étriqués, des machines début de siècle, lesquelles, naguère encore, étaient actionnées par un engin à vapeur transmettant son énergie par un ensemble compliqué de poulies et de courroies de cuir. L'engin était encore là, dans un coin, mais remplacé par un moteur électrique.

Les ouvriers, tous flamands, venaient des environs, parfois même d'assez loin, se levant courageusement à 5 heures du matin, puis parcourant à pied la campagne pendant une heure ou plus, pour enfin monter dans un tramway vicinal, poussif et brinquebalant. Ils étaient consciencieux, travailleurs, disciplinés, pas rouspéteurs pour un sou, et vraiment, je les admirais. Il a fallu que ce soit moi-même qui les incite et les aide à s'organiser en syndicat et en comité d'entreprise !

Albert les comparaît souvent aux ouvriers de l'usine de Liège : tout le contraire des Flamands. C'est alors que j'ai compris la cause du déclin wallon : la prédominance d'un esprit de socialisme archaïque ne jurant que par la lutte des classes. Il était fatal que dans le domaine économique d'après la guerre, les Flamands finiraient par l'emporter sur les Wallons, ceux-ci s'étant eux-mêmes condamnés à la décadence.

Grâce à Rita et à sa famille, je maîtrisais à peu près la langue néerlandaise, et ainsi n'avais-je aucun problème avec le petit personnel. C'est du côté de deux cadres importants, le chef d'atelier et le chef de fabrication, que j'ai vu poindre quelques difficultés. Ils avaient été les hommes liges d'Albert, qui leur avait fait construire à chacun une maison attenant à l'usine. Ils ne m'aimaient pas, c'était clair. Je les soupçonnais même de servir d'indicateurs à mon ex-beau-frère. En fait, quel jeu jouait-il au juste, celui-là ?

Lors d'une entrevue de conciliation, Eva m'avait dit : “Attention, Albert te tend un piège.” Mais il est évident qu'elle en voulait à son beau-frère dont les manigances nous avaient conduits au divorce. Ma mère avait été plus précise : “Tu tiens la place chaude pour Albert Denoël”. C'était peut-être vrai, mais qu'est-ce qui lui faisait dire ça ? Quant à l'ancien chef de fabrication, il m'avait confié, au moment de prendre sa retraite : “Pas op, Mijnheer de Directeur ! Pas op U zelf” Oui, attention, mais attention à quoi ? Et qui croire, dans une telle atmosphère de paranoïa ?

Enfin, je faisais mon possible pour arriver à ce qu'on attend d'un directeur technique : veiller à l'ordre et à la qualité de la fabrication tout en assurant un rendement financier maximum. “Vous n'êtes pas ici au service de la science, m'avait dit en substance l'administrateur-délégué, mais bien à la solde de l'argent.”

Dans ma filature, comme dans toute usine, la matière à traiter passe par une suite de départements pour enfin donner un produit fini. Ici, la matière première est la fibre de lin, obtenue par “rouissage” (dans l'eau de la Lys, comme on l'apprenait alors à tous les petits écoliers belges). Ces fibres passent d'abord au peignage, pour en sortir sous l'aspect de longues et merveilleuses perruques blondes, évoquant la chevelure des filles de Flandre, les “filles aux cheveux de lin”, selon le poète.

Ces adorables chevelures sont alors envoyées aux cardes, lesquelles, brutales et dangereuses, en font des rubans larges et plats, rubans que les étireuses tordeuses transforment en “mèches”, sortes de cordes fragiles que les métiers à filer étirent et tordent pour enfin livrer le produit fini, le fil, le beau fil de lin. L'atmosphère de l'usine n'a cependant rien de poétique, mais là rien du tout : c'est sale, c'est très bruyant, c'est malsain au possible, les métiers travaillant en milieu chaud et humide.

En prenant du galon, je réalise bientôt que le plus grand empirisme se cache sous les recettes employées par tout le monde, - y compris mon prédécesseur ! Et j'ai pris le taureau par les cornes : une étude mathématique générale… pour réaliser bientôt que ces vieilles machines avaient été rationnellement construites mais irrationnellement employées. Certaines de leurs caractéristiques, que je découvrais petit à petit, avaient été progressivement oubliées, ce qui privait de base solide les comparaisons entre rendements d'une machine à l'autre et même d'une usine à l'autre.

Cependant, ma vie se déroulait comme un long fleuve tranquille : surveillance dans l'usine pendant les heures de travail, études le soir. Chemin faisant, poursuite de mes calculs pour Rosenfeld et pour mon doctorat, à tout hasard. Aux week-ends, je me rendais alternativement à Amsterdam, ou à Liège puis Maastricht.

Ma liaison avec Rita ne se passait cependant pas sans nuages. Il n'y avait pas de dispute, de conflit, oh non, pas du tout. Mais Rita semblait en proie à des dépressions, et alors elle parlait de rupture. Avec le recul je me demande parfois pourquoi j'ai poursuivi mes relations avec elle. “Alors que, me disait Albert, il y a tant de femmes en Belgique !” Oui, mais au pays, je risquais tout bêtement un constat d'adultère. La frontière me protégeait !

Dans mon usine, l'atmosphère était cependant bonne, malgré les inévitables intrigues, propres à tout milieu professionnel. Mon père étant décédé en mars 1948, à l'âge de 73 ans, j'ai eu la surprise de voir arriver à son enterrement à Verviers une importante délégation du personnel de l'usine, avec à sa tête Fontigny, notre administrateur délégué. Tout ce monde s'est retrouvé chez ma tante Rosa, elle-même une ancienne du textile mais dont la petite fabrique périclitait, entraînée dans le déclin de l'industrie locale.

Le 27 mai, cérémonie à l'hôtel de ville de Liège : une sorte de mariage en négatif, avec échevin et témoins. C'était mon divorce, ouf ! Mais cela ne me permettait en rien de contracter un nouveau mariage, la loi belge d'alors imposant un célibat de trois ans (oui, 3 ans !) aux divorcés par consentement mutuel.

Ma fille Michèle, que je voyais très régulièrement, était maintenant un beau bambin de deux ans, trottinant et babillant. En juin, elle vient passer une semaine chez moi à Malines, accompagnée de sa gouvernante du moment, Ninie. Je me suis demandé si Eva n'avait pas quelque intention derrière la tête en envoyant loger chez un homme seul, dans une maison déserte, une Liégeoise jeune, vive et piquante. Coïncidence, cette venue tombait juste dans une période de rupture avec Rita. Enfin, ce fut une agréable semaine, passée à Malines et à Blankenberghe, ainsi qu'en témoignent des photos qui furent les dernières tirées avec mon vieil appareil à plaques de 1929.

Entre-temps, j'avais remis à Fontigny et à Denoël un rapport résumant mon étude mathématique de la filature. Dans ma naïveté, j'ai été un peu étonné de la froideur de l'accueil. Fontigny, un juriste, n'y comprenait rien; Denoël, ingénieur lui, comprenait plus ou moins, mais jetait mon travail à rien, ou presque. Et pourtant mon usine, qu'à présent je maîtrisais, atteignait maintenant un rendement supérieur à celui qu'Albert obtenait à Liège.

C'est alors que la tuile me tombe sur la tête, un matin de juillet : je suis viré. L'usine de Liège est mise en liquidation et Denoël reprend immédiatement la direction de celle de Malines. Fontigny me prie, fort poliment ô combien, de ne plus remettre les pieds dans ce qui était encore, cinq minutes plus tôt, "mon" usine ! Il paraît que ces procédés brutaux sont courants dans le monde industriel, et l'affaire de Renault-Vilvorde, en 1997, allait en être l'exemple le plus flagrant et le plus célèbre.

Toujours très poli, aimable même, Fontigny m'annonce que l'on me règle un préavis de trois mois et que je puis continuer à résider dans la maison du directeur. Au second étage toutefois, Monsieur Denoël devant occuper le reste de l'immeuble. Il aurait pu dire "Monsieur et Madame", vu qu'Albert vivait maintenant avec une sienne cousine, venue de Paris.

Là-dessus, j'ai prononcé une parole grandiloquente, très peu dans mon style habituel : "Vous me coupez les ailes au moment même où je commence à les ouvrir."

En me serrant la main, Fontigny m'a conseillé de m'adresser à la Brufina et m'a souhaité bonne chance. C'était vraiment très gentil de sa part.

À Paris : Chômeur

Marie-Louise, la cousine, était une belle petite personne, parisienne jusqu'au bout des ongles. Nous l'avions croisée, Eva et moi, quand nous avions été voir Albert gisant mutilé sur son lit d'hôpital. De son mariage avec un boucher, elle avait eu une fille, Yvette, aujourd'hui âgée de sept ans. Installée maintenant dans ce qui avait été mon "chez moi" à Malines, voilà qu'elle me suggère de conduire la petite chez son père à Paris. "Cela vous changera les idées" ajoute-t-elle.

Soit. C'est donc par un voyage de tourisme que j'aborde, avec une belle insouciance, la période de chômage dans laquelle les circonstances m'avaient précipité. Certes, il me restait la possibilité de réintégrer l'armée. Mais je me refusais d'envisager immédiatement cette éventualité, mon congé d'un an ayant rogné d'autant une ancienneté déjà malade.

Paris, gare du Nord, fin juillet 1948. Une jeune femme toute rondouillette m'attend, Caroline, une cousine de la cousine. Cette dernière m'avait raconté que Caroline avait eu une aventure peu banale. En 44, son amant était un résistant armé, membre de ces FFI qui avaient contribué à la libération de Paris. Armé, le jeune homme le reste un soir en entrant dans le lit de son amie. Patatras, le pistolet tombe, le coup part et Caroline voit son amant s'effondrer. Heureusement, l'un et l'autre en ont été quittes pour la peur, - et pour le mariage.

Caroline se charge de la petite fille, me souhaite bon séjour et m'invite à venir la rejoindre dans le Morvan. Et me voilà à Paris pour la première fois de ma vie. J'y serai revenu bien souvent et y aurai passé au moins quatre ou cinq cents nuitées. J'ai aimé la ville dès le premier jour, et pourtant, en 48, elle ne se remettait encore que très péniblement de la guerre. Ainsi, le soir où je suis allé au Casino de Paris, j'ai vu tous les magasins de la rue de Clichy éclairés à l'acétylène. Longue, étroite, montante, celle-ci me rappelait cette rue Saint-Gilles à Liège, que j'avais tant parcourue jadis. Bien d'autres coins de Paris allaient ainsi évoquer pour moi ma ville natale.

J'ai joué au parfait touriste pendant trois jours. Le Louvre : magnifique mais fatiguant. Pigalle : surfait, déception. La Tour Eiffel : trop haute. Les “Champs” : trop longs, mais ils m'ont tout de suite plu malgré leur premier segment particulièrement obscur (de Concorde au Rond-Point). La Ville-Lumière : expression archaïque pour désigner une cité où, cette année-là, les coupures de courant tombaient de plus en plus fréquemment.

Comme j'avais acheté un Rolleiflex, il me suffit aujourd'hui de feuilleter mon album de photos pour que se déroule tout un passé de touriste, en douce France pour commencer. Chères et bonnes vieilles photos en noir et blanc, format 5x5, avec leur large bord, blanc et dentelé !

Première photo : Paris, Gare de Lyon, 1er août 1948. Seconde et troisième photos, Voutenay-sur-Cure, dans le Morvan : Caroline et son mari sont propriétaires d'une petite scierie, encore actionnée, ô merveille, par une roue à aubes. Photos suivantes : le village, vieillot à souhait, et la Cure, rivière tout-à-fait charmante.

Caroline me prête un vélo, engin qui m'était encore assez étranger, malgré mes 36 ans. En avant sur les routes du Morvan : Vézelay avec sa fameuse basilique romane, et, au pied de la colline, l'église gothique de Saint-Père, aussi remarquable que celle de Vézelay mais beaucoup moins touristifiée. Avallon et ses remparts dominant la vallée du Cousin, ombragée, reposante. L'abbaye de la Pierre-qui-Vire. Chastellux et son imposant château du 13e siècle (Michel de Saint-Pierre en parle dans un de ses romans).

Voici Château-Chinon, qui ne se doutait guère qu'elle serait un jour médiatisée grâce à François Mitterrand. Puis, toujours dans mon album, le lac des Settons, le lac du Crescent. Et les photos d'une inconnue, fonctionnaire à Paris ; je l'avais rencontrée à la table d'hôte de la rustique auberge de Chastellux (disparue aujourd'hui). Car je me sentais totalement libre d'aborder n'importe quelle inconnue, Rita et moi, nous trouvant, une fois de plus, en état de rupture ; je crois qu'elle avait “rencontré quelqu'un”, quelqu'un de son pays. En fait, c'était une femme qui ne savait pas trop ce qu'elle voulait.

Une autre inconnue, en gare d'Auxerre. On s'est revus une seule fois à Paris, et elle m'a raconté avoir été la maîtresse de Pierrot-le-Fou, un célèbre truand de l'époque, grand caïd du gang des tractions avant. Je m'étonnais un peu de l'éclectisme involontaire de mes rencontres, mais qu'y faire ? Le passé des gens n'est pas inscrit sur leur figure ! D'ailleurs, la jeune personne était peut-être mythomane, tout simplement.

Trois jours à Paris, un jour à Versailles, et c'est le retour à Malines où rien n'a changé : l'usine tourne, Albert dirige, mais Marie-Louise, qui ne paraît pas très heureuse, semble vouloir se rapprocher de moi. Ah, si j'avais été vindicatif, quelle belle occasion aurait pu se présenter là.

Non, soyons sages, et puisque mon plantureux préavis me permettait des folies, en avant pour l'Angleterre. Par bateau, ce qui était pour moi le baptême de l'eau. J'en reviendrai par avion, et ce sera mon baptême de l'air, prélude aux centaines de milliers de kilomètres que j'allais parcourir là-haut en cinquante ans.

L'Angleterre me fera moins impression que la France, et d'ailleurs j'y reviendrai bien moins souvent. Vont défiler Londres et ses ruines, souvenirs des bombardements allemands; Windsor, puis Rochester, puis Canterburry, puis Hampton Court. Et encore une inconnue, croisée dans un musée londonien; celle-ci est danoise, dentiste et malheureuse en ménage. Mais gentille au possible.

L'idée me vient alors, subitement, de prendre l'avion pour Amsterdam où se préparait le couronnement de la Reine Juliana. Peut-être qu'en bon mathématicien j'estimais qu'il me fallait enfin résoudre l'équation de ma vie, une équation à plusieurs inconnues…

Et ainsi je retrouve une Rita qui ne demande pas mieux que de renouer avec moi. Nous sommes allés voir le merveilleux et tout nouveau film *Hamlet* de Laurence Olivier. Elle a pauvrement souri quand le prince danois s'est écrié : “Faiblesse, ton nom est femme.” On le sait, n'est-ce pas, “la dona e mobile”…

Deux surprises m'attendent à Malines : ma dentiste danoise s'amène en Belgique et Marcelle, la blonde d'Anvers, m'appelle au téléphone. J'ai gentiment renvoyé la première dans son pays et invité l'autre à dîner. En la quittant, je lui ai dit que nous reprendrons plus tard la conversation, à mon retour du Congo.

Car j'avais pris ma décision : j'irai au Congo. C'était là d'ailleurs le meilleur moyen de m'en sortir financièrement. Je m'informe d'abord du côté de l'armée : “Regrets, nous ne prenons pas d'artilleurs dans la Force Publique. Mais, ajoute-t-on, il vous reste ceci : une mission topographique et cartographique. Vous parcourrez la brousse pendant trois ans, tout seul avec vos appareils et une bande de Noirs". Non merci, pas pour moi.

Alors, allons à la Brufina et voyons le tout-puissant Monsieur Closon, super-administrateur-délégué. Tour d'horizon peu encourageant. Du textile ? Il y a le sisal, une fibre qui a un bel avenir devant elle. Non, regrets, ça ne me paraît pas assez solide. Soit, alors, cher Monsieur, il vous reste les mines.

Et me voilà bientôt engagé comme "agent technique" à la Remina, une société de prospection minière établie dans le Kivu. Elle est la sœur jumelle de la Symétain, la société exploitrice des mines d'étain, rivale de la Minière des Grands Lacs.

J'ai la grande chance de tomber à Bruxelles sur un directeur particulièrement ouvert, M. Schaar. "Vous aurez à vérifier beaucoup de calculs d'évaluations, me dit-il. Mais peut-être pourriez-vous vous pencher sur un problème qui nous tracasse tous : en général, la rentabilité des gisements est surestimée, ce qui fait courir des risques financiers certains."

À Malines, il faut songer au départ : présenter ma démission de l'armée, vendre le mobilier, acheter des malles et de l'équipement colonial. À Amsterdam, il sera vaguement question que Rita vienne me rejoindre là-bas, ce qui nous permettrait de nous marier en zone anglaise, à Kampala ou à Nairobi. Enfin, on verra.

Marie-Louise, devenue ma confidente, me demande pourquoi je m'obstine avec cette Hollandaise. "C'est mal parti, ça ne marchera jamais bien entre vous", prophétise-t-elle. Puis tout à trac : "Emmène-moi avec toi, je m'ennuie ici !". Je lui fais doucement comprendre que pareille décision ne pourrait être prise qu'après de longues et mûres réflexions. Elle est d'accord, ouf !

Vinrent les adieux, ma mère et Michèle étant venues passer quelques jours à Malines. Et enfin l'envol depuis Melsbroeck, qui était alors un aéroport digne d'un album de Tintin : au bord même de la piste, parents et amis, massés derrière une barrière, saluaient les partants !

Le 15 octobre de cette année 1948, le hasard m'a fait mélancoliquement assister à un bal militaire à Stanleyville. Coïncidence, c'est ce jour-là que le ministère avait acté ma démission des cadres actifs, et la fin de quatorze années que je compte parmi les meilleures de ma vie. Oui, malgré la captivité et le divorce.

* * *

1

Lolotte, l'inspiratrice (1996)

2

Monsieur le Professeur
(l'auteur en 1974)

3

L'auteur en plein travail (1997), sous l'œil attentif de Lolotte
et de Grégory (petit-fils féru d'informatique).

Mes deux oncles vénérés

4

Anvers, 1914
Sur son biplan Farman, l'oncle Fernand Verschaeve, pionnier de l'aviation militaire belge, quelques mois avant sa chute fatale.

Indochine, 1910
Mêlé à la foule, l'oncle Jules Rocheblave, médecin major de l'armée française, assiste à une exécution capitale.

5

6

Moi,
pendant la 1e Guerre
- 1917 -

7

Et encore moi,
pendant la 2e
- 1940 -

8

Entre les deux guerres : (Arlon, 1935)
« Devant la menace
Le chasseur fait face… »

9

10

À Liège, en 1939

11

À Lienz (Autriche), en 1940

12

À Liège, en 1940.
C'était ma maison !

1940-1945 : En captivité, on s'occupe…

13

1942 : Physicien

14

1943 : Musicien

15

1941 : Homme de théâtre

16

Léopoldville, 1952 : Monsieur le Sous-Directeur, chef de recherches, et Victor, son fidèle adjoint.

17

Vollendam (Hollande), 1955
En vacances.

18

Carthage (Tunisie), 1959
Chez nous…

Mons, Juillet 1970 : Le doyen Grosjean prononce un discours que toute la presse belge francophone qualifiera d'explosif. C'était contre...

19

...CONTRE le partage absurde et ruineux de la vénérable Université catholique de Louvain, dont la majorité francophone est expulsée par les activistes flamands.

20

1968 : Dans les rues de Louvain

Bruxelles, octobre 1975 : Meeting contre...

21

... CONTRE un vote de l'ONU
assimilant le sionisme à une forme de racisme.

22

1970 : Jérusalem

23

À la tribune, entre autres : l'auteur et André Lwoff, Raymond Aron, Robert Badinter, Julius Axelrod,...

24

... CONTRE la politisation absurde de l'UNESCO (à la tribune, le ministre Aba Eban) - Paris 1976

25

Rabat 1965 : Papa épouse Jacqueline

26

Liège 1967 : Michèle épouse Claude

27

Nivelles 1979 : Paul épouse Muriel

28

Fontainebleau 1981 : Pierre épouse Dominique

J'AI DEUX AMOURS...

... mon pays...

29 *Liège : Les « 600 escaliers ». À l'âge de 6 ans, je les aurai montés et descendus 4 fois par jour !*

... et Paris !

30 *Paris : L'escalier d'honneur de l'Hôtel de Ville. Je n'aurai monté et descendu ses 50 marches qu'une seule fois !*

Paris ou Liège ?

31

Liège ou Paris ?

32

Oui, quelle est donc cette ville dominée par un dôme perché sur une colline ?

33

La Seine ou la Meuse ?

La Meuse ou la Seine ?

34

35

36

Sacré Charlemagne !
Il a sa statue équestre à Liège, privilège que la ville ne partage qu'avec Paris.

PARIS (Lutèce) vers 1650 : ses églises, son île, son fleuve.

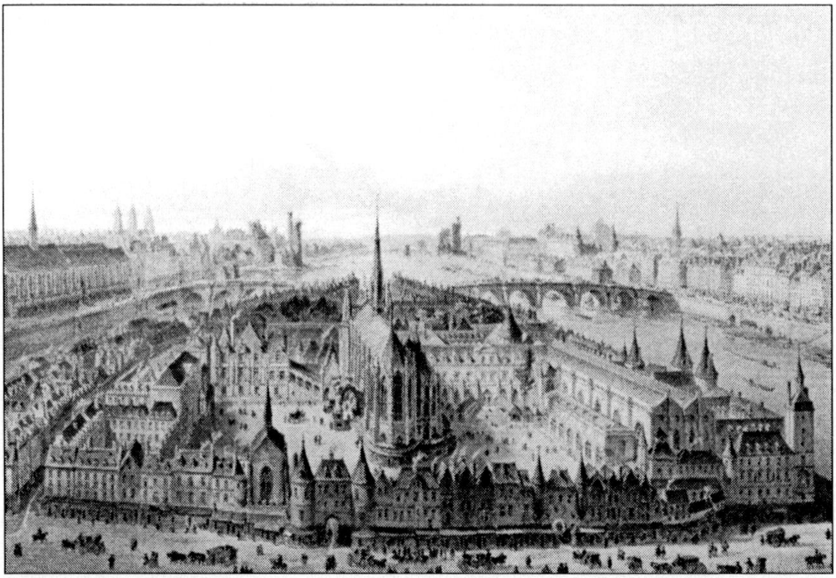

37

LIÈGE (Lütich), même époque : ses églises, son île, son fleuve

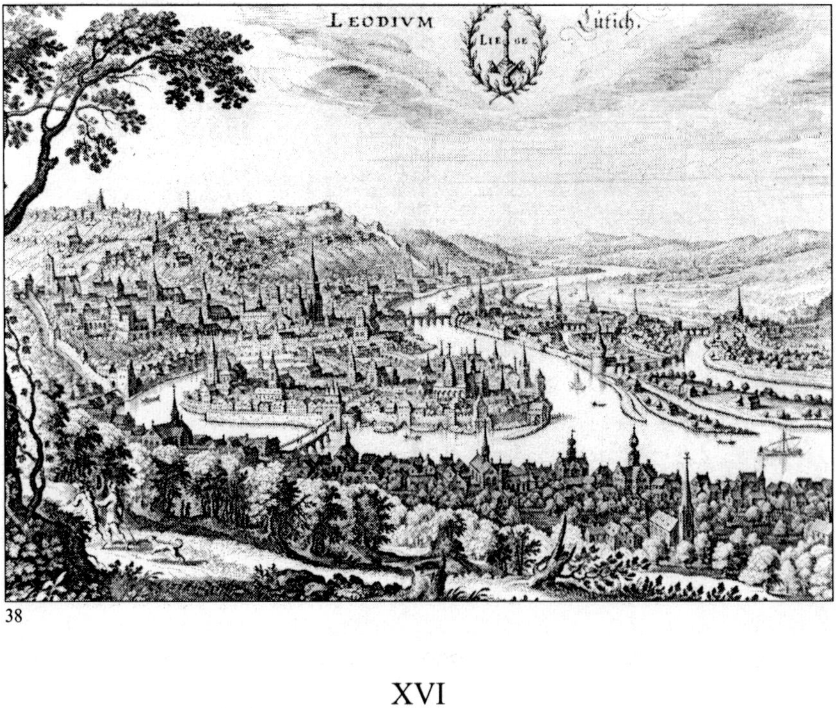

38

XXV - CONGO-1 : LA BROUSSE

"Uélé ! Uélé ! Maliba Makassi ! Uélé ! Uélé !"
(Vieux chant de pagayeurs africains)

C'est en février 1925 qu'à bord du "Princesse Marie-José" le grand aviateur belge Thieffry et son équipe ont réalisé la première liaison Sabena entre Bruxelles et Léopoldville. Et, depuis, le trafic aérien n'ayant cessé de se développer au détriment du transport maritime, voici bien oubliée l'époque où une fanfare jouait l'hymne congolais pour saluer le départ des grands paquebots quittant les quais du port d'Anvers. Oublié aussi ce bon vieil hymne :

"Le siècle marche et pose ses jalons
Nous marquant une étape nouvelle ..."

Musique solennelle, pas mal du tout, mais paroles bien nunuches, style "Belle Époque", où un Avenir plantant un drapeau succédait à un Siècle posant des jalons !

Moi, c'est par un très banal DC4 que j'ai quitté Melsbroeck pour me poser d'abord à Tripoli (Libye) puis à Kano (Nigéria) et enfin à Léopoldville ("Léo" pour les intimes, aujourd'hui Kinshasa).

L'ancien nom de la ville se justifiait pleinement puisqu'en 1885 la Conférence de Berlin avait créé l'État Indépendant du Congo et en avait conféré la souveraineté à Léopold II de Belgique. À cette époque, Kinshasa n'était qu'un très modeste port fluvial en face de Brazzaville, - qui a pu conserver son nom, elle !

Je ne serai resté que deux jours dans la capitale, une ville alors modeste (500 000 habitants) en comparaison de la mégapole qu'elle est devenue aujourd'hui (2 millions et demi). Un petit avion m'a transporté à Stanleyville ("Stan" pour les intimes, aujourd'hui Kisangani), célèbre par ces pagayeurs qu'on a si souvent vus et revus dans des films de fiction.

À Stan, voici pour moi un camion de la mine, et en avant pour Punia, 300 km de routes que je n'oserais même pas qualifier de pistes. Mais l'administration coloniale veillait : çà et là, on voyait surgir un ou deux cantonniers qui rebouchaient consciencieusement les ornières et les caniveaux creusés par le camion, - quitte à recommencer après le véhicule suivant ! Dérisoire, mais efficace en comparaison de ce qui se passe aujourd'hui.

Ce fut un long voyage, fatigant, cahotant au possible, à travers savanes, brousses, forêts, villages de huttes. Mais ce fut passionnant, et avec le recul je puis dire que j'ai eu beaucoup de chance de commencer ainsi ma carrière coloniale. J'aurai reçu là une vue très claire de l'Afrique centrale, alors que tant et tant d'autres Blancs n'auront connu que l'atmosphère des villes, si artificielle parfois.

Avec mon Rolleiflex tout neuf, je prenais des clichés çà et là, pas trop, la mode n'en étant pas encore aux mitraillades photographiques. Des paysages fluviaux, des bacs de passages d'eau, un monument à Léopold II, une végétation délirante, des pirogues, des Noirs et encore des Noirs. Des femmes en boubou vivement coloré, plutôt élégantes, mais oui, et des hommes qui l'étaient beaucoup moins, drôlement affublés de défroques européennes. Non, mon album de photos ne réédite pas *Tintin au Congo*, bien qu'on y retrouve l'une ou l'autre image tintinesque modernisée. Non, la B.D. d'Hergé n'est ni aussi caricaturale ni aussi colonialiste que le prétendent certains. Il faut la remettre en son temps (premières années trente), et ce temps-là, il passait très vite.

Exactement comme tous les Européens de mes photos, moi-même y compris, Tintin porte le fameux casque blanc, en lequel les obsédés de l'anticolonialisme voient le symbole même de l'oppression.

C'est faux. Ce casque était une réalisation technique presque parfaite, indispensable aux premiers pionniers : solide, épais, fait pour durer, il protégeait des rayons du soleil certes, mais plus encore des pluies tropicales et des chocs contre les branches basses. C'était l'ancêtre de ces casques modernes, aujourd'hui obligatoires sur tous les chantiers.

Un dernier bac sur la rivière Lowa, et voici Punia, prototype même des postes miniers : des villas entourées de leur "barza" (grand auvent avec terrasse), des magasins, des ateliers, des bureaux, un dispensaire, un vaste "club" avec restaurant et salle de ciné.

Et bien entendu, une mission, avec les inévitables Pères Blancs, les "Monpés" comme on dit ici. Flamands de préférence, ils semblaient sortis tout droit de *La saison des pluies* de Graham Greene : grands enfants parfois, efficaces souvent, dévoués toujours.

Voici Messieurs les ingénieurs de la direction locale, deux Russes, un Suisse, un Hollandais. Atmosphère internationale certes, mais bien typique de ce Congo Belge toujours sous le régime de la "porte ouverte" (ouverte à toutes les nationalités) tel qu'exigé par la Conférence de Berlin. C'est ainsi que le petit commerce se trouve aux mains de Grecs, de Portugais, d'Ismaéliens.

Et voici ma villa, reliée à mon proche bureau par un petit chemin bordé d'ananas. Pas mal, un bon mobilier, une batterie de cuisine, des services de table, des tentures aux fenêtres. Je défais ma valise-avion, trente kilos dont la manipulation m'était assez pénible. Et très vite j'engage mon personnel : d'abord ce brave Casimir, recommandé par les Pères. Il sera mon boy principal, très dévoué, à la fois valet de chambre et femme de ménage. Pas un mot de français ; j'apprendrai donc le swahili. Puis je recrute un cuisinier, le "boy pichi", et un gamin à tout faire, le "pichi moke", le marmiton, l'apprenti.

Comme dans les grandes maisons de jadis en Europe, ce personnel était strictement hiérarchisé et spécialisé : le pichi ne touchera pas à votre lit et le boy majordome se sentira très vexé si vous lui demandez de vous cuire un œuf! À noter qu'il n'y avait jamais de personnel féminin chez les Blancs, sauf éventuellement “la ménagère”.

Pas de frigo en ce temps-là : un trou dans la terre faisait très bien l'affaire, croyez-m'en. Pas d'eau courante, mais des vases filtrants, où l'on versait de l'eau bouillie. Et par conséquent pas de douche, sinon un seau percé, bien accroché, qui sera alimenté par le moke dont l'une des fonctions est celle de porteur d'eau, - et aussi porteur de bois pour le fourneau.

Et l'atmosphère du travail? Ici, j'ai eu plus de chance qu'à Malines : mon collaborateur principal sera Verteneuil, un technicien borain, jovial et barbu, qui jamais ne me considérera comme un intrus, bien au contraire. Aidé par deux employés noirs, - deux “clercs”, comme on disait, - il dirigeait le bureau des archives, c'est-à-dire des cartes, des relevés, des évaluations. Il sera mon premier initiateur, plus tard relayé par l'ingénieur Studer, un Suisse qui restera mon ami longtemps après mon départ.

Le poste de Punia se trouvait au cœur du Kivu, dans le Maniema, région particulièrement riche en cassitérite. Je crois que toute personne ayant une collection de cristaux possède au moins un échantillon de ce minerai d'étain, terne, grisâtre, exploité depuis la plus haute antiquité. Ne dit-on pas que l'Iliade et l'Odyssée ne seraient que des comptes-rendus romancés d'expéditions lancées à la recherche et à la conquête du précieux minerai, notamment vers les Îles Cassitérides, au sud-ouest de l'Angleterre?

Dans le Maniema, les gisements sont uniquement détritiques, alluvionnaires. Pendant des millions d'années, les eaux avaient érodé la roche de base, - le “bedrock”, - en avaient arraché les minerais puis les avaient déposés çà et là, au hasard, dans les alluvions. Avec la civilisation arrivera le géologue qui, jouant des “pans” (batées) et mettant en jeu ses connaissances, dénichera les “runs” et les futurs “placers”possibles. Le vocabulaire minier est très anglo-saxon, comme vous voyez. On s'y fait.

Après lui viendra le prospecteur (ici, un agent de la Remina) qui procédera à des échantillonnages par des puits régulièrement espacés, creusés jusqu'au bedrock, et dont il “pannera” les alluvions extraites. Le but de l'opération est évidemment de déterminer si oui ou non la teneur du gisement est rentable. Si oui, alors s’amènera l'exploitant (la Symétain, en l'occurrence), dont les travailleurs nègres vont creuser un front de taille et en arracher des terres qu'ils brouetteront jusqu'aux installations de lavage. Et coucou, voici la cassitérite, restée accrochée aux “rifles”, des plans inclinés où l'eau s'était écoulée à grands flots, entraînant les boues plus légères.

Dernier acte : la Brufina et derrière elle la Banque de Bruxelles récolteront les bénéfices puis les réinvestiront pour le plus grand bien des actionnaires, belges notamment.

Et moi, dans tout ça ? Eh bien, j'étais engagé avec le titre très vague “d’agent technique” ayant pour simple mission de vérifier les calculs des ingénieurs-prospecteurs. Je gérais aussi un petit magasin où, dans un beau désordre, se mélangeaient allégrement les pics et les pioches, les pans et les brouettes, et aussi les pompes Patt. Ne me demandez pas à quoi servait une pompe Patt, je ne l'ai jamais su, et d'ailleurs cela ne m'intéressait guère !

Car il devenait clair que j'étais sous-employé. En m'engageant, la Symétain n'avait tenu compte de rien, ni de mon diplôme, ni de ma carrière d'officier, ni de mon passé de directeur d'usine. Mais le très consciencieux chef du personnel m'avait demandé une lettre manuscrite, ajoutant, un peu gêné, que c'était en vue d'une analyse graphologique. Aujourd'hui, sans doute aurait-il fait dresser mon horoscope et mon profil numérologique. On n'arrête pas le progrès !

Mais voilà qu'à peine installé, je découvre une drôle de petite boule qui s'était développée dans l'aine. Le médecin du poste, brave homme plutôt que sommité, me tâte, hésite, et conclut à une hernie. Je devais ça à ma valise de 30 kilos, semble-t-il. “Il faut opérer d'urgence, à l'hôpital Symétain de Kalina”. Kalina, à 400 km de Punia ! Soit, en avant pour une nouvelle aventure en brousse, toujours aussi passionnante.

Revoici le camion, la rivière Lowa, les passages d'eau, les pagayeurs. Nous roulons vers Kindu, naguère Port-Empain, sur le Lualaba, c'est-à-dire le Congo supérieur. Puis deux jours à bord de l'un de ces bateaux fluviaux, si typiques avec leur roue à aubes. Style Mississipi, mais en plus petit. Un pont supérieur, avec des cabines confortables pour les Blancs. Et la cale pour les Noirs, ce que Patrice Lumumba allait reprocher avec virulence dans son mémorable discours de l'Indépendance.

Non, les passagers du pont inférieur n'étaient pas entassés là en tant que Noirs méprisés, mais bien en tant que petites gens du peuple, pauvres, simples, primitives même. On observe d'ailleurs la même ségrégation dans les trains de la Chine communiste.

Sur notre pont, j'ai eu des conversations d'égal à égal avec un prêtre noir, quelqu'un de très bien qui me répétait : “ Nous sommes si timides, nous les Noirs, il faut nous comprendre”. Ah, pourquoi la colonisation belge n'a-t-elle fabriqué qu'une seule élite, celle des curés ! Il y a eu là une erreur énorme, qui allait se payer très cher plus tard.

Après le bateau, un camion à nouveau. Et voici Kalina, la ville minière, exclusivement minière. Et voici l'hôpital. Une nuit de repos puis la salle d'opérations. On essaie une anesthésie locale, pas de chance, ça ne prend pas. Tandis que je suis là, couché, tout nu, misérable, ces messieurs médecins discutent, s'interrogent, comparent leurs savoirs.

Bon, on essaye l'anesthésie totale, et cette fois ça marche, tant mieux, je plonge dans l'inconscient. Au réveil je me vois entouré de têtes inquiètes. Mais oui, je délire. Il paraît même que j'ai copieusement injurié le chirurgien et tout le corps médical. Ne le méritaient-ils pas ?

Pendant ce séjour en clinique j'ai fait la connaissance de Gilberte, une assistance sociale. Fille rondouillette, gaie, souriante, elle était dotée d'une de ces vertus effarouchées comme il ne s'en porte plus guère de nos jours. Elle allait être mutée à Punia.

Brave Gilberte, ce qu'elle a pu m'horrifier en me parlant du plaisir de la chasse :

- Oui, tout à coup, vous voyez ce singe, là, qui gambade dans un arbre. Pan, vous tirez ! Et alors, cette sensation de le voir dégringoler et s'abattre à vos pieds !

- Mais c'est de la pure cruauté, Mademoiselle !

- Mais non, Monsieur, pas du tout !

En fait, Gilberte n'aurait pas fait de mal à une mouche. Elle se contentait de descendre l'un ou l'autre macaque, comme ça, à l'occasion. Exactement comme en France de vertueux chasseurs massacrent allégrement chaque année 40 millions d'animaux innocents. Pour le seul “plaisir”.

Je n'aurai participé qu'une seule fois à une chasse en Afrique. Une fois de trop. On a abattu devant moi une jolie petite genette. Violemment éclairée par un projecteur qui l'éblouissait, la mignonne bête s'était dressée comme une marmotte, pour ensuite s'écrouler. Morte. Je l'ai juré, nevermore !

À mon retour à Punia, une charmante surprise : on m'offre deux chatons, deux jumeaux, Bingo (elle) et Bango (lui). Ce seront mes compagnons de solitude. Ils m'attendaient, accrochés aux moustiquaires, et à la soirée, alors que s'éveille la brousse avec ses cris et chuchotements, ils m'accompagnaient en promenade, courant et sautant à gauche à droite.

Autre surprise, un peu plus tard. J'entends du bruit dans ma salle de bain, et qu'y vois-je ? Une jolie négresse, toute nue, encadrée par une vieille femme et par mon boy Casimir. “Sophie” me dit-il en montrant la fille. “Bwana, iko Sophie. Mwana muke muzuri !(Patron, c'est Sophie, une belle petite môme !)

Sur le coup, je me suis subitement rappelé une aventure racontée par l'un de nos prospecteurs. Rentrant dans sa hutte, il se trouve nez à nez avec un léopard. Alors, étendant le bras vers la porte, il crie au fauve : “Tosha ! Tosha !” (Hors d'ici !) Et le félin a obéi, sans se presser.

Eh bien, j'ai dit à la fille, brutalement, “Tosha !”, avec un grand geste, comme mon prospecteur. Puis, un peu plus gentiment quand même, “Kwenda muzuri” (Va-t-en gentiment). Ce que Casimir a pu être étonné, - et peut-être même froissé ! Il m'offrait sa sœur, selon Dieu sait quel usage, et je les envoyais sur les roses, elle et lui ! Il a dû me prendre, au mieux, pour un anormal.

Tel fut peut-être aussi l'avis du comptable belge, le lendemain : “Vous avez eu bien tort, mon cher. Une Négresse, c'est comme un phono. Vous mettez votre aiguille sur le disque, et alors ça tourne, ça tourne. Et en avant la musique !”

La plupart des célibataires avaient une “ménagère”. Infortunée Madame Butterfly, le départ du Blanc la condamnait à l'abandon : pas question, en ce temps-là, de ramener une Négresse en Belgique ! Et alors, tant pis pour les bâtards…

D'aucuns restaient cependant fidèles à “leur ménagère”, ainsi qu'on le chantait, sur l'air sud-africain de *Sarie Marais*, dans un petit sketch composé par d'ex-coloniaux et joué dans notre Oflag de Wolfsberg, en 1940.

“*Je rêve au retour vers le Haut-Congo,*
Là m'attend Marie-Rose.
Elle m'attend fine et belle sous les ombreux lauriers roses.”

À Punia, je n'aurai pas eu de “ménagère”. Par racisme ? Oh non, pas du tout. Par sentiment de différence sociale ? Oui, plus ou moins. Par fidélité ? Quelle fidélité ? Entre Rita et moi rien n'était encore clairement décidé. Alors quoi ? Par prudence ? Certainement ! Un ingénieur de chez nous ne venait-il pas de se faire croquer par une “MST”, par ce qu'on appelait alors tout bonnement une maladie vénérienne.

S'il y avait beaucoup de Noires disponibles autour de nous, on ne comptait guère de Blanches célibataires. Quelques femmes mariées, oui, les unes bien adaptées, mais d'autres qui s'étaient littéralement fourvoyées en épousant un prospecteur dont la vie était la brousse et encore la brousse. Un seul exemple : accompagné d'un prospecteur hollandais, je suis envoyé à Stan pour réceptionner du matériel. Et aussi pour convoyer une jeune et belle épouse rentrant au pays. Tout le monde en parlait car on la rencontrait se promenant seule le long de pistes forestières parfaitement sauvages, aussi élégamment habillée que si elle était en villégiature au Zoute ou à Deauville. Pauvre, pauvre petite Madame Bovary. Elle n'avait pas tenu le coup…

Pour moi, Punia sera donc une période sans femme. Une de plus, après la captivité. Mais nonobstant cet inconvénient, la vie n'était pas sans charme en ce fin fond de l'Afrique.

Il m'arrivait d'aller visiter les prospecteurs, presque tous d'anciens mineurs liégeois ou borains. Ils vivaient loin de tout, et pour les atteindre, le mieux était de voyager en “tippoy”, c'est-à-dire en chaise à porteur. Un “capita” trottinait devant vous, prévenant les porteurs : “Kwamba na shoto!” (Liane à gauche!) “Jiwe na kuume!” (Pierre à droite!). Et les Noirs chantaient, gaiement, au rythme de la marche.

Mais voilà que des idéalistes, bien intentionnés, obtiennent l'interdiction du tippoy en Afrique centrale, et du pousse-pousse ailleurs, en Asie, en Afrique du Sud. Pratiques contraires à la dignité humaine, déclarent-ils, alors que pour les intéressés il ne s'agissait là que de métiers comme les autres. Bravo, bravo, cela aura fait autant de chômeurs et de mendiants en plus…

À l'intérieur du poste, on s'invitait à dîner, on se retrouvait au club le soir. Et le samedi on allait au ciné où Symétain, mère attentionnée, veillait à ce qu'on n'y passe que des films récents. Je me souviens ainsi de *La grande Maguet*, avec une Madeleine Robinson superbe, en pleine forme, et de *Dédée d'Anvers*, avec la toute jeune Simone Signoret, et de *La belle Meunière* de Pagnol, avec Tino Rossi dans le rôle de Schubert!! Je ne me doutais guère alors que quelques décennies plus tard j'allais habiter à deux pas du site de tournage de ce film, le Moulin des Barres, à La Colle-sur-Loup! Je revois encore la jolie Jacqueline Pagnol, adossée à la roue du moulin à eau, les bras en croix.

En ce temps-là, toute séance de cinéma commençait par un "complément de choix" et par les "actualités". Et ainsi, grâce à Gaumont ou à Pathé-Journal, nous apprenons qu'en Belgique les femmes venaient enfin d'obtenir le droit de vote; et aussi que la "question royale" ne cessait de s'envenimer. En Israël, les problèmes restaient inchangés depuis la création de cet État en mai 48. En France, le Russe Kravtchenko gagnait son procès contre tout un petit monde politico-intellectuel qui l'accusait d'avoir calomnié l'URSS dans son livre *J'ai choisi la liberté*. En février naissait le Conseil de l'Europe et en mars l'OTAN elle-même. Et mai allait voir la fin de l'interminable blocus de Berlin auquel Allemands, Anglais, Français et Américains avaient victorieusement résisté grâce au fameux "pont aérien".

En semaine, ma vie continuait son petit train-train, avec en bruit de fond le ronron de ma machine à calculer, une modeste machine à main : des évaluations et encore des évaluations à vérifier. Ne voyant aucun avenir dans un pareil job, je m'étais remis à ce travail commencé à Utrecht pour une éventuelle thèse de doctorat. Mais quel drôle de sujet m'avait donc proposé là Rosenfeld : les pages de calculs numériques continuaient à s'amonceler sans qu'on ne voie se dessiner un résultat vraiment probant. Parallèlement, je songeais au problème de l'évaluation. Je le voyais sous l'angle de la statistique mathématique, et je sentais que régnait là une loi de probabilités autre que la bonne vieille loi de Gauss, celle de Pearson, que j'avais manipulée jadis pour les tests au 3A.

Je me dispersais, je faisais un job stupide, cela ne pouvait continuer. Vers juin, je fais savoir à la Remina que j'en ai marre et que je demande mon rapatriement. En même temps, je commence à faire jouer mes relations en vue de me trouver une meilleure situation, au Congo ou ailleurs. Et c'est par la conjonction des interventions de deux amis que je verrai pointer un avenir plus agréable, le Service Météorologique de la Colonie.

L'un de ces amis est un grand astrophysicien de Liège, Paul Ledoux ; il avait travaillé au Congo pendant la guerre en collaboration avec le directeur de la Météo, Nérée Vander Elst. L'autre est aussi un Liégeois, le commandant Yvan Lamoureux, ancien camarade de Brasschaet, ancien du 3A, ancien prisonnier ; il connaissait le directeur des Télécoms à Léo, l'ex-major Geulette, du 3A lui aussi. Or, la Météo dépendait des Télécoms...

Miracle, tout ça a marché, et l'on m'a proposé un poste à Léo : sous-directeur météorologiste, chef de recherches ! Sans pour cela que quelqu'un éprouve le besoin de me faire subir des tests, graphologiques ou autres : aux yeux de gens sérieux, mon passé était une garantie suffisante. J'ajouterai, modestement, que tout s'était joué entre Liégeois. Cela compte aussi...

Restait à régler le problème Remina, et là, je dois beaucoup à M. Schaar. La société accepte ma démission pour septembre prochain, soit après un an de séjour. À titre de dédit, j'aurai à payer mon billet d'avion, mais on me le remboursera, avec un complément, si je mène à bien l'étude commencée sur “l'évaluation mathématique des gisements détritiques”. Tel sera effectivement le titre du livre de 150 pages que publiera sous mon nom en 1953 l'Institut Royal Colonial Belge. J'avais tenu parole, la Remina également.

Septembre 1949, derniers jours à Punia : je liquide mon installation, Bingo et Bango d'abord, et l'idée de les quitter me donne littéralement le cafard. Je les confie à un agent Symétain chez qui je savais qu'ils seraient choyés. Hélas, au cours d'un déplacement, Bango, le mâle, s'est échappé et a disparu dans la brousse.

Je fais mes bagages, je démonte et emballe le lampadaire venu de chez moi à Liège ; j'y tenais beaucoup car c'était un rescapé du bombardement anglais. Je revends mon Herstal, qui n'avait pas eu l'occasion de servir : au temps de la colonisation, la sécurité était quasi totale et l'on vivait toutes portes ouvertes !

Adieux à tout le monde, et notamment à Gilberte la chasseresse. Embarquement en camion, et revoici les bacs, la Lowa, les villages, les huttes, les pistes. Petit avion à Stan et bonjour Léopoldville.

Visite à mon futur patron, Nérée Vander Elst, très sympathique. Ingénieur, il avait atteint une certaine notoriété à l'époque des vols stratosphériques du professeur Piccard, ayant été l'un des passagers du troisième vol. Il me présente sa femme, une Anglaise, m'invite à dîner, me montre sa maison et là-dessus me déclare, à ma profonde stupéfaction : “Je pars en congé pour six mois dès votre arrivée en janvier. Je vous remets cette maison jusqu'à mon retour. Et aussi la direction du Service.”

Eh bien, en voilà un qui me faisait confiance !

Visite rapide à mon ex-major Geulette, à deux doigts de la retraite, malheureusement. Visite aux locaux, tout provisoires, du Service : mon futur bureau, l'atelier, l'école des observateurs indigènes. Tout ça vite, très vite, mais peu importe, j'aurai tout le temps, dès janvier, d'étudier de plus près “mon” Service.

Aéroport, DC4, Kano, Tripoli, Melsbroeck. Surprise, voilà ensemble ma mère et Rita, celle-ci sautant de joie, littéralement. Bon, l'affaire est dans le sac, le mariage est dans l'air.

Retour à Liège rue Monulphe, chez ma mère c'est-à-dire chez moi. C'est donc la seconde fois que j'amène une (future) épouse à la maison. “Tu as commis là une énorme erreur, devait me dire plus tard Rita ; c'est là, à cause de ta mère, que les choses ont commencé à se gâcher entre nous.”

Eva m'avait déclaré à peu près la même chose.

Mais Bon Dieu de Bon Dieu, que pouvais-je faire d'autre que de loger ma femme “chez moi” ! J'étais chômeur, une fois de plus, et ce jusqu'au 1er janvier. Trois personnes allaient devoir vivre trois mois sur mes économies d'un an, sérieusement entamées par mon billet d'avion. Pas question d'aller à l'hôtel.

Ma mère était-elle donc si terrible pour ses brus ?

* * *

XXVI. CONGO-2 : LA CAPITALE

"Celui qui se marie agit bien,
Mais celui qui ne se marie pas agit mieux."
Saint Paul, Corinthiens-2, 7-38

Kensington, 17 octobre 1949. Devant un officier d'état-civil "very british", Rita et moi avons prononcé le "yes" fatidique.

Bien que ma fiancée parlât l'anglais (beaucoup mieux que moi !) le fonctionnaire a cru comprendre que mon père était général et il a transcrit ce renseignement. Je ne l'ai pas détrompé, à quoi bon ?

Il y avait trois semaines que Rita résidait tout à fait officiellement dans ce faubourg chic de Londres, connu pour ses musées. Elle y avait été envoyée par une agence bruxelloise, spécialisée dans l'art de contourner cette loi belge qui interdisait pour trois ans le remariage aux divorcés par consentement mutuel. Logeant dans une pension de famille, elle avait pour compagnes deux autres jeunes femmes dont l'une devait épouser un officier belge que j'avais connu en captivité : même cas que le mien.

Notre voyage de noce fut plutôt bref, mais utilitaire : Manchester. Empestée par une industrialisation intensive qui en avait fait la "cottonopolis", la ville n'était pas jolie, jolie. Heureusement, elle était entourée d'une campagne pittoresque, "very british" elle aussi. Et surtout, en ce qui me concerne, c'est là que résidait mon cher Rosenfeld, avec lequel je souhaitais une mise au point.

Ce grand savant se sentait là comme un poisson dans l'eau, l'université de Manchester ayant été l'un des berceaux de la physique moderne : Rutherford y avait brisé des atomes ; Chadwick y avait découvert le neutron ; Cockroft y avait construit les premiers accélérateurs à haute tension.

Maintenant, on allait peut-être y installer l'une de ces puissantes machines à calculer qu'on appelle aujourd'hui des “ordinateurs”, de véritables monstres, à l'époque ! Rosenfeld me demande de venir y achever mes calculs de thèse. Que répondre, sinon que mon nouveau job congolais ne m'offrirait pas de congé avant trois ans au moins ! Je promis d'essayer d'achever le travail dès mon retour à Liège, sur une machine de location.

La suite du voyage de noce fut Paris, après une épouvantable traversée du “Channel” : j'ai gardé le souvenir du va-et-vient de notre valise glissant devant notre couchette, et surtout du fracas de la vaisselle qui se brisait dans tous les coins du restaurant !

Puis, à l'entrée en Belgique, une aventure tout à fait ahurissante : notre locomotive est confisquée par la douane, le chauffeur ayant voulu frauder du vin caché sous le charbon. Les douaniers belges avaient alors une solide réputation : une main de fer dans un gant de crin ! Notre train est resté trois heures en carafe, dans l'attente d'une locomotive de secours venant de Charleroi.

À Liège, chez ma mère, nous reprenons notre vie à trois, en faisant tout notre possible pour que le temps s'écoule sans heurts. Je présente Rita à la famille de Liège, de Verviers, de Bruxelles. C'est pour elle une sorte d'examen d'entrée, et elle le réussit très bien. Tant mieux.

Moi, je calcule, je calcule, et enfin c'est fini, je puis restituer les outils de travail empruntés, une calculatrice et un planimètre. J'ai obtenu de bons résultats, suffisants pour en faire une publication que je rédigerai plus tard. Mais déception, le tout ne remplira que deux petites pages de *Nature*. Celle-ci est certes une revue de haut niveau, mais vraiment, il n'y a pas là matière à une thèse de doctorat, même en y adjoignant ma petite centaine de pages de calculs serrés et de courbes dessinées.

Et puis, pensais-je, à quoi bon? J'ai maintenant devant moi une belle carrière, à la fois scientifique et administrative, pour laquelle mon titre de licencié en physique sera suffisant. Mais vraiment, je ne pouvais alors prévoir que cette "belle carrière" serait progressivement rendue impossible par des problèmes matrimoniaux, et aussi, si j'avais voulu la continuer, par l'évolution imprévue, rapide, chaotique, du Congo Belge vers l'indépendance.

Léopoldville-Kinshasa

C'est donc dans une belle atmosphère d'optimisme qu'à la fin de décembre 1949, nous débarquons à Léopoldville. Rita semble heureuse de retrouver ce monde colonial dans lequel elle avait vécu. Avant d'occuper la maison de Nérée Vander Elst, nous voici à l'hôtel, pour deux semaines consacrées à une "remise-reprise", comme on disait à l'armée, et à un tour du proprio.

Le Service Météorologique, fort mal logé jusqu'alors, commençait un déménagement vers des locaux très convenables que lui louait une mission protestante. C'est donc là que j'allais bosser, pendant un an ou deux me dit-on, jusqu'au jour de l'installation définitive sur la colline proche de Binza, dans deux ou trois ans.

Notre état-major compte une douzaine de collègues européens, universitaires ou techniciens; en outre, il y a les prévisionnistes, attachés aux aéroports des grands chefs-lieux de province. Ce à quoi il faut ajouter les observateurs indigènes, formés par deux années d'études dans une école attachée au Service.

Tout ce petit monde m'est apparu très sympathique à première vue. Mais, me dit le patron, méfiez-vous de G., un intrigant, pas très à la hauteur. Il fait tache parmi nous, ajoute-t-on. Bon, encore l'une de ces éternelles rivalités ou querelles de personnes comme il en existe dans tous les groupes humains. Je n'aime pas ça.

En fait, c'est G., alors en province, qui aurait dû venir assurer l'intérim de la direction… si mon parachutage ne l'en avait empêché ! Ayant rencontré G. plus tard, je dois reconnaître que je n'ai rien trouvé à lui reprocher. Mon futur et dangereux rival ne sera jamais G. mais bien H. ; compétent certes, mais simple technicien sans diplôme universitaire, H. avait l'art de nager près des gros poissons. Cela a bien failli lui réussir.

Comme directeur a.i., je disposais évidemment de tout un personnel administratif, dont Victor, mon secrétaire, un grand Noir très sérieux. Et comme chef de recherche, j'avais une assistante, Geneviève, physicienne et française, ainsi qu'un clerc, très expert dans le maniement de la machine à calculer et de l'analyseur harmonique. Avec leur collaboration, je lance une nouvelle revue, le “Bulletin du Service Météorologique du Congo Belge et du Ruanda-Urundi”. Et ce sera sur des sujets d'aérologie (étude de la haute atmosphère par ballons-sondes), que j'y ferai paraître mes premières publications, dès janvier 1951 déjà.

La météorologie était évidemment une discipline nouvelle pour moi. C'est ainsi qu'il m'a fallu acquérir un certain savoir, - pratique, bien que dans les nuages ! - et apprendre à ne pas confondre les cirrus et les cirro-stratus, les stratus et les altostratus, les cumulus et les dangereux cumulo-nimbus, annonciateurs de violents orages tropicaux.

Ce qui me facilitait les choses, c'est que la météorologie est infiniment plus simple à l'équateur que sous nos latitudes, où, depuis les travaux de l'école norvégienne, la prévision repose sur la localisation des fronts et l'observation des cyclones et des anticyclones. Or, ceux-ci n'existent que là où règne la “force de Coriolis” : à cause de la rotation de la Terre, tout mouvement est poussé vers sa droite dans l’hémisphère nord et vers sa gauche dans le sud. Et entre les deux, à l’Équateur? Eh bien rien du tout; ni droite, ni gauche; ni cyclone, ni anticyclone. Cela donne une stabilité relative à l'atmosphère équatoriale, troublée seulement par les grands courants ascendants dus à la chaleur du sol.

En juillet, Rita et moi déménageons, l'administration nous ayant octroyé une maison en bordure d'un square où se dresse une copie conforme de la statue équestre de Léopold II à Bruxelles. Peu respectueux, les Kinois (gens de Kinshasa, de Léopoldville) ont baptisé ce square "place du cheval" ou, plus simplement, "au cheval". Et comme "le cheval" est assez éloigné des nouveaux locaux du service, nous faisons comme tout le monde et achetons une voiture. Cette petite Renault sera la première auto de ma vie et c'est avec elle que j'apprendrai à conduire. Mon initiatrice sera Rita, qui avait déjà eu une ou plusieurs voitures en Indonésie.

Mais il ne faut jamais prendre son conjoint comme professeur de conduite, dit-on. Soit, mon mentor sera Brunner, notre chef de laboratoire, un physicien suisse, précis et méticuleux, mais qui confondait allégrement les routes de Léo avec les pistes du Mans. J'ai retenu l'un de ses conseils : me voyant hésiter dans la circulation urbaine, il m'a dit "Allez, foncez, foncez ! Tout ça va s'arranger de soi-même !" Conseil dangereux, me semblait-il.

Rentrant de congé, le directeur Vander Elst et sa femme rapportaient de bien mauvaises nouvelles de Belgique. Un référendum s'était prononcé, avec 58 % de "oui", pour le retour de Léopold III. Les Chambres ayant été dissoutes par le régent Charles, les élections avaient donné la majorité absolue au parti catholique, ardent défenseur du souverain exilé.

Et alors, les socialistes ont mobilisé la rue, ce qui leur arrive lorsque la voie légale ne leur donne pas satisfaction. Bruxelles connaît de violentes manifestations le 1er mai, tandis que Liège et le Borinage voient se développer des grèves insurrectionnelles. Il était fatal qu'éclate un drame : à Grâce-Berleur, près de Liège, des gendarmes, menacés par des manifestants, ouvrent le feu, faisant trois victimes. Trois morts de trop : Léopold doit abdiquer et passer la main à son fils Baudouin.

Étant encore mineur, celui-ci est proclamé "prince royal". Pendant la cérémonie, le député communiste Julien Lahaut crie de sa grosse voix : “Vive la République”. Huit jours plus tard, il est abattu sur le seuil de sa maison, à Seraing. Auteurs ? À jamais inconnus. Probablement d'anciens résistants, patriotes convaincus, - sans doute trop convaincus…

Au Congo, on m'a parlé du dessous des cartes : l'uranium congolais, l'uranium de la bombe atomique, vendu à bas prix aux USA par le gouvernement belge en exil à Londres. Or, une telle opération aurait dû être sanctionnée par un traité signé par le Roi. Maintenant, celui-ci exigeait le retour à la norme et l'élaboration d'un nouveau traité, plus conforme aux intérêts du pays. D'où conflit, le vrai, entre lui et le ministre socialiste Paul-Henri Spaak, très impliqué dans la vente de l'uranium. Se non è vero…

Quant aux Flamands, léopoldistes à 75 %, ils avaient pour eux le référendum, le droit et la légalité. Ils se sont donc sentis horriblement bafoués par les Wallons, socialistes en majorité. Et ainsi “l'affaire” aura sonné le glas de la Belgique de papa.

Le 16 avril, ma fille Michèle atteignait ses quatre ans. D'après les conventions du divorce, je devais en recevoir la garde. Eva, sa mère, se défendait, mais après plusieurs mois de tractations, elle se décide à mettre l'enfant dans un avion.

La chance avait voulu que mon avocat, un Liégeois, ami et ancien de mon régiment, vienne en mission à Léopoldville. Ainsi aura-t-il pu témoigner, devant l'autre partie, de ce qu'il avait vu : épouse charmante, maison convenable, domesticité correcte. Sans oublier Bingo-2 et Bango-2, nos nouveaux chats. Donc, atmosphère gentille au possible et foyer paisible.

Toutefois il n'avait pas dit à Liège que Rita était enceinte. Quand Eva l'a appris, elle a eu des réactions aussi négatives que violentes. Mais il était trop tard. Elle m'a alors déclaré que, selon elle, Michèle ne pourrait que pâtir de la présence d'un enfant de sa belle-mère. Elle avait à moitié raison : effectivement, des difficultés se sont fait jour, mais seulement après la naissance du second enfant, jamais auparavant.

Rita et Michèle firent immédiatement bon ménage, et le jour de la "Saint-Nicolas" fut réellement une grande fête pour la petite : arrivée sans jouets, elle en recevait une table pleine. Et à sa grande joie, notre ménagerie s'est accrue de Bongo et de Bungo, deux chatons issus de Bingo-2.

Mais nous avons perdu Bango-2. Tout blanc et vairon, il était sourd, comme c'est souvent le cas chez les chats de ce type : ainsi n'a-t-il pas entendu arriver une voiture. Puis, ses confrères ont été frappés par le typhus, à l'exception de Mickey un jeune tabby qu'on venait d'adopter. Nous avons alors reconstitué le cheptel en lui adjoignant Ginger, un roux aux longs poils.

Puis, la vie a continué sans gros problème : auto, boulot, dodo. Et le 25 juin naissait notre fils. Un accouchement sans problème, mais provoqué à cette date parce que tel avait été le bon plaisir du gynécologue (cela ne pose-t-il pas des problèmes aux astrologues ?). Il sera Pierre, comme son père, comme son grand-père, comme l'aïeul de son père. Charmant bébé. Bébé parfait. Bébé bien sage. La vie est belle, le bébé aussi.

En août, Rita est à nouveau enceinte. Elle n'y tenait pas tellement, et d'ailleurs s'était imaginée, on se demande bien pourquoi, qu'elle n'aurait plus jamais d'enfant. Grossesse sans problème cependant, Dieu merci.

La grande éclipse de soleil.

C'est peu après la naissance de mon fils Pierre que notre Service Météo décide de participer activement à l'observation d'une éclipse solaire annoncée pour le 15 février 1952. Le phénomène sera visible dans tout le Congo, mais seuls les habitants de l'extrême Nord-Ouest pourront assister à l'occultation totale du disque solaire.

Le cône d'ombre balaiera l'Afrique depuis le Gabon jusqu'à Khartoum et continuera sa route vers l'Iran et l'URSS. À la demande de l'Union Radio-Scientifique Internationale, quarante stations d'observation vont s'échelonner sur ce long parcours. Notre Service

Météo prendra en charge deux d'entre elles, installées l'une à Ndélé, en Afrique Équatoriale Française, et l'autre à Libenge (Congo Belge) sur la rivière Uélé, non loin de Bangui.

La première de ces stations sera montée en collaboration avec nos collègues de Brazzaville, avec lesquels nous entretenons d'excellentes relations. C'est un chercheur suisse de chez nous, M. Schuëp, assisté par un météorologiste français, qui en prendra la direction. Leur tâche sera la mesure du rayonnement solaire pendant toute la durée de l'éclipse.

Quant à la seconde station belge, elle sera confiée à la “mission Grosjean-Koenigsfeld”, à laquelle se joindra M. Lemaire, un directeur des Télécommunications, aussi compétent que plein d'humour. À l'aide de ballons-sondes, elle devra détecter l'effet spécifique du soleil, - et de l'absence de soleil ! - sur le champ électrique de la haute atmosphère. Et ainsi, quand tout est bien décidé, je vois sortir d'un Boeing Sabena un ancien camarade d'université, Léon Koenigsfeld. Issu de l'Observatoire de Cointe et du giron de Dehalu, il est maintenant professeur à Liège et grand spécialiste du magnétisme terrestre. C'est un homme très simple, jovial, bon garçon, mais dès sa descente d'avion, nous devinons qu'il ne s'adaptera que difficilement à l'atmosphère coloniale. Simple intuition, sans autre fondement qu'une expérience lentement acquise…

Libenge. Un petit poste de brousse, comme il y en avait alors des dizaines. L'administration nous a préparé le terrain, tout va bien, sauf… sauf qu'il n'y a pas d'hydrogène pour nos ballons-sondes ! Où en trouver ? À Bangui, chez les Français. Et nous voilà partis pour une expédition en brousse, avec traversée de l'Uélé.

Bangui. Une ville rouge, rouge, à cause de la latérite dont la poussière vole partout. Voici nos bonbonnes (des bouteilles, dit-on ici). Merci les Français, et retour vers Libenge à la nuit tombante. Juste après la rivière, nous nous heurtons à un arbre tombé en travers de la route. Nos Noirs commencent à dégager un passage latéral quand s'amène un visiteur imprévu, un éléphant ! Non, nous ne le voyons pas, mais le sentons, l'entendons, là, tout près, soufflant et écrasant des branchages. Pas de panique, pas de panique. Nos Noirs s'activent, le passage est libre. Ouf!

Du point de vue scientifique, la mission fut un succès complet, et Koenigsfeld était aux anges. Seul incident, un vent de 150 km/h. avait soufflé nos cabanes de travail, - avant l'éclipse, heureusement! L'avant-dernier soir, notre ami s'en va chasser puis nous raconte, tout fier, qu'il a abattu une grosse bête. Laquelle? Il ne sait pas. Au matin, il cherche et ne trouve rien. Mais voilà ce farceur de Lemaire, appuyé par votre serviteur, qui déclare de sang-froid : “Vous avez descendu une vache, nous allons avoir des ennuis”. Koenigsfeld en paraît tellement déprimé que le soir nous lui confions que tout cela n'était qu'un de ces canulars comme aiment en poser les chasseurs. Je crois bien qu'il m'en a voulu.

La colline de Binza

Peu de temps après, le Service déménageait vers Binza, sur les hauteurs de Léo. Avec Brunner, le physicien suisse, j'avais tracé le plan du lotissement et surveillé la construction des maisons ainsi que de notre vaste et somptueux nouveau centre, avec ses bureaux, ses ateliers, ses laboratoires et un hall impressionnant. Et dans le parc, une station météo modèle, complétée par une installation de lancement et d'observation de ballons-sondes.

Vander Elst en était encore aux plans de la maison du directeur et ainsi ne tenait-il pas à nous rejoindre tout de suite. Je me suis donc octroyé la plus belle maison du lot, avec un grand jardin et une vue superbe sur le “Pool”, l'énorme étendue d'eau du fleuve Congo, large de plus d'un kilomètre en cet endroit. En même temps, nous nous offrons une nouvelle voiture, une Coccinelle.

L'actualité internationale ne nous passionnait guère, et pourtant, il s'en passait, des choses. Depuis octobre 50, la guerre battait son plein en Corée, et le bataillon belge y déplorait la mort de l'un de mes camarades de captivité, le major Didier Poswick.

En mars 52, la princesse Elisabeth s'était trouvée Reine d'Angleterre, alors qu'elle séjournait au Kenya. C'est dans ce pays que commençait l'agitation Mau-Mau, la première révolte noire du continent. Chez nous, au Congo Belge, peu de gens s'en inquiétaient, sauf Rita, justement : ayant connu de violents mouvements d'indigènes en Indonésie, elle se sentait de plus en plus mal à l'aise en Afrique, et son comportement en souffrait.

Le 25 juin 1952, elle donne le jour à Paul, beau bébé un peu grassouillet. Encore un accouchement provoqué, mais coïncidence involontaire, Paul naît le même jour de l'année que son frère. Ainsi fêteront-ils ensemble leur anniversaire et leur fête patronale (29 juin).

À la clinique, un incident bizarre : comme Rita passait devant moi, emmenée sur un brancard et me regardant, muette, des éclats de haine se sont reflétés dans ses yeux. Et dès ce moment, notre vie de famille n'aura plus jamais été la même. Le cas est connu, me dit un médecin; un second accouchement peut provoquer chez certaines femmes un traumatisme durable. Et les symptômes se sont alors multipliés.

Rita s'est mise à délaisser systématiquement Pierre au profit de Paul, tandis qu'elle s'en prenait souvent à Michèle, avec laquelle elle s'était si bien entendue jusqu'alors. Puis apparurent certains signes quelque peu inquiétants : croyant à la métempsycose, elle me parlait maintenant de ses incarnations antérieures; c'était déroutant certes, mais plus préoccupants étaient les récits de ses rapports avec les esprits. Elle en entendait les voix, disait-elle, et ces voix lui avaient notamment prédit la mort de Bango, notre chat vairon écrasé devant chez nous.

Mais voici plus grave : Un jour d'octobre, en creusant un trou le long de la maison, le boy-jardinier met à jour un cimetière de bouteilles de whisky. Comme tant et tant d'autres Blancs dans les colonies, Rita s'était mise à boire. En cachette. D'où ses colères et ses violences contre les boys, contre moi, contre Michèle ! Notre médecin me conseille alors de la rapatrier le plus tôt possible.

Devançant notre départ en congé, prévu pour avril 53, Rita, - à sa grande satisfaction ! - s'envole en novembre, avec Pierre trottinant à ses côtés et Paul dormant dans un berceau portatif. Sans oublier le chat Mickey dont elle ne voulait pas se séparer. Son intention était de s'installer chez sa mère à Rotterdam où elle trouverait la belle Opel-Capitaine que je venais de commander. Puis, elle tâcherait de louer quelque chose en Hollande près de la frontière belge.

Ainsi me suis-je retrouvé seul à Binza avec Michèle, et nous nous sommes parfaitement bien organisés. Avec l'aide d'une voisine, Yvonne Poncelet, infirmière, épouse de l'un de nos techniciens, j'ai monté une grande fête pour tous les enfants de la Météo. Le clou en était le baptême des poupées des petites filles, suivi d'un grand goûter dans notre garage à ciel ouvert. À cette occasion, j'ai étrenné ma toute nouvelle caméra double-8.

C'est au parrain de Pierre que je dois les premiers conseils sur l'art de filmer, conseils que je vois si cavalièrement violés aujourd'hui par les bourreaux de la vidéo-caméra : comptez un maximum de trois secondes pour un plan immobile ; ne balayez pas en va-et-vient dans toutes les directions ; choisissez un sujet central pour chaque plan ; changez de place après un arrêt de moteur ; recherchez un avant-plan latéral léger ; évitez les grands avant-plans vides (route, prairie). Et pas de ciné-fiction, vos parents et amis ne sont pas nécessairement des comédiens !

Autre grande réception dans notre belle maison : on arrosait ma barrette de capitaine-commandant, octroyée l'année précédente. On a mangé, bu, fêté, dansé, chahuté. Et une autre soirée encore, en l'honneur de Madame Vander Elst cette fois. Rita a été bien étonnée lorsqu'elle a vu mes films-reportages de ces événements.

Je me demande toujours pourquoi, Rita présente, pareilles fiestas eussent été difficilement pensables. Elle avait pourtant mené une belle vie, à Batavia. Ne m'a-t-elle pas raconté qu'après certaines soirées bien arrosées, les dames mettaient leurs clés dans un chapeau, et les messieurs tiraient au sort ! Tête du gentleman auquel le hasard venait de restituer sa propre clé !

Nous, à Binza, nous étions quand même plus sages. Tout au plus m'arrivait-il de rejoindre Yvonne et des amis au dancing-restaurant voisin de la Devinière, - qui existe toujours, paraît-il. En arrivant là, un soir, je découvre, à ma grande surprise, que je suis accompagné d'un chaperon : Ginger, endormi sur le siège arrière de la Volkswagen ! Il n'avait pas bougé lors du démarrage.

À Pâques, nouvelle et dernière réception : la communion privée de Michèle, en même temps que celle du fils d'Yvonne. Puis, ce fut le départ. Embrassades, saluts, adieux de tout le personnel. Et embarquement à Kinshasa, direction Brazzaville, sur l'autre rive.

La croisière du Foch

À Brazza, je suis cordialement reçu par mon collègue français, directeur de la météo locale. J'avais déjà eu des contacts professionnels avec lui, et ainsi je connaissais la ville, la pauvre ville de Brazza, qui faisait bien piètre figure en comparaison de Léo, alors en plein boom. Vraiment, l'Afrique Noire n'était pas l'enfant gâtée de la colonisation française !

Après Brazza, Pointe-Noire, par le chemin de fer “Congo-Océan”. Avec un amusant incident de parcours : un remblai menaçant de s'effondrer, tous les passagers doivent mettre pied à terre et parcourir un demi-kilomètre le long des rails, à la queue leu leu, devant la locomotive qui suivait avec précaution.

Et voici, à quai, le Foch, un superbe transatlantique (superbe pour l'époque !). Selon la détestable habitude des croisières, on vous impose des compagnons de table pour toute la durée du voyage. Mais j'ai eu de la chance : à ma gauche un petit juge d'instruction de Bangui, très drôle malgré sa fonction. À ma droite, Madame de Montaigne, une Noire. Mais oui, une noble Noire, descendante d'un hobereau français qui s'était jadis installé à la Martinique. Belle personne, aussi agréable que distinguée.

Quant à Michèle, je ne la verrai plus qu'au coucher ; de jour, elle s'amusera avec les nombreux autres enfants, dans un children's corner parfaitement bien organisé. C'est à bord du Foch qu'on fêtera chaleureusement son 7e anniversaire, le 16 avril.

Et les escales vont succéder aux escales. D'abord Port-Gentil, au Gabon, sans grand intérêt. Une de nos compagnes de table y descend, - à son grand regret, dit-elle, tant elle se plaisait avec nous. Un bon point pour mes compagnons et moi.

Puis Douala, au Cameroun : le monument principal est la cathédrale, pas mal, avec ses deux tours. Nous embarquons des tirailleurs noirs. On nous dit qu'ils partent vers l'Indochine, où l'armée française semble très mal résister aux assauts des Viet-Congs du général Giap. Lagos, au Nigeria, chez les Anglais : dans les grands magasins, les vendeuses sont des jeunes filles noires, parfaitement à l'aise. Absolument inconcevable au Congo Belge !

Cotonou, Dahomey : vous voulez aller à terre ? Très bien, on vous embarque dans une nacelle, une grue vous soulève et vous dépose sans ménagement dans une sorte de chaland, - boum ! J'ai vu ainsi s'envoler Madame de Montaigne, pas très rassurée. Aussi, ni Michèle ni moi ne l'avons suivie.

Lomé, au Togo, puis Abidjan, en Côte d'Ivoire. La seconde est aussi prétentieuse que la première est humble. Mais chacune a sa cathédrale, bien sûr.

Conakry, Guinée. D'abord une cathédrale, voilà qui devient répétitif. Un monument aux morts, avec des bas-reliefs de soldats (français) en burnous. Un marché, comme partout. Dans le port, un navire battant pavillon allemand ; cela nous étonne, mais pourquoi ? Nous étions en 53 et non plus en 45…

Dakar, Sénégal : en plus de l'inévitable cathédrale, voici des maisons et de grands immeubles très modernes ; l'ensemble n'en a pas moins l'allure d'une sous-préfecture. Un marché, très animé, très coloré (combien allais-je encore en voir dans ma vie, de ces marchés africains, asiatiques, sud-américains, tous très animés, tous très colorés ?).

Casablanca, Maroc. Changement de style, nous sommes en Afrique blanche, musulmane, pas désagréable du tout avec ses mosquées, ses palais mauresques, ses immeubles tout blancs. Dans les rues, des porteurs d'eau, de vieux Juifs en caftan, de jeunes Berbères en djellaba. Sur une grande place, la statue équestre du général Lyautey, le père du Maroc moderne. (Aujourd'hui, elle se trouve reléguée dans la cour du consulat de France !)

Barcelone, Espagne (et Europe !). Christophe Colomb nous salue à l'entrée du port et nous invite à nous promener sur les Ramblas, - ce que nous ferons, Michèle et moi. Longue escale, si longue que le soir le petit juge et moi échouons dans une boîte de nuit. Flamenco modernisé : les danseuses tourbillonnent, ce qui fait remonter en corolles leurs robes un peu courtes ; alors, à chaque pirouette de ces demoiselles, on voit tous les messieurs se pencher simultanément pour regarder les jambes ainsi dévoilées.

Marseille ! Finie, cette croisière qui fut bien plaisante : escales variées, jeux de bord, orchestre, dancing. Et soirées de gala où je sortais mon bel uniforme, tout blanc et galonné, de fonctionnaire colonial belge. Adieux à tout un petit monde qui promet de se revoir ou de s'écrire, mais n'en fera jamais rien…

Et sur le quai, Rita, venue m'attendre avec l'Opel.

La vie de château.

Adieu le Maréchal Foch et vive la France. Traversée touristique : Côte d'Azur, Provence, Route Napoléon, Grenoble, Lyon, Vézelay, le Morvan. Tout s'est passé sans trop de problèmes, et à Liège, j'ai remis Michèle à sa mère.

Et tout s'est mieux passé encore après la frontière belge. Tel le géant Antée de la mythologie grecque, Rita retrouvait ses forces (et son sourire) dès qu'elle touchait la terre, - sa terre à elle, la Hollande, où elle avait judicieusement choisi notre résidence de vacances, le château de Strabeek, dans le site touristique de Valkenburg, à 25 km de Liège. Là, elle avait engagé une gouvernante, si bien que le néerlandais sera la première langue, - bien oubliée aujourd'hui ! - de Pierre et de Paul. Nous avons vécu en duplex, l'escalier en spirale débouchant dans le confortable living où jouaient les gosses, - et aussi le chat Mickey, bien arrivé. Nous disposions d'un parc superbe, et c'est là qu'un beau jour Paul a risqué ses premiers pas, comme ça, sans crier gare.

La famille Boswinkel nous a souvent rendu visite. Comme tous les Hollandais cette année-là, ils parlaient et reparlaient de l'effroyable catastrophe du 1er février, quand la tempête avait détruit de nombreuses digues de la Mer du Nord : de mille à deux mille victimes, plus de cent villages anéantis. Et dix mille cadavres de vaches, abandonnés par les eaux en se retirant.

Ma mère est venue nous voir plusieurs fois. Elle m'a amusé en se plaignant de ce qu'il n'y avait que des Flamands et encore des Flamands dans ce coin, - ce qui a choqué Rita : "Nous sommes des Hollandais, pas des Flamands !, ceci dit avec une petite moue de dédain à l'égard de ces patauds de Belges.

Visite aussi de mon oncle Armand et de sa bigote d'épouse. J'avais été les chercher à Liège et les avais installés à l'arrière de l'Opel. Un moment, en conduisant, je me demande quel est ce bruissement continu de paroles marmottées ? Mais oui, elle prie, ma brave tante ! Elle récite son acte de contrition, ce que tout bon croyant est invité à faire en cas de danger ! Je crois qu'elle n'avait jamais roulé en voiture personnelle.

En novembre, l'armée belge m'avait muté de l'artillerie à l'Ordonnance, le service d'entretien et de réparation du matériel. J'avais alors commencé à préparer l'examen de major de réserve, et sollicité un rappel volontaire de quelques semaines au dépôt de Lantin, près de Liège. Ainsi me suis-je retrouvé en uniforme, faisant tous les jours la navette entre Maastricht et Liège. Cela ne plaisait que tout juste à Rita, alors qu'une des raisons de ce rappel, avec traitement de commandant, était d'un peu restaurer mes finances, mises à mal par les whiskies congolais.

Ce rappel s'est terminé par des manœuvres en Allemagne occupée. J'y ai retrouvé beaucoup d'anciens camarades venus passer l'examen de major. Moi, j'en étais exclu, motif : étant absent du pays, je n'avais pu suivre les cours prévus à Bruxelles. Ces cours que j'avais si bien potassés chez moi ! Absolument dégueulasse de la part des bureaucrates galonnés de la caserne Prince Albert !

Je remise mon uniforme dans la naphtaline, et nous voyageons, Rita et moi, en Belgique, en Hollande, ainsi qu'en Allemagne où je revois les belles villes de Lübeck et de Celle, souvenirs de ma libération. Puis au Danemark, où je pensais remercier de vive voix Niels Bohr et sa femme pour les très précieux colis qu'ils m'avaient envoyés pendant la guerre. Absents l'un et l'autre, malheureusement. Belle ville, Copenhague, un peu austère malgré sa classique petite sirène et sa non moins classique relève de la garde.

À Liège, ma mère avait des problèmes. Voyant s'agrandir leur petite famille, les proprios lui proposaient un échange : contre deux des trois pièces qu'elle occupait au premier étage, un mini-appartement à l'entresol, avec “commodités” et une belle vue sur la ville. Protestations, gémissements, récriminations. J'ai arrangé les bidons et lui ai organisé son nouveau foyer, très joli, très cosy.

Mais peu avant mon départ, elle me confie que les locataires du dessus tenaient des conciliabules à voix basse sur le palier. “Ils disent du mal de moi”, ajoute-t-elle. Aïe ! Tout recommençait !

Binza, suite et fin.

Début octobre, le DC4 nous débarque à Léopoldville, Michèle, le chat Mickey et moi. Notre maison avait été bien gardée par les boys, rien ne manquait. Ginger était là, en bonne santé, mais il ne nous a pas reconnus, et s'est rué en rage sur le pauvre Mickey.

Puis Rita et les gosses se sont amenés par bateau à Matadi où j'avais été les attendre par le train. Mes trois enfants étaient fous de joie de se retrouver, mais Rita m'a déclaré que je n'aurais pas dû emmener Michèle. Aïe, tout recommençait, là aussi !

Le 6 décembre, récidive : Saint Nicolas étant venu à Binza en un brillant cortège, escorté par les motards de la Force Publique, Rita n'a pas voulu que Michèle aille avec ses frères saluer le grand saint, patron de tous les enfants sages. Pourquoi ? Mystère.

En février, le directeur Vander Elst m'envoie, comme il y a trois ans, en tournée d'inspection en province. Ce qui me donne l'occasion de retrouver Henri Bovie, mon compagnon de captivité. Nommé major, il commande un bataillon à Coquilhatville, sur l'équateur.

Puis voici Stanleyville, où la gentille Madame G. (l'épouse de cet agent que Vander Elst n'aimait pas beaucoup) me montre toute fière des photos prises chez elle lors d'une réception. Elle y figure aux côtés de Katharine Hepburn, de Humphrey Bogart et de Lauren Bacall venus tourner *The African Queen* en 1951.

Ensuite Bukavu, la perle de l'Est : 1400 mètres d'altitude, le superbe lac Kivu, des collines à perte de vue, un climat très doux. C'est, dit-on, la ville des valétudinaires, des pistonnés et des petits “de”. Effectivement, j'y rencontre le prince de Ligne, que tout le monde ici appelle “Monseigneur”. Et aussi Edmond de Sélys Longchamp, ex-évadé de captivité, mais rond-de-cuir aujourd'hui.

Elisabethville (Lubumbashi), capitale du cuivre, des missions catholiques et de la Société Générale. Ville-jardin, climat d'altitude, très agréable. Rien de bien spécial à signaler.

Ah si, pardon, je dois mentionner un incident caractéristique : ayant filmé, parmi d'autres personnes, la trop souriante épouse d'un collègue, j'ai eu droit, at home, à une scène de jalousie tout à fait injustifiée. Oui, les choses se gâtaient…

Autre mission : Berlin, pour des achats d'appareils d'aérologie, en remplacement de notre vieux matériel français. Pas encore de mur, non, mais des ruines et encore des ruines derrière lesquelles cependant on sentait poindre un dynamisme de reconstruction. Un soir, mes futurs fournisseurs m'invitent dans une boîte de nuit. Tandis que disparaissaient les dernières effeuilleuses, toute la salle a chanté :

"Berlin vivra ! Berlin sera toujours Berlin !"

À Binza, ma situation se dégradait insensiblement. Vander Elst faisait de moins en moins appel à moi, son favori étant maintenant H., lequel, bien que simple technicien, dirigeait notre nouveau département de géophysique. Il venait de conquérir un diplôme de docteur, ce qui, pensait-il, lui permettrait d'accéder aux fonctions de sous-directeur. Mais patatras, voilà que ses collègues adressent une réclamation au Ministère : le diplôme n'était qu'un simple "doctorat d'université", titre qui n'est reconnu ni en France ni en Belgique. Pour H., ce sera le retour à la case départ.

Puis éclate le drame. Dès son arrivée en Afrique, Rita avait repris contact avec le whisky. Il lui arrivait de piquer, sans raison valable, des colères dont les éclats perçaient les murs. Et un jour, Dieu sait pourquoi, elle me casse un vase sur la tête. Flot de sang, intervention de l'infirmière Yvonne Poncelet. La nouvelle se propage dans le poste, et je me sens de plus en plus isolé.

Conseil du médecin : "Ou bien vous renvoyez votre femme en Belgique, ou bien vous vous faites muter vers un climat meilleur, Elisabethville ou Bukavu par exemple." Je m'informe, et coup de pot, si j'ose dire : à l'Athénée de Bukavu, le professeur de sciences venait de se tirer une balle dans la tête, après avoir abattu sa femme. Sans doute avait-il voulu régler ainsi d'insolubles problèmes conjugaux.

J'en parle à Nérée Vander Elst : "Faites votre demande, je l'appuierai de tout mon poids". Et il ajoute : "Pour vous comme pour nous tous, il vaut mieux que votre femme quitte Binza. Nous craignons à tout moment que n'éclate un scandale". Plus tard, lors de mon divorce, j'ai compris qu'il m'avait gardé toute sa sympathie. N'était-il pas passé par là, lui aussi !

Sitôt dit, sitôt fait. Nous faisons nos paquets, et nous nous envolons vers Bukavu. Les chats et mon piano suivent par avion et le restant par bateau. C'était la fin de la “belle carrière” que, cinq années plus tôt, je croyais paisiblement poursuivre dans un service scientifique qualifié.

Maintenant, j'entrais dans cet enseignement secondaire auquel, il y a vingt ans, j'avais allégrement préféré la carrière des armes. Le Destin semblait passer son temps à se moquer de moi, et pourtant, il me conduisait lentement, mine de rien, vers une carrière top-niveau assortie d'un troisième mariage, - heureux celui-là.

* * *

XXVII.- CONGO-3 : LA PROVINCE

"*Bukavu, c'est Costermansville,*
C'est à Bukavu ou Costermansville
Que je suis allé un jour
Pour y découvrir le grand amour. "

C'est ce que l'on chantait au Kivu sur l'air du fox-mambo *"Istamboul, c'est Constantinople"*, un immense succès international des années 53-54. Une restriction toutefois : je n'y ai pas découvert le grand amour, bien au contraire. Mais j'y ai fait des tas de choses aussi intéressantes qu'inattendues.

Dès notre arrivée, Rita, les enfants et moi-même nous sommes sentis enchantés de la mutation qui nous amenait ici. Bukavu, son lac, ses fleurs, sa cathédrale, ses jolies maisons, sa verdure quasi européenne. Et sa température toujours égale, 21° toute l'année ! Et son splendide Athénée, une somptueuse construction en forme de H majuscule, dominant la superbe baie de Dendere. Ce que voyant, Rita s'était exclamée : "Je croyais que l'Indonésie était le plus beau pays du monde, mais je me trompais."

Le maître des lieux, Monsieur le Préfet Alex P. Wouters, nous reçoit très chaleureusement. C'est un homme un peu petit, à la démarche hésitante (due à ses pieds plats, disaient les profs, de bien mauvaises langues !), mais de belle allure quand même. Intelligent, sarcastique à l'occasion, sceptique avec finesse, humoriste un peu amer, il dirigeait fort habilement sa boîte.

Certains ne l'aimaient guère, mais lui et moi nous sommes mutuellement appréciés dès le début et restés en relation longtemps après la catastrophe congolaise. Tout comme mon ex-directeur Vander Elst, il allait être, à Bruxelles, l'un des témoins-clés de mon procès de divorce. Je le range parmi les quelques amis qui, pour moi, sont morts vingt ans trop tôt.

Dans son athénée, mon domaine personnel occupe la branche ouest du "H " : une grande salle de cours, deux laboratoires, deux magasins d'appareils. Mon prédécesseur suicidé me léguait le tout dans un état de crasse et de désordre complets. Ici, Rita fut parfaite : pendant plusieurs jours, elle m'a spontanément aidé à nettoyer la verrerie chimique, à épousseter les appareils de physique, puis à ranger le tout au mieux. Ainsi ai-je pu apprécier la grande richesse du matériel pédagogique qui m'était attribué. Là-dessus, on m'a octroyé un préparateur, Cléophas, un Tutsi très habile.

Nous avons été logés dans un hôtel de la grand-rue puis dans une maison en bordure de la ville, - maison meublée, comme toujours au Congo. Deux de mes enfants ont été inscrits dans des annexes de l'Athénée, Michèle (huit ans et demi) en primaire et Pierre (trois ans et demi) en maternelle. Paul, encore trop jeune, restera chez sa maman.

Et j'ai commencé mes leçons… avec un étrange sentiment de bien-être, de retour au cocon de l'enfance, de réintégration dans la coquille scolaire où j'avais été si heureux jadis. Je crois que beaucoup d'enseignants éprouvent cette sensation au début. Les bons profs n'étaient-ils pas en général de bons élèves ?

Mais je n'étais pas tout à fait un novice en arrivant ici. À Léopoldville, j'avais enseigné la physique et les mathématiques, après journée, dans un institut catholique pour jeunes filles. J'y avais même entièrement monté le laboratoire : les Sœurs manquaient certes d'enseignants, mais pas de crédits ! Les heures m'étaient rémunérées, et cela venait bien à point à un moment où les ressources du ménage semblaient se volatiliser.

C'est alors que j'avais connu les délices de l'inspection scolaire et en avais tiré de précieux enseignements : lors d'une inspection, l'essentiel, pour un prof, n'est pas d'intéresser les élèves, mais :

1°) de respecter les manies pédagogiques en vogue, celles que préconise Monsieur l'Inspecteur, précisément ;

2°) de présenter un impeccable “cahier de préparations”, même si vous ne devez jamais l'utiliser autrement qu'en présence de Monsieur l'Inspecteur.

Pourtant, Latouche, mon inspecteur à Léopoldville était un brave homme et nous nous sommes cordialement revus plus tard en Belgique ; mais voilà, il faisait son métier. Je ne dirai pas la même chose de Serrure, qui sévissait au Kivu. Il m'a jugé d'une façon telle que Wouters en était indigné et le lui avait fait entendre. Serrure, un peu calmé, avait alors résumé, de façon plus modérée, son appréciation : “Vous donnez les cours comme dans l'enseignement supérieur. Vous nc convenez pas pour le Secondaire.” Peut-être avait-il raison ?

Nous avons poussé un soupir quand il a été remplacé par un homme plus ouvert, plus aimable. Comme celui-ci était “officiellement” socialiste, - tout comme notre directeur de l'enseignement, - je me suis inscrit au syndicat socialiste, la FGTB. Flagornerie ? Pas du tout ! J'apprenais simplement à devenir un bon fonctionnaire belge.

Ayant bien retenu la leçon reçue de ce brave Latouche, j'ai consacré, à Bukavu, au grand dam de Rita, tous les loisirs de mes premiers mois à rédiger d'impeccables “cahiers de préparation” : physique, chimie, biologie. Cela m'a donné certaines connaissances qui, par un curieux détour du destin, m'ont aidé plus tard à préparer deux intéressantes candidatures, celle d'expert pédagogue à l'UNESCO, puis celle de professeur de méthodologie des sciences à l'Université de Mons-Hainaut. Peut-être devrais-je dire ici : merci Messieurs les Inspecteurs de l'Enseignement Secondaire ? Autre point de désaccord avec Serrure : la biologie. Il aurait voulu que, conformément au programme, je fasse des dissections et même des vivisections de grenouilles devant des gosses de 14 ans. J'ai refusé net. Notons ici que je ne m'étais jamais occupé de biologie, mais voilà, il fallait bien boucher un trou de la liste du personnel.

Pour comble, il n'y avait pas, en Belgique, de manuel scolaire de biologie pour les classes supérieures. Par chance, le magazine “Sciences et Vie” avait consacré un numéro complet aux théories de l'évolution. Je l'ai donc fait acheter par mes élèves. Un souvenir, ici : j'enseignais (en 1956) que les premiers fossiles humains ou quasi humains remontaient à 500.000 ans. Aujourd'hui (1997) où en est-on pour cette date ? À 3 millions d'années !! Et demain ?

Notre vie sociale s'organisait très agréablement. J'avais eu le plaisir de retrouver ici M. Studer, l'ingénieur suisse qui travaillait avec moi dans les mines à Punia. Devenu colon, il dirigeait une plantation et une briqueterie tandis que sa femme, très bon sculpteur, tenait un atelier remarquable dans leur maison, à quelque 50 km de chez nous, - c'est-à-dire à deux pas !

Ce sera chez Studer que Ginger et Mickey iront en pension lors de nos retours en Europe, retours que le Ministère venait de rendre annuels pour les enseignants, - ce qui m'arrangeait particulièrement bien, vu les incertitudes de ma situation conjugale.

Autre amitié retrouvée, Ernest, mon compagnon de chambrée à Prenzlau, celui dont la radio clandestine avait permis de nous annoncer le Débarquement ! Major dans la Force Publique, il était fiancé (plus ou moins !) avec Gisèle, l'institutrice de Pierre. Femme aimable et dynamique, Gisèle ne se mariera cependant pas, et, plus tard, en Belgique où je devais la retrouver, elle s'occupera activement de politique dans le parti libéral.

L'actualité nous inquiétait parfois, car nous voyions le système colonial s'effriter partout. En novembre 54, la crise algérienne avait débuté par un massacre de Français, et en mai de la même année, l'armée française avait connu la défaite de Dien Bien Phu.

Le moral de Rita devait s'en ressentir car après trois mois de vie agréable et normale, elle s'était remise à boire, à battre aussi bien Pierre que Michèle, et à se livrer à d'incompréhensibles colères. Les perturbations la reprenaient donc, et ainsi la mutation vers Bukavu n'avait pas servi à grand-chose. À la mi-mai, ma chère épouse décide de rentrer illico en Hollande avec ses deux fils. Et elle me déclare, comme ça, tout à trac :

"Si Michèle revient ici après les vacances, moi je reste en Hollande. Tu dois donc choisir : ou bien ta fille, ou bien tes fils."

Ce sont là de ces paroles que l'on ne pardonne pas facilement.

Bwana Kitoko

Le dimanche 15 mai, le roi Baudouin s'embarque pour le Congo Belge. Un voyage historique de près d'un mois dans toutes les régions de la colonie. Lorsqu'au moment du retour le 10 juin, on demanda au Roi, à Léopoldville, quelles étaient ses premières impressions sur les Noirs, il répondit : " Je les adore ! Et de leur côté, ceux-ci l'appelèrent "Bwana Kitoko", le Prince Charmant.

Il ne faut pas chercher plus loin l'explication de l'enthousiasme avec lequel les populations congolaises accueillirent le jeune souverain. Enfin, elles le voyaient de leurs propres yeux, avec un ravissement qui se traduisait par une joie délirante se répandant d'un bout à l'autre de la colonie. D'un sourire, le Roi avait conquis le Congo.

Non, ce texte dithyrambique n'est pas de moi, ce n'est pas mon style, mais là pas du tout ! Il a paru dans le journal "Le Soir", et, j'insiste, il est rigoureusement exact malgré son enflure, n'en déplaise aux doctrinaires de l'anticolonialisme obtus.

Rita nous ayant quitté avec les deux garçons, je me suis à nouveau trouvé "veuf" au Congo. Il me restait Michèle, et c'est avec elle que je décide d'aller voir le Roi le 30 mai à Usumbura (on dit maintenant "Bujumbura"), capitale du royaume de l'Urundi (aujourd'hui, "Burundi"), au bord de cet immense Tanganyika, lac dont la superficie dépasse celle de la Belgique. Nous aurons une passagère, la femme de mon garagiste.

Notre bonne Opel entreprend donc la descente des "escarpements", comme on disait pour désigner la piste Bukavu-Usumbura. Dégringolades invraisemblables, dangereuses même, avec leurs ravins, leurs lacets et leurs pentes raides. Comme il était impossible à deux voitures de s'y croiser, les Travaux Publics avaient disposé des postes de guet pouvant s'apercevoir l'un l'autre, deux à deux : chacun garde un segment de route où il est interdit de s'engager tant que le poste d'en face n'a pas abaissé son ballon-signal, indiquant ainsi que la voie est libre.

Ayant dormi à l'hôtel, Michèle et moi allons au matin du 30 attendre le Roi à l'aéroport. Spectacle splendide : au fond les "mille collines", comme on disait du pays ; autour de nous, les chefs coutumiers drapés dans leur manteau de parade, porteurs du bandeau et de la lance, insignes de leur pouvoir. C'était des Tutsis (ou Watutsis), de race nilotique, pasteurs et seigneurs dans cet Urundi qui est l'un des rares États africains ayant existé tel quel avant la colonisation (sa dynastie remonte au 17e siècle !).

Nous assistons au défilé des personnalités : Sa Majesté le Mwami (roi) Charles Mutara 1er, souriant, immense, le sceptre à la main. Deux mètres de haut, non compris la tiare. Puis Mgr Bigouroumwami, l'un des premiers évêques noirs. Puis les "Monpés", les "Mon père", les missionnaires blancs et barbus. Puis Messieurs les fonctionnaires de l'administration coloniale : uniformes immaculés et impressionnantes brochettes de décorations.

Dans la foule, une de mes élèves, Micheline, 18 ans ; grande et belle, elle en paraissait 25 et s'habillait comme une femme de 30. Ici, elle porte un décolleté époustouflant, dénudant tout le dos. Je l'ai filmée dans la foule, mais cela m'a valu plus tard une crise de jalousie conjugale : j'ai dû censurer mon propre film !

Et voici l'avion royal. Vive le Roi ! Et rendez-vous pour cet après-midi au stade, où nous attend un spectacle de folklore spécifiquement burundi : les danseurs, les fameux danseurs watutsis du ballet personnel du Mwami. Vive le Roi, une fois de plus. Le souverain monte à la tribune, accompagné par le Gouverneur Général Pétillon. Place à cette danse si curieuse, où chaque participant semble s'identifier à une grue couronnée. Pas de musique, non, seulement les sonnailles des grelots fixés à la cheville.

Puis, plus modestes, voici les Hutus, de race bantoue. Ce sont des agriculteurs, les serfs des seigneurs tutsis. À la décolonisation, lorsqu'on voudra les émanciper et imposer au pays un régime démocratique, ce sera le début de massacres et de contre-massacres sans fin, Tutsis contre Hutus, Hutus contre Tutsis. En Afrique, le pouvoir ne se partage pas.

Après le spectacle, Michèle, l'Opel et moi entreprenons l'escalade des “escarpements”, avec comme passagère, cette fois, la belle Micheline en personne, dormant sagement à l'arrière.

Le lendemain après-midi, on attend le Roi à Bukavu. Les drapeaux, belges et congolais, claquent au vent. Sur la route, une foule énorme, les écoles en rangs bien sages, les scouts (dont Michèle !) en uniforme, les fonctionnaires en blanc, les chefs coutumiers en costume folklorique. Et les Bachis, les représentants de l'ethnie locale ; vedettes du jour, avec leurs coiffures en poil de singe, leurs pagnes colorés, leurs armes préhistoriques, ils vont, viennent, dansent une sorte de farandole épaule contre épaule, faisant “Hou-hou Hou-hou”.

La nuit tombe, le Roi a deux heures de retard ; fatigué, un peu souffrant, il a bien failli ne pas venir. Enfin, le voilà ! Brabançonne, hymne congolais, défilé impeccable de la Force Publique, avec fanfare en tête et Roi en queue, sous les acclamations.

La matinée du lendemain sera consacrée à l'Athénée : Roi aimable et souriant, un peu timide cependant, aux côtés d'un Gouverneur général plutôt crispé. Tout éblouissant dans son uniforme immaculé, le préfet Wouters se confond en courbettes. Le Roi visitera ensuite le beau collège des Jésuites, perché sur les hauteurs de la ville. Car impartialité oblige, en cette stupide guerre scolaire.

Après les examens, Wouters et moi organisons une excursion scolaire à Lwiro, au centre de l'IRSAC (Institut de Recherches Scientifiques en Afrique). Site superbe, avec des fleurs et encore des fleurs. Grande bibliothèque, laboratoires modernes. Des chimpanzés chapardeurs viennent nous saluer sans façon, tandis que des gorilles jouent aux gros méchants dans un vaste enclos pourvu de solides barreaux, - ce qui impressionne fortement Michèle et mes lycéens.

Promenade dans les bois environnants, sans moi, et soudain panique chez mes gars qui s'amènent en courant, l'un d'eux portant Michèle à cheval sur ses épaules : ils avaient cru apercevoir un gorille, en liberté celui-là ! Mieux valait ne pas engager la conversation…

Puis ce furent, hélas, les adieux de Michèle au Congo, après une dernière promenade dans le pays des “mille collines”, parmi les magnifiques vaches tutsis dont les cornes en forme de lyre évoquent les fresques de l'Égypte pharaonique.

Michèle retourne donc définitivement chez sa mère à Liège. Les choses étant ce qu'elles sont, sans doute était-ce mieux ainsi.

Premières vacances

Le Ministère, très généreux, nous offrait nos billets de retour et nous laissait le choix de l'itinéraire. Tandis que Michèle s'était envolée directement sur Bruxelles, moi je m'apprêtais à faire du tourisme : le Caire, les Pyramides, Rome, le Vatican.

Catastrophe, on me vole mon portefeuille et tout mon argent ! Me voilà sans un sou à l'aéroport. Mais un colon magnanime me prête, comme ça, sur place, 1000 francs congolais (200 euros au taux d'aujourd'hui). Et à Stan, j'obtiens difficultueusement (car c'était ainsi en ce temps-là !) 1000 autres francs de ma banque. Ouf !

Débarquement au Caire et première balade en ville, camera-photo sur le ventre. Circulation infernale, trottoirs encombrés. Un quidam m'aborde gentiment : “Attention, ainsi équipé vous proclamez que vous êtes touriste et vous attirez les voleurs. Cachez donc votre appareil. Vous voulez aller aux Pyramides ? Eh bien, prenez tout simplement l'autobus pour Gizeh. C’est le n°8.”

Et voilà, tout prosaïquement, à la descente d'un bus de ligne, les fameuses Pyramides ! Elles sont là, devant moi, des petites et des grandes dont Khéops, la Toute Grande, la Mystérieuse ! Et plus loin, à ses pieds, le Sphynx, avec son énigmatique visage que mutilèrent jadis les boulets de canon des Mamelouks.

Mystérieuse, Khéops ? Pas du tout, sauf pour ceux qui se laissent bercer par une certaine littérature pseudo-scientifique. J'en fus jadis, lisant passionnément les bouquins de Moreux (Français), de Lagrange (Belge), de Piazzi Smyth (Britannique).

Pour moi aujourd'hui, ces messieurs ont rejoint le clan des fakirs, fumistes et compagnie. Mais je leur dois de me sentir comme chez moi, maintenant, dans les couloirs de Khéops. Étranges couloirs certes, mais aucune trace d'une quelconque “Science mystérieuse des Pharaons”. Khéops ne fut qu'un tombeau, simple élément d'un vaste complexe funéraire aujourd'hui disparu. Mais il n'est pas interdit de rêver, et c'est au rêve que vous invitent Khéops, Khéphren, Mykérinos et leurs soixante sœurs pyramidales…

Un fellah en djellaba bleu sombre s'amène avec deux chevaux et me propose la traversée du Désert des Pyramides, pas moins ! Oui, le fameux désert où, un jour de 1798, Bonaparte a dit, - ou plutôt n'a pas dit ! - “Soldats, du haut de ces pyramides, quarante siècles vous contemplent.”

Et me voilà à cheval, cap au sud, sur la piste de Bonaparte, de Champollion, de Mariette, de Lauer. Nous parcourons cette plaine immense, entrecoupée de pyramides et hérissée de petits monticules de sable. Nous allons, nous allons, mais avouerai-je que je ne me sentais nullement rassuré, en compagnie de deux Arabes inconnus, dans le vide d'un désert presque hostile, loin de tout, cachant sous ma veste mon appareil photo.

Et là, j'ai connu la soif, la vraie, celle que l'on n'imagine guère tant qu'on ne l'a pas vécu. Arrivés près de la Mariette House, nous nous sommes rués, le guide et moi, à plat ventre sur le bassin d'une source. Exactement comme dans le plus banal des films d'aventures sahariennes.

Et voici Saqqarah, son enceinte et sa grande pyramide à degrés, celle qui a rendu célèbre l'archéologue Lauer. Mais Saqqarah, c'est aussi une gare de chemin de fer. Mon guide, qui aura été d'une correction parfaite, m'y dépose et me voilà de retour au Caire. En train tout simplement, après l'avoir quitté en bus.

Impressionnant, le Caire, en ce temps-là, Nasser régnant : des policiers de garde à chaque carrefour, fusil au poing ! Pas de promenade nocturne, donc ! De jour, ça allait, et ainsi ai-je pu visiter sans problème le fameux musée. Et reprendre l'avion, direction Rome.

Rome… Combien de fois y serai-je retourné? Six fois? Huit fois? Toujours avec le même enchantement. Car lorsqu'on a été élevé dans le giron catholique, la seule vue de la basilique Saint-Pierre et du Vatican éveille en vous des sentiments complexes, allant de l'admiration à la fierté : ici, le croyant se sent chez lui ! Même s'il n'est plus qu'un ex-croyant de bonne foi, comme moi.

Étant trop rapidement passé du Musée du Caire à celui du Vatican, j'ai senti avec acuité que, par leur transcendance, les dieux égyptiens dépassaient largement leurs homologues grecs - humains, trop humains, les pauvres. Rien d'étonnant que notre monothéisme soit issu de la terre des Pharaons et non de celle de Phidias.

Avion jusqu'à Bruxelles et petit crochet vers Liège. Indécrottable, ma bonne mère s'était brouillée avec ses jeunes proprios. Elle avait abandonné le petit appartement, si clair, si confortable, que je lui avais aménagé avec tant de soin, cela pour échouer dans une double mansarde, rue de Sélys ! J'étais drôlement coincé, entre deux femmes de plus en plus psychopathes, ma mère et mon épouse !

Pour celle-ci, tout allait visiblement mieux depuis qu'elle avait réintégré sa chère Hollande. J'ai vécu quinze jours paisibles avec elle à Rotterdam, chez sa mère, une vieille dame absolument charmante. Il faisait beau, nous allions à la mer à Scheveningen, près de La Haye, à la grande joie de Pierre et Paul.

Puis, comme cela avait été convenu, nous sommes partis pour les Ardennes belges, accompagnés de Guéa, une jeune nurse hollandaise. Des amis m'avaient déniché une pension à Trois-Ponts, sur l'Amblève. Coin idyllique, environnement boisé, promenades à volonté, Guéa et les gosses sont enchantés. Mais dès l'arrivée, Rita s'empresse de tout dénigrer : "C'est dans ce trou que tu vas m'obliger à vivre pendant six semaines!" La rechute s'annonçait et elle sera dure.

Pourtant, tout alla bien au début. Ma mère et ma belle-mère nous rendaient visite, et c'était touchant de voir ces deux femmes âgées se promener bras dessus bras dessous, discutant très sérieusement, alors qu'aucune ne comprenait la langue de l'autre! Quant à Pierre et Paul, ils ne parlaient que le néerlandais et ainsi est-ce par les éditions flamandes qu'ils ont découvert Tintin.

Ils furent opérés des amygdales par un médecin qui semblait s'intéresser beaucoup à eux et à moi, mais plus encore à ma femme. Peut-être déchanta-t-il le soir où il fut appelé chez nous, Rita ayant piqué une "crise de boisson", comme on dit en Wallonie. Scandale en rue, vaisselle cassée à la maison, affolement de notre très pieuse taulière.

Origine du drame : j'étais rentré assez tard, ayant dû faire l'aller-retour en bus pour reconduire Michèle chez sa mère à Liège (2x55 km). Accusation : "Tu as été voir ta maîtresse". Explication le lendemain : "Mon ex-mari m'a tellement trompée que je n'ai plus aucune confiance dans les hommes."

Soit, mais après mon départ vers l'Afrique, que s'est-il passé au juste avec le bon docteur? Ayant renvoyé Guéa en Hollande, Rita a voulu prolonger son séjour dans ce patelin qu'elle prétendait détester. Pourquoi? Je n'ai reçu qu'un récit confus, - que je ne demandais d'ailleurs pas - laissant entendre qu'on s'était vaillamment défendue…

"Chronicques" du Pays de Zaïre

"*Conduict au Zaïre par la main de Dieu, les hasards de ma fortune et le commandement du Roy, je me complus à observer diligentement mœurs et fasçons des gentilshommes de cette loingtaine nation, et d'en conter dicts et gestes en naïves Chronicques. Cecy est un livre de bonne foy.*"

Dès le 1er octobre 55, d'amusantes "Chronicques" occupèrent chaque semaine deux pleines colonnes d'un excellent hebdomadaire de Bukavu, "La Presse Africaine", dirigée par un Liégeois, Max Arnold, dont le beau-frère, aujourd'hui curé, avait été un camarade d'école chez les Jésuites. En un vieux français hautement fantaisiste, elles se livraient à une critique des mœurs et coutumes des Belges à la colonie et même en métropole. Le fleuve Congo y était désigné par le vieux terme portugais de "Zaïre", alors complètement oublié, sauf de quelques rares historiens. On sait que le mot allait faire fortune avec Mobutu en 1971 et disparaître avec Kabila en 1997.

"*De mon portraict, je diray cecy : je suy d'une taille un peu audessous de la moyenne. Ce défauct n'a pas seulement de la laydeur, mais encore de l'incommodité. Etc...*"

L'auteur inconnu, qui signe "Docteur Akakia", se présente donc en plagiant Montaigne dans ses *Essais*. Or, ce portrait qu'il donne de lui-même est tout à fait faux, pour une raison bien simple : le Docteur Akakia, c'est moi. Bien peu de gens l'ont deviné, alors qu'en s'informant ils auraient appris que ce surnom avait été donné par Voltaire à Pierre-Louis de Maupertuis, grand physicien, grand mathématicien. Or il n'y avait qu'un seul physico-mathématicien à Bukavu, votre serviteur.

Chaque semaine, la "Chronicque" va frapper, mais jamais méchamment. Par exemple, ceci contre la politique belge :

"*Zaïre possède loingtaines terres féales le long des fleuves Mouse et Escault. Vivent là serfs et manants partagés en trois tribus, les Baouallons, les Baflamins et les Bazinekes, dits aussy Babrusselères. Encor assez primitifs, ces Hurons se groupent en sectes païennes, les Partys. Tribus et Partys se livrent sans relasche à féroces luttes intestines ayant pour fin la conqueste d'une sorte de Graal que ces Hurons dénomment, en leur langage barbaresque, "La Siettobeur*"."

Et voici la guerre scolaire, qu'Akakia assimile au conflit qui, au 15e siècle, opposa les Guelfes (ici, les catholiques) aux Gibelins (ici, les socio-libéraux). Là-dessous, il y avait évidemment une question de gros sous, - de "Grisbi" selon le titre d'un film qui connaissait alors un énorme succès, grâce à Jean Gabin :

"*Le Party des Guelfes estoit entré en campagne au cri de "Touchez pas au Grisbi". Le Grisbi estoit le Talisseman d'Or des escholes Guelfes et les Gibelins le vouloient pour eulx. Au Zaïre, les Guelfes avaient fondé le bien riche Ordre des Chevaliers Monpés. Mais plutôt que de leur reprendre le Grisbi, les Zaïrois, plus sages que les Gibelins d'Escault-Mouse, ouvrirent moultes et moultes escholes gibelines de plus grande beauté qu'icelles des Monpés. Et alors le Grisbi vint à leur manquer, car qui trop embrasse mal estreint. Et dure mysère de s'installer en leurs escholes.*"

Claire allusion à la fondation toute récente de nombreuses écoles laïques au Congo (dont notre athénée, vieux de 9 ans) et à la pénurie budgétaire qui avait suivi : bientôt il n'y eut plus de crédits pour mes superbes laboratoires de physique et de chimie !

Et maintenant, une charge contre la sacro-sainte Administration :

"*Et je songeois aux Commis du Royaume, dont la foule dense et compacte envahissoit chaque jour les portiques de l'immense Par-*

thénon. Plus ils sont moults, plus traisnent leurs affaires. Et si une supplique leur est adressée, icelle doit traverser tellement d'offices, monter et descendre tellement d'eschelles hiérarchiques ou aultres, qu'elle s'en recouvre de champignons avant d'atteindre bon port."

Contre la malhonnêteté latente et l'affairisme omniprésent :

"*J'assistois aux mille et une petites malhonnêtetés de tout un chacun, des boutiquiers qui vuidaient vostre bourse, des chalands qui poinct ne régloient leurs dettes, des artisans qui vous promettoient la lune mais vous bailloient belle et bonne camelote, des Sectateurs du Vaudor, venus icy pour diligemment pomper l'or du pays et s'en retourner ensuite en leurs exotiques nations.*"

Et pan sur la société coloniale :

"*Et je percevois les médisances, calomnies des seigneurs fatigués et des gentes dames désœuvrées, lesquels se groupoient le soir en soy-disant gayes assemblées. Absorbant force pichets de Ouisky, leur liqueur sacrée, ils ne savaient qu'imaginer pour secouer l'incommensurable ennuy qui pesoit en permanence sur tout l'empire du Zaïre.*"

Et ce texte ironique évoquant le mépris que les "Petits Blancs" vouaient aux Noirs en général et à leurs boys en particulier :

"*Comme je m'extasiois devant la discrétion et la correction de leurs dévoués serviteurs, mon hoste et son espouse commençoient une litanie de lamentations dignes du Prophète Jérémie :*

- Que c'était grand malheur de devoir vivre en Zaïre.

- Que valets y estoient chicaneurs, chipoteurs, chapardeurs, fripons, fripouilles, filous, farauds, marauds, lourdauds, grimaults, ribaults, rouleurs, roublards, benests, butors bouchés, malembouchés, fainéants, faquins, farfelus, farfouilleurs, casse-testes, casse-

pieds, casse-tout, casuistes, tripoteurs, tripatouilleurs, tricheurs, truqueurs, gâcheurs, gâte-sauce, gâte-métier, gâteux, grossiers, grommeleurs, grimaciers, grincheux, grigneux, goulus, goinfres, gloutons, godailleurs, godichons, stupides, stipendiés, mercenaires, merlans frits et fins merles, impudents empotés et ridicules rigoleurs, espèces-de-janfoutres-à-la-va-comme-je-te-pousse-de-nom-de-D..."

Immuablement, le Docteur Akakia concluait avec un pessimisme qu'un proche avenir allait hélas justifier :

"*Tels furent les prémices de la décadence du puissant empire de Zaïre. Mais est cecy aultre chronicque.*"

Dendere-journal

Rita et les deux garçons rentrèrent au début d'octobre. Pierre réintégra l'école maternelle et Paul y fut admis par faveur, nonobstant son trop jeune âge. Puis on nous alloua une maison toute neuve, au pied de l'école. Très confortable, avec vue admirable sur le lac et la baie de Dendere.

Ma femme, désœuvrée, proposa de rédiger des horoscopes pour "La Presse africaine". Elle avait rapporté une abondante documentation sur le sujet, et le travail lui fut assez aisé. À ceci près qu'à cause de sa mauvaise connaissance du français, c'est moi qui paufinait le texte. Et pourtant, l'astrologie et moi…

Las, voilà que se produit un phénomène qui serait inconcevable de nos jours : une protestation de lecteurs, prétendant qu'une revue sérieuse ne publie pas de telles conneries ! Aujourd'hui, le rédac-chef enverrait paître ces grincheux dont les rouspétances risquent de faire chuter le chiffre des ventes. Mais à Bukavu, les horoscopes durent disparaître. Assez mauvais pour le moral de Rita.

De mon côté, les cours avaient repris, rythmés par la sonnerie qu'activait le secrétariat. Rien à signaler sinon que je jouissais de nombreux loisirs, mes “cahiers de préparation” étant prêts de longue date. Et alors, lentement, l'idée m'est venue de relancer “Dendere”, la “Revue de l'Athénée Royal de Bukavu”. J'en parle à Pol Van Vracem, le jeune professeur d'histoire. Il est d'accord pour marcher à fond. (Lui et moi aurons des destins parallèles : doctorat la même année, fin de carrière universitaire à Mons).

L'idée enthousiasme le préfet Wouters. Car chaque année, “Dendere” naissait et mourait, puis, tel le Phénix, renaissait de ses cendres. Cette fois, on créera un véritable comité de rédaction, composé par moitié de professeurs et par moitié d'élèves. Miracle, ça a marché ! Dendere nous a même survécu, à Pol et à moi !

Notre feuille paraîtra sur 24 pages, avec une annexe en néerlandais et un supplément pour les juniors de primaire. Son succès tient en une formule : un journal jeune, pour et par les jeunes. Relisant ma vieille collection, je reste étonné de l'abondance, de la variété, de la justesse des articles et des chroniques : humour, beaux-arts, théâtre, musique, littérature, histoire, science. Sans oublier le cinéma dont c'était alors l'une des grandes époques, avec James Dean (l'idole des garçons), Gérard Philippe (l'idole des filles), Brigitte Bardot (l'idole des vieux). Et Sacha Guitry (*Napoléon*), et Fellini (*La Strada*), et Clouzot (*Les Diaboliques*), et Judy Garland (*A Star is born*).

Et sans oublier le sport (2 pages !). Wouters étant un fanatique du foot, nous avions une très bonne équipe, l'A.R.C. Elle remporta en juin 55 la Coupe de l'Est, ainsi qu'en témoigne une photo de Dendere-journal. Surprise, l'avant droit porte soutane : c'est notre aumônier, le RP Renier. Eh oui, ses supérieurs toléraient qu'il joue, mais en habit ecclésiastique ! Mesquin, très mesquin. Renier semblait en avoir marre, et dans son bureau trônait un portrait de Savonarole, le moine rebelle brûlé vif au 15e siècle. Aussi, après Vatican-II, notre cher Renier a-t-il jeté sa soutane aux orties. À qui la faute ?

Des Pyramides aux eaux de Spa

Cette fois, Rita décide de terminer avec moi l'année scolaire. Bravo, mais pas de chance : juste avant le départ, ayant quelque peu bu, elle monte sur une chaise pour redresser un rideau (pas chez nous, non, chez des amis, quelle drôle d'idée !). Elle chute, se fêle la rotule gauche et doit avoir la jambe plâtrée.

Première escale, Le Caire et les Pyramides, où nous logeons. Rita se déplace comme elle peut, avec une canne. Quant aux gosses, ils sont ravis, surtout lorsqu'on les promène en chameau, - même si Paul se met à pleurer de se sentir si curieusement secoué…

Escale suivante, Paris. Nous logeons à la gare d'Orsay, devenue un hôtel. Question amusante de Paul : “Les Noirs ont-ils été méchants ? Pourquoi leur a-t-on défendu de servir au restaurant ?” Rita, hélas, restera bloquée dans sa chambre, et moi j'irai voir une superbe représentation de la Passion sur le parvis de Notre-Dame.

Dernière escale, Bruxelles. Puis Rotterdam pour l'épouse et les gosses, mais Liège pour moi. Ma mère se porte bien et semble heureuse dans ses mansardes. Mais une locataire me fait une curieuse confidence : “Vous devriez faire attention à votre mère. Dans l'attente de vos nouvelles, elle va souvent sur le seuil guetter le passage du facteur. Il arrive alors qu'elle emporte du courrier qui ne lui est pas destiné. Et ne le rend pas.” Aïe…

En Hollande, Rita avait eu l'heureuse idée de louer un petit appartement de vacances à Bussum, près de Hilversum. Agréable coin, avec sablière et lagune où les gosses iront jouer tous les jours. Eva et son mari nous amènent gentiment Michèle, celle-ci tout heureuse de retrouver ses frères qu'elle adore et pour lesquels elle joue à la petite maman; les gosses aussi l'aimaient beaucoup, et c'est regrettable qu'on ait dû les séparer.

À Bussum, dans une clinique, on a changé le plâtre de la jambe de Rita. Et celle-ci me raconte que le médecin opérant avait fait venir des collègues en leur disant : “Vous voyez cette cochonnerie ?

C'est le travail de médecins belges!" Faux? Peut-être. Étonnant? Pas du tout! Ce qu'on peut s'aimer, entre disciples d'Hippocrate!

Puis nous avons émigré vers Spa, où l'on nous avait recommandé une pension-modèle, avenue Astrid. Pension-modèle? La taulière était une espèce de gendarme qui nous interdisait tout, ou presque. Aussi les gosses s'y trouvaient-ils très malheureux. Leur salle de jeux? Une grande pièce avec des chevaux de bois rangés comme pour une parade militaire! Défense de les déplacer. Et défense de faire du bruit, de sortir trop tôt, de rentrer trop tard.

Alors, nous avons décidé de louer un appartement et de le meubler. Contre toute attente, Rita s'est montrée contente à l'idée d'une résidence secondaire en Belgique. Il semble que Spa et ses environs lui plaisaient particulièrement. Et pour moi, c'était le retour à un passé qui ne m'avait pas laissé de mauvais souvenirs.

Bien entendu, la taulière-gendarme a refusé de rembourser le trop perçu. Je l'ai quittée en claquant la porte, lui lançant à la tête un aphorisme bien senti : "Les maisons sont faites pour les gens, et non l'inverse, Madame."

Michèle, ma mère, ma belle-mère, mes beaux-frères, tout le monde s'est étonné de la rapidité avec laquelle nous nous sommes meublés. Je nous vois encore courant d'un magasin à l'autre, nous arrêtant, chemin faisant, pour regarder la télévision çà et là. Car, pour des coloniaux, les nouvelles n'étaient pas fameuses : après des émeutes et des massacres, le Maroc et la Tunisie avaient obtenu leur indépendance en mars. En juin, les Anglais avaient évacué l'Inde. Et en Afrique du Nord, la guerre d'Algérie continuait de plus belle; un journaliste avait même remarqué que "Congo belge" rime malencontreusement avec "Algérie française". Et maintenant, voilà Nasser qui nationalise le canal de Suez!

Mais en Belgique l'actualité internationale était éclipsée par la plus terrible des catastrophes minières jamais survenues au pays, celle du 8 août à Marcinelle. Pendant quinze jours d'espoir fou, des sauveteurs venus de partout se seront en vain relayés dans le charbonnage maudit.

"Tutti cadaveri" écrivait "Le Soir" du 23 août. 262 morts, des mineurs italiens pour la plupart.

Rita déclare se plaire à merveille dans son nouvel appartement. Aussi prolongera-t-elle ses vacances, avec les enfants.

Dans l'intervalle, je m'étais quelque peu agité dans l'espoir de trouver un emploi m'évitant de retourner dans cette Afrique que, vraiment, mon épouse n'aimait plus. J'avais inutilement tâté le terrain à Liège et à l'ULB où, agréable surprise, j'avais rencontré la belle Micheline qui venait de bien réussir ses examens.

Fort de la carte de presse reçue à Bukavu, je me suis alors présenté au centre de physique nucléaire de Mol, soi-disant pour un reportage. Je suis reçu par le directeur administratif, l'ex-capitaine G., qui avait été répétiteur en même temps que moi à l'École Militaire. En fait, c'est lui qui me demande si je souhaite entrer à Mol. Je réponds positivement, mais quelques mois plus tard, j'apprends que ma candidature d'abord acceptée, est rejetée par un véto… du capitaine G. lui-même. Étonnant, car je croulais sous les lettres de recommandation : Bourgeois, directeur de l'observatoire d'Uccle; Pol Swings, directeur de celui de Liège-Cointe; Paul Ledoux, titulaire de la Chaire Francqui; Léon Rosenfeld, depuis Manchester. On m'a dit que G. ne m'aimait pas. Je crois plutôt qu'il y a eu là-dessous une vieille affaire de femmes, - je veux dire d'épouses. Mystère.

Radio-Dendere

Retour au Congo après une escale au Caire où les gens tirent une gu… comme ça. Tout le monde semble inquiet. À Bukavu, surprise, je rencontre Lemaire, ce directeur des Télécoms qui nous avait été d'une aide si précieuse lors de la grande éclipse de 1952.

Je lui fais part d'une idée qui m'était venue il y a quelque temps : l'Athénée a déjà un journal, pourquoi pas aussi une radio? Lemaire, vieux libéral, est enchanté, et il met immédiatement tout en œuvre pour que nous puissions disposer d'un émetteur tous les dimanches.

Accord enthousiaste du préfet Wouters, accord de la direction (socialiste) de l'enseignement, sous condition que nous nous débrouillions pour trouver les sous. Plus de crédits !

Comme pour notre revue Dendere, les choses furent rondement menées. Le comité de rédaction comprenait non seulement des élèves et des profs (Wallons et Flamands), mais aussi des personnes extérieures à l'école, dont un grand avocat d'affaires. Nous avons débuté avec un modeste magnétophone Grundig, et en octobre sortait notre première émission : “Shéhérazade” de Rimski-Korsakov, accompagnée de tout un texte de poèmes et d'actions dramatiques.

Puis, les émissions ont succédé aux émissions, avec une variété extrême, plus riche encore que celle de Dendere-journal, et il paraît que nous avions beaucoup d'auditeurs. Moi, j'ai notamment écrit deux pièces radiophoniques, l'une consacrée à la vie et à l'œuvre d'Albert Einstein, et l'autre à Evariste Galois, jeune mathématicien de génie, père de la mathématique moderne, mort en duel en 1830 à l'âge de 20 ans.

Des quelque cent autres émissions (ou plus ?), j'ai retenu l'interview du Tovaritch Razoumikhine, commissaire du peuple de la République Socialiste Soviétique de Poldavie. Quelques passages de ce texte, rédigé le 31 mars 1957 :

Dendere (sur le ton d'un journaliste professionnel) : “Monsieur le Commissaire, pourriez-vous donner vos impressions sur le Congo ?”

Razoumikhine (avec un accent à couper au couteau) : “Mes impressions sont aussi variées que différentes. Avec grand plaisir j'ai vu que le Congo se tournait vers l'avenir qui ne peut manquer d'arriver, et qu'il s'éloigne d'un passé qui ne reviendra plus. Le Congo occupe une grande place au soleil et ainsi ne restera-t-il pas dans l'ombre.”

D. : “Que pensez-vous des problèmes qui se posent au Congo ?”

R. : “Ces problèmes soulèvent des questions auxquelles il est difficile de répondre avant de les avoir résolues. Je suis cependant persuadé que le Congo saura choisir la voie qui le conduira vers son destin inéluctable.

D : “Quelle est votre mission ?”

R. : “Resserrer les liens qui ont toujours existé entre nos deux pays, si semblables. Nous vivons, vous et nous, en démocratie. Notre peuple a accepté avec joie son indépendance dans une interdépendance avec la Grande Patrie des Travailleurs. Notre parti a remporté 99 % des voix aux dernières élections libres car le sens civique des Poldèves rend toujours leur opinion conforme à celle de la majorité.”

D. : “Monsieur le Commissaire, vous êtes dans votre pays le Secrétaire Général de la Ligue des Droits de l'Homme.”

R. : “Oui, et nous pensons que le plus grand et le plus sacré des Droits de l'Homme est d'accomplir la plénitude de ses devoirs politiques, dont l'obéissance au Parti. Et notre devise est : “Les ténèbres s'évanouissent quand le soleil se lève.” J'ai eu le plaisir de constater que chez vous au Congo, cette profonde pensée se vérifie tous les jours.”

Poisson d'avril ! Mais oui, ce n'était qu'un poisson d'avril.

Or, de nombreux auditeurs ont marché. Comme des anges. Admettons qu'ils aient été distraits lorsqu'on parlait de l'inexistante Poldavie ou du sieur Razoumikhine, simple personnage de Dostoïevski. Mais c'est tout le texte qui aurait dû les alerter, car il ne contenait que le vide : pléonasmes, truismes, sentences creuses, rabâchages, vérités de La Palice, le tout enrobé dans un style devenu familier, hélas, celui de la politique internationale, celui de la langue de bois.

J'avais déjà eu et j'ai encore eu l'occasion de monter de ces poissons d'avril. Je ne le ferai plus, c'est promis juré, la crédulité humaine m'ayant trop effrayé.

Le docteur Akakia commençant à se faire vieux, il fallait songer à le remplacer. Et comme la mode en était aux romans noirs d'Albert Simonin, avec Max-le-Menteur et autres truands nostalgiques, j'ai entamé - en argot ! - une nouvelle série, *Les Mémoires de Bébé-*

les-Bastos. C'était une satire de la politique belge, où les noms d'Achille Van Acker, de Théo Lefèvre et d'autres encore, se cachaient sous des surnoms empruntés à la faune de Pigalle.

Dans le dernier numéro (le neuvième), Bébé-les-Bastos et son pote Freddy-le-Marle, anges gardiens pour Gugusse-Vieux-Costard, règlent son compte à Dodolphe-d'Ostende, un rival dudit Gugusse :

"*Noszigues avaient pigé que le Gugusse s'en tirerait pas de c'te chiennerie de cirque : l'était inscrit pour l'hosto, le gnace. Fissa, d'une seule mandale Freddy démolit la gargane au Dodolphe ; et mézigue, l'empoignant par son futal, je vous l'envoie dinguer dehors par la vanterne. L'ouistiti décrit un vol plané. Et voilà qu'il chute du cigare et des endosses sur la bâche d'un camion. Ma cabêche se met à gamberger quand mes cocards lisent sur la tire : Pétrofina.*"

Ne me demandez pas qui était cet homme politique atterrissant dans les pétroles après quelques embrouilles, je l'ai complètement oublié. Quelle importance, d'ailleurs ?

Tout cela m'occupait, ne me laissait aucun répit, tant mieux. J'avais même recommencé à monter à cheval, Bukavu ayant un excellent centre équestre dirigé par un ex-militaire venu de l'île Maurice. Lors d'une fête, j'y ai même donné une exhibition sous l'uniforme de la Police Montée canadienne.

Rita s'ennuyait et aurait voulu trouver une occupation, elle qui avait fait du secrétariat en Hollande, sans désemparer. Mais les militaires fondateurs avaient transplanté au Congo l'un de leurs principes : une épouse bourgeoise ne travaille pas.

Un moment, j'avais espéré que Rita devienne speakerine à la radio flamande (celle de l'État, pas celle de l'Athénée). Elle a passé un examen et le verdict est tombé : "Non. Accent hollandais."

Rien d'étonnant qu'une fois de plus, elle ait voulu rentrer en Europe avec les gosses, plusieurs semaines avant moi. Je crois d'ailleurs qu'elle aimait notre “chez nous” à Spa, au 28 de la rue des Lanciers. Elle souhaitait voyager en bateau, mais une complication inattendue était venue tout embrouiller : la crise de Suez.

Vers le Pôle Sud ?

La nationalisation du canal avait provoqué de vifs débats et une grande inquiétude à Londres, à Paris, à Tel Aviv. Malgré l'attitude ambiguë des USA et celle, franchement hostile, de l'URSS, les trois puissances attaquent l'Égypte, avec un succès complet. Mais l'ONU, l'Amérique et l'URSS imposent rapidement un cessez-le-feu, et le bilan de l'intervention sera désastreux pour les Alliés. Loin d'être libre, le canal de Suez est et restera obstrué par une cinquantaine de navires coulés sur ordre de Nasser. Et l'Europe devra affronter une première crise pétrolière. Cela tombait au plus mal, au moment où allait se fonder le Marché Commun en une cérémonie officielle prévue pour mars 1957.

La croisière envisagée par Rita devra donc éviter Suez et faire le grand tour d'Afrique : Dar-es-Salam, Maputo, Cape Town, l'Ile d'Ascension, Londres. Son bateau, anglais, sera le “Worwick Castle”, un nom qui restera gravé dans la mémoire de Pierre et de Paul, tant cette équipée leur avait plu. Après Londres : Ostende et Spa.

Moi, en juillet, j'ai tout bonnement voyagé par avion, après un incident des plus désagréables : j'avais oublié à la maison les clés de la malle et des valises. Eh bien, à Stanleyville, les douaniers belges ont une fois de plus justifié leur réputation (une main de fer dans un gant de crin) : ils m'ont obligé à briser toutes les serrures, tous les cadenas. Je suis arrivé à Bruxelles avec des bagages éventrés, pauvrement refermés par des courroies.

Les vacances furent relativement paisibles, à part l'une ou l'autre de ces scènes de ménage devenues routinières chez nous. Ce dont notre proprio a pu témoigner lors du procès de divorce. Rita s'ingéniait vraiment à creuser sa fosse. Comme ma mère.

Elle laissait entendre que c'est à contre-coeur qu'elle retournerait au Congo. Alors, il me faudrait encore une fois changer de métier? À moins de me contenter d'une petite place de prof intérimaire en Belgique, ce que j'avais voulu éviter jadis pour des raisons financières, maintenant inchangées et même aggravées. Mon épouse était dépensière, et nos petites économies avaient disparu dans les achats de mobilier à Spa. Je versais toujours une pension à ma mère, d'où les récriminations conjugales : "Pourquoi donner tant d'argent à une vieille femme?" Tant d'argent? 2500 francs par mois, soit 500 euros au taux actuel (1998). Mon apport se complétait par une pension de vieillesse équivalente.

Alors, quoi? Peut-être une mission dans le cadre de l'Année Géophysique Internationale? Cette A.G.I. demanderait des mois de travail scientifique intense nécessité par l'apparition d'un maximum d'activité solaire. Quelques années plus tôt, Edmond Hoge, un ami d'université, (c'était le pianiste de nos revues estudiantines!), avait lancé l'idée d'une expédition belge au Pôle Sud, dans le cadre de l'AGI. C'est lui qui va me suggérer de présenter ma candidature. Après tout, pourquoi pas?

Les journaux belges rappelaient à l'unisson que le commandant de l'expédition, le baron Gaston de Gerlache de Gomery était le fils du célèbre Adrien de Gerlache, celui qui explora les mers antarctiques à bord du "Belgica", à la fin du siècle dernier, donnant ainsi à la Belgique une petite place dans le sixième continent. Ce grand patron essayait de recruter une vingtaine de spécialistes, dont un physicien pour la station de géomagnétisme.

Magnétisme? Mais c'est du ressort de Koenigsfeld, mon partenaire dans la mission "éclipse" de 1952! Je lui en parle, tout semble s'arranger, puis tombe un "niet". Pourquoi? Parce que l'ami K. m'aurait gardé rancune pour l'affaire de la vache soi-disant abattue par lui? Je ne crois pas. Parce que je suis un théoricien et non un expérimentateur? Oui, sans doute.

Rita, très déçue, profite d'un passage à Bruxelles pour aborder de Gerlache à la sortie de la Fondation Universitaire. Comme elle lui reproche vertement de ne pas m'avoir engagé, le noble baron, abasourdi, aurait répondu : “Votre démarche, euh… Cela ne se fait pas, Madame.”

En fait, tout était très bien ainsi. L'expédition, partie à la mi-novembre 57 n'est rentrée qu'en janvier 59. J'aurais donc dû me séparer de mes enfants et abandonner Rita seule, à Spa ou autre part, pendant des mois et des mois. Quand je songe aux drames qui se sont effectivement passés chez moi dès décembre 58, je remercie le Ciel d'avoir ainsi inspiré le noble baron et ce vieux K.

À mon retour en Afrique, j'ai pondu, - sans rancune, - trois longs articles élogieux consacrés à l'AGI et à l'expédition de Gerlache. Laquelle fut un franc succès, soit dit par parenthèse.

En attendant, il me fallait chercher autre chose. Je n'avais pas rompu les contacts avec le milieu scientifique liégeois, et à chaque retour je voyais mon ami Ledoux, astrophysicien à Cointe, et mon vieux professeur Godeaux, très grand géomètre. Celui-ci m'avait déjà conseillé de m'inscrire à la “Société des Sciences” de Paris, et d'assister à ses colloques annuels. Ce que j'avais fait à Namur l'année précédente. Cette fois, c'était à Périgueux.

Là, je fais la connaissance de Risse, grand algébriste mais caractère de cochon, comme beaucoup de mathématiciens. Nous devenons amis, ou presque (plus tard, on sera brouillé à mort!). Entre deux séances, nous visitons ensemble la grotte de Lascaux, la vraie, celle qui n'était pas encore interdite au public. Et Risse me conseille, avec chaleur et insistance, d'enfin présenter un doctorat : “Vous le pouvez, cher Monsieur, mais oui !”

Après Périgueux, une halte à Bordeaux, une halte à Paris où j'achète le récent livre d'André Lichnerowicz, professeur au Collège de France et grand maître de la géométrie différentielle. Titre : “Théories relativistes de la gravitation et de l'électromagnétisme”. L'ouvrage exposait la “théorie unitaire” d'Einstein, dont on parlait beaucoup depuis le décès du grand homme en 55. Je ne me doutais guère que cet achat allait m'ouvrir une nouvelle vie…

En attendant, les vacances à Spa se passaient en promenades, à pied, en bus ou en train (nous n'avions pas de voiture). Le jardin zoologique de La Havette nous a sidérés par le manque de soins et de nourriture. Dans leurs cages, les pauvres bêtes sautaient vers vous en mendiant ou se collaient désespérément aux barreaux. J'ai dénoncé ce scandale par lettre au Procureur du Roi, tandis qu'après mon départ, Rita et Paul ont été mendier de la viande chez tous les bouchers de la ville. Finalement, et un peu grâce à nous, le zoo a été fermé par décision de justice ; entre-temps, une panthère, qui en avait marre, s'en était échappé ! Après une traque dans les bois, il avait bien fallu l'abattre.

En Amérique ?

Je me retrouve donc à Bukavu, en compagnie de Pierre qui entrait en primaire. Il parlait très bien le français maintenant, comme son frère d'ailleurs. Surprise, le préfet Wouters étant en mission, on me confie l'intérim de la direction de l'Athénée. Ainsi ai-je eu notamment à composer les horaires de l'année, tâche bougrement compliquée lorsqu'on ne veut léser personne.

Radio-Dendere continue ses émissions, mais je ne m'en occupe plus guère, ayant eu des problèmes, - typiquement belges, - avec nos collègues flamands : Wouters et moi voulions deux radios "fédéralisées" sous un même chapeau, mais les Flamands exigeaient leur petite radio pour eux tout seuls. Dans cette affaire, j'ai eu tout le monde contre moi, sauf le préfet et la jeune prof de gym.

Oui, presque tous m'ont lâché, même Imhauser, mon ami et mon bras droit. À Liège, j'avais vaguement rencontré son père, un expert judiciaire aussi connu jadis que le juge Coméliau, à ceci près qu'il n'a jamais été "simenonisé" à l'instar du petit juge. Cette rupture avec le fils Imhauser était regrettable, car j'avais fait du bon boulot avec lui et aussi avec sa femme, laquelle, plus tard, a pu entreprendre et continuer une carrière à Radio-Liège.

Rita et Paul revinrent en octobre, lui tout content de retrouver son frère, elle plutôt maussade. Je fus assez surpris de la voir se mettre à l'écriture automatique, une activité bien connue des occultistes : les esprits dictent et le medium écrit. Mais ces esprits parlaient maintenant à une telle vitesse que Rita ne pouvait plus transcrire que les initiales des mots. Pas rassurant.

Un jour, par le plus grand des hasards, je découvre, caché dans un carton à chapeau, un agenda que je croyais perdu. Vieux de vingt ans et datant du temps où j'étais jeune militaire, il consignait les prénoms de mes petits flirts et les dates des rendez-vous. Là, je me suis fâché car je comprenais brusquement que ma femme préparait un divorce, éventualité que je n'avais jamais envisagée jusqu'alors. Effectivement, lors du procès, elle a mentionné cet agenda. Sans aucun succès au demeurant, un tel document ne prouvant rien du tout. En dehors de ses crises, Rita était une femme agréable, mais je sentais bien que le Congo lui pesait. Aussi, elle et moi prenons un jour une belle décision : nous partons pour l'Amérique !

Nous nous abouchons avec un pasteur américain, lequel me donnera des leçons d'anglais pratique, deux fois par semaine. À titre de remerciement, j'irai tenir l'harmonium au temple protestant !

Je m'adresse à Rosenfeld, toujours à Manchester, et comme d'habitude, il me donne tout son soutien. Il écrit à des collègues, les réponses m'arrivent, mais après quelques pourparlers, la conclusion tombe, toujours la même : vous n'êtes pas docteur. Et vous n'avez rien publié en anglais. Une seule offre positive, ou presque : celle de l'université quaker de Wichita, Kansas, en plein Middle West. Chez des Quakers, puritains en diable ? Non merci. Alors, retour à la case départ : Bukavu.

* * *

XXVIII.- CONGO- 4 : LES ADIEUX

"Partir, c'est mourir un peu."
(Vieux proverbe)

L'année 58 marque un tournant pour moi, pour la famille. Je suis toujours à Bukavu certes, et toujours professeur dans le plus bel établissement scolaire du Congo. Mais dès janvier, je sens que tout ça, c'est fini, ou presque. Peut-être parce qu'un soir de Noël, devant la crèche, j'avais eu, - merci Petit Jésus ! - une inspiration quant à un travail possible de doctorat :

Einstein avait toujours tenté d'unifier ses théories de la gravitation avec celles de l'électromagnétisme, et il croyait bien y être parvenu en 53, au prix d'une modification de la géométrie qu'il avait toujours utilisée. En fait, cette nouvelle "'théorie unitaire" ne marchait pas très très bien.

D'où mon idée : ne fallait-il pas adopter un point de vue inverse : d'abord, établir solidement les bases de cette nouvelle géométrie esquissée par Einstein, l'étudier en tant que telle, puis seulement après passer aux applications possibles.

J'avais découvert mon sujet de thèse, et j'allais y travailler d'arrache-pied jusqu'aux grandes vacances. Cela ne se fit pas sans heurts conjugaux, ma femme allant même, un soir, jusqu'à briser un vase sur mon bureau, là devant mon nez, criant que je la délaissais. Contradiction bien féminine, car elle s'était pourtant réjouie de me voir reprendre les études. Même, elle s'en allait répétant que c'était triste de voir "een zoo hoge geest", selon ses propres termes, réduit à parler de poules devant des gosses. Elle exagérait car je donnais aussi de "vraies" leçons de science aux grands jeunes gens des terminales.

Le pauvre Pierre pâtissait des contrecoups de ces tensions. Un jour, il subit une terrible colère de sa mère parce qu'il répétait, devant son livre de lecture, "deux oreilles, une zoreille", ce qui était logique, après tout ! C'est alors qu'il m'a dit, tout bas, serré contre moi, "J'en ai marre de recevoir des coups".

Enfin, dès le mois de mai nous sommes restés seuls, lui et moi, plus Mickey et Ginger, les deux chats. Rita s'était empressée de repartir en emmenant Paul après un drôle de drame : trouvant sales les toilettes du terrain de football de l'Athénée, près de chez nous, ledit Paul avait brisé un w-c à coups de brique ! Seule punition maternelle : une heure au lit.

Plus ennuyeux avait été le différend qui avait opposé Rita à notre voisin, un professeur flamand, pour une question de clôture. Le collègue et moi avions dû comparaître devant un substitut ,- vieil ami du temps de la J.U.C. à Sainte-Marguerite, heureusement.

Maintenant, je travaille, je travaille, préparant une thèse dans des conditions invraisemblables : pas de bibliothèque, pas de revues spécialisées, pas de contacts scientifiques. Tous les quinze jours l'Opel et moi nous nous rendons au centre de l'IRSAC, à Lwiro, là où ma fille Michèle avait cru voir un gorille en liberté.

À Lwiro, il y a une belle bibliothèque certes, mais la physique théorique n'intéresse guère les chercheurs attachés à l'institution. J'y trouve cependant les "Comptes rendus de l'Académie des Sciences" de Paris, importante publication dont un article au moins m'aura aidé, celui de Françoise Maurer, une doctorante de chez Lichnerowicz.

Dans toute cette agitation, l'actualité ne me passionnait guère. J'aurais pourtant dû m'intéresser à un événement scientifique d'une portée énorme, le lancement réussi du Spoutnik, en octobre 57. Et aussi me préoccuper de notre brave Congo qui commençait à subir certains soubresauts : mon garagiste parlait de grèves, et en juin, un match de foot avait dégénéré en incidents violents à Léopoldville. Les Noirs râlaient, disait-on, parce qu'ils croyaient que, sous l'impulsion des Flamands, on allait partager leur Congo en deux zones linguistiques. Vrai ou pas vrai ?

Infiniment plus sérieuse restait l'affaire algérienne : la France était montrée du doigt parce que son armée avait détruit Sakhiet Sidi Youssef, une base de fellaghas en Tunisie. En mai se déclenchait le putsch d'Alger, avec une menace de guerre civile dans la métropole. Et le 31, le général de Gaulle était rappelé au pouvoir, en attendant la suite.

Mais en Belgique, le must était l'ouverture, le 17 avril, de la grande exposition internationale au Heysel, avec son fameux Atomium qui allait devenir un label touristique.

J'écrivais toujours pour “La Presse Africaine”, mais dans le genre sérieux maintenant : l'œuvre d'Einstein, les Prix Nobel, la crise de la physique moderne, la science et le scientisme, etc. Plus un conte de science-fiction, *Ici, Laïka Medorovna*, inspiré par une nouvelle prouesse soviétique : l'envoi d'une chienne dans le cosmos.

Ma thèse était prête quand un ami m'envoie d'urgence un livre récent, écrit par un chercheur tchèque, Vaclav Hlavaty. Titre : “Geometry of Einstein's Unified Field Theory”. Là, j'ai eu chaud, très chaud, ce titre semblant reprendre mon idée de base. À la lecture, j'ai poussé un soupir de soulagement : la synthèse de Hlavaty n'apportait ni démenti ni confirmation à mes propres développements ; elle suivait une voie parallèle mais différente. J'ai même joint à mon travail une critique du sien (deux pages).

Et alors, avec Pierre, nous avons fait tourner la stencileuse pendant des heures et des heures : il fallait une vingtaine d'exemplaires de ma thèse, laquelle comptait 135 pages. Titre : *Les Variétés semi-métriques et la Théorie unitaire des Champs*. J'étais fier de ce mot “semi-métrique”, que j'avais fabriqué pour opposer la nouvelle géométrie à l'ancienne, dite “métrique”. J’y joignais, selon le règlement en vigueur, une “thèse-annexe”; celle-ci résumait simplement mes recherches sur les équations de l’électron, élaborées au camp de Prenzlau, en captivité.

Et le tout est parti en avion vers Liège, Bruxelles, Manchester, et aussi Paris, où, m’a-t-on dit, mon travail avait immédiatement remporté l'adhésion du grand Lichnerowicz lui-même.

Avant de quitter Bukavu, nous avons fêté les 7 ans de Pierre; il m'en reste une photo où on le voit souriant, comme d’habitude. C'était vraiment un bon petit gars, toujours gai, toujours prêt à rendre service ou à faire le clown pour amuser les autres.

Puis nous avons mis Mickey et Ginger en pension chez des amis en ville et non plus chez les Studer à la campagne : je venais en effet de revendre l'Opel, après cinq ans de loyaux services. En même temps, j'avais remis ma maison à l'administration et déposé tous mes objets personnels dans les greniers de l'Athénée.

Doctorat, enfin!

À la gare de Spa, grosse déception pour Pierre : sa maman ne l’y attendait pas, alors que j'avais fait savoir l’heure de notre arrivée. Et à la maison, accueil plutôt froid. Pourquoi, je ne sais.

Rita avait acheté des trottinettes pour les deux enfants. Pour Paul, un modèle moderne, rapide, avec de belles roues à rayons. Pour son frère, quelque chose de très simple, avec de petites roues. Mais Pierre, toujours content, était si fier de l'indicateur de direction dont était pourvu son pauvre engin!

L'année précédente, Michèle et moi avions construit un théâtre de marionnettes dont les éléments étaient fournis par de grandes boîtes de spaghettis : il suffisait de découper et d'assembler. Ma fille avait amusé ses frères en montant de ces spectacles improvisés dont elle avait le secret. Je descends à la cave pour récupérer le théâtre, et plus rien, plus rien, sinon de petits débris de décors ou de personnages : tout avait été déchiré avec une rage perceptible. Crise de colère ? Jalousie à l'égard de ma fille ? Je ne sais.

Autre souci : ma mère. Fidèle à elle-même, elle s'était disputée avec ses colocataires et avait quitté la rue de Sélys pour échouer cinq cents mètres plus loin, rue du Plan Incliné, le long du chemin de fer. Elle tombait de Charybde en Scylla : deux mansardes plus moches encore que les anciennes, et une seule toilette pour l'immeuble, dans la cour ! Ses revenus, même modestes, lui auraient pourtant permis de trouver mieux. La vérité était que ma pauvre mère tombait dans une dégénérescence sénile qui allait s'accélérant.

Après une visite chez elle, Rita, les garçons et moi-même allons au ciné voir le grand succès du moment : *Le pont de la rivière Kwaï.* C'était dans l'un de ces "cinémas permanents", où les films passaient et repassaient sans interruption. Nous arrivons juste pour la seconde partie et nous assistons à la destruction du fameux pont par un commando. Puis, immédiatement après, voici la première partie. Question de Paul, voyant les prisonniers anglais arriver sur le chantier : "Ils vont reconstruire le pont ?"

Vint enfin le grand jour de la défense de mon doctorat, le 25 juillet, à l'Université de Liège. Rita m'y rejoint en compagnie de Paul. Et Pierre ? Non, il restera à la maison. Cette façon de désavantager, systématiquement, un fils par rapport à l'autre, était vraiment irritante. Et mauvaise au possible pour les enfants. Qu'un tel phénomène ne soit pas rare dans les familles, soit. Que Georges Simenon lui-même se plaigne d'avoir été traité de cette façon, soit. Mais ce sont là de bien maigres consolations.

Et me voilà, à 46 ans, devant un jury d'examen. J'y retrouve l'un ou l'autre de mes anciens professeurs, mais aussi certains de mes assistants et de mes camarades d'université, tous titulaires de chaires de physique ou de mathématique.

En coulisse, ne l'oublions pas, il y a André Lichnerowicz. De Paris, il a envoyé un rapport élogieux qui va peser d'un grand poids. Car quelles que soient leurs compétences, réelles, les membres du jury sont moins spécialisés que lui dans le domaine où évolue ma thèse, celui de la dernière théorie d'Einstein.

"Attendu qu'il a présenté et défendu publiquement avec la plus grande distinction (mention "très honorable", dit-on en France), une thèse intitulée etc, etc. Avons conféré et conférons à Monsieur GROSJEAN Pierre le grade de docteur en sciences, groupe des sciences physiques" .Ce dont fera foi mon diplôme.

Ma femme me dit tout de suite : "Maintenant, tu dois mettre une annonce dans les journaux". Je m'exécute pour lui faire plaisir, et, bien sûr, je n'ai jamais reçu de réponse ! Au niveau que je viens d'atteindre, on ne décroche pas une situation par petites annonces. Mais j'envoie ma candidature à la nouvelle Université d'Elisabethville. Cette cité-jardin, aujourd'hui Lubumbashi, est très belle, très riche, avec un excellent climat de haut plateau. Peut-être, peut-être Rita pourrait-elle s'y habituer.

En attendant, voilà que celle-ci exige que nous nous installions à Bruxelles. Recherches çà et là dans la capitale, et finalement découverte d'un bel appartement, rue Stienon. Chance, c'est tout près de "l'Expo". Adieux à Spa, déménagement puis patiente installation après achats de cadres et de bibelots. Ma belle-mère sera au comble de la satisfaction, et ma belle-famille ne tarira pas d'éloges, lorsqu'elle viendra nous voir.

Ensemble, nous aurons visité et re-visité la fameuse Expo, celle qui allait totaliser 40 millions d'entrées. Gros succès pour les palais des USA et de l'URSS, et aussi pour celui de la France : d'une architecture audacieuse, il était équilibré par une longue flèche inclinée. À l'image du Général de Gaulle, disait-on, lui qui, par son poids, a empêché l'écroulement de son pays.

Là-dessus, je pars pour Édimbourg où va se tenir le Congrès International de Relativité. Imposante, la capitale de l'Écosse, avec son château perché sur une colline, et son parc un peu sauvage, petite colline rocheuse au cœur de la cité. Je fais enfin la connaissance de Lichnerowicz et celle de son groupe de chercheurs, dont Yvon Thiry, de Paris, et André Crumeyrolle, de Toulouse. Tous deviendront des amis, ainsi que ces très scientifiques dames, Elyane Blancheton et Françoise Tison.

Celle-ci, dont le travail m'avait été si utile, vient de divorcer, et ainsi se heurter à un problème : ses travaux antérieurs ont été publiés sous son nom de femme mariée, et maintenant elle doit signer de son nom de jeune fille. À Françoise Maurer, chercheuse connue, va succéder Françoise Tison, docteur inconnu ! En Belgique, c'est plus simple : administrativement parlant, une femme ne change pas de nom lorsqu'elle se marie.

Françoise et moi avons tout de suite fraternisé sous l'égide d'Albert Einstein. C'était une grande et belle femme, un peu hommasse, mais d'un caractère très ouvert. Elle me confie qu'elle voudrait tant être nommée à Bordeaux, mais que, par timidité, elle n'ose pas en parler à Lichnerowiz. Qu'à cela ne tienne, Madame, je vous invite à dîner, en même temps que Monsieur et Madame Lichnerowicz.

Sitôt dit, sitôt fait, et voilà la chaire de Bordeaux promise à Françoise. Par reconnaissance, elle m'enverra sa thèse dédicacée, en y joignant, la grosse maligne, un joli flacon de parfum. D'où crise de jalousie conjugale, totalement injustifiée.

Mais pour moi aussi, l'avenir s'était décidé à Édimbourg, Lichnerowicz m'ayant parlé d'une chaire vacante à l'université de Tunis, toujours sous autorité académique de la Sorbonne. La Tunisie ? Elle venait de recevoir son indépendance, et son président Habib Bourguiba avait la stature d'un homme d'État. Pas de problème donc, dès mon retour à Bruxelles je postulerai Tunis. Mektoub. En espérant que cela plaira à mon imprévisible épouse.

Le dernier jour, à Édimbourg, on aurait pu chanter “le Congrès s'amuse”, comme dans un film célèbre. Après un concert de cornemuse (écossaise), un récital de poèmes (écossais), nous avons eu une exhibition de danses (écossaises) à la fin de laquelle, nos collègues (écossais) nous ont entraînés dans une sarabande échevelée (écossaise, bien sûr). Mes amis français s'amusaient de voir la Sorbonne gigoter en cherchant vainement d'attraper la cadence…

Mais une vilaine surprise m'attendait en Belgique. Rita et ma tante Rosa de Verviers, voyant décliner la santé mentale de ma mère, l'avaient fait héberger dans une très belle maison de repos à Spa. Malheureusement, il y avait eu là des drames, et même des bagarres, ma mère voulant revenir à Liège. Et ainsi avait-elle été transférée dans une autre maison à Glain, près de son ancien quartier.

Autre surprise, très désagréable. Rita avait liquidé à la brocante tous les biens de ma mère, sans m'en parler. Et en même temps elle avait détruit toute une collection de petits souvenirs auxquels je tenais beaucoup : mes négatifs, mes prix et mes palmarès d'école, de vieilles photos, des documents de famille, tout, tout. Encore l'une de ces crises de rage, plutôt déconcertantes.

Comme je n'avais aucune autre situation dans l'immédiat, il me fallait bien revenir à l'Athénée de Bukavu. “Tu iras seul, sans tes fils”, décrète l'épouse. Pas très honnête, elle qui m'avait laissé le choix entre ma fille et mes fils. Je commençais à croire qu'elle me détestait réellement, et d'ailleurs elle m'avait récemment déclaré : “Je veux bien divorcer si tu me donnes une belle pension.”

L'avant-dernier jour, j'ai été à Glain en compagnie de mon oncle Armand. Je ne me doutais guère que ce serait la dernière fois que je verrais ma mère. Entrevue pénible au possible. Elle m'a demandé : “Tu n'as pas vu mon fils ?” Les infirmières m'ont montré des radios peu rassurantes, accompagnées d'un diagnostic pessimiste.

La visite ayant duré plus que prévu, j'ai manqué un train et suis rentré assez tard à Bruxelles. Ce fut une scène épouvantable, devant les gosses, et cette fois, j'ai dû me défendre, physiquement parlant. C'était clair, le ménage courait au désastre…

La dernière leçon.

À Bukavu, mauvaise nouvelle : mal surveillés par leur hôte du moment, Mickey et Ginger avaient disparu. Regrettable, mais qu'aurais-je fait de deux chats, puisque j'habitais maintenant à l'hôtel ? Un mois plus tard, j'ai trouvé Ginger errant sur les terrains de l'Athénée. Je l'ai ramené dans ma chambre, mais la nuit même il est parti par la fenêtre, m'abandonnant un… cadeau sur le canapé. Je ne l'ai jamais revu. Et de Mickey, pas la moindre trace. Triste, après sept ans d'agréable compagnie.

Je fais part à Wouters de ma décision : je le quitte, pour E'ville ou Tunis. Il est évidemment déçu, d'autant plus qu'il perd aussi son historien, Pol Van Vracem, nommé à l'université d'E'ville, où il venait d'être proclamé docteur.

Le préfet commence à me chercher un remplaçant, et, heureusement pour moi, il le (ou plutôt "la") trouve assez rapidement. Mais cette jeune femme ne restera pas longtemps à Bukavu ; elle aura un successeur… qu'on trouvera pendu dans mon (ex)jardin. L'Athénée porterait-il malheur à ses professeurs de science : deux suicidés en cinq ans ! Et un divorce en perspective pour un troisième : moi.

Dans sa première lettre, Rita parle certes des gosses, qui vont à l'école primaire dans son quartier. Mais je sens que quelque chose ne va pas, mais là pas du tout. Et elle me demande plus d'argent. Or, je lui envoie mensuellement 13.000 francs belges, soit deux mille euros au taux d'aujourd'hui ! Je réponds, et elle interprète ma missive comme une lettre de rupture, je me demande toujours pourquoi.

Dès lors, il me faut tenir compte d'un fait : ma femme ne voulait plus de moi. Et nous ne nous sommes plus écrit ; plus du tout. Une chance : ma belle-famille hollandaise aura un comportement irréprochable dans toute cette pénible affaire ; grâce à elle, je continuerai à recevoir des nouvelles de Pierre et de Paul.

Et ainsi commence pour moi une vie dont je ne soupçonnais guère l'existence à Bukavu, la vie d'un célibataire dans une ville dynamique, joyeuse, moderne où l'on se rencontre entre amis, où l'on va promener en groupe et où le samedi soir on fréquente les dancings. Boléro, Samba et Tcha-tcha-tcha sont les rythmes qui connaissent le plus de succès en 58. Et parmi les chanteurs de jazz, c'est à qui imitera au mieux Dario Moreno :

"Si tu vas à Rio,
N'oublie pas de monter là-haut..."

Grande nouveauté au Congo et grand scandale chez les Blancs : un spectacle itinérant de strip-tease, exécuté par une Blanche ! Plus chastes seront les défilés de mode que des commerçants organisent ici. Mais on sentait tout de suite que les mannequins n'étaient pas de vrais mannequins : elles ne savaient pas marcher ! Sauf une, Sonia, une Balkanique, bien connue ici pour ses élégances un peu tapageuses. Gentille fille au demeurant, et nous sommes devenus bons amis… jusqu'à ce que je la retrouve par hasard à Bruxelles, lors d'une grande réception en milieu juif. Elle venait d'épouser un banquier et a fait semblant de ne pas me reconnaître.

Nous formions un bon petit groupe de célibataires, vrais ou faux, sous la présidence tacite d'un joyeux drille, le nouveau directeur de la nouvelle poste. Avec l'un ou l'autre, j'aurai circulé dans cette belle région que je ne connaissais guère C'est ainsi que la petite Volks, que je venais d'acheter d'occasion, m'a conduit à Astrida (aujourd'hui Kigali), capitale du Ruanda. Je voulais voir la ville et surtout son université, à laquelle j'avais un moment pensé. J'y conduisais une accoucheuse qui elle aussi cherchait un nouveau job, et nous avions pris comme chaperon Cléophas, mon préparateur tutsi. Brave garçon, il m'a écrit après l'indépendance, tout fier d'avoir été élu conseiller communal !

Plus belle randonnée encore, tout le lac Kivu, jusqu'au nord du Ruanda, à Kisenyi, remarquable station touristique. Là, un soir, ma Volks a failli heurter un éléphant. "Vous l'avez échappé belle, m'a-t-on dit, l'animal aurait très bien pu asseoir son gros postérieur sur l'avant de votre voiture !" Spectacle grandiose, la même nuit : au loin, le volcan Niragongo, en pleine éruption.

Entre amis, nous discutions évidemment de l'avenir du Congo. En août, de Gaulle avait tenu à Brazza un discours indépendantiste que nous qualifiions d'incendiaire. Nous lui reprochions de n'avoir alors tenu aucun compte des voisins, - ce qui est typiquement français, - et d'avoir ainsi semé de dangereux germes dans notre Congo. Où d'ailleurs, en octobre, un certain Patrice Lumumba venait de fonder un “Mouvement national congolais”. Qu'allait-il en sortir?

En octobre encore, sombre nouvelle pour moi : ma mère est morte, à l'âge de 78 ans. L'oncle Armand a téléphoné à ma femme mais n'a reçu d'autre réponse que “Tiens, tiens”. On ne l'a pas vue aux funérailles où d'ailleurs il n'y a eu presque personne. Triste fin pour une triste vie. J'ai été très touché des marques de sympathie du préfet, des collègues et du petit groupe de “célibataires” dont je faisais maintenant partie.

En novembre, j'apprends que je suis nommé professeur à temps plein. Et à Tunis, et à E'ville, simultanément ! J'opte pour Tunis où l'on m'attend dès janvier. C'est le moment que choisit l'administration pour me prier de m'installer dans une maison qu'elle me désigne d'office. Stupeur, protestations, intervention du préfet. Finalement on admet que je m'installe chez une dame seule, laquelle essayait de joindre les deux bouts en prenant des pensionnaires. C'était une Polonaise, Minie, que j'avais déjà rencontrée au Cercle Hippique et dans les “lieux de distraction” de Bukavu.

À l'Athénée, j'avais maintenant des élèves noirs, grande nouveauté. J'écrivais encore pour “La Presse Africaine” et j'étais même critique théâtral pour les représentations d'une excellente petite troupe d'amateurs. Une troupe flamande, mais oui, j'étais critique flamand!! Elle exécuta notamment *De nacht van de zestiende Januari* une transcription du *Procès de Mary Dugan* , pièce américaine très célèbre où la scène, sans rideau, est le tribunal lui-même, tandis que la salle est constamment traversée par les policiers, les témoins, les avocats. Et au dernier acte, le jury, c'est le public.

Puis vint ma dernière leçon, une séance de travail avec les microscopes. Je me souviens surtout d'une bergeronnette qui se promenait seulette sur la terrasse, devant la fenêtre s'ouvrant sur le lac, sur ce merveilleux lac Kivu que je ne devais plus jamais revoir.

À l'occasion de Noël, l'Athénée organise une fancy-fair. Je tiens à y participer activement, en guise d'adieu, et me voilà "Docteur Slobsk", chirologue et psychanalyste, docteur de la Faculté de parapsychologie de Przmsl en Poldavie. Ce qu'atteste, bien affiché, un pastiche de mon récent diplôme ; s'y mélangent joyeusement le flamand, le swahili et le poldève. Dans un stand au décor digne de Frankenstein, je donne des "consultations horoscopiques". Cette fois encore, je reste effaré devant la crédulité humaine ; on savait pourtant que tout ici n'était que fantaisie et carnaval. Les plus convaincus, ce sont les commerçants ismaéliens, pères de nos meilleurs élèves ; ils insistent, en me tendant leur paume !

Et là-dessus, Minie me conduit à l'aéroport d'Usumbura, et en avant pour Tunis. On s'embrasse, on promet de se revoir, - sachant bien qu'on ne tiendra jamais parole ! Scénario classique…

Chez Jean XXIII

Comme l'escale de Rome allait être longue, j'en profite pour revoir la place Saint-Pierre. Une foule assez dense se pressait à l'une des portes du Vatican, mais des policiers italiens y pratiquaient un filtrage qui se voulait sévère : "Biglietti, biglietti !" Je porte la main droite à la poche intérieure gauche de mon veston, cherchant un imaginaire biglietto. Et ça marche : d'un geste large, le Duponto ou Dupondo local me fait passer. Le culot, ça paie.

Et ainsi, j'ai resquillé chez un Jean XXIII tout frais élu. Il était 10 heures quand on nous a introduits dans la grande salle des Bénédictions, dont la loggia domine la façade de Saint-Pierre. J'eus ainsi le loisir de contempler pendant deux heures Judith brandissant la tête d'Holopherne. Et une autre sainte virago se préparant à assommer à coups de marteau un guerrier endormi.

Brusquement éclate le traditionnel "Evviva il Papa !", tandis que des centaines de mains applaudissent à tout rompre. On crie "la Sedia", et la joie éclate car voici le bon Jean XXIII, quelque peu oscillant sur sa chaise à porteurs, sur son tippoy, dirait un vieux colonial. L'a-t-on assez critiquée cette Sedia, alors que, sans elle, je n'aurais rien vu du pape.

Le voilà donc, celui qu'on qualifiait de “pape de transition”. C'est un homme bon et un saint homme, cela crève les yeux, mais c'est une personnalité, une très forte personnalité. Et à l'époque je me disais : si j'étais ennemi de l'Église, je me méfierais très fort de ce regard pétillant de malice contenue, de ce nez dominateur, de cette bouche autoritaire bien que toujours souriante.

Nous étions le 31 décembre 1958, et le Papc a transmis ses vœux, à toute l'assistance. Merci, merci, Saint Père. N'était-ce pas là pour moi une façon magnifique d'entamer une nouvelle vie ?

J'ai alors quitté le centre de l'univers catholique pour aller m'asseoir sur le tapis volant qui devait me déposer au cœur d'un autre monde, le monde de l'Islam.

* * *

XXIX.- TUNISIE

"C'était à Mégara, faubourg de Carthage,
dans les jardins d'Hamilcar."
Gustave Flaubert, Salammbô, page 1

Surprise, je suis attendu à l'aéroport tunisien d'El Aouïna ! Attendu par ma nouvelle collègue, la très douce Elyane Blancheton que j'avais rencontrée à Édimbourg. Spécialiste de la mécanique einsteinienne, elle est issue de l'école Lichnerowicz, - comme moi, dirais-je, même si le grand homme n'est intervenu qu'après le dépôt de ma thèse, et non avant comme c'est le cas en général.

Elle m'embarque dans sa petite voiture dont le pare-brise, pratiquement opaque, m'inquiète quelque peu. Comment diable Elyane parvient-elle à distinguer la route ? Nous arrivons cependant sans encombre à Carthage. Mais oui, à Carthage, ville mythique s'il en est. Et ville fétiche des lecteurs de Flaubert et de son "Salammbô", livre que j'avais maintes fois relu.

Et me voilà en plein réveillon de Nouvel An, au milieu de mes (futurs) collègues, tous français. C'est ainsi que je fais connaissance avec mon (futur) chef de département, le mathématicien Pallu de la Barrière et avec Marina, sa jolie épouse. Ce seront pour moi de (futurs) grands amis, qui allaient bien m'aider dans les difficultés d'origine conjugale qu'un destin malveillant me préparait.

Le lendemain, 1er janvier 1959, promenade en ville, principalement dans l'avenue Bourguiba (jadis Jules Ferry). C'est l'artère maîtresse, avec ses immeubles Haussmann, ses cafés, ses hôtels, ses cinés, ses grands magasins, son inévitable cathédrale. Et ses palmiers. Et ses bébés taxis, des 4 CV débordantes, surchargées : le Tunisien est un être particulièrement compressible !

Et aussi son "TGM", drôle de petit train électrique, dont les wagons à toiture bombée ont été visiblement récupérés sur l'ancien matériel du métro parisien. Après une course folle sur la digue qui coupe en deux le lac de Tunis, le TGM égrène à son aise un chapelet de charmantes petites plages de La Goulette à Carthage et au-delà, jusque La Marsa (la Mégara de Flaubert). J'allais en devenir un usager fidèle tant que je serai sans voiture.

À un bout de l'avenue, la "Porte de France", monumentale, ainsi nommée parce qu'elle sépare la Médina, la cité arabo-berbère traditionnelle, de la ville française voulue par Jules Ferry. Je n'entre pas, ce sera pour plus tard, et aujourd'hui je me contente de regarder la foule qui passe et repasse la grande porte en un double flot continu. Des femmes retenant entre les dents un pan de leur grand haïk immaculé. D'autres, non voilées, des Berbères à la lourde robe de couleur foncée. Des hommes, avec leur chéchia, leur burnous en poil de chameau, leur longue djellaba tunisienne, - ou leur court veston européen, plutôt usé. Et des enfants, des enfants, garçons et filles, babillards, effrontés, - et mendiants, à l'occasion.

À l'autre bout de l'interminable avenue, dort El Bahira, le vaste lac de Tunis, une eau stagnante, malodorante, dont les émanations sulfureuses noircissent impitoyablement les plats de cuivre ouvragé et les bijoux d'argent massif. Par l'étroit chenal de La Goulette, le lac débouche sur la baie de Carthage, bordée par le Bou Kornim, le djebel bi-cornu, et par le Bou Korbous, la "Montagne aux Eaux-Chaudes" du roman de Flaubert

On l'a dit et répété, la baie de Carthage est l'un des sites les plus beaux du monde. Je suis gâté : à Bukavu déjà, j'avais devant moi, de l'avis général, l'un des sites les plus beaux du monde ! Et ici, je jouirai d'autant de soleil que là-bas !

Dès maintenant je sais que je me plairai à Tunis et en Tunisie.

Le lendemain, contact avec ma Faculté. Les salles de cours se nichent en plein centre, dans l'étroite rue de Rome, et les bureaux à deux pas, sur une gentille placette piquetée de boutiques artisanales juives. Je fais connaissance avec mon assistante française et avec la secrétaire de la Fac, une jeune Juive aux formes épanouies. J'apprends que j'aurai à enseigner la Relativité, bien sûr, mais aussi la Mécanique Rationnelle, un cours que je répéterai inlassablement pendant un quart de siècle, à travers quatre universités ! Et me voilà dans ma chambre d'hôtel, rue d'Alsace-Lorraine. Au travail ! Il faut préparer mes prochaines leçons.

En ville, je découvre de charmants petits restaurants, arabes, italiens, français. À midi, j'y écoute la radio : le 1er janvier, Fidel Castro se rend maître de Cuba ; le 2, les Soviets envoient le satellite artificiel “Lunik” vers notre satellite naturel ; le 3, une nouvelle qui m'atterre, littéralement :

À Léopoldville, des émeutes ont éclaté un peu partout. On saccage, on pille, on tue. La Force Publique intervient et tire dans le tas : une quarantaine de morts, plus de deux cents blessés. Les Belges fuient en masse vers Brazzaville où ils sont accueillis par le président en personne, le gentil abbé Fulbert Youlou. Moi, dans mon petit restaurant tunisien, je me fais une réflexion, d'un style plutôt militaire : j'ai décroché à temps !

Et je songe à Rita mon épouse qui, toute à l'écoute de ses voix intérieures, avait maintes fois prédit la catastrophe. Mais que devient-elle ? Et les gosses ? Je n'en ai plus la moindre nouvelle. Quand subitement, dès le 7 ou le 8, à peu près, voilà qu'elles arrivent, les nouvelles, en vrac, par lettre, par téléphone, de Bruxelles, de Liège, de Rotterdam. Des nouvelles très, très inquiétantes : après une scène violente et intervention de la police, Rita a abandonné l'appartement de l'avenue Stiénon. Les gosses ont changé d'école, et on ne sait pas ce qu'ils sont devenus. On me conseille de venir à Bruxelles de toute urgence.

J'expose le problème à Pallu de la Barrière et à Coulon, notre doyen de Faculté. “Allez, cher ami, allez vite. Vous reprendrez vos cours à votre retour de Belgique”. Et je suis parti…

Adieu, Rita !

Quand mon avion s'envole d'El Aouïna, je ne me doute guère que ce voyage marquera le point de départ d'une très pénible affaire médico-judiciaire centrée sur ma fantasque épouse. Une affaire invraisembable que je ne puis mieux caractériser qu'en alignant de non moins invraisemblables chiffres :

7 années de drames, de démarches, de procédures ;

800 pages d'un interminable dossier ;

13 avocats mobilisés ;

9 témoins à charge cités devant un tribunal ;

0 témoin à décharge ;

4 ambassades belges sollicitées ;

4 polices intervenantes, judiciaires ou communales ;

9 psychiatres consultés, de 4 nationalités ;

4 institutions hébergeantes.

Et last but not least :

2.500.000 BEF. partis en fumée (62.500 euros selon la liste officielle des coefficients de réévaluation du franc belge).

En compensation, j'aurai bénéficié du soutien sans faille de toute ma belle-famille, de tous les amis, collègues et connaissances, de toute une série de personnes belges ou hollandaises mêlées à l'affaire, médecins, juristes, policiers, fonctionnaires (avec une seule exception, l'ambassadeur de Belgique à Tunis).

Première démarche à Bruxelles : chez moi, avenue Stiénon. L'appartement est vide, complètement vide. Rien, plus rien, sauf un sac abandonné au milieu de l'ex-living : ce sont mes films, mes chers petits films double-huit, au complet.

“Cela n'a pas intéressé les déménageurs, m'explique le proprio. C'était de vraies brutes, maltraitant les meubles, arrachant les lustres, entassant pêle-mêle vaisselle et bibelots. Ça, des déménageurs ? Oh non, des videurs de greniers, des manœuvres pour salles des ventes. Et votre femme n'était même pas présente.”

Salle des ventes? Eh oui, tout a été vendu, tout ce qui avait été acheté avec tant de soins à Spa et plus récemment à Bruxelles. Tout, y compris mes souvenirs personnels, ma caméra, mes sabres de 1940, mes uniformes, mes costumes d'hiver, les jouets des enfants. Et la machine à coudre, et la lessiveuse, et la radio, et les tableaux, tout, absolument tout. Un désastre.

Le loyer, le gaz, l'électricité n'avaient plus été payés, des vitres avaient été cassées, et en conséquence le proprio me présente sa note. Ce sera la première de toutes celles qui m'attendaient çà et là, la première de la longue liste des dettes contractées par ma femme. Pourquoi ces ventes, pourquoi ces dettes? J'envoyais pourtant d'Afrique la somme mensuelle convenue, ainsi qu'en témoignera le proprio qui avait eu en main certains de mes mandats-poste.

“Voyez à l'hôtel du Sabot d'Or, il se pourrait que...” ajoute-t-il. Mais là, boulevard Léopold, je ne trouverai qu'une note impayée. Et pas d'autre indication.

Une idée : Le Club Prince Albert, où j'étais déjà allé en famille. C'est un hôtel militaire, réservé aux officiers d'active et de réserve. Effectivement, ils logent là, tous les trois. Ouf!

J'apprends qu'il s'y est passé des événements un peu bizarres, et que notamment l'on avait retrouvé l'un des enfants errant seul, le soir, autour du parc du Petit Sablon, à deux pas de l'hôtel (c'était Pierre). Sa mère l'avait mis à la porte et la police l'avait recueilli et ramené. “Vous devez agir, ajoute l'officier gérant du club. Votre femme ne peut plus rester dans cet hôtel.”

Les dés sont jetés : démarche à la police, visite à l'hôpital Brugmann, coup de téléphone à Rotterdam. Le dimanche 18, mon beau-frère Gerrit et moi nous présentons au Club Prince Albert, en compagnie de deux infirmiers et d'un agent de police. Aucun problème, le Ciel en soit loué : Rita est emmenée sans résistance.

Mais la chambre, Seigneur, est plongée dans un désordre total ! Partout, des feuilles de papier chargées de cette "écriture automatique" que j'avais déjà vue à Bukavu : uniquement les initiales des mots dictés par les "esprits". Et Gerrit découvre l'alliance de sa sœur, jetée sous un lit. Était-ce un symbole ?

Pierre et Paul, Dieu merci, sont bien portants, et pas trop effrayés de ce qui est arrivé. Les confidences viendront plus tard... Gerrit les conduira à Rotterdam d'où je les emmènerai vers la Tunisie. Et moi, je reste à Bruxelles pour les dernières démarches : payer la note d'hôtel, trier et récupérer des papiers, - à commencer par les factures impayées et les talons des chèques sans provision.

Le mardi, visite à l'hôpital. Diagnostic pessimiste : "Troubles de l'attention, idées de persécution, incohérence, agressivité, hallucinations auditives, schizophrénie. De toute évidence, l'évolution de cette psychose durait depuis plusieurs années."

Là, j'en aurais bien pleuré de rage. Combien de fois avais-je essayé, au Congo, d'alerter les médecins auxquels je décrivais le comportement, aussi étrange qu'agressif, de mon épouse. Réponse de l'un : "Essayez de vous entendre avec elle". Réponse d'un autre : "Évidemment, vous, vous êtes un pacifique". Sous-entendu, pour le premier : "Tout ça, c'est un peu de votre faute"; et pour le second : "Mais défendez-vous donc !" Ces toubibs étaient des ignares en matière de psychiatrie, et j'en étais réduit à acheter des ouvrages spécialisés pour essayer d'y voir clair.

Mais ici, à Brugmann, je tombe sur quelqu'un de réellement compétent, le Dr. Flament. "Votre femme est en section fermée, mais vous devez aller lui parler". Soit. Ce sera une plongée dans "la fosse aux serpents", selon le titre d'un film célèbre. Dans une grande salle, des femmes prostrées et d'autres agitées; certaines hurlent, d'autres gémissent, et d'autres rient sans arrêt. Et voici Rita, d'allure étrangement normale, elle.

Déclaration : “Je ne suis pas Rita, je ne me suis jamais appelée Rita. Mon nom est Johanna.” Ce qui était exact, au demeurant. Et elle me tourne le dos avec un haussement dédaigneux des épaules.

Adieu donc, Rita. Il ne me reste que Johanna, une étrangère.

Carthage

Marina Pallu de la Barrière nous attendait à l'aéroport. Son visage s'est détendu lorsqu'elle a vu que mes deux enfants étaient gais, souriants, en bonne santé. “On vous a déniché une villa, dit-elle toute joyeuse. C'est à Carthage, sur la route de Sidi Bou Said. Vous la visiterez demain, mais ce soir vous logerez à l'hôtel Saint-Louis, au pied de la colline de Byrsa.”

Byrsa, du grec “bursa”, peau de bœuf. Le mot évoque le mythe de la fondation de la ville par Didon, princesse tyrienne en exil. Celle-ci n'avait obtenu des autochtones qu'autant de terre que couvrirait la peau d'un bœuf. Mais la rusée fit découper la peau en lanières si fines qu'elles dessinèrent un périmètre de quelque quatre kilomètres ! Et ce fut Qart Hadasht, Carthage…

Vingt-sept siècles plus tard, le cardinal Lavigerie fait édifier sur la colline de Byrsa une basilique monumentale dont on peut déplorer le goût douteux,- oui, celui qui régnait à la fin du 19e siècle ! En souvenir de saint Louis et de saint Augustin, Léon XIII la déclare, par bulle pontificale, “Primatiale d'Afrique” *usque in finem saeculi*, jusqu'à la fin des temps. Aujourd'hui, elle n'est plus que le Musée national d'archéologie, et latin pour latin, nous rétorquerons, en soupirant, *sic transit gloria mundi*.

Pendant notre première nuit à Saint-Louis voilà que d'épaisses fumées se dégagent des lits de Pierre et de Paul. Un incendie ? Oui et non. Trouvant que les nuits de janvier sont plutôt fraîches à Tunis, j'avais acheté des molletons chauffés à l'électricité. Et commis la sottise de les recouvrir par d'autres couvertures, lesquelles s'étaient mises à flamber ! Consolation, j'ai pu en emporter les restes après avoir dédommagé l'hôtel. Telles furent les premières pièces de mon équipement dans la "villa Pezon".

Parfaite, cette maison. Jolie, très jolie, face à un poétique champ de ruines romaines, - de ruines très ruinées, comme c'est souvent le cas ici. Si poétique que quelques années plus tard le président Bourguiba y fera construire, jouxtant la mienne, l'une de ses nombreuses résidences !

Rencontre avec le propriétaire, M. Pezon, un Français rondouillard de Tunis, et accord conclu. Le loyer sera très modéré, mais fin juin je devrai évacuer, la villa étant alors louée à des estivants pour un prix cinq ou six fois supérieur. Dommage.

Restait à trouver une école pour les gosses. Marina, qui habitait Carthage, nous conduit à celle que fréquentent ses fils, à deux pas de chez nous. Et voilà Pierre et Paul écoliers français !

Pour notre service, je recrute une brave Tunisienne qui sera notre bonne à tout faire. Nous ne l'appellerons jamais que "Madame", je me demande bien pourquoi. Elle logera chez nous avec sa fille Fatma dont je ne me souviens que d'un détail : une poignée de mains toujours humides. Et comme l'une et l'autre s'entendront avec Pierre et Paul, tout sera pour le mieux dans le meilleur des mondes (tunisiens) possibles.

Petit problème dans une papeterie, en ville. Moi : "Madame, je voudrais deux journaux de classe, des touches et des fardes". La dame : "???". Eh oui, nous sommes ici en France, ou presque, et je l'oubliais. Les objets que je veux acheter sont des "cahiers de texte", des "crayons d'ardoise" et des "chemises".

Il me faudra faire la chasse aux belgicismes, et me rappeler que je suis "Professeur de Faculté", et non "d'université"; que mes salles de cours sont des "auditoriums" et non des "auditoires"; que les mauvais étudiants "sèchent" les cours, mais ne les "brossent" pas; que certains d'entre eux seront "recalés", mais non "busés"; que l'on ne dit pas "septante-cinq" mais "soixante-quinze" (au fait, pourquoi pas "quarante-quinze" pour 55 ?). Et qu'à la servante je devrai parler d'une "serpillière", et non pas d'un "drap de maison", comme on dit à Liège.

Et nous nous installons dans une bonne petite vie carthaginoise, ce qui ne durera que cinq mois, malheureusement. Nous disposons d'un jardin très agréable, où un chapiteau corinthien nous sert de table à thé. Qui donc, à Carthage, n'a pas sa petite ruine à domicile? Qui donc n'en trouve pas en retournant la terre de ses plates-bandes?

Le jour, cours à Tunis ou préparations à Carthage. Après l'école, devoirs des enfants, qui étudient et travaillent vraiment bien. Et tout le reste du temps, le "dossier Johanna", qui m'empoisonne la vie, littéralement. Les soirées se passent en correspondances déprimantes : en néerlandais avec la belle-famille; en français avec les créanciers et avec mon avocat, Me Stassen, de Liège, un ancien de mon régiment. Très très peu folâtre, tout ça, et pour comble, voilà Radio-Tunis qui m'apporte tous les soirs sa touche de mélancolie en jouant, en guise de "bonne nuit", le nostalgique adagio des *Pins de Rome* d'Ottorino Respighi…

La famille a rapatrié Johanna et l'a fait soigner dans une excellente clinique à Santpoort, près de Haarlem. J'en reçois un rapport mitigé : il y a amélioration, il y a moins d'agressivité, mais la psychose paranoïde subsiste, ainsi que les obsessions spirito-religieuses. L'on me conseille de postposer toute visite en Europe. Soit, les vacances se passeront à Tunis.

Nous profitons des jours de congé pour visiter les restes des trois Carthages successives, la punique, la romaine, la chrétienne. Près de chez nous, le théâtre où Winston Churchill prononça un mémorable discours. À côté, l'Odéon, où les Vandales de Genséric se comportèrent… en vandales. Plus loin, les restes des immenses basiliques où prêchèrent saints Cyprien et Augustin. Et l'amphithéâtre où furent martyrisées les saintes Perpétue et Félicité. Entre les deux, des ruines et des ruines, et une prairie où un jour Paul (mon fils) n'eut que le temps de fuir à toutes jambes devant la furie d'un bouc!

Au pied de Byrsa, le "tophet", lieu d'une terrible pratique qui a perduré à Carthage durant six siècles : l'immolation de petits enfants, par le feu (ici, relire Flaubert). Mais en 1959 ce sanctuaire, le plus poignant peut-être de l'Antiquité, était livré à l'ignorance d'un guide illettré. La visite donnait ceci :

Le guide, avec un geste de la main montrant on ne sait quoi : “Ti vois? Ici ti l'en as pinique.” Un touriste américain : “Bones of babies?” Le guide : “Pinique, ti vois?” Nous devinons le fameux signe de Tanit, vaguement sculpté sur une stèle. L'Américain : “Bones of babies?” Le guide : “Tout broulé. Ti vois, là, gargoulette”. Puis, brandissant une omoplate : “Femme di directeur, ti l'as connu?” Sans doute s'agit-il de cette infortunée reine Didon qui, selon Virgile, s'est jetée dans les flammes, par désespoir. “Femme di directeur, là, gargoulette”. L'Américain n'insiste pas et notre guide, tout sourire, nous tend une paume largement ouverte : “Baraka Allah aufik!” Que la bénédiction d'Allah soit avec toi.

Pauvre Carthage, plus sûrement détruite par de tels cicérones que par les machines de guerre de Scipion Emilien en l'an 142 avant notre ère. *“Censeo Cartaginem esse delendam”,* répétait Caton l'Ancien, “Je pense qu'il faut détruire Carthage”.

Autre curiosité, le port de guerre punique, en forme d'arc de cercle; en son centre se dressait la maison-amiral, résidence du Suffète de la Mer (voir Flaubert). Tout près, le port marchand, un petit lac relié à la mer par un goulet. En fait, ce sont là deux modestes mares aux canards dont l'origine m'a été expliquée par mon collègue Thiry : “Avant la première guerre mondiale, un colonel français du génie, son “Salammbô” à la main, entreprit de fouiller le site possible des deux ports. Il creusa, creusa, si bien qu’il créa ainsi deux larges fossés que la mer s'empressa de remplir.”

C'est avec mes deux garçons tenus par la main que je me suis décidé à visiter la Médina. Je dois avouer que, marchant un peu au hasard, sans plan, je n'étais pas très très rassuré, même si je commençais à apprécier la gentillesse, la convivialité des Tunisiens. On sait que Flaubert s'était inspiré de ce quartier pour décrire “sa” Carthage. Voici le souk El Attarine, le “Marché-des-Odeurs Suaves” de notre romancier; et le souk des Femmes, le souk du Cuivre, puis le souk des Epices, le souk des Bouchers. Ici, Pierre me désigne quelque chose qui semble l'horrifier : accrochée à côté d'une vitrine, une tête de veau semblait le regarder. Passons, passons, et ne jetons qu'un coup d'œil à la Grande Mosquée et à la mosquée Sidi Youssef, remarquable par son minaret octogonal.

En juin, une mauvaise nouvelle : Johanna s'est évadée de l'hôpital où elle résidait en "section fermée". Avec l'aide de médecins, sa famille l'a ramenée en clinique, à Rotterdam cette fois. Et là, c'est le miracle. Traitée par les nouveaux médicaments neuroleptiques, ma femme est déclarée "suffisamment guérie" et rendue à la liberté. Elle réussira même à trouver un emploi de secrétaire et à mener une vie à peu près normale. Une fois de plus, le retour au pays natal aura eu sur elle un effet bénéfique.

Tout cela, je ne l'apprendrai que progressivement, mais entretemps j'avais veillé à ce que les gosses lui écrivent régulièrement : photos, cartes postales. Les réponses de leur mère sont très agressives tant à mon égard qu'envers sa propre famille, avec laquelle elle a rompu tout contact. Elle ne nous pardonne pas de l'avoir fait soigner, et aussi a-t-elle pris un avocat (ce sera le premier d'une longue suite de "chers maîtres" que Johanna mobilisera puis rejettera les uns après les autres).

En juin, Elyane Blancheton et moi-même sommes envoyés par notre université à l'ancienne abbaye de Royaumont, près de Chantilly. Là doit se tenir la Xe de ces "Journées Relativistes Françaises" qu'organise chaque année Lichnerowicz. J'ai ainsi le grand plaisir de retrouver son aréopage, dont Françoise Tison, mon alter ego en matière de théorie unitaire einsteinienne. Et de faire la connaissance d'un physicien de haut niveau, un Français de vieille noblesse, Olivier Costa de Beauregard. Il restera l'un de mes bons amis pendant très longtemps.

Mais pourquoi diable ce grand bonhomme a-t-il un beau jour voulu faire appel à la parapsychologie pour tenter de résoudre un problème devenu (et resté !) le cauchemar des physiciens, le "paradoxe EPR" (Einstein-Polansky-Rosen) : comment deux photons, séparés par plusieurs kilomètres, peuvent-ils s'influencer "instantanément" à distance, violant ainsi l'un des acquis fondamentaux de la Relativité einsteinienne selon laquelle il n'existe pas de vitesse supérieure à celle de la lumière. Pour Costa, les deux photons communiquent par un mécanisme apparenté à la transmission de pensée, mécanisme bien réel selon lui, et purement physique. Bizarre...

Pour ce colloque, j'avais réussi à mettre les gosses en pension chez les Sœurs de Carthage. Je les retrouve à la fin juin, et il nous faut, hélas, préparer notre déménagement. Heureusement, j'ai maintenant une voiture, une Volkswagen-Coccinelle d'occasion.

Elyane, toujours serviable, m'a offert l'hospitalité pour trois mois chez sa mère, à Radès, une plage au sud du lac de Tunis. Les dames Blancheton vivaient là, depuis des années, dans une vaste maison familiale. Divorcée, Elyane, catholique croyante et pratiquante, se jugeait astreinte au célibat jusqu'à la mort de son époux devant Dieu. Je suis triste d'apprendre qu'elle nous quitte, ayant obtenu une nomination à Pau.

D'ailleurs, la plupart de mes collègues français s'apprêtent à disparaître de la sorte, à commencer par Pallu de la Barrière. Algébriste connu, il a reçu une chaire en la prestigieuse École Polytechnique, à Paris. Avant de partir, il me remettra ses fonctions de directeur du Laboratoire de Mathématiques.

Vint alors le jeudi 2 juillet, date très heureuse pour la Belgique, toute emberlificotée dans une pénible préparation à la décolonisation : ce jour-là, Albert, frère du roi et prince de Liège, épouse à Bruxelles donna Paola Ruffo di Calabria, fille de feu le prince du même nom. Grande réception à l'ambassade de Belgique à Tunis. J'y suis invité, et c'est là, dans le brouhaha mondain, que je rencontre Jacqueline, - et que ma vie connaît un tournant capital.

Jacqueline

"Née en 1931, fille d'un Ashkénaze polonais, Symcha Erlichman, et d'une Sépharade d'origine hollandaise, Judith Jolis, j'ai passé une enfance heureuse avec mes parents et avec Berthe, ma sœur aînée. Nous avions un rez-de-chaussée avec un grand jardin à Anvers, à la lisière de Borgerhout. Mon père y exerçait le métier de marchand-tailleur. Lors des vacances, nous allions en famille à Tilff, sur les bords de l'Ourthe, où nous faisions de grandes promenades.

"Étant de santé délicate, j'ai fait deux séjours en préventorium, le premier à la mer et le second, au début de la guerre, dans la campagne brabançonne.

"C'est là que je me trouvais lorsque les rafles de Juifs ont commencé. Craignant qu'on ne prenne sa femme à sa place, mon père quitte sa cachette, et bientôt le voilà arrêté, en tant que Juif bien sûr, mais aussi parce qu'il avait refusé de livrer de la marchandise aux Allemands pour le front de l'Est.

"Redoutant le pire, ma mère déploie toute son ingéniosité pour trouver la filière qui nous cachera sous un faux nom. Ainsi, je deviens Jacqueline Van Velsen, et je suis recueillie par une infirmière, sœur d'un père bénédictin. Membre d'un réseau de résistance, se sentant menacée, elle me fait admettre dans un orphelinat à Chimay, dans le sud du Hainaut, juste à temps avant son arrestation.

"L'institution, tenue par les Filles de Saint Vincent de Paul, recevait des orphelines des campagnes environnantes, mais aussi les enfants du juge de Charleroi. Comme différence de milieu social, c'était réussi, et il y avait là de quoi déboussoler une petite fille bien élevée ! Quoi qu'il en soit, on n'insistera jamais assez sur le dévouement de ces innombrables religieux et civils, croyants ou non, qui ont ainsi sauvé des vies, au péril de la leur. À Chimay je n'étais d'ailleurs pas la seule petite Juive que l'on cachait.

"Pour leur scolarisation, les orphelines allaient dans une "maison concurrente", chez les Sœurs de Notre-Dame, lesquelles dispensaient un "quatrième degré" suivi, selon la loi, par les enfants destinés à aller travailler dès l'âge de 14 ans. Ainsi ai-je perdu là un an, puis, à force de persuasion, ma mère a obtenu que la Mère supérieure de mon orphelinat me permette d'entrer en "humanités modernes", également à Notre-Dame. Grâce à quelques cours de rattrapage, j'ai pu sauter la première année.

"Chez les Sœurs de Notre-Dame je me trouvais certes dans un milieu plus proche du mien, mais je n'en voue pas moins un souvenir plus affectueux aux Filles de St Vincent. À toutes, aussi bien celles qui s'occupaient de nous, "les orphelines", qu'aux autres, chargées des soins aux petits vieux de l'hospice et aux malades de la région. Je les vois encore avec leurs jolies cornettes blanches, qu'un intempestif vent de modernisation leur a fait abandonner en même temps que leurs cottes de bure bleue.

"Souffrant du dos, j'ai été envoyée dans leur maison de Bruxelles, une clinique où l'on m'a imposé le port d'un effrayant mais salutaire corset. J'ai dû et pu conserver cet engin pendant plusieurs années, mais, malheureusement, les difficultés de la vie sous l'occupation ont interrompu les traitements prescrits.

"Comme j'étais de constitution fort peu solide, les mêmes Sœurs ont aussi accepté de me donner des nourritures supplémentaires, celles que Maman se décarcassait pour trouver dans les fermes des environs à l'occasion de ses visites, tous les deux mois environ.

"Un petit épisode, cocasse peut-être, mais qui montre combien un infime détail pouvait être dangereux pour ceux qui nous aidaient. Le dimanche matin, les orphelines allaient en uniforme à la grand'messe dans la collégiale. Arrivée un samedi, je les accompagne donc avec mon beau petit manteau blanc et mes longues boucles. Au milieu du service, catastrophe : "Je ne me sens pas bien", dis-je à ma petite voisine qui me répond d'un ton évident "Mais assieds-toi". Et que fait la petite Juive qui n'a jamais assisté à une messe ? Elle s'assied sur le prie-dieu, à l'envers bien entendu ! Je crois que la chère Sœur Vincent a battu tous les records de prestidigitation pour me sortir de là en espérant qu'on ne remarque rien, car une dénonciation était toujours possible.

"Quant à ma sœur, elle a été cachée au collège de Chimay, parmi les religieuses qui s'occupaient de l'intendance. Elle y passait pour la filleule du Principal, l'Abbé Jean Cassart, qui allait être déporté à

Dachau. Pour des raisons de sécurité, elle a été, à son tour, transférée dans d'autres cachettes.

"De son côté, ma mère s'était réfugiée à Bruxelles où elle vivait dans un petit appartement sous la même fausse identité que nous , Van Velsen. N'ayant pas de fortune personnelle, elle avait dû se trouver du travail. Mais pour elle, c'était l'angoisse permanente : un coup de sonnette intempestif, un bruit de botte derrière elle dans la rue,…

"Après la guerre nous nous sommes retrouvées toutes les trois à Bruxelles, où j'ai fait une quatrième année commerciale. Pendant de très très longs mois, nous avons espéré le retour de mon père. Ma mère, devenue ambulancière, travaillait au centre d'accueil des prisonniers civils, lesquels rentraient petit à petit, dans un état qu'il n'est pas difficile d'imaginer.

"À toujours demander "Avez-vous connu Sam Erlichman", ma mère finit par trouver une adresse où d'abord on lui refuse l'entrée, la personne rescapée étant au plus mal. Maman demande simplement qu'on dise que c'est la femme de Sam Erlichman qui est dehors, et aussitôt on la fait entrer.

"Madame, lui déclare l'ancien prisonnier, Madame, un homme comme votre mari, on ne l'oublie pas. Alors que c'était le règne bien compréhensible du chacun pour soi, lui, il aidait toujours tout le monde. Aussi, lorsqu'il a été blessé à la cheville lors d'un bombardement au cours d'une de ces marches de la mort qui ont suivi l'évacuation des camps, nous l'avons porté, malgré notre état, oui, porté, jusqu'à l'infirmerie de Buchenwald, pour lui éviter d'être abattu comme un chien au bord de la route, ce qui était le sort de tous ceux qui ne pouvaient plus avancer. Après nous ne savons pas ce qui s'est passé car nous, nous avons dû continuer…"

"Et mon père n'est jamais revenu".

"Après toutes ces épreuves et toutes ces années d'angoisse, ma mère est tombée malade, et il a bien fallu que j'aille travailler. J'ai fait un court passage dans le secteur privé, puis j'ai entrepris une carrière administrative aux Affaires Étrangères : d'abord une période au cabinet du Ministre (Paul van Zeeland, puis Paul-Henri Spaak), et ensuite le poste de secrétaire de notre Ambassadeur à New Delhi. Je venais heureusement d'avoir 21 ans, sinon je n'aurais pas obtenu cette nomination. Rappelons-nous qu'à cette époque, il n'aurait jamais été question d'envoyer au loin une fille mineure. Toute seule ! De plus, les voyages n'étaient guère courants et c'était ainsi une occasion rêvée d'aller dans un pays aussi passionnant que l'Inde. J'y serai restée deux ans et demi pour être ensuite appelée aux mêmes fonctions à Tunis, où je me trouve maintenant depuis 1957.

Vacances tunisiennes

Évidemment, Jacqueline ne m'a pas raconté tout cela le soir de notre rencontre ! Nous avons échangé d'aimables propos mondains et constaté que nous avions certains goûts en commun, notamment pour l'archéologie. Et nous sommes sortis ensemble, au clair de lune, nous promenant au bord de la mer, aux environs des Thermes d'Antonin, l'une des ruines les plus impressionnantes de Carthage.

Nous nous sommes revus le mercredi suivant, 8 juillet, et tel fut le début d'une longue liaison sans nuage, - laquelle allait nous conduire au mariage… six ans et trois mois plus tard.

Dans l'intervalle, Michèle nous avait rejoints à Radès. C'est maintenant une grande fille de 13 ans, qui adore jouer à la maman vis-à-vis de ses frères. J'ai défait mes bagages et accroché au mur deux grands tableaux que j'aime beaucoup. Dus à un artiste noir de talent, ils ne cessent et ne cesseront de me suivre depuis le Congo, ce Congo auquel, le 13 juin, le roi Baudouin venait de promettre l'indépendance “dans la prospérité et la paix”.

Bien que je profite de ces vacances pour mettre au point une longue publication développant mes recherches récentes en théorie unitaire, nous allons tous jouir, et largement, de la Tunisie, de ses plages, de son soleil, de ses ruines romaines. Jacqueline ayant été immédiatement acceptée par Michèle et par ses frères, c'est avec elle que nous nous promènerons au cours des week-ends.

J'ai eu la grande chance de découvrir la Tunisie, - et plus tard l'Espagne et l'Égypte, nettement avant que ces pays ne soient envahis par le tourisme de masse. Hammamet, par exemple, était encore une immense plage quasi-déserte, avec son ancien fort turc et un vieil hôtel-restaurant tenu par des Français. Aujourd'hui...

Feuilletons notre album de photos : voici Radès, la plage, la maison, et le jardin avec les trois enfants tenant en main chacun leur chaton; voici Bizerte, encore occupée par une garnison française; voici sa plage, son lac, et le bourg de Menzel-Bourguiba, jadis Ferryville, où la statue du "Combattant Suprême" a sans scrupule bousculé celle de Jules Ferry. Voici les cités romaines de Dougga, avec son capitole, de Thuburbo Majus, avec son forum, ses thermes, de Zaghouan, avec son aqueduc, de Bulla Regia, avec ses mosaïques si bien conservées. Voici, dans la montagne des chênes-lièges, Aïn Draham, chez les Kroumirs, à la frontière algérienne. Et encore des plages, Salammbô, Amilcar, et d'autres, échelonnées le long du golfe, depuis La Goulette, - charmant petit port qui me laisse surtout le souvenir de ces mille et un restaurants juifs dont je devais retrouver certains, bien plus tard, à Eilath, en Israël.

Au-delà de ces plages, Sidi Bou Saïd, véritable balcon sur la mer, avec ses maisons blanches, si blanches, et ses volets bleus, si bleus, et ses portes, tout aussi bleues. Ce petit bijou aura charmé les écrivains, les artistes, les poètes. Le baron Rodolphe d'Erlanger s'y était fait construire une demeure si somptueuse que Robert Hossein l'a choisie comme cadre très oriental de cette scène où l'on voit la "Marquise des Anges" arriver en esclave rachetée. De nos jours, Sidi Bou Saïd est écrasé sous le tourisme, comme Saint-Paul-de-Vence auquel on le compare parfois.

Selon une légende locale, Sidi Bou Saïd, le "Seigneur Père du Bonheur", c'est le roi saint Louis lui-même. Loin d'avoir succombé de la peste à Tunis, selon l'histoire officielle, le roi Louis IX se serait converti à l'Islam et aurait laissé un sosie mourir à sa place, puis il aurait vécu en odeur de sainteté (islamique), là, dans ce paradisiaque village, si blanc, si bleu.

Fin août, Michèle est repartie, enchantée de ces merveilleuses vacances. La rentrée n'ayant lieu ici qu'en octobre, Jacqueline et moi décidons de partir à la découverte du pays, dans sa petite Fiat. Les garçons, auxquels nous disons partir avec un groupe, resteront à Radès, "Madame" et sa fille s'en occuperont très bien.

Tour de la Tunisie, si classique aujourd'hui que si je voulais le décrire il me suffirait de recopier les programmes des "Circuits découverte" ou "Mer-oasis" ou autres encore, proposés par les agences de voyage. Non, pas de récit détaillé ici, mais une mention, en passant, pour le gigantesque amphithéâtre romain d'El Djem, pour les ghorfas (greniers superposés) de Médenine, pour l'île de Djerba, pour les oasis de Nefta et de Tozeur. Quittant celles-ci, nous avons emprunté la dangereuse piste du Chott El-Djerid, 100 km dans une immense dépression suintante de sel. Les brochures de tourisme vous en recommandent les mirages. Exact, nous en avons vu : oasis fictives, imaginaires caravanes de nomades, superbes lacs tout blancs, - mais inexistants !

Au fil des jours…

Fin septembre, quelques décisions importantes : d'abord, j'habiterai en ville, en meublé, et me voilà ainsi rue du Ghana, en plein centre, non loin de chez Jacqueline. Conséquence, il me faut licencier notre dévouée "Madame", car il m'est maintenant impossible de la loger chez moi. Autre conséquence, pour éviter à Pierre et Paul de périlleuses traversées de la ville, je me résous à les mettre en pension chez les Frères Maristes. Tous les mercredis je leur rends visite, et tous les week-ends, sans exception, ils dorment à la maison, où leur collection de jouets ne cesse de s'agrandir.

De leur mère pas d'autre nouvelle que l'une ou l'autre lettre plus ou moins bizarre, et aussi des correspondances d'avocat relatives à la pension que je lui verse et aux dettes qu'elle m'a laissées. Tout est relativement calme, les enfants lui écrivent régulièrement, et l'orage n'éclatera qu'en mars 61.

Une vie paisible se déroule ainsi au fil des jours. Jacqueline et moi allons au théâtre (tournées Karsenty!) ou au cinéma. Les dimanches, promenades avec elle et les gosses, dans les campagnes en hiver, sur les plages à la belle saison. Et tous les jours à midi, pour moi, un petit restaurant, en ville ou dans la Médina.

Le soir, repas à la maison sans fristouille aucune : les relents de celle des voisins me suffisent. Pauvre Chirac qui avait eu l'imprudence, - et surtout l'impudence ! - de parler des "odeurs" de la cuisine arabe ! Voilà qui avait fait bondir les chevaliers patentés de l'antiracisme, avec menaces de poursuites judiciaires. Aussi, pour m'éviter tout ennui, je déclare solennellement ici que l'odeur de cuisine à l'huile de mes voisins de la rue du Ghana à Tunis était d'origine strictement marseillaise.

En novembre, les nouvelles du Congo sont franchement mauvaises : émeutes anti-belges çà et là, et notamment à Stanleyville où la Force publique réagit : deux dizaines de morts, une centaine de blessés. En décembre, une catastrophe en France : le barrage de Fréjus s'effondre : des centaines de morts. En janvier, naissance du "franc lourd"; les vieux Français ne s'y habitueront jamais, mais pour les Belges, c'est facile : 1 franc lourd = 10 francs belges = 100 anciens francs. Dommage que les dévaluations françaises vont détruire cette belle arithmétique…

Le 13 février, la première bombe atomique française éclate dans le Tanezrouft, au sud du palais d'Antinéa, selon Pierre Benoît. Le 14, réception à l'ambassade de France. Moi, bon Belge, je félicite tous les Français présents, mais leurs réactions vont m'étonner : pour les droitistes, c'est une minable bombinette; pour les intellos gauchistes, un pur scandale !

La vedette de la réception ne sera pas la bombe saharienne mais bien, charmante surprise, une bombe noire, Marpessa Dawn, vedette d'un gros succès de l'époque, *Orfeu Negro*, de Marcel Camus. Autre surprise : la jolie actrice est belge, de par son mariage avec le comédien Vander.

Et voici les vacances. Pierre et Paul ont très bien travaillé, Paul est même premier de classe. Ils iront en colonie avec les Maristes, à

Valbonne, vieux village entre Cannes et Grasse. Tout le groupe s'embarque à Tunis avec les Pères, et moi je vais loger chez Jacqueline. J'avais dû renoncer à mon appartement, - et même en déguerpir ! pour une raison bien inattendue : le vrai locataire m'avait offert une sous-location en se faisant passer pour le propriétaire !

Je revends ma Volks, et nous prenons le bateau, Jacqueline, sa Fiat et moi. Direction Palerme, puis Naples. Et ce sera toute l'Italie, dont je ne connaissais rien du tout, sauf Rome que je vois pour la troisième fois. À Venise, nous nous penchons inquiets sur les gros titres des journaux. Déchiffrant vaille que vaille l'italien, nous apprenons les incroyables nouvelles :

Au Congo, dès le 7 juillet, des mutineries se sont propagées de proche en proche dans la Force Publique. Les officiers belges sont arrêtés, maltraités, et leurs femmes parfois violées, notamment à Thysville. Et la capitale est coupée du monde. Les jours suivants, c'est pire encore : les Blancs fuient devant les incendies et les meurtres, des milliers d'entre eux se réfugient dans les colonies voisines, quand ils le peuvent. Et le Katangais Moïse Tchombé proclame l'indépendance de sa riche province.

Pourtant, l'indépendance avait été accordée le 30 juin, en présence du roi Baudouin, dans une ambiance de liesse, sauf de la part du Premier Ministre congolais, le communiste Patrice Lumumba, qui avait prononcé un discours plein de rancœur. La cérémonie avait d'ailleurs été marquée par un incident que les Noirs interprétèrent comme un signe, un présage : un jeune Noir s'était emparé du sabre royal et en avait fait d'inquiétants moulinets dans la foule.

Après Venise, nous voilà en Autriche où je retrouve les baraques de mes anciens Oflags de Lienz et de Wolfsberg, témoins de mes premiers pas dans le théâtre. Puis ce sera la Suisse, la France, et enfin la Belgique, où je commence par acheter une Volks en transit.

À Bruxelles, je loge quelques jours chez Jacqueline, c'est-à-dire chez sa mère, et ainsi je fais la connaissance de ma future belle-mère, femme dynamique à la forte personnalité. Elle et moi allions toujours très bien nous entendre, encore qu'au début elle me reprochait d'être : 1°) nettement plus âgé que sa fille ; 2°) père de trois enfants ; 3°) non-juif, ceci accessoirement toutefois. Elle aurait pu ajouter : 4°) criblé de dettes, au point que si sa fille n'avait pas joué au banquier bénévole, je ne vois pas comment j'en serais sorti ! Avec le temps, tout cela s'est arrangé de soi-même, et cette chère Judith Erlichman a fini par m'admettre sans la moindre arrière-pensée.

Là-dessus, en avant pour le Midi, avec Michèle. 1300 kilomètres à avaler, en trois jours puisqu'en ce temps-là il n'existait aucune autoroute ! Après Grenoble, voici la Route Napoléon, puis Grasse et enfin Valbonne. Les gosses sont enchantés de leur séjour et la suite du voyage sera une petite fête de famille : hôtels, à Laffrey d'abord dans une ambiance napoléonienne, puis à Genève au bord du lac, puis à Colmar et enfin à Spa.

Et de là en Hollande, dans la belle-famille, toujours pleine d'attentions à mon égard. On n'a aucune nouvelle précise de Johanna, sinon une adresse bancaire, et l'on me conseille d'éviter de lui conduire les gosses. Soit, nous resterons à Spa, et en septembre, mes fils iront pour un mois chez les Frères à Malonne, où, surprise, je retrouve le Frère Marie-Ephrem qui fut mon professeur en troisième moderne. Il veillera personnellement sur les "petits Français", comme on dira de Pierre et Paul à cause de leur accent !

Fin septembre, en avant pour Marseille, Paul dans la voiture de Jacqueline, Pierre dans la mienne. Mais voilà que chez les Maristes, une incompréhensible dispute éclate entre le Père secrétaire et moi-même. Sur le conseil de collègues français, je mets les gosses en internat à L'Ariana, dans la proche banlieue de Tunis. Ils seront là dans une très bonne école dépendant de la Mission Universitaire et Culturelle Française.

Et moi je m'installe près du port, rue du Portugal, dans un bel appartement. Ainsi abordons-nous l'année 60-61, laquelle, pendant ses six premiers mois tout au moins, va ressembler comme une sœur jumelle à son aînée 59-60.

Le soir, ma petite radio me permet de suivre l'actualité. Au Congo, émerge un personnage qui fera beaucoup parler de lui, un sergent-major qui sera bientôt le général Désiré-Joseph Mobutu puis le président Sésé-Séko Mobutu. En Belgique, joie populaire : le Roi se marie, enfin ! Le 16 septembre, il épouse une Espagnole de vieille noblesse, doña Fabiola de Mora y Aragon.

Mais trois mois plus tard, la situation s'envenime dangereusement au pays : grèves générales contre une “loi unique” qui prétendait réformer le système des impôts. L'année 61 s'ouvre sur des violences à Bruxelles, à Mons puis à Liège où des émeutiers, parfaitement encadrés et organisés, renversent des tramways et saccagent la toute nouvelle gare des Guillemins. Se croyant encore en 1793, ils avaient même failli s'en prendre à la cathédrale, à l'instar de leurs ancêtres ! Eva, mon ex-épouse, m'écrit que Michèle a été très perturbée par cette atmosphère de guerre civile.

Et comme les Flamands n'ont guère suivi le mouvement, le Liégeois André Renard, émeutier en chef, déclare que l'avenir de la Wallonie, c'est le fédéralisme. Il oubliait de préciser qu'il parlait de l'avenir socialo-terroriste…

Orages…

Fin mars, coup de tonnerre : Johanna est arrivée à Tunis sans crier gare. En vue d'une réconciliation ? Que nenni ! En vue d'une enquête assortie d'une vigoureuse campagne de diffamation à mon égard. On me signale son passage à l'Ambassade, à l'école des garçons, chez des collègues, chez des voisins, chez un avocat. Elle s'est installée, - à mes frais ! - dans un petit hôtel.

Il n'est pas rare que des personnes souffrant de délires soient dotées d'un fort pouvoir de persuasion ; c'est le cas de beaucoup de gourous, c'est celui de Johanna, laquelle d'ailleurs se dit voyante, médium et inspirée. Première dupe de mon épouse-gourou, l'ambassadeur de Belgique, un petit monsieur grassouillet :

Lui, à Jacqueline, sa secrétaire : “Êtes-vous la maîtresse du professeur Grosjean ?” Elle : “Oui, Monsieur l'Ambassadeur”. Lui : “Alors je me vois obligé de demander votre rappel à Bruxelles”.

Elle, outrée “Mais, Monsieur l'Ambassadeur, il n'en est pas question, il n'y a pas eu scandale.” Finalement, mon beau-frère Gerrit devra envoyer, à ma demande, une longue lettre explicative à ce diplomate si influençable, - lequel, malgré cela, adoptera une attitude négative dans la suite des événements.

Seconde dupe de notre gourou(e), mon collègue E., bon garçon, polytechnicien. Me voilà comparaissant devant lui et subissant un interrogatoire : “Est-il vrai que tu sois un sadique?” Je plaide en montrant des certificats de psychiatres belges et hollandais.

Troisième dupe, ma voisine de palier, une protestante rigide. Mêmes accusations, même défense, mais ici je sens qu'on ne me croit pas. Elle et moi resterons en froid et elle me priera de ne plus la déranger avec mon piano.

Il semble que ces braves gens sont tous plus ou moins persuadés que Johanna a été colloquée à la suite d'un complot ourdi par son mari, sa famille et ses médecins. C'est là un mythe classique, et quand vous vous y heurtez, il est très difficile de vous défendre.

À l'internat de l'Ariana, scandale public. Johanna s'en prend à la direction, prétendant que ses fils sont mal soignés, mal vêtus; en fait, ils portaient un petit caban, comme tous les écoliers français à l'époque. Leur mère les cuisine puis les chapitre contre leur père, si bien que, plus tard, l'un de mes deux fils demandera naïvement à Jacqueline : “Comment peux-tu être la maîtresse de papa, puisque tu ne fais pas classe?” Devant eux pourtant, Jacqueline et moi avions toujours scrupuleusement joué aux parfaits étrangers : en voyage, chambres séparées; en tout temps, aucun geste affectueux.

Là-dessus, Johanna déclare qu'elle allait enlever les enfants et les ramener en Hollande. Heureusement, le directeur de l'école n'a pas été dupe, lui, et il m'a immédiatement averti.

Il fallait en finir. Je prends contact avec des psychiatres français et tunisiens, tandis que mon ex-collègue Biermez, rentré au pays, consulte les médecins qui avaient soigné Johanna à Bruxelles. Et, toujours avec l'appui de la belle-famille, nous décidons de faire colloquer Johanna à l'hôpital Razi, à La Manouba, près de Tunis, en attendant de la renvoyer en Belgique. Ce qui se fera avec l'accompagnement d'un médecin belge venu expressément de Bruxelles, à mes frais, bien entendu !

Le voyage eut lieu à la fin mai, sans éclat aucun, Dieu merci, et Johanna restera deux mois et demi dans la section psychiatrique de l'hôpital Brugmann où elle avait déjà séjourné en janvier. L'avis (écrit) du médecin-chef est formel : “Pour nous, votre femme est une grande malade. Elle présente un délire chronique que nous n'avons aucun espoir de voir disparaître un jour. Mais ce délire reste en sous-couche, et il n'est pas incompatible avec une vie sociale.”

Dès lors, il n'y a plus qu'une solution à adopter, le divorce, et tout le monde est bien de cet avis.

Toute vie est une trame d'événements tantôt malheureux, tantôt heureux. Au beau milieu de ces bien désagréables péripéties voilà que tombe du ciel une nouvelle vraiment inattendue : mon mémoire de 90 pages, rédigé à Radès et publié en Italie, reçoit le Prix des Mathématiques de l'Académie Royale de Belgique !

Si bien que quelques jours après le départ de Johanna, me voilà à mon tour à Bruxelles. Au Palais des Académies, on me remet le prix, 6000 francs ! Mon ancien professeur Pol Swings s'excuse : “Ce sont des francs d'avant-guerre, l'Académie n'ayant pas encore pu procéder à la reconversion monétaire”. Enfin, merci quand même.

Comme je suis domicilié à Bruxelles, c'est là que devra se plaider l'éventuel procès en divorce. Je profite donc de mon passage dans la capitale pour contacter un avocat qu'on m'avait recommandé, Me Cartigny, qui accepte. Premier conseil de sa part : “Ne mettez plus les enfants en pension.”

De là, saut à Rotterdam où mon beau-frère va fêter ses noces d'argent. Ambiance extrêmement chaleureuse, tout le monde est de mon côté, même ma pauvre belle-mère, cependant très affectée par le drame. On s'embrasse, elle a les larmes aux yeux…

Je devrai donc trouver un logement tout près d'une école, et en attendant mon collègue Coulon me prête aimablement sa villa, rue de Lille, dans une cité-jardin. C'est là que Michèle viendra nous rejoindre, et notre séjour sera certes l'un de nos meilleurs souvenirs de vacances, bien qu'un orage ait fondu sur la Tunisie : la crise de Bizerte, déclenchée par Bourguiba le 6 juillet.

Comme la plupart des Tunisiens, Habib Bourguiba n'a jamais été antifrançais. Mais il avait de ces foucades... Un beau jour, il déclare qu'il fera remplacer le français par l'anglais. Absurde ! Une autre fois, il envoie un bulldozer dans le mur de clôture de l'ambassade de France, prétextant qu'on devait élargir la route. Curieuse coïncidence, quelques jours plus tard, des ouvriers municipaux viennent creuser un grand trou devant l'ambassade de Tunisie à Paris, rue des Pyramides...

Mais en juillet 61, ce sera plus grave : Bourguiba exige la rétrocession par la France de l'importante base navale de Bizerte. Des manifestations antifrançaises, bien orchestrées, se déroulent dans tout le pays, puis, le 19, l'armée tunisienne engage les hostilités, précédée de civils, surtout des femmes, qui se ruent en hurlant sur les casemates. Les soldats français ouvrent le feu, c'est le désastre.

Évidemment, l'armée et la flotte françaises finiront par l'emporter, et l'on cite des détails navrants : sur un torpilleur tunisien capturé, deux anciens camarades de promotion, un Français et un Tunisien, se retrouvent face à face, celui-ci remettant son épée à l'autre.

Le 22, un cessez-le-feu étant entré en vigueur, partout éclate une joie bruyante, si bruyante qu'elle en est inquiétante. Par prudence, j'insiste pour que Jacqueline vienne dormir chez nous.

La France n'abandonnera cependant Bizerte qu'en 63. Entretemps, elle avait bien dû donner l'indépendance à l'Algérie. Certes, son armée était victorieuse sur le terrain, mais le conflit n'en continuait pas moins, le Maroc et la Tunisie offrant des bases arrière aux fellaghas. Ceux-ci se comportaient comme chez eux dans ces forêts de Kroumirie où nous allions passer l'un ou l'autre week-end malgré les risques : un de mes collègues ne s'y était-il pas fait kidnapper ! Depuis Aïn Draham où nous logions, nous entendions tonner l'artillerie de cette “Ligne Maurice” qui fermait (de son mieux !) la frontière algéro-tunisienne.

La décolonisation se passait mal partout.

Au Congo, le leader communiste Lumumba est assassiné dans des circonstances mal connues. Si mal connues qu'on en accuse la Belgique et qu'au Caire des manifestants attaquent "spontanément" son ambassade et y mettent le feu. Quant à la sécession katangaise, elle prenait l'allure d'un de ces vaudevilles sanglants dont l'ONU semble avoir le secret. Mais en août, le centre de l'intérêt mondial se déplace vers un autre pôle, le Mur de Berlin, édifié sous les yeux de l'Occident médusé.

Les vacances se terminent, et Michèle nous quitte, très triste, car elle aurait tant voulu rester avec son père et ses frères. Des amis juifs, les Bidjiaoui, me louent alors leur jolie villa, toute meublée, rue de Boulogne, non loin de l'école de "Mutuelleville". Comme tant d'autres de leurs coreligionnaires inquiets quant à leur avenir, les Bidjiaoui envisageaient d'émigrer en Israël ou en France.

En octobre, reprise des cours, avec une petite complication : la Tunisie boude la France, et l'accès des Facultés est interdit aux professeurs français ! Avec un nouveau collègue belge, Paul De Munter, arrivé il y a six mois, nous essayons de colmater les brèches et de jouer aux messieurs-bons-offices entre les exclus et le nouveau doyen, quelqu'un du pays. Mais tout finit par s'arranger, les Tunisiens n'étant vraiment pas de mauvais bougres.

Retour au calme

La visite de la mère n'aura guère été favorable à ses fils : les bulletins de notes de Pierre et Paul sont catastrophiques. Mais après l'orage revient le calme : ayant quitté sa clinique fin août, Johanna retrouve du travail en Hollande et nous n'entendons plus parler d'elle. Alors, le 25 octobre 1961, Me Cartigny introduit en mon nom une "action en divorce à charge de dame Boswinkel".

Réunir des pièces probantes, mobiliser une dizaine de témoins à charge, écrire à l'avocat et à d'autres personnes (dont mes créanciers, anciens et nouveaux), tout cela me prend un temps fou. J'arrive quand même à achever la rédaction de deux nouveaux manuscrits sur "ma" géométrie semi-métrique. Ils paraîtront à Liège, dans le Bulletin de la Société Royale des Sciences.

Ils y seront suivis par d'autres, plus tard, et là, j'ai commis une énorme erreur : publier en français ! Erreur qui pèsera sur ma carrière de chercheur. Sans doute croyais-je ainsi défendre la langue française, dont le déclin s'amorçait partout, même en Belgique où les flamingants se montraient de plus en plus intransigeants : à la mi-octobre, n'allaient-ils pas mobiliser des dizaines de milliers de manifestants parcourant les rues de la capitale en hurlant "Brussel vlaams !". Et s'en prenant à tous ceux qui portaient ou achetaient des journaux rédigés en français.

Personnellement, je n'ai jamais été antiflamand, et j'ai regretté que Pierre et Paul aient si rapidement oublié leur langue maternelle. Maintenant, ils faisaient de grands progrès en français ainsi d'ailleurs que dans les autres branches, et ils paraissaient très contents de leur école de Mutuelleville. Ils partaient le matin, rentraient le soir et retrouvaient les deux chatons qu'ils avaient ramenés de la rue de Lille. Pitou, une chatte blanche aux taches noires, était la préférée de Pierre; Paul aimait mieux Youpi, un mâle noir aux taches blanches.

Pour Jacqueline et moi, octobre allait être "le mois de Shakuntala Devi". Cette belle Indienne, toujours drapée dans son sari, était une authentique calculatrice prodige, capable d'exécuter instantanément les multiplications les plus invraisemblables, ou extraire la racine cubique de nombres de treize chiffres ou plus.

Une sympathie réciproque s'est immédiatement installée entre elle et nous. Pour Jacqueline, qui avait été si heureuse en Inde, les conversations avec Miss Devi ne pouvaient qu'éveiller d'agréables souvenirs. Et moi j'appréciais la rencontre avec l'un de ces rares phénomènes mathématiques, comme l'humanité n'en compte qu'une demi-douzaine par siècle (le plus célèbre avait été Inaudi, entre les deux guerres).

Avec l'aide de Jacqueline comme interprète, j'ai présenté Shakuntala à la radio d'abord, puis en salle le 17 octobre. Là, le public a assisté à un véritable duel entre notre nouvelle amie et une calculatrice électrique Olivetti. Et la machine a été battue ! Rappelons qu'à l'époque il n'y avait pas encore d'ordinateur, sinon l'issue de la joute eut été toute différente !

Là-dessus, voilà le président Bourguiba qui nous invite dans son palais de Carthage, Miss Devi, Jacqueline et moi-même. Habib Bourguiba était un homme chaleureux, très intelligent. Et très simple. On ne peut que regretter qu'une telle personnalité ait été abattue par la maladie d'Alzheimer.

Nous avons promené Shakuntala çà et là, puis elle nous a quittés, continuant sa tournée mondiale.

Pour les vacances de Noël, nous nous offrons un voyage en Libye, alors paisible royaume d'un paisible souverain, Mohammed Idris. Pays immense, nous n'en visiterons que la bande côtière avec Tripoli et ses environs, dont notamment le village de Jelen, perché dans la montagne. Curiosités principales, les somptueuses ruines romaines de Sabrata et surtout de Leptis Magna, un ensemble architectural sans équivalent dans tout l'ancien empire romain. Dans notre hôtel, des Américains. Dans les rues, des américaines (des voitures, j'entends). Pétrole ! Pétrole ! Des gisements fabuleux !

Tintin et moi

Pierre et Paul raffolaient des histoires de Tintin. Tous les soirs je leur lisais quelques pages de l'un ou l'autre album de Hergé, et cela durait depuis quatre ou cinq ans. J'avais commencé en néerlandais pour continuer en français.

Au début de janvier de cette nouvelle année 62, je lis avec surprise un article paru dans un hebdomadaire de très bon niveau, *Jeune Afrique,* dont je connaissais le rédacteur en chef, Ben Yahmed. Signé simplement G.R., l'article était un long pamphlet dirigé contre Tintin ! Et contre Hergé, chemin faisant.

Depuis lors, quantité de livres, d'articles, d'études, de biographies, de thèses, se sont lancés dans une Tintinolâtrie effrénée, tandis que d'autres se sont acharnés à découper l'œuvre de Hergé en petits morceaux à partir desquels on pouvait "prouver" tout ce qu'on voulait : Hergé rexiste, Hergé colonialiste, Hergé collaborateur, Hergé antisémite, etc. Mais en 62, ce genre d'attaques était encore exceptionnel.

Je décide d'écrire à Ben Yahmed une lettre de 4 pages dans laquelle je relevais les inexactitudes contenues dans l'article signé G.R. Ma lettre est publiée dans "J.A.", mais avec assez bien de coupures, malheureusement.

Hergé colonialiste? Bien au contraire. Tintin prend le parti des Jaunes contre les colonialistes japonais, des Indiens contre les spéculateurs américains, des Noirs contre les esclavagistes arabes. Et dans l'album si controversé *Tintin au Congo,* Hergé se comporte tout simplement en journaliste et en humoriste, ni pour ni contre.

Hergé raciste? Des quelque 200 injures pittoresques proférées par Haddock, G.R. ne retient que les cinq ou six qui font allusion à la couleur de la peau. Ridicule. Mais G.R. s'entête : Hergé est raciste, puisque tous ses "mauvais" portent des noms étrangers. Pardon, pas tous, loin de là, et parmi les "bons" il y a des "gens de couleur" aussi bien que d'autres.

Hergé fasciste? Ah oui, il y a l'album *Tintin au pays des Soviets,* cheval de bataille de tous les anti-Hergé. À *Jeune Afrique*, j'écrivais que cet album, composé en 1930, parlait d'une situation qu'allait dénoncer, 25 ans plus tard, Nikita Khrouchtchev en personne. J'ajoutais que si Hergé avait été fasciste, il n'aurait certainement pas caricaturé Hitler et Mussolini dans *Le sceptre d'Ottokar* (1939), ni ridiculisé leur décorum dans *L'Affaire Tournesol.*

Hergé, - Georges Rémi,- m'a été très reconnaissant de cette mise au point. Nous nous sommes rencontrés et jusqu'à sa mort il n'a cessé de m'envoyer ses vœux sur des cartes illustrées de sa main (elles valent un prix fou de nos jours!). Et j'ai repris contact avec son frère, le major Rémi, un ex-compagnon de captivité.

Chose amusante, quelque temps après la parution de ma lettre à *Jeune Afrique*, l'auteur de l'article litigieux a voulu rencontrer Hergé et du coup en est devenue une très bonne amie ! C'était une journaliste d'origine belge, de son vrai nom Gabrielle Rollin.

Tout cela paraissait bien lointain (1962 !) et presque oublié quand, en 1995, paraît un livre qui a suscité beaucoup de controverses, *Les Grands Mythes de l'Histoire de Belgique*. Publié sous la direction d'Anne Morelli, chargée de cours à l'Université de Bruxelles, l'ouvrage rassemble une série d'études diverses, de tous niveaux. Je le lis, et page 282, dans un article intitulé *Tintin, un mythe belge de remplacement*, je tombe en arrêt devant une phrase me concernant : “Un certain Pierre Grosjean osa même le présenter (Hergé) dans une réponse à *Jeune Afrique*, comme l'un des pionniers de l'anticolonialisme”. Avec comme seule référence, plutôt bizarre, “cité dans le mémoire de maîtrise” (référence 19).

L'auteur en est “un certain Joël Kotek” - dirais-je pour imiter sa terminologie. Sa famille et ma belle-mère s'étaient connues en voisins, jadis.

J'ai adressé de vigoureuses lettres à dame Morelli et au sieur Kodek, disant que le procédé utilisé par celui-ci était vraiment peu académique : ton cavalier, texte tronqué, référence imprécise et de seconde main. J'ajoutais que le titre de l'article s'écartait de l'opinion reçue partout selon laquelle Tintin est un authentique mythe universel, comme en témoigne la diffusion mondiale de ses albums, en des dizaines de langues. Un peu embarrassée, Mme Morelli m'a téléphoné en France, et les choses en sont restées là.

Au fil des jours (suite)

Le temps passait… il est vrai qu'il ne fait que ça depuis l'instant du Big Bang. En Belgique, il passait très mal : le 14 février, un millier d'étudiants flamingants manifestent à Louvain aux cris de “Leuven vlaams" et "Walen buiten". Ces "Wallons" qu'ils voulaient expulser étaient les professeurs de la vénérable université, fondée en 1425. Parmi eux, une célébrité mondiale, Mgr Georges Lemaître, le père de la cosmologie moderne. Et du Big Bang, précisément. C'était le meilleur disciple d'Einstein, a-t-on dit.

Cela n'a pas empêché ses "chers collègues" flamands de lui déclarer : "Vous pouvez être une sommité scientifique, président de l'Académie Pontificale, nous vous jugeons uniquement sur le fait que vous êtes professeur à la section française, et c'est tout." Quant aux étudiants, dignes émules de ces tristes fanatiques, ils ont chahuté le grand homme et cassé les vitres de son appartement. Mgr Lemaître, à deux doigts de l'éméritat, a été profondément heurté par cette méchanceté nationaliste. Lui qui avait voulu rester à Louvain, alors qu'on lui offrait des chaires aux USA !

On connaît la suite. L'université francophone a obtenu les milliards voulus pour déménager à 30 kilomètres de Louvain (pardon, Leuven), en zone francophone, et ainsi "l'épuration ethnique" s'est passée en douceur. Dieu merci, la Belgique n'est ni la Bosnie ni le Rwanda. Mais rien ne dit qu'il en sera toujours ainsi.

Cette lamentable affaire marque un tournant dans l'histoire des mouvements flamingants : ceux-ci s'en prenaient maintenant aux Wallons, et non plus seulement à leur propre bourgeoisie "fransquillonne". Et depuis lors, c'est la haine du Wallon qu'on essaie d'inculquer aux jeunes Flamands.

À la même époque, la France était plus mal lotie encore que la Belgique, car c'est par centaines qu'il fallait compter les victimes du drame algérien. Les desperados de l'O.A.S. frappaient en aveugles, tandis que les "forces de l'ordre" se distinguaient par le massacre de la rue d'Isly à Alger.

Vinrent les vacances. Jacqueline, les enfants et moi prenons le bateau avec nos deux voitures. À Marseille, un spectacle lamentable : les réfugiés Pieds Noirs qui débarquent en proscrits et s'asseyent sur leurs pauvres bagages, dans l'attente d'on ne savait quel destin. Dans la foulée d'un anticolonialisme primaire qui ne cessait de progresser, on les rendait responsable de tout. Il arrivait que le public adopte à leur égard une attitude franchement hostile. On avait vu quelque chose de ce genre en Belgique lors de la débâcle congolaise de 1960.

Je m'étais réconcilié avec les Pères Maristes, et j'avais obtenu que Pierre et Paul aillent passer un mois à Valbonne avec leurs élèves, comme il y a deux ans. J'ai donc conduit les enfants moi-même puis ai laissé la voiture à Avignon où m'attendait Jacqueline. Et de là, en avant à la découverte de l'Espagne !

Nous avons eu le privilège de découvrir une Espagne encore un peu sauvage, avec de charmantes auberges (espagnoles, bien sûr) et de grandes plages vides de toute construction, celle de Torremolinos entre autres. Vous connaissez Torremolinos ? Vous appréciez ce qu'elle est devenue ?

Puis, comme il y a deux ans, ma fille Michèle et moi avons été reprendre les garçons, enchantés de leur séjour en colonie de vacances. Cette fois, nous filons vers Nice, Sospel, la Roya, le col de Tende, l'Italie. Nous resterons deux jours au bord du lac de Garde où, selon la presse française, s'était installé l'état-major de l'O.A.S., dont le célèbre ethnologue Jacques Soustelle, chaud partisan d'une Algérie française.

Après le lac, voici le Liechtenstein puis l'Autriche, et nous logeons chez l'habitant, à Zirl, un mignon patelin. Michèle souffrant de verrues à la main, une vieille femme du village lui dit : “Je vais vous guérir”. Elle enveloppe dans un linge la main malade, serre très fort, marmotte quelque chose, retire le linge et se met à le piétiner avec vigueur. Puis déclare : “Vous êtes guérie”. Le souvenir de la “sorcière de Zirl” est resté vivace dans la famille. Et croyez-le ou non, Michèle n'a plus jamais souffert de verrues…

Notre périple se termine en Ardenne, à la cascade de Coo, où, pour la dernière fois de ma vie j'aurai connu une chambre d'hôtel sans eau courante. Sur le marbre d'un lavabo avec miroir, une vaste cuvette et un énorme broc dont le maniement relevait de l'athlétisme des poids et haltères. Vraiment, nous étions mieux logés lors de l'étape précédente, à Wiesbaden !

À peine rentré à Bruxelles, me voilà à Varsovie, pour un congrès international de Relativité. Je constate qu'on y parle assez peu de la dernière théorie unitaire d'Einstein, sans doute parce qu'on n'en voyait toujours pas surgir d'application physique bien claire.

Entre deux séances, les congressistes visitent la maison de Chopin et l'ancien quartier juif, en voie de reconstruction. Là, la guide polonaise nous dit, en montrant les nouveaux immeubles entourant le sombre monument de l'Holocauste : “Oui, “ils” reviennent”. No comment.

Après le Congrès, un jour à Cracovie. Une curiosité de la ville, c'est, sur une tour bordant la grand-place, un jacquemart sonnant une trompette dont le son s'étrangle brusquement : souvenir d'un guetteur qui avait été tué, je ne sais quand, alors qu'il donnait l'alerte. Puis pèlerinage à Notre-Dame de Czestochowa, patronne de la Pologne ; aux pieds de la célèbre icône balafrée, une foule prosternée, à plat ventre. Enfin, visite d'Auschwitz. Pas pour moi, je m'abstiens, je ne sais pourquoi. Au retour, tous les participants sont visiblement sombres, atterrés, catastrophés. Des femmes avaient pleuré, cela se voyait.

Nos vacances en Europe vont se dérouler à peu près comme il y a deux ans. Les enfants iront en colonie à la mer puis en classe pour un mois à Malonne, chez les Frères. Jacqueline et moi séjournerons à Paris où les Pallu de la Barrière nous offrent leur appartement ce qui nous fera découvrir le Paris désertique du mois d'août, si désertique que le 15, Vincente Minelli a pu y tourner dans le calme une scène des *Quatre Cavaliers de l'Apocalypse* : la place de la Concorde au temps de l'occupation. Une centaine de figurants en feldgrau, une demi-journée de tournage, - mais vingt secondes à l'écran ! Une précision : Jacqueline et moi étions spectateurs, pas figurants.

Fin septembre, bonjour la route, bonjour Marseille, bonjour le bateau. Et bonjour Tunis où je résiderai maintenant rue de Smyrne, les Bidjiaouis ayant repris leur maison. Là, les enfants et moi serons aussi bien qu'à Carthage dans la villa Pezon que je regretterai toujours d'avoir dû quitter.

Nous nous entendons au mieux avec nos compatriotes De Munter, qui habitent près de chez nous. L'un et l'autre sont mathématiciens et ils viennent d'avoir une fille. Ils ont aussi trois chats qu'avec humour ils ont appelé Chat-Rlequin, Chat-Rlemagne, Chat-Rlemartel. Ils nous feront cadeau du premier, lequel, malgré son nom, est une femelle arlequine. Chez nous, elle mettra au monde de jolis chatons, et c'est Pierre qui dira de l'un d'eux : "Mais il est z-orange !" Le nom est resté, et Zorange ou Zozo sera notre tendre et fidèle compagnon pendant 17 ans, à Tunis, à Rabat, à Bruxelles. Son karma le vouait d'ailleurs à une vie en milieu intellectuel : n'était-il pas né dans ma bibliothèque, le jour de la Saint-Thomas d'Aquin (7 mars) !

En octobre 62 éclate la crise de Cuba : les Soviétiques avaient installé des lanceurs de missiles chez leur copain Fidel Castro. Le monde tremble, nous aussi. J.-F. Kennedy tient bon, et voilà Khrouchtchev obligé de démonter ses bases cubaines. Ouf !

Le même mois, s'ouvre le concile Vatican-II, signe d'une autre crise, celle de l'Église. Puisque mes fils étaient baptisés et avaient fait leur première communion, je les conduisais à l'office du dimanche. Chaque fois, je m'étonnais de voir disparaître les soutanes et d'assister à une messe dite "à l'envers" : le célébrant faisait face au public et abandonnait ainsi son rôle symbolique de berger conduisant son troupeau vers Dieu.

Chose plus grave, les curés dans le vent substituaient le social au sacré, au nom de "l'aggiornamento". Jean XXIII n'avait-il pas dit qu'il allait ouvrir les fenêtres ? Oui, mais il avait oublié de fermer les portes, et en quelques années 30 000 prêtres, dégoûtés, se sont volontairement "réduits à l'état laïc". Beaucoup, parmi les survivants se tourneront vers le gauchisme, et l'on a pu dire que les deux derniers marxistes seront deux curés !

Adieu, chère Tunisie

Dès avant Noël, Paul De Munter et moi-même avions commencé à nous poser des questions quant à notre carrière tunisienne : pas de pension, pas de stabilité, pas d'avenir. Nous concluons que nous devons nous tourner vers quelque chose de plus solide, mais quoi ? L'UNESCO ? Pourquoi pas ? Sitôt dit, sitôt fait, nous envoyons au “Grand Machin” nos candidatures à des postes “d'experts”. De mon côté, je contacte Lichnerowicz : n'y aurait-il pas quelque part une chaire pour moi dans votre beau pays ?

En réponse, il me demande de venir à Paris en février donner une conférence à l'Institut Henri Poincaré. Et là, il m'indique diverses possiblités : Caen, Lyon, Clermont-Ferrand. Je laisse entendre que la Normandie me plairait beaucoup.

À Paris, je donne donc mon exposé, mais je sens qu'il faudra bientôt m'occuper d'autre chose que de la dernière théorie d'Einstein. Tel est aussi l'avis d'une amie rencontrée à Édimbourg et à Varsovie, Marie-Antoinette Tonnelat, la plus grande théoricienne française, spécialiste renommée de la dite théorie.

Retour à Tunis où tout va au mieux. Pierre et Paul travaillent suffisamment bien à l'école où ils sont externes. Ils apprennent à monter à cheval et l'on sent que ce sport leur plaira. Nous sortons en balade tous les dimanches, et mes petits films de l'époque reflètent une réelle joie de vivre.

L'un de ces “8mm” retrace notre découverte du Défilé de la Hache : selon Flaubert, les mercenaires révoltés sont poussés vers un cirque montagneux dont la seule entrée est un étroit passage taillé dans une paroi verticale. Une fois entrés, ils sont pris au piège, les Carthaginois ayant obstrué le défilé avec de gros rochers. Souvent, on m'avait dit qu'un tel site n'existe pas. Eh bien si, il existe, mais assez loin de Tunis : c'est la gorge du Seldja, isolée dans un site minier, et mon petit film montre clairement l'entrée du défilé, une coupure dans une muraille rocheuse.

Puis arrive le 23 avril, date cruciale pour mon procès de divorce : mes témoins “à charge” sont invités à se présenter à Bruxelles devant la chambre des enquêtes. Miracle, ils sont tous là ! Tous les neuf, tous ceux que j'avais contactés ! Leurs dépositions seront dures pour la défenderesse, plus dures que ce à quoi je m'attendais.

Mais celle-ci ne semblant pas désarmer, mon avocat m'avait conseillé de ne pas rester à Tunis pendant les vacances de Pâques. Et ainsi Pierre, Paul et moi étions allés, - une fois de plus ! - dans l'île de Djerba, l'île des Lotophages de “l'Odyssée”.

En juin, double coup de tonnerre : je suis agréé à la fois par l'UNESCO, qui me parle du Maroc, et par Paris, qui me propose Caen ! Je choisis la France, mais j'ai bien soin de ne pas récuser l'offre de l'UNESCO; l'avenir montrera que j'avais eu raison. Curieuse coïncidence, la Normandie allait me faire à nouveau rencontrer Flaubert : Après Salammbô, voici une autre héroïne malheureuse, Emma Bovary !

Quant à Paul De Munter, agréé lui aussi par l'UNESCO, il accepte immédiatement, et en juin il nous quittera pour Rabat. Moi, tenu par mon contrat, je dois rester à Tunis jusqu'à la fin de 1963.

Préparons donc notre départ. Pour leur éviter d'inutiles perturbations, c'est dès la rentrée que Pierre et Paul doivent aller à l'école en France. Fin août, ils s'embarquent pour Roquefort-les-Pins, non loin de Valbonne, où ils seront pensionnaires du “Home Mithra”, tenu par Jo Kieffer, un très sympathique garçon rencontré l'année précédente.

Jacqueline et moi resterons donc seuls à Tunis, continuant la petite vie que nous menons depuis quatre ans : plage, théâtre, cinéma, excursions, réceptions. Et bien entendu, le job ! Plage, s'il fait beau. Théâtre, en tout temps : grâce aux Tournées Karsenty nous aurons vu Jean Marais, Louis de Funès, Dany Carrel, Jean Piat, et autres célébrités, en chair et en os.

Cinéma ? Je me souviens surtout des grandes productions du genre *La Dolce Vita*, *Lawrence d'Arabie, Le Guépard*, ou encore des Hitchcock, *Les Oiseaux,* ou *La mort aux trousses.* Mention cependant pour un film nouvelle vague de Chabrol, parfait à mon avis, mais échec commercial à sa sortie : *Les Bonnes Femmes*, où Stéphane Audran et Bernadette Lafont faisaient leurs premières armes. Ah, j'oubliais *Le jour le plus long*, que j'allais bientôt revivre sur les plages du débarquement, en Normandie.

Fin novembre, une nouvelle formidable vient bouleverser nos projets : je suis invité, tous frais payés, à un important congrès d'astrophysique qui doit se tenir à partir du 13 décembre… où ça ? À Dallas ! Mais oui, Dallas, la ville dont parlait le monde entier depuis le 22 novembre, depuis l'assassinat de J-F Kennedy.

Magnifique ! Eh bien, en avant pour le Texas !

* * *

XXX.- NORMANDIE

"Les sanglots longs des violons de l'automne,
Blessent mon cœur d'une langueur monotone."
Message codé de la BBC annonçant
le débarquement en Normandie (1944)

New York - Dallas - New Orléans - Washington - Londres - Caen... Curieux, cet itinéraire que j'ai suivi pour aboutir en Normandie en janvier 1964 ! Sans doute fut-ce aussi celui de bien des G.I.'s lancés dans la grande aventure du "débarquement", 20 ans plus tôt.

Eh oui, je découvrais l'Amérique. Et tandis que mon Boeing amorçait son atterrissage, je chantonnais, comme Christophe Colomb, pardon, comme Charles Trenet :

"Terre, Terre, je te vois,
Terre, Terre, me voilà..."

Trois jours à New York, - et non "un jour", comme dans un musical célèbre. Trois jours à flâner le nez en l'air, comme le gendarme Louis de Funès. À s'attarder aux éventaires des petits bijoutiers juifs de la Delancey Street. À apprécier qu'à l'entrée les grands magasins vous présentent des plans pour vous diriger, - ce qui était encore inconnu en Europe. À s'étonner de découvrir des clochards dormant sur les trottoirs du quartier du Bowery. À grimper, comme tout le monde, au sommet de l'Empire State Building. À exécrer le mauvais café qu'on vous sert partout. Et à apprécier l'universelle gentillesse américaine…

Un petit crochet par Buffalo, New York State. Pas de chance : les Niagara Falls étaient gelées, incroyable !

Quasars et Dixieland

Dallas… Ce n'était pas alors l'infâme J.R. de la série TV homonyme qui en avait popularisé le nom, mais bien l'infortuné J.F.K. Métropole ultra-moderne, deux millions d'habitants, des buildings à ne savoir où les mettre. Business et toujours business, encore que cette belle ville n'ait que peu de rapports avec ladite série TV : il n'y a ni grands ranches ni puits de pétrole à proximité.

Dallas… Tout y est grand. Et tout est grand au Texas, plus grand quc partout ailleurs (disent les Texans). Ainsi, dans un restaurant où je dînais avec des collègues, le maître d'hôtel nous a apporté, tout fier, un moulin à poivre… de deux mètres de haut !

Dallas… Centre de pèlerinage ? Oui, certes. Une foule d'Américains en pleurs déposaient des gerbes dans la pergola et dans le petit parc qui bordent la fatale Commerce Street où était tombé Kennedy, en ce néfaste 22 novembre de la présente année 1963.

Pèlerinage devant les portes de la Jail où Lee Harvey Oswald, l'assassin, fut assassiné à son tour par un minable truand, Rubinstein dit Jack Ruby. Je puis certes dire “minable” après avoir été avec d'autres “pèlerins” dans son “Carrousel”, une boîte de nuit dont avait parlé toute la presse mondiale. Ça, une boîte de nuit ? Non, une maison de retraite pour entraîneuses sur le retour !

Mais on ne m'avait invité à Dallas ni pour feu J.F.K. ni pour Jack Ruby, mais bien pour ces énigmatiques “quasars” dont le premier avait été découvert par les astronomes deux ou trois ans plus tôt. “Quasar”, c'est-à-dire “quasi-star”, ou mieux “Quasi Stellar Astronomical Radio-Source”. Depuis, on en connaît plus de deux cents, mais on n'en a pas encore percé tous les secrets.

De dimensions comparables à celles de notre système solaire,- minuscule à l'échelle de l'univers ! - un quasar est aussi lumineux que plusieurs centaines de galaxies. Quelle est l'origine d'une aussi fantastique énergie rayonnante ? On n'en sait rien au juste. Par ailleurs, leur lumière présente à la réception un fort décalage vers le rouge. Effet gravitationnel selon la Relativité einsteinienne ? Effet Doppler dû au mouvement du quasar ? Conséquence de l'expansion de l'univers selon Hubble ? Mystère toujours.

Pour faire front à cette avalanche d'énigmes, l'Université de Houston avait décidé de réunir à Dallas la fine fleur de la physique théorique mondiale, des quantistes aux relativistes en passant par les cosmologistes et les astrophysiciens. Ce fut passionnant certes, mais à vrai dire, il n'est rien sorti de définitif de ces extraordinaires assises. C'était trop tôt, sans doute.

Lors de conversations privées, j'ai pu me rendre compte que la science officielle considérait comme morte la théorie unitaire d'Einstein. J'allais être l'un des derniers peut-être à m'en occuper, car dès mon installation en Normandie je me suis demandé si l'effet Doppler des quasars n'était pas une simple conséquence de la géométrie semi-métrique, celle de la défunte théorie…

Le congrès s'est terminé par un banquet, comme il se doit. Le maire s'y est taillé un franc succès en déclarant que Dallas était une ville bien calme et qu'on n'y assassinait personne dans les rues. Éclat de rire général ! Non, personne, en effet, sauf le Président des États-Unis !

Là-dessus, c'est par la Nouvelle Orléans que j'ai poursuivi ma découverte des USA. New Orleans… Ville connue pour son *Tramway nommé Désir*, pour ses “Mississipi Boats”, pour sa “Bourbon Street”, pour son jazz style “Dixieland”. Je l'ai vu, le fameux tramway cher à Tennessee Williams et à Marlon Brando ; oui, mais alors ce n'était plus qu'un trolleybus (et en 1996, j'ai pu constater qu'il avait totalement disparu !).

Quant aux Mississipi Boats, il en restait un seul, avec son énorme roue à aubes. Baptisé "Natchez", il ne servait plus qu'aux touristes. Y a-t-il parmi eux l'un ou l'autre chez qui le bateau évoque le souvenir de Mark Twain ? Je ne sais, mais le nom du grand humoriste se retrouve sur un établissement de la "Bourbon Street".

Celle-ci est certes la plus connue, la plus touristifiée des pittoresques artères du "Vieux Carré", de ce "French Quarter" si peu américain, mais tellement espagnol par ses balcons en fer forgé. S'y alignent des restaurants appréciés, des bars à entraîneuses, des boutiques de souvenirs, tandis que des orchestres Cajuns s'en donnent à cœur joie en pleine rue. Çà et là, un café plus ou moins mal famé où l'on voit aller et venir, sur une étroite passerelle derrière le comptoir, une Go-Go-Girl plus déshabillée que ne le tolère le puritanisme hérité des Pères Fondateurs.

Quant au fameux jazz local, le Dixieland, rendu célèbre par Louis Armstrong et par tant d'autres, il en restait l'un ou l'autre café-concert en 63. Mais en 96 je n'ai plus trouvé que deux "Preservations", deux cafés-musées. Une consolation : c'était plein à l'intérieur et il fallait faire la queue pour y entrer.

Washington maintenant. Non, je ne vais pas décrire ici une ville que tout un chacun peut voir à la Télé, tous les jours ou presque. Mon souvenir le plus précis est qu'on peut tout y visiter : ainsi aurai-je arpenté le fameux Salon Ovale de la Maison Blanche, écouté un sénateur prononcer Dieu sait quel discours au Congrès, contemplé le canotier du gangster Dillinger dans les locaux du F.B.I., pénétré dans une loge maçonnique, très luxueuse, pour la première fois de ma vie.

De retour à New York, je me suis offert un petit snobisme : envoyer des USA tout mon courrier de Nouvel An. Dans ma chambre d'hôtel la TV montrait un remake d'un bon vieux film, *Le Monde Perdu,* d'après Conan Doyle (ce que l'Américain moyen raffole des dinosaures, c'est incroyable !). Mais horreur, le film était coupé tous les quarts d'heure par un spot publicitaire : en Europe, nous n'en sommes pas encore là, Dieu merci !

Achats de Noël pour les garçons : un bazooka et une mitraillette, en plastique, grandeur nature. Ainsi équipé j'arrive à l'aéroport Kennedy, et désastre, la neige recouvre tout, le trafic est paralysé. La situation est pire encore en Europe, dit-on. Me voilà renvoyé de gauche à droite, emberlificoté dans mon armement. “Il y a peut-être un avion pour Milan… Non, pour Francfort… Et pour Bruxelles ? Rien, sorry… Ah, pour Londres, oui !...”

Arrivée à Londres et chance, voici un petit machin volant qui débarquera à Bruxelles. Nous étions le 24 décembre, et il n'aura tenu qu'à un cheveu que j'aille réveillonner à Francfort ou Dieu sait où, bazooka et mitraillette à la main, loin de la famille.

Joie des enfants et soulagement de Jacqueline qui avait été les rechercher en voiture, avec sa mère, dans le petit home de Roquefort-les-Pins, entre Grasse et Nice. Leur retour ? Une odyssée incroyable : froid glacial, neige et verglas partout, bas-côtés jalonnés de véhicules qui avaient fait naufrage. Enfin, tout le monde s'est retrouvé réveillonnant chez la sœur de Jacqueline. Merry Christmas !

Trois jours plus tard, Jacqueline, ma fille, mes fils, moi-même, et aussi ma Volkswagen, tous nous partions pour la Normandie. En reconnaissance préalable.

Ouistreham

Caen nous a tous séduits. Ravagée aux trois-quarts pendant la bataille de Normandie, la ville avait été reconstruite en un style frais, agréable, moderne, bien dégagé. En contraste total, nous dit-on, avec la cité vieillotte d'avant-guerre. Le château de Guillaume le Conquérant est toujours là, en plein centre, debout sur sa colline, devant les bâtiments des Facultés.

Problème, trouver un logement meublé. En ville, cela nous paraît difficile. Soit, en avant donc vers les plages, ce qui nous fait passer devant le fameux pont de Bénouville, pris intact par les paras anglais débarquant de planeurs à l'aube du 6 juin 44.

Puis Ouistreham… Voilà qui me reporte vingt ans en arrière, à l'Oflag de Prenzlau, quand notre ami Ernest bondissait dans notre cave en hurlant : “Ouistreham, première ville française libérée !” Et libérée par une poignée de combattants français placés sous les ordres du capitaine de vaisseau Kieffer. C'était, au demeurant, les seuls Français à avoir débarqué le jour J.

Le film *Le jour le plus long* a reconstitué, vaille que vaille, la prise du casino de Ouistreham. En fait, la scène n'a pu être tournée qu'à Port-en-Bessin, non loin de Bayeux. Le vrai casino ayant été rebâti, en plus moderne, on ne pouvait vraiment pas risquer de le sacrifier pour les besoins du cinéma !

Une agence de location nous montre une confortable villa avec jardinet, sur la route de Lion. Et ce qui ne gâte rien, la proprio, une femme d'affaires, est charmante. J'accepte, je téléphone illico à l'entrepôt où mes malles sont déjà arrivées, et je n'ai plus qu'à m'installer. Michèle rentrera chez sa mère, Pierre et Paul à Roquefort-les-Pins et Jacqueline à Tunis. Je resterai donc seul en Normandie. Momentanément.

Visite à l'université où je retrouve la douce Elyane Blancheton, mutée depuis Pau. Chez le doyen, une mauvaise nouvelle : Paris refuse de m'accorder le salaire promis, salaire de top niveau que la Faculté avait proposé pour compenser le préjudice dû à l'absence totale de pension : Je ne suis, en effet, qu'un “associé”. Visiblement ennuyés, le doyen et son comptable vont faire appel contre le Comité Consultatif, seul responsable de la bévue.

Mon aventure française semblait commencer plutôt mal, mais néanmoins je m'informe à la Préfecture des possibilités de naturalisation. “Vous avez vécu 5 ans en Tunisie ? Alors, pas de problème, cher monsieur. D'après les dispositions en vigueur vous serez naturalisé Français en quelques mois.” Bravo, mais pour éviter Dieu sait quelles complications juridiques, je ne profiterai pas de cette possibilité tant que mon divorce ne sera pas prononcé.

Deux semaines plus tard, mon avocat bruxellois m'écrit que Johanna, mon épouse, a appris Dieu sait comment que les enfants vont à l'école à Cagnes-sur-Mer. Catastrophe, elle se propose d'aller les visiter ! Conseil de Me Cartigny : “Faites immédiatement venir les enfants chez vous ; ce serait très imprudent de les laisser en pension, si loin de leur père.” Sitôt dit, sitôt fait, et le 11 février voilà Pierre et Paul, heureux et contents, inscrits au Collège de Ouistreham. Cela me coûtera un fort dédit à payer au home de Roquefort, et je n'en serai qu'un peu plus endetté…

De Bruxelles, une heureuse nouvelle : mon procès a été plaidé, et Me Cartigny me fait part de son optimisme. Mais de Paris, une autre nouvelle, bien mauvaise celle-là : le Comité Consultatif rejette le pourvoi introduit par la Faculté. Je resterai donc un “associé” pauvrement payé. Et il y a pire :

J'étais venu en France avec l'espoir de trouver enfin la stabilité. Mais voilà le doyen qui m'explique, navré : “Nous vivons sous le régime napoléonien, et c'est ainsi qu'en France un enseignant doit être porteur de diplômes délivrés en France, exclusivement. Même une naturalisation n'arrangerait rien dans votre cas.”

Je m'informe auprès de personnes sur lesquelles je pouvais compter : à Liège, Ledoux et Godeaux, de l'université ; à Paris, Gauthier et Pisot, de la Sorbonne; Lichnerowicz, du Collège de France; Marie-Antoinette Tonnelat, de l'Institut Poincaré. Avis unanime : “Si vous voulez rester en France, vous devez recommencer votre doctorat. Et peut-être votre licence”, ajoute quelqu'un. Pas moins !

On me laisse aussi entendre que si j'avais pu être nommé aussi rapidement, c'est parce que la France manque momentanément de mathématiciens. Autrement dit, dès la pénurie terminée, bye bye M. Grosjean ! C'est précisément ce qui arrivait à un collègue belge, après plusieurs années de bons et loyaux services à Lille.

Compris. J'écris à Paul De Munter, mon ex-collègue belge de Tunis, maintenant expert de l'UNESCO à Rabat. Sa réponse est pour moi un baume : “Ta candidature a été acceptée de longue date et l'on s'étonne ici de ne pas encore t'avoir vu.” Que répondre, sinon : “J'arrive, j'arrive ! Donnez-m'en le temps.”

J'envoie donc ma démission à Paris, - et non à Caen, puisqu'en France seul Paris a quelque chose à dire dans l'énorme masse fonctionnariale de l'Education Nationale (c'est là l'une des nombreuses manifestations de "l'exception française"). Résumé d'une lettre très dure adressée à Monsieur le Ministre :

"J'ai le regret de devoir constater que les conditions de mon engagement ne sont conformes ni à la candidature que j'avais posée il y a un an, ni aux propositions à vous soumises par la Faculté, ni à votre propre lettre de décembre dernier, ni aux stipulations du décret Mendès-France du 5.1.55 autorisant le recrutement de professeurs associés." Etc, etc... "En conséquence, j'ai l'honneur de vous présenter ma démission au 31 août 1964 à minuit."

Les dés étant jetés, il ne me restait qu'à prendre la vie du bon côté, à donner mes cours, à préparer une prochaine publication, à écrire et à téléphoner à Jacqueline, restée à Tunis.

Les garçons semblaient satisfaits de leur nouvelle école. En fin de journée, ils allaient jouer sur les plages et dans les anciens bunkers allemands. Et ensemble, nous nous promenions dans le Bocage (des châteaux et encore des châteaux), ou nous visitions Caen (l'Abbaye aux Hommes et l'Abbaye aux Femmes, souvenirs de Guillaume le Conquérant et de son épouse).

Ou nous allions au ciné. Ainsi avons-nous vu *Cléopâtre*, cet énorme machin monté à la gloire d'Elisabeth Taylor, alors récemment opérée à la thyroïde (la cicatrice était encore bien visible, ce qui était plutôt inattendu chez une pharaonne).

Et le 3 mars, une nouvelle décisive arrive de Bruxelles : mon divorce est prononcé aux torts de l'autre partie, laquelle ne reçoit aucun droit de pension alimentaire ni de garde des enfants.

À Pâques, voici Michèle, maintenant une grande fille de 18 ans. Avec elle et ses frères, nous roulons vers le Midi, vers le Home Mithra de Jo Kieffer, où ils passeront leurs vacances. Moi, je prends l'avion pour Tunis où je retrouve Jacqueline, - et accessoirement notre chat Zorange dit Zozo. Joie évidente et projets d'avenir : mon départ de France facilitera évidemment notre situation commune puisque Jacqueline pourra se faire nommer sans trop de peine au Maroc.

Retour à Ouistreham dans l'enthousiasme, reprise des cours et des classes... Et boum, qui donc s'amène là, dans le jardin de mon bungalow ? Johanna ! En compagnie d'une bonne femme hommasse qu'elle me présente : Freddy. Et d'une tierce personne, Paula.

Freddy semble diriger le trio, et dans un français aussi mauvais que péremptoire, elle déclare que les enfants devront passer leurs prochaines vacances à La Haye. Je ne pouvais qu'acquiescer, le tribunal ayant donné à la mère un droit de visite parfaitement légal. Là-dessus, ces dames s'en vont comme elles sont venues.

Mais ce soir-là, Pierre et Paul rentreront quelque peu perturbés : le trio leur avait rendu visite, sans m'en parler au préalable, et l'on devine quelle fut l'allure des entretiens. Quand donc leur laissera-t-on la paix, à ces pauvres gosses ?

Quelques jours plus tard, à Caen, rencontre avec de plus aimables personnes : des jeunes missionnaires mormones. Ces sympathiques Américaines veulent me rendre visite, sans aucun doute pour essayer de me convertir. Regrets, chères misses... Rencontre aussi avec le colonel Trinquier, l'homme du 13 mai à Alger, et même des “13 complots du 13 mai”, selon son livre. Nous bavardons, nous parlons d'Afrique. Et du Katanga tchombiste, d'où le colonel s'était fait éjecter après 48 heures, malgré sa qualité d'émissaire du gouvernement français...

Le 20 mai, jour de mon 52e anniversaire, charmante surprise. En cachette, Pierre (13 ans) et Paul (12 ans), empruntant le caddy de notre vieille voisine, avaient réussi à revendre tout un lot de bouteilles oubliées dans le garage. Et avec l'argent recueilli, ils m'avaient acheté une abondance de fleurs et de cadeaux.

Le jour le plus long

Le 6 juin, autre anniversaire, plus important certes : il y a 20 ans, le Débarquement ! Festivités, feux d'artifice, importante délégation anglo-américaine,- et rage des Normands : le général de Gaulle, président de la République, refuse toute présence française officielle importante aux cérémonies. Seul délégué du Gouvernement, un ministre de second choix, celui des Anciens Combattants.

Les enfants et moi nous sommes intégrés de tout cœur dans l'ambiance de fête qui allait régner plusieurs jours. Nous avons fermé la maison et suivi les Américains dans leur pèlerinage sur les plages où tant et tant des leurs étaient morts... pour que la France vive, n'en déplaise à Charles de Gaulle.

D'abord, les plages britanniques, Sword Beach, Juno Beach, Gold Beach. “Sword”, c'est chez nous : Ouistreham Riva Bella, Colleville (dans le film de Zanuck, Bourvil en était le truculent maire). Un crochet vers la haute église de La Délivrande et son antique Vierge Noire, et nous sommes dans “Juno” : Voici Bernières, qui fut libérée par les Québecquois francophones, nous dit-on. Et Courseulles où prirent pied, après les premiers combats, Winston Churchill et le roi George VI (et aussi de Gaulle, j'allais l'oublier).

Quant à “Gold”, elle est surtout connue par la plage d'Arromanches. Au large on voit encore les restes des “Mulberries”, les éléments du port artificiel amené de toutes pièces depuis l'Angleterre. En 1983, je suis revenu ici en autocar, en tant que guide-conférencier (mais oui !). Le site avait bien changé, mais il s'était enrichi du superbe Musée du Débarquement.

Un crochet à Bayeux où la célèbre tapisserie (dite) de la reine Mathilde raconte, à la façon d'une B.D., un débarquement tout aussi fameux, mais exécuté en sens contraire.

Omaha Beach fut un bain de sang, et l'assaut a bien failli échouer, tant était efficace la défense allemande. Sur une vaste pelouse, la nécropole américaine aligne quelque 10 000 croix de marbre (des croix, mais aussi, çà et là, des étoiles de David). Un peu plus au sud, l'austère cimetière allemand rassemble plus de 20 000 tombes...

Le livre de Cornelius Ryan a fait connaître la modeste plage de Sainte-Honorine. C'est là que, dans son bunker, le major allemand Pluskat a aperçu, le premier, l'immense armada qui se dirigeait droit sur lui.

Toujours avec les vétérans, mettons pied à terre et dirigeons-nous vers la Pointe du Hoc, lieu mythique d'un extraordinaire exploit. Là, au sommet d'une falaise atteignant la hauteur d'un immeuble de dix étages, des bunkers d'artillerie lourde menaçaient Omaha Beach tout entière. Des "Rangers" en firent l'assaut depuis la mer, les uns escaladant à la façon des alpinistes, les autres grimpant sur des échelles empruntées aux pompiers londoniens. Victoire sanglante mais totalement inutile : il n'y avait pas de canons sur la Pointe du Hoc.

Déjeuner à Isigny, capitale du lait et du beurre. Paul veut goûter du cidre, d'où ivresse, juvénile certes mais néanmoins bien réelle. Le garçon aura chanté à tue-tête jusqu'à Utah Beach.

Et jusqu'à Sainte-Mère-Église, autre lieu rendu mythique par le livre et le film : un parachutiste américain était resté accroché au clocher de l'église, cependant que de furieux combats se déroulaient à ses pieds. Le bonhomme, heureux rescapé, signait des autographes le jour de notre passage.

C'est dans le même village qu'est plantée la "borne zéro de la voie de la Liberté", la première de celles qui jalonnent la marche des armées américaines en 1944, de la Normandie jusqu'à Bastogne.

Nous saluons de la main les vétérans américains, que les foules françaises avaient partout chaleureusement accueillis, et nous piquons vers le sud : Saint-Lô, Avranches et halte au Mont-Saint-Michel : Paul roupille, Pierre somnole, moi je bâille. Dodo, et demain visite de l'îlot (****) le plus célèbre de France . Ici, je vous prie de consulter votre Michelin vert.

Et voici la Bretagne… D'abord Saint-Malo, où nous visitons un sous-marin français, - un petit sous-marin, je crois. Puis c'est la côte et la magnifique corniche, où se cachent Plou-chose, Plou-machin,

Ploumanach, celui-ci avec ses extraordinaires entassements de rochers roses. Avec aussi, les pieds dans l'eau, l'oratoire d'un quelconque de ces saints, - ou soi-disant tels dont fourmille la pieuse Bretagne.

Arrêt à Brest, tour de la rade et dodo. Le lendemain, retour au bercail où m'attendent les examens et surtout, surtout, une fois de plus, l'empaquetage de mes modestes biens, dont ces deux tableaux congolais dont je ne devais jamais me séparer. Là-bas, à Tunis, Jacqueline en fait autant après avoir sollicité un congé et confié Zorange à un collègue.

Fin juin, c'est avec un immense regret que je quittais cette belle Normandie que les garçons et moi avions appris à aimer. Et aussi avec beaucoup d'amertume à l'égard de la France, ou plutôt de son système universitaire à la fois chauvin, jacobin et archaïque, dans lequel d'ailleurs les étudiants révoltés de mai 68 allaient donner un fameux coup de balai.

À Bruxelles, le 2 juillet, je remets, comme convenu, les garçons à leur mère qui nous attendait à la terrasse du Métropole, en compagnie de l'inévitable Freddy. Toujours comme convenu, je devais aller les rechercher le 3 août à La Haye. Mais le 11 juillet, j'apprends que l'autre partie ne désarme pas : Johanna va en appel contre le jugement; elle admet le divorce mais exige une pension alimentaire et la garde intégrale des enfants. Les choses s'annonçaient mal, très mal.

Du rififi en Hollande

Jacqueline et moi louons une gentille fermette à Wayai, sur les hauteurs de Spa. Et comme ma fille est elle aussi en vacances à Spa, avec sa mère, nous pourrons souvent nous voir. Ou nous croiser, à l'occasion de l'une ou l'autre de ces festivités dont la charmante ville d'eau est particulièrement féconde en été. Je me souviens, entre autres, y avoir applaudi le génial Raymond Devos.

En Belgique, l'éternel conflit linguistique refaisait régulièrement surface. Le récent clichage de la frontière linguistique n'avait pas arrangé grand-chose, alors que cette opération avait eu pour but de satisfaire des revendications flamandes basées sur l'idéologie du “droit du sol”. Il apparaissait que les Flamands souffrent d'un complexe d'infériorité, totalement injustifié, au demeurant, - complexe qui les condamne à courir d'actions en actions, de victoires en victoires. Victoires d'autant plus aisées qu'en face ils ne rencontrent que le vide.

Le 3 août, dès potron-minet, la Coccinelle et moi filons vers La Haye, vers la Trompstraat (= rue Tromp), domicile de cette dame Freddy chez qui résident les garçons et leur mère. Je sonne, et c'est le choc : Pierre et Paul apparaissent à une fenêtre du second étage et se retirent précipitamment. Johanna se montre et me lance : “Tu n'auras plus jamais mes enfants”. Et elle claque la fenêtre.

Très piteux retour à Spa, conseil de guerre avec Jacqueline, et avec Jo Kieffer au téléphone. Nous décidons d'aller enlever les garçons. Jo, qui se trouvait alors en famille à Épinal, viendra à Spa avec sa voiture, et de là nous irons l'un et l'autre nous poster le matin aux deux extrémités de la Trompstraat.

Une heure d'attente, et Pierre et Paul sortent de la maison pour une promenade matinale avec leurs vélos. Je les aborde gentiment, et c'est la débandade. Les gosses, terrorisés, abandonnent leurs bécanes sur le trottoir et courent se réfugier chez Freddy. Il était clair que les deux femmes avaient soigneusement dressé les fils contre leur père.

Nouveau conseil de guerre, chez Alexandra cette fois, une amie qui travaillait à l'ambassade des Pays-Bas à Tunis et qui connaissait très bien mes fils. Il est convenu que Jo se rendra seul à la Trompstraat tandis que j'irai à l'ambassade de Belgique. Là, le chancelier téléphone à la police néerlandaise, laquelle lui signale que Mme Boswinkel l'a requise pour protéger ses fils contre leur père. La même police ajoute ne pouvoir rien faire tant que je n'aurai en main un jugement belge ayant reçu l'exequatur de la Justice néerlandaise.

Quant au brave Jo, il a été assez étonné de l'ambiance de la Trompstraat. Freddy commande, dirige, joue au mari, affirme que les enfants sont désormais les siens. Ceux-ci paraissaient mentalement épuisés, mais essayaient quelques gestes furtifs pendant les conversations. Il était clair que Johanna était tombée entre les mains d'une “amie” au moins aussi psychopathe qu'elle-même, mais nettement plus néfaste

Jo retourne à Épinal et moi à Spa. Et alors commence une bataille juridique qui va durer trois semaines, - ce qui est très peu, Dieu merci ! D'abord, un jugement en référé à Bruxelles, rendu le 11 août après une brillante plaidoirie de mon avocat belge. Puis l'exequatur, péniblement obtenu par mon avocat hollandais, après contacts téléphoniques entre les Parquets de Bruxelles et de La Haye, mon beau-frère Gerrit ayant comparu comme témoin. Et enfin, le 27, je me rends dans la capitale hollandaise où je requiers le “concours de la force publique”, comme on dit.

Et c'est alors que commença un sacré rififi !

D'abord, la Rijkspolitie poste des inspecteurs dans la Trompstraat et avertit Johanna qu'elle doit remettre les enfants à leur père le jour même. Mais dès que Paul rentre de la plage avec son frère, Johanna l'embarque dans la Dauphine de Freddy, repousse brutalement l'inspectrice de police, engage une course folle dans les rues de La Haye, remonte un sens interdit et se fait appréhender par quatre policiers sortis d'une Jeep. Arrestation, dépôt.

Une fois de plus, la mère avait marqué une différence nette entre ses deux fils. Car le pauvre Pierre, confié aux bons soins de Freddy, avait été caché sur le toit et y était resté trois heures.

Toute une brigade de la police judiciaire va travailler à convaincre Freddy, d'autant plus difficilement qu'on se heurtait à une nouvelle difficulté juridique : Johanna n'était pas domiciliée Trompstraat. Vers 20 heures, une inspectrice visiblement épuisée vient me dire qu'on ne disposerait pas de mandat avant le lendemain matin. On me conseille d'aller à l'hôtel. Et d'attendre…

À 21 heures, coup de théâtre : on me prie, par téléphone, de venir chercher les enfants Trompstraat. Là, je trouve deux furies absolument déchaînées, en compagnie de deux inspecteurs de police, à bout de forces, eux aussi. Il leur faut intervenir pour me protéger, mais second coup de théâtre, voilà Pierre et Paul qui accourent et m'embrassent comme si de rien n'était.

Il semble que la police avait manœuvré avec une extrême habileté, menaçant la mère de ne pas la relâcher si elle ne libérait pas elle-même les enfants, et disant à ceux-ci que s'ils ne partaient pas avec leur père, leur mère resterait en prison.

À 10 heures, encadré par les policiers, je quittais enfin la Trompstraat en effervescence, emmenant les enfants, visiblement commotionnés. À minuit, je téléphonais à mon beau-frère depuis Zundert, à la frontière : Beste Gerrit, tout est fini ! Ouf !

J'avais eu chaud, et coïncidence, quand nous traversons Liège, en pleine nuit, je vois qu'on y jouait *Le salaire de la peur*…

Miracle, les enfants étaient redevenus ce qu'ils étaient avant tous ces événements : un “charme” avait été rompu, un “charme”, comme on disait au temps des sorcières. “On nous rendait fou”". répétaient-ils pendant le voyage. Plus tard, Jo Kieffer, auxquels ils s'étaient confiés, devait me dire que les choses avaient été plus graves encore : ces jeunes enfants avaient vécu deux mois en contact intime avec un véritable ménage de femmes…

Prévenu par téléphone, Jo était arrivé à Spa quelques heures après moi. Dans une atmosphère de détente et de soulagement, nous faisons de joyeuses balades dans les bois, du pédalo sur le lac. Et même une excursion en Allemagne, à Montjoie, où Jacqueline offre un télescope aux garçons. Ceux-ci repartiront avec Jo et resteront provisoirement dans le Midi, ce qui sera une bonne transition pour eux.

31 août 1964. Fin de notre location à Spa. Et fin de mon contrat français. Maintenant je dois me rendre à Paris pour contacter

l'UNESCO, laquelle me remettra le titre et les fonctions de “Maître de conférences à l’École Normale Supérieure du Maroc”. Me voilà donc lancé dans une nouvelle aventure. Et puisque j'ai commencé mon chapitre “Normandie” par de très célèbres vers de Verlaine, je le terminerai par les derniers vers du même poème :

“Et je m'en vais, au vent mauvais qui m'emporte,
De ci de là, pareil à la feuille morte.”

* * *

XXXI.- MAROC

"Il fallait éviter à tout prix de se faire remarquer, tâcher de comprendre que cette immense Organisation restait toujours en quelque sorte dans les airs, et que si l'on cherchait à modifier quelque chose de sa propre autorité on supprimait le plancher sous ses pas".

Franz Kafka, Le Procès, ch. VII

"The bearer of this document is an official of the UNITED NATIONS holding the title of *Personnel en Mission UNESCO*."

C'est ce que certifie le beau passeport international que l'on me remet au Secrétariat général de l'Unesco, Place de Fontenoy à Paris. Avouerais-je que c'est avec quelque fierté que j'entrais dans l'Organisation, dans le "Grand Machin", comme avait dit l'Autre.

La première impression est excellente : immeuble imposant mais esthétique, bureaux pas trop chargés, fonctionnaires aimables et efficaces. Je prononce mon serment d'expert, et là-dessus, on m'envoie pour trois jours dans un château, non loin de la base aérienne de Villacoublay, en Seine-et-Oise (Val-d'Oise, aujourd'hui).

Objet de cette réunion (en français onusien, meeting) : un stage d'information (dites : briefing). Les futurs experts et moi-même formions là une équipe (un team, en français moderne) d'une dizaine de messieurs venus d'autant de pays. Mon voisin de chambre sera un Japonais. Le dernier jour, le directeur de l'Information (en bon français, le briefing-chief) nous tient à peu près ce langage :

"Dans votre pays d'affectation, tenez-vous soigneusement à l'écart de toute politique. Et n'oubliez pas que les ressortissants de ce pays sont à la fois désireux et gênés de recevoir votre assistance. N'essayez donc pas de régenter les hommes et les choses selon les idées en vigueur dans votre pays d'origine, car alors l'imputation de néo-colonialisme, synonyme d'échec, risquera, hélas, de vous être faite."

Bordeaux

Là-dessus, nous voilà partis avec la Volks, Jacqueline et moi, pour une randonnée de 2500 km : Spa, Bruxelles, Paris, Bordeaux.... Et puis crac, stop, la panne, brutale, en pleine route, dans les Landes. Deux gendarmes, aussi costauds que prévenants, soulèvent la voiture, la mettent sur le bas-côté, ouvrent le capot et s'exclament : "Mais vous n'avez plus d'huile, votre moteur est fichu !"

Ce c... de garagiste de Spa avait oublié de renouveler l'huile après une vidange ! Piteux retour en dépanneuse jusqu'à Bordeaux. Diagnostic : il faut réaléser, il y en a pour trois jours. Soit, j'en profiterai pour revoir Françoise Tison. Maître de conférence bien en place, - un peu grâce à moi ! - Françoise a abandonné la recherche et ne s'occupe plus que de ses cours et de ses gosses.

Mais surtout, je contacte mon collègue Risse, rencontré à Périgueux six ans plus tôt. Il m'avait alors poussé à prendre d'urgence un doctorat, et maintenant, il me conseille de solliciter un poste à la Faculté des Sciences de Rabat. Et comme cette Faculté dépendait académiquement de Bordeaux, Risse me promet son intervention. Vraiment, la négligence du garagiste de Spa aura eu du bon,- comme tout malheur d'ailleurs, selon la sagesse populaire.

Pendant ce temps, Jacqueline avait joué au touriste, errant de la Place des Grands Hommes à la Place Gambetta, de la Place de la Bourse à l'inévitable Place de la Comédie. C'est donc avec un moteur rajeuni que nous reprenons la route : les Landes, Biarritz, Irun ; l'Espagne jusque Cadix, le bateau jusqu'à Tanger. Puis à nouveau la route (une très bonne route) à travers l'ex-Maroc espagnol puis l'ex-Maroc français jusqu'à Rabat, capitale du Maroc unifié.

Rabat

Rabat, ville très agréable, ancienne par ses remparts et moderne par son urbanisme particulièrement bien réussi. Nous nous sommes arrêtés dans un hôtel de la large avenue Mohamed V où, le jour même de notre arrivée, nous saluons (de loin) Hassan II qui passe en voiture découverte. Très sympathique, le jeune souverain.

Problèmes : se loger certes, mais aussi se meubler, car ici il ne semble pas y exister de garni. Problèmes ? Non, pas de problème : nous trouvons rapidement deux villas dans le quartier très français de l'Aguedal : une petite pour Jacqueline, avenue de l'Yser ; et tout près, une plus grande pour moi dans la très calme rue Costantini, à quelques pas du Lycée Descartes, où je m'empresse d'inscrire les deux garçons.

Il était entendu que Jo me les renverrait au début octobre, mais voilà que ce garçon adopte une attitude pour le moins étrange, disant qu'il préférerait remettre mes fils à leur mère plutôt que de les envoyer au Maroc, - à moins que je ne l'engage, lui, Jo, comme précepteur !! Il me fallait agir, très vite : le 4, je débarque à Nice, je loue une Dauphine et sans crier gare je me présente à Roquefort-les-Pins. En fait, Jo était désespéré parce que le départ de mes fils signifiait pour lui la ruine et la fermeture de son home Mithra, qui n'avait jamais bien marché. Soit, je paierai et je paierai encore. Tout s'arrange, et en avant pour le Maroc.

Enchantés, les gosses retrouvent tous leurs jouets, y compris le bazooka et la mitraillette de New York. Bientôt ils sont rejoints par leur chat Zorange, dit Zouzou, dit Zozo, venu par avion de Tunis à Casablanca. Par ailleurs, il semble que le lycée Descartes leur convienne parfaitement.

Pas de nouvelles directes de leur mère, ni chez moi, ni dans sa famille. Elle en est à son 9e avocat, m'écrit Me Cartigny, mais ne semble pas réclamer l'application du droit de visite que lui a accordé le tribunal, - visite en l'absence de dame Freddy, précisera plus tard un jugement complémentaire. Ladite dame m'adresse une lettre délirante où elle proclame à la fois son "amour divin" pour mon épouse et sa haine pour le triste individu que je suis. No comment.

En Belgique, ma fille Michèle, 18 ans, avait "rencontré quelqu'un", un modeste étudiant de première année d'université. Mais, pour des tas de raisons, ce flirt ne plaisait guère ni à sa mère ni au mari de celle-ci. Ils le firent savoir, mais de façon plutôt maladroite je suppose, car l'atmosphère familiale s'en trouva tellement dégradée que Michèle choisit d'habiter chez sa tante, très bien remariée. Elle allait y rester deux ans.

À Rabat, nous nous organisons : Jacqueline est immédiatement engagée comme secrétaire par le Bureau des Nations Unies, et moi je reçois deux charges de cours à la Faculté des Sciences. Parfait, parfait, direz-vous. Mais l'UNESCO, dans tout ça ? Patience, nous y arrivons, nous arrivons à ce pourquoi je suis engagé au Maroc comme expert de rang P-4 avec un salaire annuel de 10.000 $, l'École Normale Supérieure ! Entrons donc dans cette "grande école".

Onu soit qui mal y pense

Les "grandes écoles" sont des institutions typiquement françaises. Elles ont en commun de n'admettre leurs élèves qu'après un concours difficile, établi à l'échelon national, et d'en faire des élites destinées à de hautes fonctions. L'une des plus prestigieuses est certes l'École Normale Supérieure (l'ENS), établie à Paris rue d'Ulm (et non "rue des U.L.M." comme me le disait récemment une jeune fille qui cherchait son chemin dans le quartier du Panthéon !).

Fondée en 1794, elle a pour tâche de former des intellectuels, des savants et des enseignants de top niveau. Elle ne fait pas partie d'une université, mais ses élèves suivent certains cours dans les Facultés.

Dès l'indépendance, le Maroc a tout naturellement voulu copier l'ancienne puissance protectrice, et ainsi s'est-il offert une École Polytechnique (l'École Mohammedia d'Ingénieurs) et une École Normale Supérieure. Si la première a connu un certain succès, la seconde ne fut jamais qu'une lamentable caricature de la rue d'Ulm, et ce malgré le patronage accordé par l'UNESCO dès septembre 1963, - ou peut-être à cause même de ce patronage ?

Pas de concours d'entrée, mais un examen facile. Faible niveau des élèves, difficultés linguistiques, effectifs variables et souvent squelettiques. Direction bicéphale : un expert P-5, chef de projet, tout en courbettes devant son homologue autochtone. Locaux et mobiliers minables, matériel manquant, administration cafouillant, remaniements incessants du plan d'opérations.

Et pour comble, conflits perpétuels avec la Faculté des Sciences. Celle-ci exigera que nos élèves suivent chez elle tous leurs cours de base, les experts-UNESCO ne pouvant être que de modestes "répétiteurs" ceci contrairement à leur contrat d'engagement.

Résultats, en ce qui me concerne : en 64-65, sur dix mois, j'aurai donné, en tout et pour tout, 3 heures de mathématique devant un effectif de 6, puis 2, puis 1 élève, - puis zéro. Guère plus de chance avec mes cours pédagogiques (pourtant essentiels, selon l'UNESCO !) : 3 élèves, puis zéro. Heureusement, il y avait mes cours en Faculté et plus tard à l'Institut des Statistiques, sinon, je me serais trouvé en chômage technique dès mon arrivée.

Un beau jour, s'amène le Directeur Général de l'UNESCO, un Français surnommé le "prince-évêque". Séance de travail : questions par le haut personnage, silence prudent de certains (les résignés subtils), réponses franches et honnêtes des autres (les consciencieux maladroits), dont moi : "Ça ne va pas, mais là pas du tout, pour telle et telle raison. Please, Monsieur le Directeur Général, aidez-nous à sortir de ce gâchis".

Le prince-évêque n'a pas dit grand-chose, mais on a compris que les consciencieux maladroits avaient commis un crime de lèse-Unesco, et qu'on le leur ferait payer tôt ou tard. Là-dessus, un expert syrien est allé tout raconter au directeur autochtone de l'ENS, et celui-ci a pris notre démarche pour une attaque personnelle. Ce fut là le début d'une suspicion généralisée engendrant bientôt d'aigres conflits au sein des cadres et des experts de l'ENS, si aigres que deux de ces messieurs s'assignèrent mutuellement devant la justice marocaine! L'UNESCO, l'ONU et l'ENS ne sortirent guère grandies de ce scandale qui fit beaucoup de bruit Place de Fontenoy.

J'étais tellement stupéfait, écœuré, que je me suis mis illico à écrire un livre décrivant, de façon très romancée et quelque peu humoristique le milieu ONU-UNESCO, ses mœurs, ses bizarreries, ses défaillances. Et ses problèmes. Titre : *Onu soit qui mal y pense.* Auteur : Franklin P. Sherman, américain. Traducteur : Dominique Argant. Cadre de l'action : un pays du Maghreb nommé “Al Manibya” (contraction de Algérie-Maroc-Tunisie-Libye). Organisme employeur des experts : l'UNPASO. Toutes ces précautions étaient évidemment prises pour garantir l'anonymat du véritable auteur, qui risquait sa place, ni plus ni moins : la femme de César ne peut être soupçonnée…

Je ne citerai ici qu'un seul passage du livre, celui où un jeune expert suisse, fraîchement arrivé, se fait chapitrer par un conseiller de son ambassade :

“Mon pauvre ami, ignorez-vous donc dans quel discrédit sont tombées l'ONU, l'UNPASO, et cetera, chez certains sous-développés? Je sais, je sais, ils en étaient tous à supplier l'Indonésie de ne pas se retirer de la Maison de Verre, que tous déclaraient la larme à l'œil que sans l'ONU c'en était fini de leur liberté d'expression et de la paix dans le monde, et bla-bla-bla et bla-bla-bla. Je vous le concède, ils estiment encore l'ONU, dans la mesure où elle sert à la fois leurs passions et leurs intérêts. Mais ils en sont arrivés à mépriser les Onusiens, à ne plus les prendre au sérieux.

- Mais pourquoi, monsieur le Conseiller? Pourquoi?

“Parce que vous êtes des faibles (...). De par sa nature même, l'ONU s'est condamnée à imposer à tous ses grands organismes et à tous ses agents une politique de faiblesse : pas d'ingérence dans les affaires intérieures ! Principe sublime peut-être, mais qui, en pratique, se ramène à des consignes de pusillanimité : pas d'histoires avec les sous-développés ! Alors, vous devenez tous peureux, inconstants, découragés, instables, désillusionnés.

“Parce que vous voudriez travailler, mais qu'on ne vous en donne pas les moyens. Parce que vous vous amenez bourrés de principes généreux, puis que vous constatez que personne n'y croit, sauf peut-être vos lointains patrons, bien forcés d'y croire, - ou d'en faire le semblant, - puisqu'ils sont payés pour cela. Parce que sous le fatras de ces belles déclarations, vous découvrez bien vite l'utopie, l'irréel, sinon l'imposture, et en tout cas la politique de l'autruche(...). Mon cher, vous comprendrez rapidement, mais trop tard, que vous ne représentez que le vent, le vide, l'absurde, le néant…”

Trente ans après avoir écrit ce livre, j'en ai envoyé un exemplaire au lieutenant-général belge Francis Briquemont, qui, en juillet 93, avait remplacé le général français Morillon à la tête des Casques Bleus de Bosnie. J'avais souligné le passage ci-dessus, et Briquemont, que je connaissais un peu, m'avait dit plus tard combien mon texte correspondait à ce qu'il avait vécu à Sarajevo. À une différence près, c'est qu'à Rabat le spectacle onusien rappelait Feydeau, tandis qu'à Sarajevo c'était du mauvais Shakespeare, tantôt sanglant tantôt burlesque.

Déjà Morillon s'était plaint du silence, de la lourdeur et de la passivité de l'ONU. Mais en janvier 94, Briquemont, homme de grande valeur professionnelle, partira en claquant la porte, témoignant vigoureusement de la frustration constante des Casques Bleus sur le terrain (frustration ? tiens, moi aussi). Son chef direct en Bosnie, le général français Jean Cot, se fait alors l'écho de ce découragement, de ce ras-le-bol engendré par les atermoiements, les humiliations, les violations d'accords, - ce qui vaudra à ce remarquable général d'être limogé deux semaines plus tard ! À l'ONU, le silence est d'or…

Mariage, enfin!

Mon “Onu soit…” est évidemment un roman à clés. Ainsi, loin d'être suisse, l'expert novice, c'était moi. Et le diplomate désabusé qui le sermonne s'appelait en réalité Jean-Marie Andrieu, conseiller à l'ambassade de Belgique à Rabat. Homme érudit et affable, écrivain connu, il sera le patron de Jacqueline dès janvier 65, après que celle-ci eut quitté sans regret le bureau de l'ONU, et clôturé sa mise en disponibilité aux Affaires étrangères.

Le 24 février allait être une date importante pour elle et moi : la Cour d'appel de Bruxelles confirmait le jugement de divorce obtenu aux torts de mon épouse. Mais il nous fallait encore patienter, le délai de cassation ne devant expirer qu'en août.

En attendant, nous découvrons le pays, le superbe pays du Maroc. Rabat d'abord, où le séjour est particulièrement agréable grâce à un climat assez uniforme. Rabat, avec sa Tour Hassan, sœur jumelle mais inachevée de la Giralda de Séville; du haut de ses quelque 50 mètres, elle domine d'un côté la vaste embouchure du Bou Regreg, et de l'autre le splendide mausolée Mohammed-V, alors en construction. Rabat, avec sa vieille Medina, sa Kasba des Oudaya, sa cité impériale où palais, mosquée, jardins, fontaines bordent une vaste esplanade, le Mechouar.

Nous faisions des balades à cheval, tous les quatre, et même tous les cinq après que Michèle fut venue nous rejoindre pour les vacances. Le 30 juin, je lui remets la maison et la garde de ses frères, car je devais aller à Londres pour un congrès de Relativité, à l'Imperial College, Kensington.

C'est à cette occasion que j'aurai vu, un soir, la plus remarquable vie du Christ jamais tournée, *The greatest story ever told.* Les moindres rôles étaient tenus par des vedettes : John Wayne n'y était qu'un modeste centurion et Sydney Poitiers prêtait son visage noir à Simon le Cyrénéen (personnage très épisodique mais l'un des plus mystérieux des évangiles).

Après Londres, un petit arrêt à Liège, où je rencontre Claude, l'éventuel promis de ma fille : un brave garçon, très doux, très sympathique. Puis halte à Paris. Place de Fontenoy d'abord, pour remettre mon rapport annuel et essayer, vainement, de faire admettre que le Projet ENS-Maroc ne marchait pas. Au cours des discussions, on me confirme que l'UNESCO ne peut intervenir dans les dépenses engagées pour mon congrès et que d'ailleurs le temps passé à Londres sera déduit de mes congés statutaires. Nous voilà loin, très loin, des us et coutumes universitaires.

À Paris toujours, je fais tirer des copies stencilées de mon "'Onu soit…"; pendant que je les corrige dans ma chambre d'hôtel, le 14 juillet, j'entends au loin la foule acclamer de Gaulle. J'envoie les copies à quelques éditeurs, et puis… à Dieu va !

Retour au Maroc, et nous allons en famille à la découverte du pays. Marrakech, splendide mais torride, avec ses remparts, sa Koutoubia dont le minaret est lui aussi une "Giralda"; et surtout sa place Djemaa-el-Fna, paradis des touristes jeunes et vieux, avec sa foule de conteurs, acrobates, danseurs, prestidigitateurs, sans oublier les inévitables charmeurs de serpents sans lesquels l'Orient ne serait pas l'Orient… Faut-il rappeler que ces braves reptiles ne sont nullement "charmés" par la musique de la flûte mais simplement hypnotisés par les gestes du charmeur…

Plus près de Rabat, nous avons les plages, plus froides qu'en Tunisie, malheureusement. Et aussi, dans le Moyen-Atlas, Ifrane, ses bois, ses rochers, ses rivières, ses cascades, et son hameau résidentiel si bien européanisé qu'on peut y voir des chalets normands ! Toujours dans la même région, voici l'énorme cèdre Gouraud : se tenant par la main, Jacqueline, ma fille et mes deux fils ne parviennent pas à l'encercler !

Fin août, Michèle rentre à Liège achever ses humanités, tandis que les garçons sont inscrits dans un collège technique, le lycée ne leur ayant pas bien réussi. Et moi je reçois de nouvelles charges, avec une petite loufoquerie à l'appui : venant de l'ancien Maroc espagnol, mes élèves ne connaissent que la langue de Cervantès tandis que moi je me contente de celle de Voltaire. Mais avec un peu de bonne volonté, tout s'arrange. En compensation, j'abandonne mes cours en Faculté, m'étant d'ailleurs disputé avec Risse, je ne sais vraiment plus à quel sujet : comme beaucoup de mathématiciens, cet excellent homme était victime de son caractère de cochon !

Quand survient enfin, le 15 septembre, l'événement tant attendu : mon divorce est officiellement transcrit dans les registres de la ville de Bruxelles ! Branle-bas de combat : il faut préparer le mariage, organiser le voyage de noce, me trouver un remplaçant, découvrir un gentil petit nid, déménager nos mobiliers, etc, etc.

Le nid ? Vite trouvé, avenue des Héros, dans notre quartier, un bungalow 5-pièces, avec, pour les garçons, ravis, une chambre ayant un accès direct vers l'extérieur. Le voyage ? L'agence Wirtz de Bruxelles s'en chargera : l'Égypte du nord au sud avec guides personnels, puis la Jordanie, de Jérusalem à Petra et Akaba. Le déménagement ? Pas de problème, sauf ceci : je vivais chez un chat, ne l'oublions pas, et ce chat, Zozo, ne voulait pas quitter "sa" maison. Solution : je l'enferme presto dans une valise, et en avant pour l'avenue des Héros d'où il allait bientôt chasser les intrus qui se croyaient chez eux dans le jardin.

Et le principal, le mariage ? Fixé au 9 octobre à Rabat. Ainsi donc j'aurai été marié une première fois en Allemagne, une seconde fois en Angleterre, une troisième fois, - la bonne ! - au Maroc ! Mariage dans l'intimité : témoins, le conseiller Andrieu et une amie française, Josette, du bureau de l'ONU ; invités : Pierre et Paul, qui, dans leur premier complet-veston, paraissent bien plus âgés qu'ils ne le sont en réalité (14 et 13 ans). Geste touchant, ils s'emploient à décorer notre belle voiture de noce (c'était celle d'Andrieu !) comme ils l'avaient vu faire lors d'un mariage chez des amis français.

Pendant notre absence, ils resteront dans notre nouvelle maison où logera une collègue de Jacqueline. Et je suis sûr qu'ils seront soignés aux petits oignons par Sria, notre excellente servante-cuisinière. Enfin, à l'ENS, mon bon ami De Munter me remplacera, - sans pour cela succomber sous une surcharge de travail !

À Bruxelles, ma belle-mère, très émue, nous conduira à l'aéroport où dans l'avion nous attendent deux sièges de première classe (mais oui !). Et me voilà débarquant en Égypte pour la troisième fois de ma vie. Mais cette fois, j'irai jusqu'à Assouan, - ou plutôt, "nous" irons, parce que, désormais, je suis deux…

L'Égypte est tellement banalisée aujourd'hui, que j'hésite à donner ici de ces détails que vous pouvez trouver dans la plus petite des agences de tourisme. Néanmoins, notre émotion, notre enthousiasme, notre enchantement étaient si profonds que je ne puis m'empêcher de faire repasser le film ancien-8 de ce voyage si paisible, si calme, en dehors de tout groupe organisé.

D'abord, bien sûr, les immuables pyramides de Gizeh, puis leur ancêtre à toutes, celle de Saqqarah. On reste perplexe quand on songe que ces merveilles de science et de technique ont été motivées par une croyance, absolue et générale, en un au-delà qu'il fallait impérativement préparer en ce bas-monde.

La Vallée des Rois ! Toujours ce même souci de l'au-delà, que ce soit dans l'immense mausolée de la reine Hatchepsout ou dans la modeste tombe de Nakht, où le défunt retrouvait, entre autres, les très jolies musiciennes qu'il avait connues de son vivant.

Souci de l'au-delà encore, l'omniprésence des dieux, les uns ayant comme attribut une tête d'animal, Hathor, Anubis, Toth, Horus, Sekhmed, les autres tout à fait humains, Isis et Osiris. Ils sont partout, en peinture ou en bas-relief, partout dans les temples, à Louxor, Karnak, Edfou, Medinet Habou,... Tout comme les superbes statues de pharaons, gigantesques et néanmoins si raffinées.

Notre périple se terminait à Assouan, jadis Syène, célèbre dans l'histoire des sciences par son puits à partir duquel Eratosthène, grand savant d'Alexandrie, réussit à mesurer le méridien terrestre avec une précision époustouflante. Nous n'avons pas cherché le fameux puits, mais plutôt visité l'immense chantier du futur barrage, où s'affairaient des centaines de techniciens russes.

De retour au Caire, nous nous embarquons pour la Jordanie. L'idée de ce complément de tour nous était venue après d'agréables conversations avec le père Salem,un basilien de Syrie en mission au Maroc. Il nous attendait à Jérusalem, côté arabe, la ville étant alors partagée entre Israël et la Jordanie.

Que vous soyez croyant à 100 % ou à 10 % seulement, la vue de Jérusalem réveille en vous de lointains souvenirs, restes d'une non moins lointaine éducation religieuse. Vous rêvez de lieux saints? Vous allez être bien servi. Mais hélas, ils sont faux pour la plupart, ayant été présumés, tracés, édifiés plutôt par la piété des pèlerins du Moyen-Age que par un savoir-faire archéologique.

Le chemin de croix? Celui que l'on vous montre, noyé dans la vieille ville, est un compromis entre diverses hypothèses; et d'ailleurs, le véritable est enseveli sous 10 mètres de détritus. Le tombeau du Christ? Il avait été fracassé par un conquérant arabe. Le local de la dernière Cène? Une salle nettement postérieure à Jésus, en dessous de laquelle on vous montre le tombeau du roi David, pas moins.

Le sociologue Halbwachs avait dégagé une loi : les lieux saints s'attirent mutuellement. Exemple typique à Bethléem : à côté de la grotte de la Nativité, voici celle des Innocents. Et à Hébron, les patriarches bibliques se sont donnés rendez-vous côte à côte dans de prétendus tombeaux à propos desquels Arabes et Juifs se sont allégrement massacrés. Rappellerais-je qu'un lieu “saint” ne doit être considéré que comme un support de piété; mais en tant que tel, il mérite d'être respecté avec la plus grande tolérance.

Deux authentiques lieux saints, cependant, côté chrétien : chez les Sœurs de Sion, les restes du Lithostratos, le pavement de la cour où Pilate fit comparaître Jésus. Et à côté de Sainte-Anne, la piscine probatique, où l'on plongeait certains malades. C'est dans cette église que nous trouvons ce cher père Salem, officiant avec un Père

Blanc. Qui ? Le père Regnier, ô surprise, l'ancien aumônier footballeur de l'Athénée de Bukavu !

Côté juif maintenant, il existe un non moins authentique lieu saint, - ou plutôt sacré, - le Mur des Lamentations. Bien dégagé aujourd'hui, il se terrait alors dans une ruelle sombre et peu fréquentée. Jacqueline aura certainement été l'une des rares juives à s'y être promenée à l'époque, après avoir glissé entre les pierres du Mur, selon la tradition, un petit papier portant un vœu.

Quant aux autres supports de la piété juive, il n'en restait rien : synagogues ruinées, tombes saccagées dans la Vallée de Josaphat où, selon la croyance, les morts attendent la Résurrection Générale. La fureur arabe avait tout détruit. Et profané les pierres tombales en les dressant dans les urinoirs des casernes.

Le père Salem nous entraîne dans un grand tour de la Jordanie : Jerash ou Djeraddah, ville romaine de l'ancienne Décapole, remarquablement bien conservée. Jésus a dû y prêcher, selon Luc. Puis Pétra, la Pétra des Nabathéens, une ville unique, superbe, taillée dans la roche. Jacqueline et moi la parcourons à cheval, sur les traces du capitaine Haddock, selon Hergé. Et enfin Akaba, port bien modeste alors, mais mondialement connu grâce à la superproduction *Lawrence d'Arabie* : c'est là que l'empire ottoman a subi une défaite décisive pendant la Grande Guerre.

Retour en Cisjordanie et descente vers la Mer Morte et Jéricho. Nous longeons un camp, très propre, de réfugiés palestiniens ; rien de commun avec ces bidonvilles que j'ai connus au Congo et au Maroc. Et toujours les souvenirs bibliques : les sycomores, dont l'un servit de perchoir à un fan de Jésus. Et les ruines de l'antique Jéricho que Josué força à coups de trompette (faux, disent les érudits, ces ruines sont bien antérieures à ce Josué). Et enfin Qumran, avec ses grottes d'où sortaient, les uns après les autres, ces fameux “Manuscrits de la Mer Morte” qui allaient peut-être jeter de nouvelles lumières sur les origines du christianisme.

Adieu à la Terre Sainte, - ou plutôt "au revoir", car nous y reviendrons. Lors de notre passage à Bruxelles, nous donnons une réception : la famille Erlichman, les familles Grosjean de Liège et de Verviers, Michèle avec son futur fiancé, quelques amis et ce cher avocat Cartigny auquel nous devons tant, Jacqueline et moi.

Et c'est le retour à Rabat. Joie des enfants, sourires de Sria et de son mari, congratulations des collègues qui m'offrent, au nom de l'UNESCO, un service à thé marocain. Ultra-marocain, dirais-je. Là-dessus, réception dans notre nouveau home : diplomates, onusiens, enseignants français et belges. Une absente, Josette, notre témoin de mariage : elle m'en veut d'avoir osé prétendre que les Pieds-Noirs n'avaient pas tous été des exploiteurs faisant suer le burnous. Nous ne devions jamais la revoir.

Unesco, suite et fin.

En rentrant, nous trouvons ce pauvre Zozo malade, dangereusement malade : le typhus des chats, dont étaient morts presque tous mes petits compagnons à Léopoldville. On le soigne : un médicament jaunâtre à ingurgiter de gré ou de force. Comme c'est plutôt de force, c'est nous qui risquons d'ingurgiter ! Nous nous en tirons peinturlurés de jaune, mais le minet sera guéri.

Plus tard, une après-midi où je travaillais dans mon bureau, je vois Zozo se diriger vers la cuisine, en rampant comme un fauve en chasse. Je le suis, marchant de même… et je tombe sur un jeune Marocain occupé à vider les armoires. Fuite et vaine poursuite, l'intrus courant plus vite que moi. Nous aurons bien ri en lisant dans la presse cet article : "Un chat met en fuite un voleur".

En janvier, à l'ENS, grève contre le professeur de chimie, je ne sais plus pourquoi. La grève devient générale pour divers motifs, dont l'affaire Ben Barka. On se souvient de cette histoire rocambolesque commencée en octobre 65 lorsque ce Marocain, leader gauchiste du tiers-monde, était arrêté à la sortie de la Brasserie Lipp, Boulevard Saint-Germain, - arrêté par de vrais policiers manipulés par de vrais truands et de vraies barbouzes. On sait que cette scène avait inspiré Gérard Oury dans *Rabbi Jacob.*

Véritable roman d'espionnage, l'affaire Ben Barka allait se développer pendant un an, empoisonner les relations franco-marocaines, et entraîner l'arrestation ou la disparition pure et simple des principaux protagonistes, à commencer par Ben Barka lui-même.

Le manuscrit de *Onu soit qui mal y pense* n'avait pas eu l'heur de plaire aux grands éditeurs parisiens, sans doute parce que trop peu tiers-mondiste. Finalement, une petite agence veut bien s'en charger, à frais partagés, et l'ouvrage sort en mai 66. L'impression en est très soignée, mais la vente ne l'est pas du tout, mon agent ayant eu de sérieux ennuis pour s'être lancé dans l'édition pornographique à une époque où l'on ne vous vendait l'*Histoire d'O* que sous le comptoir. Précurseur incompris, mon agent est incarcéré et bientôt déclaré failli. J'ai pu péniblement récupérer, bien plus tard, une centaine d'invendus. Mais jamais je n'aurai touché le moindre sou, alors que j'ai pu voir mon livre en vitrine à Paris et à Bruxelles.

À l'ambassade, Jacqueline avait vu croître l'importance de ses fonctions, et maintenant ses charges dépassaient nettement le niveau que lui aurait valu son grade officiel, d'où jalousies et cancans. Disposant d'un bureau pour elle seule, elle traitait les dossiers de l'Assistance Technique belge, aussi bien pour les Marocains voulant étudier là-bas que pour les Belges souhaitant travailler ici. Elle rentrait à la maison à midi et au soir, et c'était vraiment curieux de voir Zozo se précipiter à sa rencontre : ce chat reconnaissait à l'ouïe la Volks de sa patronne, alors que des dizaines de ces voitures circulaient dans notre rue !

De mon côté, à l'ENS, je venais d'être chargé d'un cours de méthodologie des sciences physiques. M'inspirant de mes expériences antérieures, j'avais rédigé un manuel à propos duquel la Place de Fontenoy daigne me féliciter. Mais néanmoins elle me fait savoir que mon poste allant être arabisé, mon contrat ne sera pas renouvelé après les vacances d'été.

Heureusement, l'École Mohammedia d'Ingénieurs, ici à Rabat, cherchait des physiciens et des mathématiciens. J'introduis donc une candidature ad hoc, dans le cadre de la coopération technique. Et je suis accepté sans problème par les deux ministères concernés, le belge et le marocain.

Fin juin, c'est le départ vers la Belgique. Ma belle-mère, une habituée des cures thermales de Spa, nous y a déniché une jolie petite villa meublée, où elle viendra résider avec nous. Et à la mi-juillet nous lui confions la maison et les garçons : Jacqueline et moi filons vers Moscou, - à mes frais ! - pour le Congrès International des Mathématiques !

Me voici à l'Université Lomonossov, perchée sur la Colline Vorobeïtchik, la Colline des Moineaux, là où s'arrêta Napoléon pour contempler Moscou avant de l'envahir. C'est ici que se tiendra notre congrès, avec son millier de participants. J'y ferai un petit exposé sur mes derniers travaux : la géométrie semi-métrique impose à la lumière venue des étoiles cet effet Doppler-Fizeau en lequel on croit voir le signe de l'expansion de l'univers. Malgré deux publications ultérieures, en français malheureusement, l'idée n'a guère eu de succès, la science officielle s'étant détournée de la théorie unitaire d'Einstein et de sa géométrie.

Je ne suis pas communiste, mais j'ai aimé la Russie et les Russes, malgré les mauvais souvenirs de 1945. J'avais d'ailleurs fait un gros effort à Rabat pour apprendre la langue, et cela nous a été bien utile, ne fût-ce que pour demander le chemin et faire des achats (des disques 33-tours, surtout).

Et j'ai aimé Moscou avec sa Place Rouge, son Kremlin, sa basilique de Saint-Basile le Bienheureux (dit aussi le Fou), sans oublier son impavide momie de Lénine, toute seule dans son mausolée depuis que le Soviet Suprême en a éjecté celle de Staline. Après un salut à la momie (est-elle authentique ?), un bonjour maintenant à d'autres célébrités nationales reposant dans les jardins de l'impressionnant couvent fortifié de Novo-Dievitchi.

Moscou c'est aussi le Métro ("M" majuscule, bien sûr). Et les tours staliniennes, dont celle de notre hôtel, l'Ukraïna. Mais pour moi, Moscou, ce sera surtout Marika, notre jeune, jolie et charmante interprète. Nous ne nous quitterons plus, elle nous pilotera partout. À Zagorsk, au couvent de la Trinité-Saint-Serge, voyant une statue de Staline jetée dans un débarras, elle a une phrase qui lui aurait valu le goulag, douze ans plus tôt : "Tiens, qu'est-ce qu'il fait là, celui-là". Signe des temps…

Marika et nous, nous resterons longtemps en correspondance, d'autant plus qu'elle allait épouser un étudiant marocain. C'était un gentil garçon, nous l'avons rencontré à Rabat.

Après le congrès, une journée à Saint-Pétersbourg (on disait alors Leningrad) et dans son incroyable musée de l'Ermitage, sans oublier la cathédrale Saint-Isaac, qui ressemble au Panthéon de Paris. Un pèlerinage en taxi vers la délicate église de Smolny et autres hauts lieux de la Révolution d'octobre : le croiseur Aurore, qui tira au canon sur le Palais d'Hiver (c'est faux, il aurait tout démoli) ; puis ledit palais, enlevé de vive force par le peuple (c'est faux, il n'y a jamais eu là que du cinéma !)

Et voici Kiev, avec son majestueux Dniepr, sa superbe église Sainte-Sophie et ses vilaines tours staliniennes. Et dans les environs, le plus ancien monastère de Russie, la Laure de Petchersk. Là, un pendule de Foucault bat en permanence : "Vous voyez, nous explique le cicérone, ce pendule nous montre à l'évidence que la terre tourne, alors que les moines prétendaient qu'elle est immobile". Cet honnête propagandiste ignorait tout des difficultés que rencontre un professeur voulant faire comprendre à ses étudiants le délicat formalisme mathématique qui associe la rotation du plan de ce pendule à celle de la terre. Il n'y a là aucune évidence : à l'équateur, le fameux pendule ne tourne pas !

Retour à Spa où m'attend un pensum : mon rapport de mission, qui, selon les instructions "should be in a narrative form", ce qui me donne l'idée d'un canular : un style aussi niais que possible, truffé de lieux communs, de citations fausses, le tout à mi-chemin entre une rédaction scolaire et une auto-critique à la sauce marxiste. Eh bien, ça a pris!! J'ai dû courir dans les bureaux de la Place de Fontenoy pour rattraper les copies qui faisaient leur petit bonhomme de chemin. Les internationaux avaient tout gobé.

C'était la troisième fois que je voyais des gens prendre au sérieux, - un sérieux inquiétant, - un canular ou un poisson d'avril que j'avais monté sans prétention. Après cela, j'ai écrit un “vrai” rapport, pas piqué des vers, on s'en doute. Et tout se termina Place de Fontenoy par un “debriefing”, comme on dit à Paris.

Ces chères maths modernes...

À l'École Polytechnique du Maroc, c'est-à-dire à l'Institut Mohammedia d'Ingénieurs, à deux pas de chez moi, je retrouvais enfin une véritable atmosphère de véritable enseignement supérieur. Même si, un jour, mes étudiants devaient me dire, très respectueusement, “Chez nous, l'usage est de ne donner jamais moins de 14/20 aux examens”. Soit, si cela leur fait plaisir! Un système de cotation numérique n'a rien de mathématique, les cotes n'étant que des symboles. Alors, “14” voudra dire “nul”, “15” sera “médiocre”, puis 16 = faible, 17 = assez bien, etc.

Les étudiants sont bons, les cours intéressants, et je suis maintenant un employé du Ministère belge des Affaires Étrangères (attention : employé et non fonctionnaire, donc pas de pension mais une rente par capitalisation).

Les garçons poursuivent vaille que vaille leurs études, tandis que Jacqueline et moi entreprenons la sonorisation de nos films, des anciens-8. Mon préféré restera “Le Roi au Congo”, ce pauvre Congo qui ne parvient pas à sortir du chaos. En novembre 65, le sergent-maréchal Mobutu avait pris le pouvoir et inauguré un nouveau système de gouvernement : la kleptocratie.

Donnant des cours de math, je me suis vivement intéressé à ce qu'on a appelé les “mathématiques modernes”, alors objet d'un engouement général chez les pédagogues. En France, c'est mon ex-patron Lichnerowicz qui présidait le mouvement, avec beaucoup de modération toutefois. En Belgique, c'était du délire à cause du professeur Papy : pour lui et son école, c'est dès le primaire qu'il fallait enseigner ces mathématiques qui reposent sur les très abstraites notions d'ensemble et de structure.

Mais ma vieille université de Liège avait pris la tête du mouvement anti-papyste, comme le signalait un article du “Soir” en juillet 66. C'est à Liège que le doyen de la Polytechnique avait même vertement chapitré un prof de maths qui avait osé utiliser, devant ses étudiants, les signes de l'algèbre des ensembles, - ce que tout le monde faisait de routine en France depuis belle lurette.

Et pourtant, ces maths-là n'avaient rien de “moderne”, puisque leur naissance remontait à Evariste Galois (1811-1832).

C'est en préparant à Bukavu une émission radio sur Galois que j'avais commencé à m'intéresser à la chose. Génie inégalé, Galois avait résolu, à l'âge de vingt ans, un problème sur lequel tous les mathématiciens s'étaient cassé les dents : la résolution des équations du degré supérieur au 4e. Méconnu par ses pairs, qui ne le comprenaient pas, aigri, désabusé,- et victime de son très sale caractère ! Galois mourra bêtement dans un duel au pistolet.

Mais il avait jeté les bases de ces mathématiques dites “modernes” à propos desquelles j'ai fait nombre de conférences et écrit divers articles. En fait, l'histoire des mathématiques montre que celles-ci ont passé par trois stades. D'abord l'étape arithmétique, celle du scribe égyptien qui aligne des tas d'exemples chiffrés, mais ignore tout des formules générales. Puis, l'étape algébrique, où l'on manie des formules, sans s'inquiéter des nombres qu'elles pourraient représenter; elle est illustrée, notamment par les noms de Viète et Descartes. Enfin, l'étape structuriste, où l'on se préoccupe de la structure des ensembles cachés sous les formules : c'est l'étape moderne.

L'un des plus beaux fleurons de cette super-algèbre est la “théorie des groupes d'opérations”, celle que Galois avait utilisée pour résoudre son fameux problème. Les groupes ont aujourd'hui envahi toute la mathématique, toute la physique. La Relativité d'Einstein n'est elle-même que le champ d'application d'un groupe d'opérations, dit "de Lorentz". Il en va de même pour les plus modernes des théories physiques, celles des particules élémentaires (photons, protons, électrons, etc).

Cela veut-il dire qu'on doive enseigner les ensembles et les structures aux enfants ? Non, je l'ai dit et répété dans mes textes : pas de théorie des ensembles avant les classes de troisième des lycées. Il me semblait bon que les jeunes cerveaux repassent d'abord par les étapes historiques : arithmétique, algèbre, et enfin structure. Et je reprochais aussi à la pédagogie moderne d'avoir injustement sacrifié la géométrie. Aujourd'hui, on est revenu de tous ces excès, Dieu merci.

À la fin 67, des amis de Liège me signalent que la chaire de mécanique sera bientôt vacante. Je présente donc ma candidature pour ce cours que je donnais depuis près de dix ans. On me demande un rapport préalable exposant ma conception de cette discipline très mathématisée. En toute naïveté, je rédige le document comme s'il avait été destiné à une université française.

À Liège, une assemblée ad hoc examine mon texte, et alors, d'après ce qui m'a été raconté, quelqu'un s'est écrié : "Mais c'est de la mathématique moderne !" C'était la condamnation sans appel, toujours d'après ce qui m'a été dit.

Deux mois plus tard, je recevais une charge dans la toute nouvelle université de Mons. Il y avait pourtant là-bas, dans la Faculté, un mathématicien, ancien camarade de Liège, qui piquait de terribles crises de colère quand on employait devant lui le langage propre à ces infortunées mathématiques modernes. Heureusement, je n'avais pas dû fournir de rapport préliminaire et l'on m'avait tout bonnement jugé sur mon curriculum vitae et sur mes publications.

Vers la même époque, Jean-Marie Andrieu, le patron de Jacqueline, est victime d'une mesure assez déconcertante, mais typiquement belge. D'abord, il reçoit des félicitations du Ministère pour la conclusion d'un traité économique avec le Maroc. Le lendemain, le même Ministère lui fait savoir ceci, en substance : “Monsieur le Conseiller, vous êtes mis en disponibilité à traitement plein, jusqu'à la retraite. Les Flamands étant sous-représentés dans les cadres de la diplomatie, nous devons libérer des postes et les leur donner.” De nombreux diplomates francophones, et aussi des colonels, subiront le même sort, quels que soient leurs mérites.

La pauvre Belgique n'en sortait pas des crises communautaires, et plus on donnait aux Flamands, plus ils se montraient exigeants. Ici, des énergumènes chahuteront une messe dite en français ; là, d'autres énergumènes mettront une ville en état de siège, réclamant l'expulsion des professeurs francophones. Un miracle, c'est qu'il n'y ait jamais eu d'attentats ni de graves violences.

En avril 1967, un drame : l'incendie des Grands Magasins de l'Innovation à Bruxelles : plus de 300 morts ! Comme le sinistre survient au moment où cette grande surface organisait une quinzaine commerciale américaine, on soupçonne un attentat. Nous étions en effet à une époque où toutes les gauches exécraient les USA à cause de leur guerre au Vietnam, - la sale guerre, disait-on.

Adieu, Afrique.

C'est donc une patrie plutôt perturbée que nous nous apprêtions à retrouver. En attendant, nous jouissons du présent, et ma petite collection de films est là pour nous rappeler nos beaux week-ends et nos jours de congé au Maroc.

Voici deux “villes impériales” : Meknès et sa célèbre porte, Fès avec sa grande mosquée Karaouine. Et revoici la troisième, Marrakech, avec son quartier des teinturiers où Hitchcock avait tourné les premières scènes de son thriller *L'homme qui en savait trop.*

Continuons nos films : voici Pierre et Paul escaladant les rochers de Tafraout, dans l'Anti-Atlas. Ou bien dévalant en luge les pentes neigeuses de l'Oukaïmeden, dans le Haut Atlas. Ou encore errant dans Ouarzazate, aujourd'hui capitale du cinéma marocain.

De Ouarzazate on passe aux gorges du Dadès et à la vallée du Draa, où s'alignent les kasbahs fortifiées, chargées jadis de protéger les populations sédentaires contre les raids des nomades venus du Sahara, ce Sahara que nous touchons à Mhamid.

Et dans le Nord, nous voilà au pied du Rif où Romberg situait son opérette *Le chant du désert* (il n'y a cependant pas de désert saharien dans le Rif!). Et tout au Nord, Ceuta ou Sebta, ville espagnole accrochée à la pointe de l'Afrique. Paul s'y fâche parce que le garçon du restaurant ne comprend pas son espagnol scolaire !

Et quelque part dans le Sud, notre quasi-naufrage dans un oued par trop débordant : nous avions imprudemment voulu le passer à gué. Le soir même nous rencontrons des amis qui avaient eu moins de chance, leur voiture et eux-mêmes ayant fait trempette !

Pour l'un ou l'autre de ces voyages, nous étions accompagnés par mon infatigable belle-mère, venue de Bruxelles. Mais voilà que je l'assomme avec une fâcheuse nouvelle, transmise par mon avocat. La brave femme avait engagé un demi-million de francs belges dans une entreprise menée par des amis : la fabrication d'un téléphone doté d'une mémoire, ce qui était révolutionnaire pour l'époque. De mon côté, je m'étais toujours méfié de cette affaire dont les plantureux intérêts (20 %!) étaient visiblement payés par de nouveaux appels de fonds : les bons amis faisaient “de la cavalerie”, comme on dit en jargon financier. J'avais mis Cartigny sur la piste, et il nous apprend que l'entreprise est en faillite, et que les fonds empruntés sont perdus à jamais. Ma pauvre belle-mère n'en a pas dormi…

Les amis inventeurs avaient compté sur les promesses de la Bell-Telephone, et celle-ci s'était dérobée. Ce n'est que plus tard que j'ai compris ce qui s'était passé : à l'époque, un téléphone ne pouvait avoir de mémoire que grâce à de lourds dispositifs électro-mécaniques, comme dans les vieilles machines à calculer. Or, les labos de la Bell commençaient à envisager la possibilité de mémoires électroniques, celles qui sont si banales de nos jours. Nos inventeurs avaient un an de retard…

Autre choc pour ma belle-mère, bonne juive : la guerre des six jours. À la mi-mai, le président égyptien Nasser ferme le golfe d'Akaba, ce qui étrangle Israël. Celui-ci réagit par une attaque surprise, le 5 juin 67, et détruit les forces de l'Égypte, de la Syrie et de la Jordanie. Jérusalem est réunifiée dans la joie et Tsahal, l'armée israélienne, occupe toute la rive droite du Jourdain. Cette guerre éclair fut un chef-d'œuvre de stratégie, dû au génie du fameux général borgne, Moshé Dayan. Nous avions été assez inquiets, et même proposé à des amis juifs de cacher leurs enfants chez nous. Mais le roi Hassan aura été d'une sagesse exemplaire, se contentant d'envoyer quelques troupes… qui ne sont jamais arrivées, la fin des opérations les ayant surprises en route, le 10 juin. Et au Maroc, il n'y a eu ni pogromes, ni troubles internes.

En juillet, Pierre et Paul sont envoyés dans des familles en Angleterre. Pour y apprendre la langue, avaient dit les organisateurs français. À son retour, Pierre raconte avoir logé dans une maison "semi-détachèd", avec un bel accent français posé sur la dernière syllabe ! Curieux résultat d'un stage linguistique !

À la mi-octobre, surprise, ma fille épouse Claude, son fiancé-étudiant. Autre surprise, il leur naît un fils, Bernard, trois mois plus tard. Jadis, il fallait neuf mois, mais on n'arrête pas le progrès, oserais-je répéter ici…

Quant à mes démêlés ex-conjugaux, commencés en 58, ils ne trouveront leur conclusion qu'en septembre 67, deux ans après mon remariage, quand j'aurai reçu le "certificat de non appel et de non opposition au jugement". Après, plus de nouvelles de Johanna-Rita. Jamais elle n'a essayé de revoir ses fils, ni sa famille, dont tous les membres me resteront très attachés, acceptant Jacqueline comme quelqu'un des leurs.

Puis vint mai 68, et cette cascade d'événements qui ont fait évoluer une révolte estudiantine vers une nouvelle révolution française. Comme Louis XVI, de Gaulle s'offre une "fuite de Varennes", avec l'intention de quémander à l'Est, lui aussi, un appui militaire. On sait qu'il a eu plus de chance que le pauvre Louis XVI, mais qu'il a dû promettre à Massu de libérer le général Salan, l'un des principaux rebelles du putsch raté d'Alger.

À Rabat, nous n'avons subi aucun contrecoup des événements de Paris. Mais à Casablanca, les élèves d'une école technique se sont un peu trop agités, - et la troupe a tiré dans le tas. Même scénario à Dakar, où sont intervenus les tirailleurs (sénégalais, bien sûr). À Bruxelles, une scène de vaudeville : Des étudiants, qui avaient occupé le bureau du recteur de l'université, en ont été chassés… par les femmes de ménage. Elles voulaient faire leur boulot, elles !

Fin juillet, me voilà à Liège pour les funérailles de ma pieuse tante Marie : une fin pénible due à un cancer. Elle et son mari venaient de s'installer dans un petit appartement du Val d'Or, une bonne maison de retraite où mon oncle allait rester jusqu'à sa mort.

Eva, mon ex-épouse, avait eu la gentillesse de venir à l'enterrement. Elle m'invite chez elle, et là je me trouve devant un autre cas de cancer, plus dramatique : grand fumeur et maintenant touché à la gorge, Hubert, le mari, avait été opéré, - ou plutôt charcuté, inutilement charcuté. Vraiment, devant cette misère, je ne me sentais aucune rancune contre celui qui avait été l'amant de ma femme pendant ma captivité en Allemagne.

Jacqueline et moi avions décidé de nous installer à Bruxelles où elle devra poursuivre sa carrière au Ministère. J'ai pris alors une décision rapide : le samedi 27 juillet, trois heures avant de remonter dans l'avion, j'achète un appartement au 13e étage d'un building tout neuf, dans un quartier résidentiel en pleine expansion, au sud de l'agglomération, à quelques minutes de l'autoroute de Mons-Paris, alors en construction. J'essaie d'appeler Jacqueline au téléphone, et ça ne marche pas : la liaison avec le Maroc passait par la France, et celle-ci en était encore au temps où pour avoir Asnières il fallait demander New-York.

Retour à Rabat, et c'est le commencement de la fin : les garçons partent en colonie de vacances en Belgique, et nous, nous évacuons notre bungalow et empaquetons le mobilier qui devra nous rejoindre à Bruxelles. Confié à des amis, le chat Zozo fera plus tard le voyage en avion. Et nous prenons la route dans ma 404 tout récemment acquise.

Le 14 août sera notre dernier jour en Afrique. Nous passons la soirée dans un cabaret-spectacle de Tanger, où j'entendrai pour la dernière fois cette musique arabe que je ne déteste nullement. Son numéro fini, une jeune danseuse, passant devant moi, me caresse gentiment la joue. Sa main était froide… Tel est mon dernier souvenir du Maroc.

* * *

XXXII - LE GRAND RETOUR

"Laissez-moi, ô mon Dieu, continuer la vie
D'une façon aussi simple qu'il est possible."
Francis Jammes, Le Deuil des Primevères, 1901.

2 650 kilomètres en Peugeot-404... L'Espagne, puis la France... Un dernier souvenir, quand même, avant de quitter le sol espagnol : à Santillane, connue par les aventures picaresques de Gil Blas, nous achetons un délicieux moulage, long de quelque 70 cm, où sous une triple arche romane s'alignent les rudes statuettes médiévales du Christ et de ses Apôtres. Je compte, et surprise, il y a 13 apôtres ! Bah, dit la vendeuse en riant, c'est pour la "propina" ,- pour la "rawette", aurait-on dit à Liège.

Ces 13 apôtres allaient occuper la place d'honneur du living de notre nouvel appartement d'Anderlecht, de celui d'Uccle ensuite, et enfin de celui de La-Colle-sur-Loup, à la Côte d'Azur. Tous nos visiteurs auront manifesté leur surprise devant cet apôtre donné en rabiot ,- en matabiche, aurait-on dit au Congo. Pourtant, si l'on compte bien dans les évangiles canoniques, il n'y a eu ni 12 ni 13 apôtres, mais bel et bien 14 ! Décomptant le traître Judas, il en reste 13, et mon groupe de Santillane est rigoureusement exact !

À peine étions-nous rentrés qu'une triste nouvelle arrive de Liège : le second mari de ma première femme est mort de ce cancer qui le minait depuis longtemps. Dans la chapelle ardente, il gisait revêtu de son uniforme d'officier de réserve, et voilà ma fille Michèle, très émue, qui me demande d'y accrocher les décorations. Je m'exécute, quelque peu surpris de cette situation un tantinet paradoxale.

À Mons, je prends contact avec ma nouvelle université, toute jeunette, installée dans des bâtiments préfabriqués dont le provisoire allait durer au moins trente ans ! Collègues sympathiques, - je suis leur aîné, et largement ! - et je me sens très optimiste. En fait, c'est la première fois depuis mon départ de l'armée, vingt ans plus tôt, que je me retrouve enfin dans une position stable. Avec la perspective de l'éméritat quatorze ans plus tard, ce qui me garantissait une pension complète nonobstant ma très faible ancienneté dans mes nouvelles fonctions de “professeur ordinaire”, c'est-à-dire “titulaire”.

Ma vie allait donc s'écouler très paisiblement, les jours succédant aux jours, comme les petits grains d'Ave Maria d'un interminable rosaire, avec de temps à autre un gros grain de Pater Noster. Aussi, cher lecteur, vais-je renoncer à vous faire assister au défilé chronologique des monotones Ave Maria, me contentant de vous présenter les gros grains, les Pater Noster. Et ce par ordre alphabétique, si vous voulez bien : A comme Amérique, B comme Barreaux européens, C comme Cinéma, D comme Doyen, etc, etc... Ce qui couvrira trente années de vie, moitié en activité, moitié en retraite. 80 % en Belgique, 20 % en France.

Non, le Grand Retour ne fut nullement désagréable.

A comme Amérique

N'en déplaise à certains Français, j'aime beaucoup l'Amérique et les Américains. Ainsi serai-je allé neuf fois aux États-Unis, toujours avec le même plaisir, neuf fois, tant pour des colloques ou congrès que pour du tourisme tout simplement.

En 64, j'avais participé à la grande réunion de Dallas sur les quasars. En 69, à peine installé dans mes nouvelles fonctions à Mons, me voilà partant pour Pittsburgh, la métropole industrielle de la Pennsylvanie… Cette fois, il s'agissait de mécanique des fluides et de thermodynamique relativiste, d'où présence là-bas du futur Nobel belge, Ilya Prigogine.

Bâtiments universitaires pseudo-gothiques, vastes pelouses où se prélassent étudiants et étudiantes. À ma surprise, l'une de celles-ci me lance un joyeux “Hi !” (entendez “Haï”). Tentative de racolage ? Mais non, gentillesse américaine, tout simplement.

En 1975 enfin, j'ai pu connaître les USA autrement qu'à travers des congrès ou colloques. Jacqueline et moi décidons d'entreprendre le Grand Tour du Grand Ouest : 9.000 kilomètres en cinq semaines ! En introduction, après Denver, nous voici à Cody, la ville de Buffalo Bill, l'homme qui influença tellement l'image de l'Ouest. Et immédiatement après, voici la perle des États-Unis, la réserve naturelle du Yellowstone, dans les Montagnes Rocheuses du Nord.

Rien, dans le monde entier, rien n'est comparable au Yellowstone, à la fois symbole et sanctuaire. On peut y rouler sur 500 km et ne pas avoir tout vu ! La géologie y est vivante dirais-je, et partout en action : geysers continus ou périodiques, dont le fameux Old Faithfull ; sources d'eau chaude (les Mammoths) créant de superbes terrasses de travertin aux couleurs variées ; pools transparents teintés de bleu ou de vert selon le caprice des bactéries ; plages de boue aux épaisses fumerolles sulfureuses.

Et pourtant, le paysage y est d'un paisible vraiment surprenant : le vert sombre des forêts, le bleu des lacs dispersés par centaines, le jaune orange des bancs de rhyolite (yellow stones !), le blanc des petits nuages, le vert tendre des prairies, et çà et là l'opacité blanche d'un panache de geyser, tout s'allie en une palette harmonieuse, infiniment reposante.

Et partout, des pistes, des passerelles, des caillebotis, parfaitement signalisés et permettant à tout un chacun d'aller tout admirer au plus près, sans fatigue ni danger. Il aura fallu des décennies pour que l'Europe s'inspire enfin de l'extraordinaire sens pratique du tourisme américain. Et les ours des Rocheuses, les grizzlis, me direz-vous ? Vous n'en verrez pas, ou si peu. Et tant mieux, car ce sont de sales bêtes, quoi que vous en pensiez. Mais en compensation vous aurez les majestueux cerfs wapitis, les lourds bisons rescapés de la ruée vers l'ouest, les orignals si pataudes (les mooses, dit-on ici), sans oublier les squirrels, ces charmants écureuils que les USA auraient pu adopter comme totems tant il y en a, partout.

Et notre tour de l'Ouest nous a conduits de merveilles en merveilles, mais des merveilles mieux médiatisées que le Yellowstone, ce qui me permettra ici d'être bref. Les énormes canyons : le Brice, le Zion, le Red, le Colorado. Les villes : Gallup, Flagstaff, San Francisco, Monterey, San Diego. Et Los Angelès avec les studios de la Universal et l'ancêtre de tous les Disney Lands. Et Las Vegas, où un pasteur veut absolument nous marier ; il nous fait un bon prix, tout compris : musique, fleurs, grains de riz. Las Vegas, où nous nous singularisons en ne jouant qu'un dollar, un seul !

Mention honorable pour la Monument Valley, aux mesas rocheuses tellement filmées et refilmées que pour l'Européen moyen ce site constitue le Far West tout entier. Fort complaisant, un Indien Navajo poussera son cheval jusqu'au célèbre point de vue où ses ancêtres attendaient la diligence… dans le *Stagecoach* de John Ford (1939)

Chemin faisant, rencontre de Mormons dans l'Utah. “Are you a Saint?” me demande une charmante vendeuse. “Non, dis-je, mais je connais le temple des Saints (des Derniers Jours) à Liège, rue de Campine”. “Roué dé Campaïne !” s'exclame la jolie fille avec l'un de ces cris de joie si typiquement américains. “My brother works there, he is a missionary !”. Ça, alors !

Du coup, nous visitons un temple mormon. Charmant accueil, signature au livre d'or. Et un mois plus tard, à Bruxelles, chez nous, prosélytique visite de deux “missionnaries”, très jeunes, très bien élevés. Sorry, dear boys… C'est pas gentil, nous aurions pu au moins leur donner les adresses de nos défunts ancêtres, lesquelles auraient été rejoindre les millions d'autres qui s'entassent sur microfilms, dans des cavernes près de Salt Lake City : les Mormons baptisent leurs plus lointains aïeux…

Deux conséquences de ce long périple : 1°) Jacqueline et moi n'allions plus pouvoir nous passer d'une boîte de vitesse automatique (il n'y en a pas d'autre aux USA). 2°) J'ai cessé de fumer. Ayant évité de le faire en conduisant sur ces 9.000 km, je me suis posé la question métaphysique : "Pourquoi ?" Oui, pourquoi fumer? Il n'y a pas de réponse. Alors…

Nous ne devions revoir les Rocheuses qu'en 1996, lors d'un tour organisé. Départ de Denver comme en 1975, mais direction le Sud, cette fois. Retour à la Petrified Forest, découverte de Santa Fe (et du "Santa Fe Trail"), repos à Sedona avec les pensionnés américains, promenade sur "l'Apache Trail". Puis crochet par Dallas et New Orleans, agréables souvenirs de 1964.

Entre-temps, en 1986, nous avions découvert la Floride, ses alligators, ses moustiques, son Space Center. Et son fantastique Epcot qui vous promène à Marrakech, à Québec, à Mexico, à Paris… En 1977, ce fut l'Est : Bangor et ses homards, Boston et son chic.

Et à nouveau New York où des amis juifs, professeurs d'université, nous invitent dans leur belle villa de White Plains : au mur, un authentique Delvaux qu'une alarme relie au shérif afin d'empêcher le rapt des belles femmes nues abandonnées dans une gare de chemin de fer. Je me plais à imaginer ce shérif accourant au galop, comme dans les bons vieux westerns.

B comme Barreaux Européens

Le mois de mai 1982 marque un tournant dans notre vie : moi, âgé de 70 ans tout juste, je donne mes derniers cours, tandis que Jacqueline se voit engagée comme secrétaire administrative, - ou "adjointe de direction", si vous préférez, - par la Commission Consultative des Barreaux Européens (CCBE). Son brillant curriculum vitae lui avait permis d'enlever le poste haut la main, laissant derrière elle une centaine de candidates, juristes pour beaucoup. Son patron sera l'avocat Jean-Régnier Thys, Secrétaire général, et elle installera son bureau dans la Maison des Associations Internationales, à Bruxelles.

Nous fêtons le double événement à Venise : j'avais voulu participer à un curieux séminaire où se mélangeaient psychanalyse et mathématique ; le président en était un non moins curieux personnage, Armando Verdiglione. Mais Jacqueline doit me quitter pour Strasbourg où elle va officier, pour la première fois, au sein du Comité Permanent de la CCBE. Elle s'y fait remarquer par sa débrouillardise et son sens de l'organisation, ayant notamment réussi à obtenir un prix de faveur au restaurant de la très chic, très célèbre et très folklorique Maison Kammerzell, au pied de la fameuse cathédrale.

Mais qu'est donc cette CCBE, qui m'a toujours paru tellement peu connue de la plupart des avocats ? Tout simplement l'institution représentative officiellement reconnue par la Communauté Européenne pour la profession d'Avocat (Rechtsanwalt, Abogado, Barrister, Dikigoros, etc). Ses membres ne sont pas les avocats, mais bien leurs barreaux ou ordres nationaux obligatoirement affiliés lors de l'entrée de leur pays dans la Communauté. Son objet principal est l'étude de toutes les questions concernant la profession d'avocat, et notamment l'harmonisation des règles de déontologie, si diverses d'un État à l'autre.

Les dix années que Jacqueline passa au service de la CCBE, entretemps devenue le Conseil des Barreaux Européens, comptent certainement parmi les plus belles et les plus passionnantes de sa vie, et de la mienne. Elles lui ont donné une activité internationale, ce qu'elle adore, dans un milieu aussi amical qu'intelligent. Activité qui l'a envoyée çà et là dans l'Europe entière, quatre fois par an au moins, à l'occasion des sessions plénières et des réunions du Comité Permanent. À l'occasion, j'accompagnais en tant "qu'époux de la reine, poux de la reine, poux de la reine", comme le chante Ménélas dans la célèbre opérette d'Offenbach.

L'époux de la reine a été ainsi admis aux prestigieuses rentrées du Barreau, - à Paris, avec réception à la Conciergerie, - à Londres, où l'on se sent un peu perdu au milieu de tous ces perruqués, - à Dublin, où j'ai dialogué avec Madame la Présidente, Mary Robinson. Ça, c'étaient les mondanités. Pour les séances de travail, je me contentais d'accompagner la reine jusqu'à l'entrée de la salle du trône !

Un jour, au Palais de Justice de Paris, un avocat complaisant, me voyant ainsi abandonné, a joué pour moi au cicérone, si bien qu'après la Cour de Cassation et autres Cours je me suis retrouvé à la P.J., mais oui, au Quai des Orfèvres, d'où je suis sorti (libre !) par la fameuse porte qui vit tant de fois passer le commissaire Maigret...

Et les voyages se sont succédés : Versailles, où l'on nous fait visiter le château à titre privé (la nuit, merveilleux) ; Lisbonne, où le Comité, avec Jacqueline, est reçu par le président Mario Soares ; Salonique, d'où Jacqueline revient avec une icône de Saint Pierre, quasi-authentique, cadeau d'un avocat de la délégation hellénique ; Nicosie, où j'ai pu longer le dernier de ces trois murs qui, pour la honte de l'Europe, auront coupé en deux des villes contestées.

Et toujours avec la CCBE, il y a eu aussi Rome, Hambourg, Appeldoorn, Milan, Copenhague, Vienne, Oslo, Barcelone, Rhodes, Lausanne. Et même Belfast !

Dix ans passèrent, et à son tour Jacqueline dut bien se préparer à la pension. Sa dernière année, 1991, fut un peu assombrie par l'effacement de l'avocat belge Thys : le clan nordique voulait un secrétaire général nordique, - en full-time, ce qui n'avait pas été le cas jusqu'alors. Le poste échut ainsi à une Écossaise, charmante certes mais... Mais persuadée qu'elle savait tout, elle voulait tout changer. Comme elle ne connaissait évidemment rien aux us et coutumes belges, notamment en matière de comptabilité et de fiscalité, les complications se multiplièrent à plaisir. En outre, il n'y eut pas de "reprise-remise", comme on dit à l'armée, et ainsi, du jour au lendemain, Jacqueline se trouva coupée de toutes ses réalisations passées. Elle reçut cependant de gentilles lettres de l'un ou l'autre des Chers Maîtres, belges, français, espagnols… Mais pas un mot, et plus jamais de nouvelles de la part de l'ex-secrétaire général, malgré dix années de collaboration sans faille et d'entente parfaite. Nous le considérions même comme un ami. Alors, que dire pour conclure, sinon répéter après Rutebeuf :

Que sont mes amis devenus…

C comme Cinéma

C'est grâce à une jeune amie juive qu'à l'été 83 je me suis vu projeté dans le monde du cinéma, - du cinéma belge, plutôt. Cette personne, appelons-la Jacqueline Wolfram, très intelligente mais plutôt fantaisiste, avait brillamment passé, jadis, un doctorat en philologie germanique. Depuis lors elle vivait plus ou moins désœuvrée, mais sans problème grâce à ses parents.

Un beau jour, elle m'expose son idée : "Le scénario de cinéma doit être considéré comme un genre littéraire, comme le sont le roman et la poésie par exemple. Alors, fondons ensemble l'Institut Belge de Littérature Cinématographique." Je n'ai pas dit non, et ainsi est né l'IBLC.

Pourtant, à première vue, l'idée ne m'emballait pas tellement car il me semblait qu'un scénario n'est jamais une fin en soi : il n'a de sens qu'en fonction du film qui doit en sortir. Si le scénario est rejeté, il tombe dans le néant, exactement comme un plan d'architecte qui ne conduirait à aucune construction. Ce à quoi Jacqueline W. répondait que le plan d'architecte est quand même un genre graphique, étudié comme tel dans les écoles des beaux-arts.

Les professionnels vous diront que la genèse d'un film se fait par étapes : il y a d'abord "l'idée", bientôt suivie d'un bref "synopsis" qui se développera en une "adaptation" d'où se dégagera la structure même du film. Alors seulement apparaît le “scénario” proprement dit, lequel va décrire scène par scène ce qui sera tourné. Comparé à l'étape suivante, celle du minutieux “découpage” en plans, le scénario peut être considéré comme relevant de la littérature, d'autant plus qu'il inclut le texte des dialogues.

En fait, tout cela s'enseigne dans les écoles de cinéma, dont notamment l'excellent INSAS, établi à Bruxelles. Jacqueline W. et moi risquions donc de mettre lourdement les pieds dans un milieu qui nous était totalement étranger. Aussi décidons-nous de nous adresser d'abord aux intellectuels et aux universitaires. Aujourd'hui, il m'apparaît que c'est précisément dans ce but que Jacqueline W. avait fait appel à un professeur émérite, moi…

Pour commencer, je songe évidemment à ma propre université de Mons. Les premiers contacts semblent encourageants, encore que le recteur ne voit pas très bien où nous voulons en venir. Jacqueline est invitée à exposer ses projets devant une commission ad hoc, et alors un vague instinct me conseille de la laisser aller seule. Mais, sans doute intimidée, elle veut se faire accompagner par son nouvel amoureux, un ingénieur. Et l'affaire a foiré, je n'ai jamais su pourquoi. Jacqueline s'est contentée de me dire qu'elle s'était trouvée là-bas devant des “fascistes” (dans la bouche d'une intello, le mot peut simplement désigner des personnes ayant de la volonté et tenant à la manifester). Soit, nous nous tournerons vers l'ULB, l'Université Libre de Bruxelles.

Entre-temps, nous avons progressivement découvert le petit monde des cinéastes belges, dont, pour commencer, l'un des plus prestigieux, André Delvaux *(Benvenuta*, *L'œuvre au noir*, etc). Et aussi Marion Hänsel, très sympathique (*Le Lit, Dust, Il maestro*), et Luc De Heusch, Manu Bonmariage, Boris Lehman, et d'autres encore. Chez tous, nous rencontrons, me semble-t-il, un accueil favorable.

Le plus intéressé sera Joâo Correa, le secrétaire général de la FERA, la Fédération Européenne des Réalisateurs de l'Audiovisuel. Très bon cinéaste, il avait à son actif plusieurs films dont l'un avec

Marie-France Pisier en vedette. Sa femme et lui-même deviendront des amis fidèles, et le resteront pendant plusieurs années.

J'avais bientôt remarqué que leur fille, alors âgée de 14 ans, présentait des dispositions théâtrales certaines; j'ai conseillé aux parents de l'engager dans cette voie, et bien plus tard j'ai appris qu'elle avait débuté au Théâtre Claude Volter, reprenant le rôle de la nonne dans *Port-Royal*, rôle qui avait été le tremplin de la charmante Grâce de Capitani, bien connue.

Ma femme et moi aimions Claude Volter, dont les spectacles se drapaient toujours d'un certain faste, bien étranger au misérabilisme à la mode. Nous l'avons rencontré chez les Correa, dans leur maison de campagne, où venait aussi Jacqueline W. pour exposer ses idées, - et chercher des introductions…

Plusieurs fois par semaine, je la voyais arriver chez moi, prenant son petit-déjeuner puis discutant, écrivant, rédigeant, sollicitant. Bientôt, un peu grâce à moi, elle obtient des crédits substantiels du FNRS, le Fonds national de la Recherche scientifique, et finalement un bureau à l'ULB. Tout cela demandait un travail administratif assez lourd, travail pour lequel la brave Jacqueline semblait n'avoir que peu de dispositions. Mais elle s'est fâchée quand je lui ai dit que j'avais rêvé d'autre chose dans son IBLC, un travail plus littéraire ou artistique ou intellectuel. Telle fut la fin de notre collaboration.

Abandonnant l'IBLC à son sort, je me suis tourné vers Correa, lequel m'avait fait nommer "conseiller scientifique" de son organisation. Ce qui m'a permis de garder des contacts avec le monde du cinéma, notamment avec le professeur Hubert Dethier et avec l'équipe de son centre d'études cinématographiques à la VUB, la sœur jumelle flamande de l'ULB.

En 88, année européenne du cinéma et de la télévision, Dethier et sa Faculté, Correa et sa FERA, ainsi que d'autres groupes actifs, un belge, un italien, un espagnol, organisèrent à Bruxelles un Colloque International "Cinéma et littérature en Europe". Ce furent trois journées passionnantes à la VUB où se rencontra tout un gratin artistique européen. On ne se contenta pas de parler, mais on présenta une quarantaine de films où la préoccupation littéraire était perceptible de l'une ou l'autre manière. Je les ai d'autant mieux appréciés que c'est à moi qu'incomba la rédaction des sommaires pour les publications.

Il m'est évidemment impossible d'en donner ici une liste même abrégée. Disons que ce fut l'occasion de revoir des films que j'avais aimés et que je considère comme des chefs-d'œuvre : *Le Procès* (Orson Welles, 1963), *Elle n'a dansé qu'un seul été* (Mattsson, 1951) *Un soir un train* (André Delvaux, 1968), et bien d'autres encore. Mention aussi pour *Iphigénie*, de Cacoyannis (*Zorba le Grec,* vous vous rappelez?), avec lequel j'aurai eu le plaisir de déjeuner en parlant de son film, de la Grèce et d'Irène Papas, la grande tragédienne dont il disait tout le bien possible.

J'aurais tant voulu joindre à cette liste *Malpertuis,* film belge de Harry Kümel (1973) d'après un roman du gantois Jean Ray, grand maître du fantastique ; l'adaptation à l'écran en était particulièrement difficile et délicate, - et ce fut un demi-ratage, malgré la présence, dans la distribution, d'Orson Welles, Mathieu Carrière, Susan Hampshire, Michel Bouquet, Sylvie Vartan… Pourquoi ?

Parce que le scénariste n'avait pas su rendre l'essentiel du roman : pour lui, le fantastique de l'histoire était simplement dû à un malade mental, qu'on voit d'ailleurs sortir de clinique psychiatrique à la fin du film. Eh bien, non. Les scènes, les épisodes, tout, absolument tout doit s'interpréter comme le reflet des rêveries d'un adolescent à l'imagination trop fertile, - ce que j'étais quand, sur le chemin de l'école, je me racontais à moi-même des aventures où je déformais à plaisir mon entourage, où je me voyais mêlé à des scénarios plutôt étranges…

“Tiens, m'avait confié Hergé, alors que je lui racontais ces souvenirs, moi aussi, cela m'arrivait.” On sait ce qu'il en est sorti… Jean Ray avait été cet adolescent rêveur, fantasmant sans doute dans la maison familiale de Gand, un vieil hôtel délabré et insalubre. Il n'en existe pas moins un secret de Malpertuis, et Jean Ray est mort en 64 sans avoir voulu le révéler.

Le film fut méchamment démoli en France par une critique souvent peu aimable vis-à-vis des productions francophones non françaises. Dommage pour Jean Ray, car ce fut l'un des grands de la littérature belge et même mondiale. Et dommage pour Harry Kümel, remarquable interprète du fantastique flamand *(Les lèvres rouges*, par exemple).

Après le colloque d'octobre 88, je n'ai plus eu l'occasion de m'occuper de cinéma. Et je n'ai plus jamais eu la moindre nouvelle ni de Joâo Correa, ni de Jacqueline Wolfram, cela après tant et tant d'années d'amicale collaboration. Dois-je donc me répéter :

Que sont mes amis devenus…

D comme Doyen

Lorsque je suis arrivé à Mons en août 1968, ma toute jeune Faculté des Sciences n'était qu'une branche de la vieille Faculté Polytechnique, appelée autrefois “École des Mines” (mais où sont les mines de jadis ?). Et le doyen en était un ingénieur, très bon physicien et très bon franc-maçon, Jacques Franeau.

Quand enfin, en 1969, le CUMs (Centre Universitaire de Mons) est détaché de la Polytechnique, Jacques Franeau en est élu recteur, et moi doyen de la Faculté des Sciences. À l'époque, un doyen belge n'était que le “primus inter pares”, président d'un Conseil de Faculté aux compétences plutôt limitées. Depuis lors, les choses ont bien changé, mes successeurs ayant reçu des responsabilités analogues à celles des doyens en France, lesquels sont de véritables administrateurs-directeurs de Faculté.

Le doyen Franeau s'efforçait toujours d'obtenir un consensus général pour les décisions de son Conseil. C'était gentil, mais cela faisait inutilement traîner les séances; avec l'assentiment général, j'ai instauré le vote majoritaire. Puis, petit à petit, j'ai dû m'attaquer à d'autres vieilles traditions. Par exemple, avancer au 1er juillet la date des examens, jusqu'alors fixée après le 15 juillet, ce qui massacrait les vacances de tout le monde.

Le 21 juillet 1970, à l'occasion de la proclamation des résultats de licence, j'ai prononcé un discours que toute la presse wallonne qualifia de “mordant” et “d’explosif”. Pourtant, je n'avais fait qu'évoquer les conséquences de la purification ethnique provoquée en 68 par des émeutiers flamingants dans la vieille université de Louvain : “Walen buiten”, “Wallons go home” : “Il aura suffi, disais-je, d'une descente en rue de quelques braillards téléguidés pour qu'on alloue sans rechigner des milliards en vue du déménagement d'une université, suivi du découpage aberrant d'une bibliothèque prestigieuse.”

“Pendant ce temps, ajoutais-je, Mons ne parvient pas à trouver les quelques millions nécessaires au sauvetage de sa propre bibliothèque, dont les incunables et les précieuses collections moisissent dans un local à demi-effondré.”

Et j'avais pris un malin plaisir à rappeler les circonstances rocambolesques du découpage de celle de Louvain : les numéros impairs pour les Flamands, les numéros pairs pour les Wallons (ou l'inverse, je ne sais plus).

Je n'imaginais pas que ce discours allait me projeter au cœur de la politique wallonne, - ou de ce qui en tient lieu, - mais ceci est une autre histoire.

La même année, la presse a magnifié mon “courage intellectuel”, merci ! J'avais pris nettement position contre le bizutage, le baptême des “bleus” : “Ces rites d'initiation n’intéressent plus personne, n'amusent plus personne ; sous leurs bizarreries se manifestent une contrainte, une atteinte à la liberté, voire même à la dignité humaine.”

Cette lettre collective avait-elle alors atteint son but ? Oui, partiellement, mais la détestable tradition des bizutages est loin d'être morte, et cette année même (1998), en France, Madame Ségolène Royal l'a condamnée en des termes bien proches de ceux qu'un modeste doyen belge employait 28 ans plus tôt.

J'ai été réélu en 71, puis j'ai démissionné à la suite d'un incident plutôt curieux. Jusqu'alors, il était admis que les doyens soient membres du Conseil d'Administration de l'université. Cela ne plaisait pas à certains, on se demande bien pourquoi, et lors des élections pour ce conseil, je me suis vu élu avec une seule voix, la mienne ! M'inspirant d'une récente série télévisée, - *La dynastie des Forsythe*, je crois, -j'ai envoyé aux chers collègues une lettre se terminant par : "Je ne vous offre pas ma démission, je vous la donne !" Cyrano a dû être fier de moi…

Eh bien, j'ai quand même été réélu en 74, puis une dernière fois, la quatrième, en 1976, pour deux ans.

Entre-temps, j'aurai connu de sérieuses agitations estudiantines. Je ne sais comment, mais je me suis trouvé patronnant le mouvement à Mons, aux côtés d'un étudiant, Elio Di Rupo, qui allait connaître une brillante carrière de ministre fédéral.

C'est ainsi que par deux fois j'ai défilé dans Bruxelles, entre des gendarmes postés derrière des chevaux de frise et d'autres gendarmes montés sur des chevaux de selle. Puis tout est rentré dans l'ordre, et je ne me suis plus jamais occupé de mouvements sociaux.

Sans doute n'est-ce pas mon genre, mais là, pas du tout.

E comme Élections

Au début des années 70, la Belgique comptait plus de 2 000 communes. Elle envisage alors de ramener ce nombre à 600 environ, grâce à des fusions. Elle ne faisait là qu'imiter la plupart des pays européens, - sauf la France qui, victime de "l'exception française", allait farouchement conserver ses 36.000 communes, dont certaines ont moins de 30 habitants !

Je ne sais plus pourquoi, mais le gouvernement belge décida de commencer les fusions par l'agglomération montoise. La création d'un "Grand Mons" devait s'accompagner d'élections pour le nouveau conseil municipal, et ce avant la mi-octobre 71.

À ma grande surprise, vers Pâques de la même année, je suis contacté par les délégués du Rassemblement Wallon (RW), parti qui s'était constitué peu après le dramatique "Walen Buiten" de Louvain. Ayant apprécié mes discours combatifs, ils me proposent la place du n°1 de leur liste en vue des élections. J'accepte, pourquoi pas ? Mais que diable allais-je faire dans cette galère ?

Petit problème, un conseiller communal doit être domicilié dans la commune même, sous peine de non-éligibilité. Or moi, j'habitais Uccle, dans l'agglomération bruxelloise. Qu'à cela ne tienne, le n°2 de la liste, Bénédict de Lendosse, m'offre le logement au premier étage d'une maison qu'il possède en plein centre de Mons. Le rez-de-chaussée en sera le siège de la liste.

Tout en gardant soigneusement l'appartement de Bruxelles, ma femme, mes enfants et moi-même changeons de domicile et de carte d'identité. Une partie du mobilier venu du Maroc est installée à Mons, ce qui nous permettra d'acheter quelque chose de mieux pour Bruxelles. Et nous-mêmes venons très ostensiblement passer l'une ou l'autre nuit dans notre domicile légal, chez Bénédict.

Puis vient le train-train d'une campagne électorale : assemblées, discussions, meetings, tracts, affiches. Il aurait évidemment fallu que je me montre dans les cafés, que j'aille serrer les mains sur les marchés ; je ne l'ai pas fait, et ce fut une erreur. Et bientôt je ressens une curieuse impression : moi, le n° 1, on me laisse de plus en plus en dehors du coup.

Même, je ne reçois plus aucun courrier, et là, qu'est-ce que je découvre : Bénédict, qui siège au rez-de-chaussée, arrête mes lettres, même les recommandées, les ouvre et, éventuellement, répond à ma place. Là, je pique une rage et parle de tout plaquer. On me supplie de rester, au nom de la Wallonie, pas moins, de cette Wallonie dont mes colistiers ne semblaient pas toujours se soucier suffisamment.

Arrive le grand jour des élections : le RW reçoit un siège, un seul, pas deux. Un siège pour moi ! Et le lendemain, on m'apprend que de Lendosse s'est présenté chez le bâtonnier, le priant d'introduire une requête en annulation contre M. Grosjean, lequel n'habite pas "réellement" dans le Grand Mons. "J'en suis témoin, ajoute cet

Iago, puisque c'est chez moi qu'il a apporté quelques meubles, tout en continuant à résider “effectivement” à Bruxelles.”

Manœuvre très subtile : d'après le système électoral belge (proportionnelle intégrale), l'annulation de mon élection donnerait automatiquement mon siège au sieur de Lendosse.

Mais voilà que s'effondre ce beau montage digne de Don Basile : des contrôleurs se sont aperçus qu'une urne électorale était restée seule et sans surveillance dans un local désert. C'est l'élection toute entière qui est annulée, et du coup plus personne ne se souciera de mon cas.

Bien entendu, je ne me présente plus et revends sur place mon “mobilier électoral”. Le RW est battu et ne reçoit aucun siège. Le subtil de Lendosse s'inscrira, plus tard, sur une autre liste, et depuis, je l'ai totalement perdu de vue, - sans le moindre regret !

Le président François Perin, professeur d'université à Liège, convoque alors, dans un petit patelin ardennais, une Assemblée Générale du RW. Divers membres et moi-même déposons contre Bénédict, lequel est solennellement exclu du parti, en même temps que le président local de Mons.

Dans un discours ultérieur, le doyen que j'étais encore a déclaré que l'esprit universitaire et la mentalité politique étaient difficilement compatibles. Des journalistes en ont ri...

Quant à François Perin, grand intellectuel s'il en est, il a brusquement arrêté sa carrière politique en démissionnant avec fracas du Sénat, on n'a jamais bien su pourquoi. Et son parti, le Rassemblement Wallon, a été phagocyté par le Parti Socialiste, lequel ne s'est jamais intelligemment illustré dans la défense de la Wallonie.

Longtemps après, en 95 je crois, j'ai rencontré Perin dans un restaurant folklorique très connu de Liège, le “Mamé Vix Cou” (“Gentil Vieux C...”). Il dînait, mais semblait donner un cours magistral à sa compagne de table. Il ne m'a d'abord pas reconnu, bien qu'on se soit croisé quelques années auparavant, une première fois en Équateur et une seconde fois en Hongrie. Puis il m'a dit : “En Belgique, à la gauche du Parti Socialiste, il n'y a qu'un trou. J'avais prévenu le

RW et il ne m'a pas écouté. Il a voulu se mettre à gauche, et il est tombé dans le trou. Au revoir, cher Monsieur."

Il m'avait également déclaré, au cours d'un dîner à Budapest : "En politique, c'est dans son propre parti qu'on rencontre ses pires ennemis."

Depuis lors, j'ai appris que Perin s'occupe activement du bouddhisme. Peut-être est-ce là la sagesse ?...

F comme Famille

Peut-on mieux résumer l'histoire d'une famille qu'en pastichant le titre d'un énorme succès du cinéma britannique, *Quatre mariages et un enterrement* ? Pastichons donc, et complétons : ma famille, c'est 9 mariages, 5 divorces et 2 enterrements. Reste à débrouiller cette arithmétique familiale.

Ma descendance compte actuellement 1 fille, Michèle, et 2 fils Pierre et Paul. La première a engendré 3 garçons, Bernard, Arnaud et Yves ; Pierre a une fille, Bérengère, et Paul un garçon, Gregory. Total donc, pour cette souche généalogique, 9 personnes, en comptant l'ancêtre.

Les mariages, maintenant : 3 pour moi, 3 pour Michèle, 2 pour Pierre et 1 pour Paul. Total, 9. Comme aucun des petits-enfants n'est marié et que personne n'est veuf ou bigame, nous arrivons à 4 mariages encore en activité, d'où un total de 5 divorces pour 9 mariages. Cette proportion étant celle observée dans les populations belges et françaises, j'en conclus que ma famille est statistiquement normale, merci mon Dieu.

Les 3 mâles adultes du noyau généalogique ont pratiqué une exogamie intensive. Moi, comme je l'ai déjà raconté, j'ai épousé une Liégeoise en Allemagne, une Hollandaise en Angleterre et une Anversoise, d'origine polonaise, au Maroc. C'est à Moscou que Pierre a rencontré Dominique, son épouse actuelle, une Parisienne, licenciée en sciences économiques. Et c'est à Tunis que Paul a découvert sa future, Muriel, une licenciée en chimie, - et ancienne élève de mes cours à Mons. Mais je ne suis pour rien dans cette union, n'ayant connu Muriel qu'à travers le pendule de Foucault, lors d'un examen de mécanique!

Sans doute pour faire autrement que les autres, Michèle a pratiqué "l'endoandrie", choisissant ses maris dans sa tribu, la grande tribu liégeoise : d'abord un fonctionnaire, puis un éleveur et enfin un pensionné des Chemins de Fer, comédien et metteur en scène à ses heures. Ensemble ils montent des spectacles de théâtre et se produisent sur de petites scènes où ils chantent des duos du bon vieux temps, celui de "La Mascotte" entre autres :

"J't'aime mieux que mes dindon-on-ons,
J't'aime mieux que mes mouton-on-ons."

D'aucuns préféreront le karaoke. Moi pas...

Un an après notre retour au pays, Pierre est entré à l'armée, comme volontaire, bientôt imité par son frère, ce qui leur a permis de découvrir l'Allemagne. Puis, comme leur père jadis, ils ont essayé l'un ou l'autre job, pour enfin décrocher la timbale :

Pierre dirige sa propre société d'importation d'alimentation italienne; propriétaire d'une villa et de terrains près de Waterloo, il a aussi acquis deux appartements en France. Sa femme monte en grade dans les services de l'Union Européenne à Bruxelles, ce qui lui vaut des missions en Pologne et en Afrique du Sud.

Paul est journaliste d'entreprise : il dirige l'audiovisuel et l'information dans une grande multinationale (américaine), Dow Corning, célèbre par les procès que lui ont intentés des dizaines de milliers de femmes (américaines), déçues de la poitrine en silicone que leur avait livrée la même Dow Corning. De par la grâce d'un tel job, Paul voyage beaucoup, montant quantité de films et de vidéos. Avec sa femme, enseignante, il habite Nivelles, une charmante petite ville au sud de Bruxelles.

Nivelles connut un moment la célébrité internationale à la suite d'un référendum qu'elle avait organisé pour permettre à sa population de choisir le style du futur clocher de la collégiale, laquelle avait beaucoup souffert de la guerre.

Quant aux petits-enfants, les trois plus jeunes s'avancent brillamment sur le terrain miné des études secondaires, tandis que les deux autres poursuivent chacun la route que leur traçait un tempérament artistique marqué. Le cadet est styliste-décorateur, tandis que son frère, licencié en histoire de l'art, guide-conférencier pour voyages culturels, a fondé sa propre agence de voyages, - culturels, bien entendu. L'un et l'autre habitent Liège où travaille leur mère, laquelle a préféré résider à la campagne, au cœur du Condroz, dans une belle villa obtenue par donation maternelle.

Et Jacqueline, mon épouse? Revenant d'Afrique, elle a retrouvé sa sœur Berthe vivant paisiblement avec son mari, fonctionnaire à l'Éducation Nationale à Bruxelles. Le ménage s'est ensuite installé dans une bonne maison (cinq niveaux!) obtenue par donation maternelle (tiens, je me répète!). Jacqueline a pareillement retrouvé son vieux Ministère des Affaires Étrangères où elle s'est vue nommée secrétaire dans un "groupe d'études" où piétinaient des diplomates francophones ayant dû s'effacer devant leurs collègues flamands, selon une règle de quotas. Ce n'était pas folâtre et après quatre ans, elle quittait sans retour cette chère Administration où elle n'aurait jamais fait que piétiner, elle aussi.

Elle est alors engagée comme secrétaire permanente pour toute la gérance des "Amis Belges de l'Université Hébraïque de Jérusalem", une A.S.B.L. qui mène de front des activités culturelles et philanthropiques. Finalement, elle est entrée dans le monde de l'internationale européenne, où elle a brillamment terminé sa carrière en décembre 1991.

Petit point à ne pas oublier : elle et moi avons toujours vécu chez un chat pendant ces trente années. Notre premier locataire principal fut ce brave Zorange dit Zozo : naissance en Tunisie, transit au Maroc, immigration définitive en Belgique, où il allait décéder en mai 80 à l'âge de 17 ans. Et nous l'avons beaucoup regretté. Mais fin 81, une amie nous a apporté un petit bout de bébé poupousse, découvert tout pleurnichant dans une cour d'école. C'était Sophie-Charlotte, dite Lolotte. Dix ans plus tard, Lolotte émigrait avec nous vers la Côte d'Azur. Elle s'est très bien habituée à la vie d'une chatte de luxe, somnolant dans un jardin ensoleillé 300 jours par an.

Nous sommes restés dans les meilleurs termes avec la famille hollandaise, toujours aussi impeccable à notre égard. Ces braves gens n'ont jamais plus eu de nouvelles de Rita-Johanna, pas plus que moi d'ailleurs, alors que celle-ci jouissait d'un droit de visite en bonne et due forme. Elle est décédée en Belgique, dans une maison de retraite où elle s'était retirée avec sa chère Freddy.

9 mariages, 5 divorces et 2 enterrements... Et aussi des communions. J'ai failli les oublier ! Celle du petit-fils Yves, par exemple, dans un village ardennais, m'aura mis en contact avec l'Église moderne : plus d'orgues solennelles, non, mais un gentil petit orchestre, moitié bal musette, moitié bal champêtre. Plus de cantiques emphatiques, mais de mignonnes ritournelles, dans le genre de :

"Jésus est un bon copain,- pain, pain, pain.
Il nous a donné le pain,- pain, pain, pain.
Mais ce pain c'était lui-même,
Oh là là Jésus nous aime !"

Après tout, pourquoi pas...

Mais revenons aux deux enterrements...Foudroyé par une crise cardiaque, mon bon oncle Armand Delhaes tombe mort dans son petit appartement du Val d'Or à Liège, où il vivait depuis quelques années. Ce jour-là, - nous étions en 1970 - , il se préparait à présenter aux pensionnaires de la maison de retraite l'une de ces imitations de marionnettes liégeoises dont il avait la spécialité.

Ce décès fut l'occasion d'une comédie policière sinistre, indigne, dégueulasse. J'avais annoncé ma visite au Val d'Or, et que vois-je dans le living du défunt ? Deux policiers en uniforme ! On m'intime l'ordre de ne pas bouger, de ne toucher à rien et d'exprimer simplement des souhaits. Soit :

1°) Je veux emporter le vieux chat. Pas touche ! Après une chasse ridicule sous les meubles, les flics se chargent de mettre le pauvre animal dans le panier que j'avais apporté.

2°) Je veux voir le testament, il doit être dans la bibliothèque. Pas touche ! Les flics remuent des dossiers dans lequel je n'ai même pas le droit de jeter un coup d'œil. Mais, leur dis-je, le document est peut-être caché dans le tiroir secret dont je connais le maniement. Pas touche ! J'explique, à trois mètres de distance du meuble. Le tiroir s'ouvre, il est vide, pas de testament. Ce qui est très ennuyeux pour moi, mon “oncle” n'étant que le fils adoptif de ma grand-mère Verschaeve.

3°) Il y a certainement de l'argent caché ici, dis-je, mon oncle ayant récemment déclaré à un ami qu'il me le léguait. Pas touche ! Un flic plonge vers la table de nuit et découvre 300.000 francs dans une boîte à chaussures. “C'est toujours comme ça chez les vieux, ils cachent tout”, déclare le sbire.

Après ça, les forces de l'ordre nous éjectent, le chat et moi, puis scellent très consciencieusement le pauvre petit appartement vide, mais laissent béante la vitre que mon oncle avait cassée dans sa chute mortelle.

300.000 francs belges, cela fait 1 million au cours d'aujourd'hui et 25.000 euros au cours de demain ! De cet argent, je ne verrai pas un centime, puisque je ne suis pas parent. C'est donc l'État belge qui en héritera, en même temps que des meubles, des livres, du téléviseur, de la petite maison de la rue Volière. Toutefois, l'État voudra bien me rembourser les frais de funérailles…

Vingt cinq mille euros dans un carton à chaussures ! Et c'est pour en arriver là que mon oncle et sa benoîte épouse auront vécu trente-cinq ans dans une petite cuisine, éclairée par une seule lampe de 75 watts accrochée au plafond. Petite cuisine dans une invraisemblable petite maison dont le seul luxe était un moulage eucharistique (classé !) dans le plafond de la “pièce propre”, celle où l'on ne mettait jamais les pieds. Y entrer relevait d'ailleurs de l'acrobatie : on devait descendre trois marches puis en remonter immédiatement trois autres.

Trente-cinq ans de parcimonie, de privations et de micro-économies ! Mais, au cimetière de Sainte-Walburge, un superbe caveau en pierre de taille où l'oncle et sa femme attendront la résurrection générale. Combien je déteste cette inutile, coûteuse et lugubre architecture mortuaire…

L'autre enterrement fut celui, plus récent, de Judith Erlichman, ma belle-mère. Sauvagement agressée à l'âge de 89 ans par un petit drogué qui rodait dans les couloirs du métro, Judith avait été hospitalisée avec une clavicule brisée. Entrée ensuite comme convalescente dans une superbe maison de repos, elle devait y finir ses jours cinq ans plus tard. J'en ai été très attristé car elle et moi nous entendions très bien : souvent nous l'emmenions en promenade en Belgique, soit à la mer, soit dans les Ardennes. Et depuis notre installation à la Côte, nous l'avions invitée pour de multiples séjours qu'elle avait tant appréciés.

Vint alors le rassemblement de toute la famille au crematorium de Vilvorde, puis un second rassemblement devant la pelouse municipale où, contre paiement d'une taxe (municipale), un fonctionnaire (municipal) dispersa les cendres de la défunte. C'était triste, triste, et vraiment je n'aime pas mieux la crémation que l'enfouissement dans un sinistre caveau monumental.

Et là, devant cette pelouse (municipale) où soufflait un vent léger, je me suis remémoré deux vers de Victor Hugo :

“L'air reprend la fumée et la terre la cendre,
L'oubli reprend le nom.”

G comme Gaule

“Gaule : nom que les Romains donnèrent à des territoires peuplés par des Celtes : *Gaule transalpine* (France et Belgique actuelles).” Si donc j'en crois ce cher petit Dictionnaire, je suis Gaulois à 100 %, comme Astérix, et même mieux : Gaulois belge de naissance et Gaulois français par sympathie.

En juin 95 je m'étais posé une grave question : “Existe-t-il, en Gaule, un seul département que je n'ai pas encore traversé?” Réponse après enquête : “Oui, la Charente-Maritime”. Intolérable ! Le 11, nous partons illico pour La Rochelle, encore hantée par les souvenirs de l'idole de ma petite enfance, le Cardinal de Richelieu. Et par l'histoire des “Quatre sergents de La Rochelle”.

Mais la Charente-Maritime, c'est aussi l’île de Ré, et l’île d'Aix, celle qui fut, pour Napoléon, la dernière terre française. Et surtout, surtout, les Marais Poitevins, qui se défendent comme ils le peuvent contre un monde trop moderne et trop envahissant.

Par leur belle-famille, mes deux fils m'ont fait découvrir deux coins de la France profonde. Dans l'Indre, chez la belle-mère de Pierre, c'est à Saillant, une maisonnette dans le style *Goupi Mains Rouges.* Dans le Var, pour les beaux-parents de Paul, c'est - curieuse homonymie - Seillans, dans un décor digne de *Manon des Sources.*

Mais Saillant et Seillans ne sont que des résidences secondaires, tandis La Colle-sur-Loup, c'est avec armes et bagages que nous nous y sommes installés.

Et cela à cause d'un mot, d'un geste plutôt, de Renée, une ancienne amie de Pierre, installée à Cannes. Alors que nous séjournions au Club Med à Opio, en 1990, nous descendons la voir, et en promenade sur la Croisette, je lui demande : “Pourquoi as-tu abandonné tes trois cabinets dentaires de Belgique ?”

Un simple geste de la tête et elle nous montre le soleil. Le sort en fut ainsi jeté, et bientôt nous commencions nos recherches au Pays du Soleil pour nous y fixer en juillet 1992.

Bien sûr ce n'était pas d'hier que je connaissais la Côte d'Azur ; en 89, par exemple, j'avais séjourné trois fois à Nice, et j'avais même poussé une reconnaissance en taxi sur Saint-Jean-Cap-Ferrat. Erreur, cette presqu'île est réservée aux milliardaires, tels David Niven par exemple. Milliardaires dont je ne suis guère, hélas…

Puis, j'avais été relancé par l'une ou l'autre de ces accortes représentantes de l'immobilier, lesquelles semblent hanter les congrès et les colloques niçois. Sans autre résultat pour elles, en ce qui me concerne, qu'un verre pris quelque part sur la Promenade des Anglais.

Combien de tours de France aurons-nous fait, Jacqueline et moi ? Je ne sais plus, mais ces tours nous conduisaient toujours vers des lieux magiques : le Périgord, ses grottes, ses châteaux (2 fois), la Vallée des Merveilles, qui porte si bien son nom (3 fois), Chamonix (3 fois), les gorges du Verdon (X fois, nous sommes quasi-voisins !), les châteaux cathares (2 fois)…

J'en passe bien évidemment, mais j'ajouterai Vizille, visitée une seule fois, mais attention, en 1988. Vizille, berceau peu connu de la Révolution Française : en juillet 1788 s'y est tenue une Assemblée des Trois États du Dauphiné, réclamant la liberté pour chacun. Tout est parti de là.

À cette image d'une France laïque et révolutionnaire je me dois d'en opposer une autre, plus modeste, découverte par hasard. En mai 1998, nous décidons de partir en cure dans la Drôme, au village Club Med de Dieulefit. Bains de boue et massages, dans le décor d'un parc aux hautes futaies absolument superbes.

Aux repas, on change régulièrement de partenaires, jusqu'au moment où se marque une préférence réciproque. Ainsi nous lions-nous bientôt avec un “diacre”, mais oui, un auxiliaire ecclésiastique, marié, ayant reçu le second “ordre majeur”, celui qui vient avant la prêtrise. C'était notre premier diacre, modeste représentant d'une France chrétienne dont il est politiquement correct de ne pas trop parler, - sauf s'il s'agit de cette ligne gauchisante qui va de “Témoignage Chrétien” à “La Vie”, en passant par l'un ou l'autre évêque soigneusement médiatisé.

Entre ce diacre, profondément croyant, et moi qui le suis si peu, se sont établis de curieux dialogues au bout desquels nous nous trouvions parfaitement d'accord l'un et l'autre. Parmi les points ainsi traités, voici :

Les miracles : il en va de Lourdes comme des cures de thalassothérapie. Si vous n'y croyez pas, n'y allez pas.

La Genèse : absolument éviter tout "concordisme" tendant à rapprocher la Création en Six Jours et la théorie du Big Bang (Laquelle ? On en change tous les deux ans, ou presque.)

Le Saint-Suaire de Turin : soigneusement séparer le dogme de la Résurrection et le problème de l'éventuelle authenticité de la trop fameuse icône.

De la possibilité de tels dialogues on peut conclure que la Gaule est et sera toujours la fille aînée de l'Église…

H comme Histoires belges

Fin mars 1971, une circulaire ministérielle parvenait à tous les-services de mon université de Mons. La voici :

9e D.G.11e Bureau -	Cité administrative, aile F
1815/FAL/26/jm	4e étage, couloir 19

Objet : Environnement et pollution

Vous n'êtes pas sans ignorer qu'un peu partout les autorités dans leur entièreté sont occupées avec les très sérieux problèmes de l'environnement. Tout qui est responsable sait que la nécessité se manifeste de soigner pour qu'il soit acté et arrêté des mesures endéans les plus brefs délais, afin d'en sortir une bonne fois avant qu'on ne sache rien contre, et qu'on aura plus facile de porter réforme aux causes réelles des graves effets nocifs secondaires de la pollution de l'environnement, dont question ici.

Tous ces problèmes sont maintenant bien renseignés sur les journaux et dans les radios, et on nous en rabat assez les oreilles. Or mais pourtant, il est connu par assez bien de statistiques qu'il y a encore un nombre conséquent de gens qu'il faudrait presque sanctionner en raison de ce qu'ils ne savent de rien, ou qu'ils ne voient pas encore ce que c'est là pour une affaire, ou qu'ils ne s'en retournent pas, pour autant qu'ils ne se croient pas assez concernés pour réagir sainement.

Il est donc certain qu'il s'indique qu'il soit pallié à cette ignorance ou négligence, car sinon alors après, la désastreuse situation qui s'avère va savoir aller continuer empirer. Déjà maintenant, si les autorités voulaient indaguer, elles rempliraient des fardes et des dossiers, si pas des armoires entières avec des milliers de rapports chaque, sur les méfaits de la pollution.

Dans le cadre de ce contexte, il a été décidé qu'il fallait qu'il soit ouvert un dialogue structurant dans une dimension nouvelle de désaliénisation, avec un esprit général de participationnement, mettant sur une même orbite enrichissante les enseignants et les enseignés, les francophones et les néerlandophones, tous unis dans une même langue bien signifiante, celle de la nécessité de la sauvegarde de la beauté du patrimoine de la nature de l'habitat de tous les Belges dignes de ce nom.

Pour le Ministre,
Le délégué a.i. du bureau del'environnement
scolaire et universitaire

(s) S . STEEMAN
Inspecteur principal adjoint de 1e Classe.

Le 2 avril, coup de téléphone de mon regretté collègue Roland Crahay, académicien et fin lettré : “Ce poisson d'avril, mon cher, ne peut venir que de vous ! Félicitations !”

Car il ne s'agissait que d'un canular, l'un de mes canulars favoris du 1er avril. En dehors de Crahay, personne n'a réagi, à ma connaissance. Ou bien les chers collègues ont marché comme des anges, ou bien, ils n'ont prêté aucune attention à cette soi-disant bafouille ministérielle : ils en recevaient tant et tant, dont le style, parfois, ne valait pas beaucoup mieux.

Or, le canular était signé : tout le monde connaissait le nom et les émissions-radio de Stéphane Steeman, un fantaisiste et imitateur qui excellait à prendre tous les accents belges et étrangers. C'est le fils de Stanislas-André Steeman, le célèbre auteur belge de romans policiers.

Le texte de la “circulaire” est une anthologie, - bien incomplète ! - de tous les belgicismes, barbarismes, solécismes, flandricismes, et autres machin-cismes qui émaillent le parler du Belge moyen. Victor Hugo disait : “Le Belge parle flamand en français”. Hugo se trompait, confondant les Belges avec les Bruxellois du petit peuple des Marolles, car les fautes du “parler belge” ne se limitent pas à des flandricismes, loin de là. Pour s'en convaincre, lisez par exemple *Chasse aux belgicismes*, édité par l'Office du Bon Langage. J'avais discuté de cet opuscule avec Roland Crahay et c'est pourquoi celui-ci avait immédiatement détecté le poisson d'avril et identifié son auteur.

Ajoutons que le dernier alinéa évoquait un autre langage, très moderne mais prétentieux au possible, un langage propre aux intellectuels dans le vent : s'y accumulent des mots à la mode, mais dont la signification précise est mal connue du grand public, et même de l'utilisateur : dialogue, structure, aliénation, enrichissant, signifiant, et j'en passe !

En trente ans, ce langage abscons n'a fait que croître et embellir, en même temps que dégringolait l'orthographe, - désastre qui n'apparaissait pas encore dans la “circulaire-Steeman” de 1971…

I comme Iconoclaste

Au cours de conférences données en France ou en Belgique, il m'arrivait de me comporter en parfait iconoclaste, démolissant l'une ou l'autre idée reçue, ou quelque croyance mal fondée. Pourtant, cette iconoclastie ne me réjouissait guère, et j'aurais tant aimé pouvoir sauver quelque chose, si peu que ce soit. Car je ne suis pas un croisé fanatique du rationalisme. Mais hélas, à chaque fois, ou presque, j'arrivais à la conclusion désespérée du Docteur Faust : "Rien..."

1.- L'Astrologie

Ma belle-mère m'ayant donné son "Petit Larousse Illustré" de 1908, je lis au mot *astrologie* : "Cette science chimérique prétendait prédire l'avenir par l'inspection des astres (...) Cette absurde superstition ne disparut complètement qu'au XVIIe siècle."

Très bien. J'ouvre le "Grand Larousse encyclopédique" de 1987 (un cadeau de ma femme) et je lis, au même mot *astrologie* : "Discipline ayant pour objet l'étude des corrélations entre la configuration, la qualité propice ou néfaste du ciel géocentrique lors d'un événement terrestre d'une part, et la nature, les développements de cet événement d'autre part."

En 80 ans, l'astrologie serait donc passée du stade d'une "absurde superstition" à celui d'une "discipline", autrement dit d'une science particulière ! Et pourtant, pendant cette même période, jamais un chercheur, jamais un astronome, jamais un astrophysicien n'a découvert quoi que ce soit en faveur de l'astrologie, bien au contraire. Le succès énorme de cette soi-disant discipline montre, hélas, que le développement de la crédulité publique aura été de pair avec les progrès de l'instruction publique.

Je ne vais pas développer ici les arguments scientifiques montrant la vanité de l'astrologie, ce serait long et ardu. D'autres que moi s'y sont employés, avec, faut-il le dire, un succès très limité dans les masses. Je préférerais conclure en citant ce bon Jean de La Fontaine (XVIIe siècle) dans sa fable *L'horoscope* :

"Tout aveugle et menteur que soit cet art,
Il peut frapper au but une fois entre mille ;
Ce sont des effets du hasard."

2.- L'Atlantide

Une première remarque, très importante : dans toute l'Antiquité, un seul auteur a parlé de l'Atlantide, et c'est Platon. Précurseur du socialisme utopique, Platon décrit une cité idéale, bâtie dans une île "au-delà des colonnes d'Hercule". Mais les Atlantes ayant abandonné leurs beaux principes pour tomber dans le Mal, le châtiment est venu sous forme d'un cataclysme qui a englouti l'île et ses habitants. Il s'agit là visiblement d'un mythe, dont on connaît des équivalents dans la Bible : le déluge, la destruction de Sodome et de Gomorrhe.

Les contemporains de Platon n'ont d'ailleurs pas cru à la réalité de l'Atlantide, mais le mythe a refait surface avec la découverte de l'Amérique, terre atlantique par définition même ; depuis lors quelque 4 000 livres et des dizaines de milliers d'articles lui ont été consacrés, tandis que des centaines de chercheurs tentaient de localiser cette Atlantide dans une quarantaine de sites différents.

De leur côté, ésotéristes, médiums, visionnaires, -et charlatans ! - ont vu en ces mystérieux Atlantes les ancêtres de l'humanité actuelle. Pourquoi cet engouement ? Parce que le mythe justifiait la mégalomanie desdits ésotéristes et leur prétention à posséder un savoir aux origines lointaines, supérieur à la science officielle.

En l'année 1989, ma femme et moi avons séjourné dans les deux sites les plus connus parmi ceux que l'on attribue à l'Atlantide : l'île de Santorin, en mer Egée, et le Hoggar, dans le Sahara.

Si l'Atlantide a existé, Santorin en fut le site le plus vraisemblable, puisque cette île a connu une brillante civilisation minoenne, puis a été détruite par une terrible éruption volcanique, vers 1650 Av.JC. - et non en 9000 comme le prétend Platon.

À l'opposé, le Hoggar est le site le plus improbable, mais il est devenu le plus poétique grâce au roman de Pierre Benoît, *L'Atlantide,* dont on a tiré six films à ce jour. Le mythe se combine ici avec celui du désert, magnifique mais dangereux, et avec celui de la Femme, la femme fatale, Antinéa, plus dangereuse encore. Et dans les années 20, on en avait même fait une chanson à succès :

"Dans les montagnes du Hoggar,
Une femme au méchant regard,
Au cœur félon, règne dit-on,
Antinéa c'est son nom."

3.- L'homéopathie

Un jour, à Cannes, j'avais provoqué quelque tumulte dans la salle où je venais de donner une conférence sur "Les grandes mystifications d'hier et d'aujourd'hui". Car j'avais osé ranger l'homéopathie parmi elles, la considérant comme une doctrine aussi creuse de nos jours qu'elle l'était lors de sa fondation, à la fin du 18e siècle, par Samuel Hahneman.

Ce dernier avait formulé les grands principes de l'homéopathie : 1°) Les semblables sont guéris par les semblables. 2°) Plus une substance est diluée, plus son action est forte. Ces deux principes sont ses dogmes, maintes fois réfutés.

Le premier n'est qu'une variante du "principe de similitude", base de l'astrologie et de toutes les sciences occultes, mais qu'on ne retrouve dans aucune science tout court. Et le second ne tient pas compte de la structure moléculaire de la matière, laquelle fait qu'un produit n'est pas indéfiniment sécable ; ainsi, par dilutions au 1/100, reproduites 50 ou 60 fois, on arrive à ne plus avoir qu'un flacon, sur un million, qui contienne la molécule intéressante. Dès lors, le médicament homéopathique n'est plus qu'un vulgaire placebo, cependant capable, comme tel, d'avoir des vertus thérapeutiques chez certains patients. Tant mieux pour eux !

Les tenants de l'homéopathie ont cru trouver un ferme soutien dans “la mémoire de l'eau”, la grande affaire scientifico-médiatique des années 80 en France : il importe peu que la dilution ait fini par enlever la dernière molécule intéressante, puisque l'eau en aurait gardé la mémoire ! Incroyable et même faux, rétorque l'ensemble des physiciens. Une longue polémique a suivi, avec des expériences qui ne furent pas favorables aux “mémoristes”. Finalement, on a décidé, en 1998, de tout abandonner, et les expériences, et surtout l'idée elle-même.

Ce qui n'empêchera pas le commerce homéopathique de continuer à drainer de très importants capitaux…

4.- Le Nombre d'Or

Ce nom a été donné à la racine positive de l'équation $\varphi^2 = \varphi + 1$. Ce nombre irrationnel, valant 1,618…, a été appelé φ (phi) en l'honneur de Phidias (le φφ de l'opérette de Christiné), lequel l'aurait utilisé pour régler les admirables proportions du Parthénon. On a même prétendu que les Égyptiens le connaissaient déjà et qu'ils l'avaient matérialisé dans la Pyramide de Chéops, en même temps que le nombre pi = 3,1416... Ici, halte, car nous risquons de retomber dans tous les phantasmes élaborés à propos de Chéops, et ce déjà depuis l'expédition Bonaparte.

Le grand archéologue Lauer a montré que c'est pour des raisons purement techniques que la pente 14/11 a été choisie pour les faces de la pyramide. Or, le carré de 14/11 c'est 1,620, c-à-d. φ avec une bonne approximation. Mieux encore, 14/11 = 4/pi, si l'on donne à pi la valeur 22/7 = 3,1428, connue depuis Archimède, mais vraisemblablement inconnue des architectes pharaoniques. D'où la mirifique équation qui a fait rêver bien des auteurs, $pi^2 = 16/\varphi$. Ici, n'importe quel vrai mathématicien vous dira que cette relation est et ne peut être qu'une curieuse approximation, dépourvue de toute signification réelle.

Le Nombre d'Or possède cependant de “vraies” propriétés mathématiques qui le font apparaître dans le pentagone et le décagone, figures associées aux nombres sacrés 5 et 10 des Pythagoriciens. Il apparaît aussi dans la série de Fibonacci (mathématicien du 13e siècle), où chaque terme est la somme des deux précédents : φ est la limite du rapport de deux termes successifs. Or cette série se présente d'elle-même en biologie : phénomènes de reproduction, caractéristiques de certaines croissances (dents du lion, ocelles des plumes du paon, spirales de certaines fleurs).

On en a conclu que le Nombre d'Or est intimement lié aux lois de la Nature et par là à notre sens du Beau. Ainsi, des architectes, des peintres l'auraient systématiquement utilisé. Ici, s'est élevée une voix discordante, celle de Marguerite Neveux professeur en Sorbonne. Les peintres ont ignoré le Nombre d'Or, dit-elle, mais ont utilisé la proportion 8/5 = 1,6, très agréable à l'œil.

Alors ? La réponse se trouve peut-être dans un mur de mon propre living : hauteur, 2,50 m ; largeur, 4,04 m ; rapport : 404/250 = 1,616 c'est-à-dire le Nombre d'Or. Ajoutons le papier peint, nous tombons à 4,01, c'est-à-dire les 8/5 chers à Mme Neveux. Concluons :

Ne cherchons pas le Nombre d'or dans tous les coins, comme l'ont tenté trop d'auteurs. Ne l'introduisons pas de force dans la vie de tous les jours, comme l'a fait Le Corbusier (les Marseillais appellent “Maison du Fada” la “Cité Radieuse” qu'il leur a construite). Et ne sonnons pas l'hallali contre φ, laissons cela à Mme Neveux, une Diane chasseresse qui ne sera jamais mon modèle.

5.- Nostradamus

Que voilà un personnage sympathique, ce Michel de Nostre-Dame ! Médecin de grande valeur, - mais astrologue. Véritable savant, - mais courtisan avisé. Grand voyageur, - mais attaché à sa terre natale de Provence. Poète et humaniste, - mais aussi conseiller de Catherine de Médicis. Il laisse une œuvre énorme, dont ses dix “Centuries”, groupant chacune cent quatrains de quatre vers.

Nostradamus prophète ? Cette question, - ou plutôt sa réponse franchement affirmative, - a suscité des dizaines de milliers d'articles, et aussi quelque 500 ou 600 livres. Depuis 400 ans les exégètes de Nostradamus auront interprété ses écrits “prophétiques” avec beaucoup de précision lorsqu’il s'agissait du passé, mais avec une touchante unanimité dans l'erreur dès qu'il était question de l'avenir.

Deux modestes auteurs, Louis Schlosser (1985) et Jean-Paul Clébert (1993) ont mis le doigt sur la vérité : Nostradamus était un poète qui s'est amusé à raconter, au futur et en cassant la syntaxe, des événements de son siècle, ce terrible siècle des guerres entre Charles-Quint d'une part, François Ier et les Turcs d'autre part, le siècle du sac de Rome et des guerres de religion.

Il m'est impossible de citer ici tous les quatrains sous lesquels se dessine l'Histoire du 16e siècle. En voici cependant un, un seul :

“Le fort Nicene ne sera combattu,
Vaincu sera par rutilant métal,
Son faict sera un long débattu,
Aux citadins estrange épouvantail.”

Certains ont voulu y voir une prophétie relative à Nixon (Nicène) et à l'affaire du Watergate (épouvantail !). Schlosser y a reconnu sans peine une description du siège de Nice (1543) par les Turcs ; Nice était alors ville de la Maison de Savoie, vassale de Charles-Quint. Mais il se demande ce qu'est cet “estrange épouvantail”.

Élémentaire, mon cher Schlosser, c'est le postérieur de Catherine Ségurane ! À Nice, nous savons tous cela et n'avons cessé d'en parler depuis toujours (“un long débattu aux citadins”) :

Après avoir assommé un assaillant turc et enlevé son étendard, cette vigoureuse lavandière, juchée sur un merlon de créneau, avait tourné le dos aux assaillants et gaillardement relevé ses jupes. Pour ces bons musulmans, c'était là un épouvantail, et les chroniqueurs racontent que dès ce moment l'assaut des Barbaresques avait fléchi. Néanmoins, la ville succombera sous les attaques à l'arme blanche ("Vaincu sera par rutilant métal"), tandis que le château sera sauvé ("Le fort Nicene ne sera combattu").

J comme Jérusalem

Jacqueline et moi avions connu Jérusalem à l'occasion de notre voyage de noces, en 1965. Cinq ans plus tard, j'allais la retrouver, changée, très changée, la Guerre des Six-Jours ayant passé par là. La ville était réunifiée et déclarée capitale d'Israël, une et indivisible. Et le Mur des Lamentations, magnifiquement dégagé, était rendu à la piété juive.

En 1970, je faisais partie d'une importante délégation belge qui devait inaugurer, sur le campus de l'Université Hébraïque de Jérusalem (UHJ), le "Collegium Belgicum Fabiolanum", autrement dit la "Maison Belge", offerte par la richissime Alice Van Buren. Parmi tous les bâtiments du Mont Scopus, cette "Maison" est certes l'une des plus belles réalisations.

Prestigieuse délégation de quelque 80 personnes, logées dans le grandiose hôtel "King David". S'y côtoyaient ministres, ambassadeurs, recteurs, professeurs, bâtonniers, riches diamantaires, dignes ecclésiastiques, vaillants généraux, - et un modeste doyen de Faculté, votre serviteur. J'avais été entraîné là par un illustre collègue, feu le logicien Chaïm Perelman, et par son épouse Fela, cheville ouvrière de l'Association des Amis belges de l'UHJ et véritable moteur de la création de la Maison Belge.

Après les cérémonies, visite de la ville, comme il se doit : le Parlement et ses immenses Chagall, le Sanctuaire de la Bible et ses authentiques Rouleaux de la Mer Morte. Et puis, en avant pour le tour du pays, ce tour classique que je devais refaire, plus tard, une demi-douzaine de fois. Le Sud-Est (Jericho et la Mer Morte), puis le Sud (Eilath et la Mer Rouge) et après, le Nord (Haïfa et la Méditerranée), sans oublier l'Est (la Galilée et le lac de Tibériade) ni l'Ouest, dont notamment l'émouvant kibboutz Yad Mordechaï où en 48 une poignée de colons juifs stoppa net l'avance de l'armée égyptienne.

Après ce voyage, les Perelman et moi sommes restés de grands amis et ensemble nous avons redonné vie au Bulletin des Amis Belges de l'UHJ. Cet organe n'avait d'autre ambition qu'académique, mais en octobre 73, nous lui voulons une allure plus politique. Le 6 en effet, jour du Kippour, l'Égypte et la Syrie déclenchent contre Israël une attaque de grande envergure. Ce mois-là, Israël a vu la mort en face : la force blindée arabe mise en action le 6 était presque le double de celle utilisée par Hitler contre l'URSS en juin 1941.

Contre toute attente, Israël a tenu bon et le 25, au moment du cessez-le-feu, la situation s'était retournée à son profit. Mais rapidement, il apparut qu'Israël allait être frustré de sa victoire et que la propagande arabe, relayée par nombre de médias et de groupements européens, allait à nouveau fonctionner à plein régime. Il fallait réagir, et voilà qu'une jeune et jolie diplomate israélienne, Colette Avital, vient nous parler d'un projet : la création de groupements non juifs d'information, en Belgique comme ailleurs.

Sitôt dit sitôt fait, notre organisation s'appellera le “Rassemblement belge pour Israël” (RBI), et j'en serai le secrétaire général. Le Comité réunit des hommes politiques de tout bord, et la présidence en est confiée à un ministre d'État, Pierre Vermeylen. Le secrétariat s'installe d'abord chez moi, dans mon nouveau domicile d'Uccle. Bientôt nous lançons un Bulletin d'Information tandis que je multiplie les contacts avec l'Ambassade et avec Miss Avital (Elle et nous, on allait se revoir plus tard à Boston, à Jérusalem, à Paris, toujours bons amis).

L'année suivante, je réussis à rassembler dans un même immeuble, où siégeaient déjà les ABUJ avec ma femme comme secrétaire, notre RBI et aussi le CID, le “Centre d'Information et de Documentation pour Israël et le Proche-Orient” que je venais d'entièrement réorganiser. En même temps, j'avais noué des liens solides avec "France-Israël", une association qui marchait très bien. Le président en était le député-maire du Seizième, Georges Mesmin, un ami qui, malheureusement, allait être la victime de basses intrigues politiciennes.

En 1978, Jacqueline a quitté son poste aux ABUHJ, tandis que moi, un peu débordé, j'abandonnais mes fonctions au CID puis au RBI. Ce qui ne signifie nullement que je quittais le combat pour Israël, bien au contraire : que ce soit en Belgique, en France ou en Israël, articles, courriers aux journaux, conférences, colloques vont se succéder.

Ce qui n'allait pas toujours sans risques ! L'ULB ayant organisé un débat contradictoire, je devais y défendre le point de vue d'Israël et, selon les conseils reçus, je me présente avec des gardes-du-corps, de solides étudiants juifs. Mais mon contradicteur se défile, refuse de parler si je parle ! C'était Bichara Khadder, le frère du délégué palestinien assassiné par des compatriotes, un peu auparavant à Bruxelles. Comme j'avais déjà rencontré Bichara à Mons, à titre privé, je cours après lui dans les couloirs de l'ULB, mais rien à faire, il refuse. Que craignait-il donc ?

J'étais tellement engagé qu'en 86 c'est moi que l'on désigne comme "représentant de la presse juive en Belgique" (mais oui !) à Jérusalem ! Je me suis trouvé là aux côtés d'Yvan Levaï (Europe-1) de Norman Podhoretz ("Commentary", New-York) et de quelques autres ténors représentant 23 nations. Tous juifs, sauf moi.

Par parenthèse, j'ai eu alors le plaisir de retrouver à Jérusalem Annibel, notre amie peintre italienne ; elle était venue exposer ses œuvres. Je lui fais remarquer que deux de ses toiles ont été volontairement percées. Rien d'étonnant, on venait d'apprendre que l'Italie avait pris position contre Israël dans je ne sais plus quelle affaire.

De pareilles attaques étaient alors monnaie courante, que ce soit de la part de gouvernements ou, plus fréquemment, de médias européens et américains, surtout de gauche. Ici, à Jérusalem, le Président Chaïm Herzog et quelques autres ont laissé percer une amertume justifiée en évoquant les exagérations anti-israéliennes développées systématiquement partout et toujours, et notamment lors de la campagne du Liban en 1982.

Campagne sur laquelle j'ai eu à écrire plus d'un article, notamment à propos des massacres de Palestiniens dans les camps de Sabra et de Chatila. Le responsable, écrivait la presse internationale, c'est Tsahal, l'armée israélienne. Pardon, voici la vérité :

Les auteurs effectifs de l'action furent les phalangistes chrétiens libanais qui avaient saisi là une occasion de se venger de massacres similaires de deux villages chrétiens du Liban (dont Damour), massacres qui n'avaient pas ému grand monde puisque les victimes n'étaient que des chrétiens. Tsahal a eu certes tort de laisser ses alliés phalangistes entrer dans ces camps, mais elle n'a en rien participé à la tuerie.

Je pourrais multiplier ces exemples, et en trouver de nouveaux aujourd'hui. Certes, Netanyahou n'est pas un grand communicateur, et il prête le flan à la critique, beaucoup plus et plus souvent qu'aucun de ses prédécesseurs. Mais c'est impossible qu'il ait toujours tort. Alors, qu'il s'explique, Bon Dieu !

Un seul exemple, l'affaire de l'ancien tunnel des Asmonéens (Ier siècle av. JC.), en 1996. Il s'agit d'une galerie réunissant le Mur des Lamentations à la Via Dolorosa et au souk arabe. Sans un mot d'explication, les autorités israéliennes décident d'ouvrir ce tunnel à la circulation. Résultats : protestations palestiniennes, émeutes. Et des morts par dizaines. “Ce tunnel passe sous la mosquée du Rocher”, hurle la propagande arabe. Faux. “Les Juifs veulent faire sauter cette mosquée”. Faux.

Et aujourd'hui, le tunnel est ouvert pour la plus grande satisfaction des touristes et des clients des souks. Il ne menace rien ni personne. Mais les Israéliens auraient cependant dû savoir que les Arabes de Palestine sont extrêmement sensibles à tous les problèmes de fouilles et de tunnels du côté du Mont du Temple, et ce depuis toujours. Et là, j'ai une explication :

La très moderne propagande arabe avait ressuscité un vieux mythe emprunté aux “Protocoles des Sages de Sion”. Ce faux, le plus célèbre du siècle, est couramment édité et réédité dans les pays arabes. On y lit notamment : "Nous (les Juifs) construirons des métropolitains (souterrains !) pour avoir la possibilité de miner les grandes villes". On sait qu'il s'agissait d'une curieuse allusion au creusement du métro de Paris, à une époque où la presse française de droite protestait parce que, selon elle, la Compagnie du Métropolitain avait trop d'actionnaires juifs.

De nos jours, la situation n'a rien de réjouissant. La signature des accords d'Oslo avait cependant suscité les plus grands espoirs, et c'est ainsi qu'en 1995 mon vieux CID avait pu organiser dans mon ancienne université de Mons, un colloque Israël-Palestine. Dîner au mess ce 21 mars, et je me trouve assis entre deux diplomates, un Israélien et... un Palestinien !! Merveilleux ! Jamais je n'aurais osé espérer cela quelques années plus tôt. Avec mon voisin palestinien, nous parlons d'Arafat ; il est, me dit-on, un peu jaloux de Nelson Mandela, qui a si bien réussi, lui !

Que tout cela est loin aujourd'hui...

K comme Kenya (et Afrique Noire)

Après tant d'années passées en Afrique Noire, il était fatal que j'en aie la nostalgie. Et que je désire la faire découvrir par Jacqueline, qui ne connaissait que l'Afrique Blanche.

Si bien qu'en décembre 82 nous arrivons à Nairobi, juste à temps pour la messe de minuit ! Et puis, safaris après safaris, nous voilà avec les guépards et les zèbres, les girafes et les antilopes, les autruches et les gnous, les hippos et les crocos, les flamants roses et les singes verts, les grues (couronnées) et les rois-lions (sans couronne). Et les éléphants, cibles préférées de ma caméra super-8.

Le Kenya est vraiment le paradis du tourisme : savanes à perte de vue, grands lacs nostalgiques, crépuscules mélancoliques et resplendissants levers du soleil. Voici l'hôtel Tree-Tops, réellement perché dans un arbre, là où en 1952 la princesse Elisabeth s'est trouvée reine d'Angleterre. Et voici les hôtels de luxe, avec leurs pelouses à l'anglaise, et les jardins, et les fleurs, les fleurs, toujours les fleurs.

Et les inévitables Masaïs, tellement popularisés par les films et la TV qu'il est inutile de se rendre au Kenya pour les découvrir. Moins médiatisés, mais tout aussi intéressants, voici les Kikuyus, avec lesquels j'essaie de bavarder en swahili. Il y a aussi les Djemps qui vous offrent leur show folklorique : à qui sautera le plus haut !

Ce sera à nouveau par une messe de minuit que débutera un autre séjour en Afrique Noire, au Sénégal cette fois, où le Club Med nous offre l'hospitalité aux Almadies, en 1994. Visite de Dakar et de ses boutiques où vous pouvez vous offrir Tintin et Milou tels que revus par l'art nègre.

Et visite de l'île de Gorée. On vous y explique en long et en large combien étaient maltraités les esclaves en partance vers le Nouveau Monde. C'est vrai, bien vrai, mais je ne puis m'empêcher de rappeler au guide-conférencier une autre vérité : ces esclaves, des Noirs, avaient été arrachés à leurs villages par d'autres Noirs, mais appartenant à des tribus différentes. L'homme est bien d'accord, mais il met tout sur le compte “de nos chefs, qui n'étaient vraiment pas convenables en ce temps-là.”

J'avais touché là à la plaie fondamentale de l'Afrique, le tribalisme, dont l'existence est si farouchement niée par les anti-colonialistes dès qu'il est question du Rwanda par exemple. Ou du Congo du bon Monsieur Kabila. Ou même de l'Afrique du Sud, malgré le bon Monsieur Mandela.

L'Afrique du Sud… Là aussi j'allais être entraîné à jouer au Don Quichotte à propos de l'apartheid. Oh, je n'approuvais nullement ce régime désuet qui avait existé partout dans les colonies et qui subsistait ça et là, par exemple en Irlande du Nord, - ce contre quoi personne ne s'élevait puisque, là aussi, comme au Liban, il ne s'agissait que de chrétiens, - pire, de catholiques.

Les bonnes âmes avaient fait mettre au ban l'Afrique du Sud, mais elles se gardaient bien de protester contre le monstrueux apartheid qui frappe des centaines de millions de femmes musulmanes. Selon le “politiquement correct”, un apartheid n'est condamnable que s'il est exercé par des Occidentaux contre des Non-Blancs.

En bons calvinistes, les Blancs d'Afrique du Sud avaient le culte de la Loi, et ainsi avaient-ils jugé nécessaire de légaliser l'apartheid, ce qui était parfaitement stupide et condamnable.

Mais la situation des Noirs n'était pas aussi terrible que le prétendaient les journalistes dans le vent, dont notamment C. B. du “Soir” de Bruxelles, vaillante anti-colonialiste (tout ce qui arrive, c'est la faute aux Blancs), et grande pourfendeuse de tous les “bad boys” (Israël, etc) que l'on désignait à la vindicte publique.

Les journaux écrivaient que les Noirs ne votaient pas ; inexact, les Noirs votaient à tous les échelons, sauf au niveau du législatif. Les mêmes feuilles affirmaient aussi que les “townships” n'étaient que d'infâmes bidonvilles ; inexact, il y avait aussi, dans ces cités, et à Soweto notamment, de beaux quartiers avec de grandes villas, dont celle de Mme Winnie Mandela.

Tout cela, nous l'avons découvert, petit à petit, en nous rendant sur place, une première fois en décembre 1984 et une seconde fois en février-mars 1988.

En 84, nous étions en safari-camping, sous la tente pendant une quinzaine de jours, dans les déserts de Namibie principalement, en Namibie où l'apartheid n'existait plus depuis un certain temps déjà, ce qu'on ne disait pas. Jacqueline et moi étions les seuls Européens du groupe, ce qui nous a permis, en bavardant avec des Sud-Africains, de nous faire une première idée des réalités.

Puis nous avons continué une semaine en voiture de location à travers les splendides montagnes du Drakenberg, avec leurs peintures rupestres dues aux préhistoriques Bochimans (les “Khosans”, pardon). Nouvelles conversations çà et là. Puis voici Capetown et son cap dit de Bonne-Espérance, avec ses babouins, - bobbejaaan, dit-on en afrikaans comme en flamand.

Et enfin Franshoek, le coin français, où les noms propres rappellent ces Huguenots qui, fuyant la persécution, apportèrent ici la culture du vin. Ce qu'évoque un monument très émouvant. Mention aussi pour le curieux Taalmonument érigé à la gloire de la langue afrikaans, lointaine parente du néerlandais actuel. Et en passant, çà et là, un village zoulou avec, devant les cases rondes, de grosses Mercédès.

Rentré au pays, je commence une série d'émissions consacrées à l'Afrique du Sud. Si bien qu'un jour Jacqueline et moi sommes invités à déjeuner par deux diplomates, le conseiller Viljoen (mot français : Villon !) et une accorte personne, Elsa Dry, chargée de l'information. À l'ambassade, me dit-on, on est enchanté de tout ce que je raconte sur ondes. Et pourtant, je n'aurai jamais été que l'ennemi des exagérations et nullement l'avocat de l'apartheid.

Le schéma vécu pour Israël se répète donc, et la jeune diplomate deviendra l'une de nos grandes amies. Avec son adjointe Anne-Marie, j'entreprends le gros travail de rédaction d'un nouvel atlas-guide pour l'Afrique du Sud. Puis, un beau jour, l'ambassade nous propose, à ma femme et à moi-même, un voyage d'information, tous frais payés : trois semaines en février-mars 1988.

Nous commençons par la Namibie que nous avions déjà parcourue quatre ans plus tôt. Contacts avec des fermiers parlant allemand, avec des femmes Herrero vêtues comme au temps de la reine Victoria, avec des ministres et des collègues noirs. Et interview de l'Administrateur-général, représentant le gouvernement sud-africain ; il a pour mission de préparer l'indépendance de l'ex-Afrique Australe allemande. Eh bien, ce haut fonctionnaire croyait avoir trouvé la solution de son problème… dans la nouvelle constitution belge ! On sait que celle-ci distingue les régions et les communautés, les premières ne coïncidant pas avec les secondes. En le quittant, nous lui avons souhaité, très respectueusement, bien du plaisir…

De Windhoek, envol pour Johannesbourg, et là, ce sera le grand jeu : rencontres avec des universitaires (blancs et noirs), visites d'écoles et d'usines, dialogues avec des leaders anti-apartheid, discussions avec des hommes politiques de tous les partis, déjeuners avec des hommes d'affaires (indiens, blancs, noirs). Nous sommes interviewés par Radio Johannesbourg. Nous dînons chez des journalistes. Nous sommes chaleureusement reçus dans la famille d'Anne-Marie. Vraiment, nous nous sentions tout à fait à l'aise en RSA.

Puis réception au Bophutatswana et dans sa capitale Mafeking, bourgade rendue célèbre par Robert Baden-Powell, fondateur du mouvement scout. Avec un seul canon qu'il déplaçait rapidement, ce major anglais avait réussi à faire croire aux assiégeants boers qu'il disposait de toute une artillerie !

Ephémère "bantoustan", le Bophutatswana avait cependant ses ministres noirs, sa police noire, son université avec une majorité de professeurs noirs. Je garde en souvenir une photo où Jacqueline et moi sommes entourés de ces messieurs avec lesquels nous venions d'avoir une discussion très vive, mais très amicale…

À Mafeking aussi, autre visite, celle du Casino, avec ses très agiles croupières noires. Roulette, Black Jack, Baccara, tout… Le puritanisme boer interdisait les maisons de jeu, mais ici nous n'étions pas en Afrique du Sud, stricto sensu.

Après mon retour, j'ai eu l'occasion de prononcer l'une ou l'autre conférence sur les réalités de l'Afrique du Sud. À Louvain-la-Neuve, un étudiant noir m'a lancé une remarque depuis la salle. J'ai insisté pour qu'il vienne à côté de moi exposer son point de vue. Il a refusé et est sorti. Exactement le scénario vécu à l'Université de Bruxelles avec le délégué palestinien. Est-ce que je fais peur aux gens ? Ou bien refusent-ils d'admettre que je puisse avoir raison, ne fût-ce qu'un tout petit peu raison ?

Depuis lors, l'apartheid a vécu et Mandela s'est révélé un authentique homme d'État. Mais Dominique, ma belle-fille, fonctionnaire à l'Union Européenne, s'est rendue plusieurs fois ès fonctions en RAS. La sécurité, dit-elle, y est à peu près nulle dans les rues tandis que les meurtres se multiplient, surtout entre Noirs. Pas plus ici que dans le domaine économique, la fin de l'apartheid n'a tenu ses promesses. Désemparés, les Noirs cherchent refuge dans le cadre de leurs antiques tribus, - comme au Congo ex-belge.

Ne sont-ce pas là les maux mêmes dont souffre toute l'Afrique ?

L comme Logique

Le 1er avril 1949, alors que j'étais employé dans les mines du Kivu, les divers bureaux de ma société reçoivent une circulaire que je vais résumer :

“Vous savez que tout courrier doit être accompagné d'un bordereau récapitulatif. Il arrive cependant que certains de vos correspondants mentionnent ce bordereau sur le document lui-même, et que d'autres ne le font pas.

“Dans un but de statistique, voulez-vous bien, à votre échelon, me transmettre un super-bordereau mentionnant, parmi tous les bordereaux reçus, quels sont ceux qui ne se sont pas mentionnés eux-mêmes, et ceux-là seulement.”

J'espère que la date aura mis la puce à l'oreille de tous les destinataires de cette fausse circulaire, lancée par votre serviteur faut-il le dire. Ces instructions mettaient le destinataire toujours en faute,- ce qui était assez banal dans le lourd système administratif des sociétés coloniales. Car :

Si le secrétaire concerné ne mentionne pas le super-bordereau lui-même il aura omis de mentionner un bordereau qui ne se mentionne pas lui-même, et aura ainsi transgressé la première partie des instructions reçues. Mais :

S'il le mentionne, il aura mentionné un bordereau qui se mentionne lui-même, et aura transgressé les mêmes instructions dans leur seconde partie (“et ceux-là seulement”).

En fait, je n'avais fait qu’illustrer là un très célèbre paradoxe de la Logique, connu depuis l'Antiquité : “Je suis Crétois, donc je suis menteur. Donc j'ai menti en disant que je suis menteur. Donc je ne suis pas menteur. Mais alors j'ai dit la vérité en disant que je suis menteur. Donc je suis menteur…”

Et l'on est renvoyé indéfiniment du vrai au faux, du faux au vrai, si bien que l'assertion “Je suis menteur” n'est ni vraie ni fausse.

La question des paradoxes m'a toujours intrigué, et en 1973, j'ai présenté une solution à ce problème, montrant que les paradoxes relèvent d'une Logique à 4 dimensions, à 4 valeurs : le vrai (valeur binaire 1), le faux (valeur 0), l'alpha (valeur 1.0 c-à-d. deux) et l'oméga (valeur 1.1 c-à-d trois).

Cet alpha et cet oméga sont les deux valeurs possibles de la célèbre assertion “Je suis menteur”, et aussi celles de la suivante, non moins célèbre :

La phrase ici encadrée est fausse

J'ai rédigé plusieurs publications sur cette logique vectorielle, en langue française malheureusement.

C'est dès ma licence à Liège que je m'étais intéressé à la Logique, ayant l'impression que mon distingué professeur Nèves de Mévergnies en était resté à Aristote, alors qu'on avait certainement fait beaucoup mieux depuis !

Finalement, j'étais devenu un self-made man en Logique, membre du Comité de Rédaction d'une prestigieuse revue, *Logique et Analyse,* fondée par mon illustre ami, Chaïm Perelman. J'y aurai traité plusieurs sujets, à cheval sur la Logique et sur l'Algèbre moderne. Et du coup j'ai été chargé du Cours de Logique (15 heures annuelles) à l'université de Mons.

Mais au fait, “Qu'est-ce que la Logique ?”, et c'est par cette question que commençaient mes cours. Il existe une réponse passe-partout : “La Logique est la science de la Vérité”, mais cela ne fait que vous renvoyer à une autre question, “Qu'est-ce que la Vérité ?”, comme le soupirait Ponce-Pilate, Romain sceptique.

Et ici, je mettais immédiatement mes étudiants en garde. “Vérité” peut être entendu au sens fort, à la façon de Platon : est Vrai ce qui Est. Cet Etre-Vrai est le support d'une Réalité en soi, absolue, intangible, indépendante de nous. Un raisonnement sera donc vrai si et seulement si il s'accorde pleinement avec cet Absolu, ou avec ce qui est considéré comme tel, ce qui risque de conduire aux pires abus.

Car nous voilà aux portes de la dictature idéologique, et dès lors celui qui raisonne "faux" ne peut être qu'un méchant à punir, ou un malade mental à soigner ou un ignorant qu'il faut rééduquer par tous les moyens. Tels furent, on le sait, les procédés marxistes-léninistes de défense de la "Vérité". Méfions-nous de ceux qui prétendent détenir la Vérité Absolue…

Non, la vérité se cherche là, tout simplement, où la voit la Science moderne : une pensée est vraie lorsque, dépourvue de toute contradiction interne, elle reflète aussi fidèlement que possible, dans l'état actuel de nos connaissances, le monde tel que nous le percevons objectivement, c'est-à-dire selon un consensus général.

Et c'est ici qu'intervient la Logique formelle, celle qui m'a toujours intéressé : cette Logique se soucie uniquement de l'accord de nos pensées entre elles, indépendamment de leur contenu physique ou philosophique. Pour elle, un raisonnement "vrai" est un raisonnement "valide", c'est-à-dire dépourvu de contradiction.

J'aimais beaucoup mon petit cours de Logique, et à ma retraite, j'ai proposé au Rectorat, dans une belle lettre, de le continuer bénévolement.

Je n'ai jamais reçu de réponse, ni écrite ni autre. Absence d'éducation ou manque de franchise ?

M comme Med (Club)

"N'allez pas au Club Med, nous répétait la famille ; on vous y obligera à chanter bêtement avec tout le monde : lâ lalala et radonda". Eh bien, c'est faux. "La règle absolue du Club, proclame celui-ci dans sa dernière brochure, c'est qu'il n'y a pas de règle." Exact.

Notre baptême Club Med eut lieu en 1986, à Sant'Ambrogio, en Corse. Depuis lors, nous totalisons 17 villages du Club, soit 15 % de l'effectif. Plus trois grands voyages, superbement organisés.

À Sant'Ambrogio, nous, en parfaits néophytes, sommes allés de découverte en surprise : les bungalows sans serrure, les places à table ad libitum, les GM (nous, les Gentils Membres) et les GO (eux, les Gentils Organisateurs) ensemble aux repas, ces infatigables GO qui, le soir, se muent en chanteurs, danseurs, comédiens. Sans oublier deux points essentiels, que nous retrouverons partout, la pompe à bière et le coin de musique classique.

Mais notre famille s'entêtait : "Dans le prix du séjour est compris le coût des sports. Comme vous ne les pratiquez pas, vous jetez là votre argent." Exact cette fois, mais tant pis...

En général, nos souvenirs des divers villages sont tous très bons. De rares exceptions, Santa Teresa en Sardaigne par exemple : une salle à manger exiguë, des excursions mal fichues, des spectacles plutôt grossiers. Nous nous sommes consolés en entreprenant un superbe tour de l'île : Partout des nuraghi (anciennes habitations rondes et fortifiées) ; il y en a 700, alors que nous pensions qu'il n'y en avait que quelques-uns ! Et les si curieux "bronzetti", accumulés dans les musées.

Très bon souvenir de Da Balaïa, au Portugal, dans le micro-climat de l'Algarve. Une femme chef de village, d'un dynamisme extraordinaire. Pourquoi fallait-il que mutée à Corfou, elle ait la drôle d'idée de rentrer chez elle par la fenêtre alors qu'elle était, comme toujours, chaussée de hauts talons ? Elle rate son coup, et se brise le crâne. "Nous l'avons pleurée", devait me dire plus tard quelqu'un de l'état-major de Paris.

Cet état-major, je l'ai trouvé au complet en 91 à Superbagnères. On venait d'ouvrir le "village" pour l'été, et Paris avait dû mobiliser tout son staff, faute de personnel : le grand chef cuisinier aux fourneaux, la grande patronne du tourisme aux excursions, le grand maître des loisirs à l'animation, etc. C'était magnifique, mais on sentait que le Club Med commençait à battre un peu de l'aile. Depuis lors, il s'est bien redressé.

En Suisse, le Club rachetait de ces bons vieux hôtels du temps de la splendeur du tourisme anglais, à Villars-sur-Ollon notamment. C'est là que nous avons rencontré deux Versaillais, François-Xavier et Catherine, qui, fait rarissime, sont restés de bons amis. Pour une fois, Rutebeuf peut aller se recoucher !

Mais le Club Med c'est aussi du tourisme, du grand tourisme. Des voyages parfaitement organisés, avec un public assez différent de celui des “villages”. Nous lui devons ainsi trois tours remarquables, la Turquie, le Maroc, le Guatemala-Honduras.

Pour Jacqueline et moi, le tour du Maroc fut plutôt un pèlerinage sur des lieux que nous avions tant aimés, et tant parcourus avec les gosses. Départ d'Agadir (village Club) et arrivée à Malabata (autre village Club, près de Tanger). Et chemin faisant, Marrakech, Erfoud, Khenifra, Fès, Rabat... Promenade au pays des casbahs, aujourd'hui plus étendu que de notre temps : Dès leur retour, les Marocains qui se sont (plus ou moins) enrichis en France ou en Belgique, se font construire des casbahs. Bravo !

Escale à Ouarzazate, où le “village” est une très belle villa. “Vous voyez là, nous dit-on, ce portique ? C'est par là qu'est passé l'avion de Michael Douglas et Kathleen Turner, lors du tournage du *Diamant du Nil.* Ouarzazate est maintenant un mini-Hollywood marocain, plein de promesses.

Tour aussi parfait en 96 chez les Mayas, ces Mayas qui un beau jour mirent la clé sous le paillasson, nous laissant rêver aujourd'hui devant leurs cités abandonnées : Copan, Tikal, Palenque. En fin de parcours, repos à Cancun au Mexique, beau village Club Med, tout à fait américanisé, mais où, ces jours-là, “El Norte”, le courant glacial du Labrador, avait vidé les piscines et fait sortir les pull-overs !

Notre premier tour Club Med avait été celui de la Turquie. Mais en ce 13 juillet 1987, au départ de Kusadasi, nous ne nous doutions guère, Jacqueline et moi, que ce voyage allait nous précipiter dans une autre question de politique internationale, après celles d'Israël et de l'Afrique du Sud dont nous nous occupions déjà. Il était clair pour nous que la Turquie avait rejoint le club des “bad boys”, le club des vilains garçons contre lesquels il est “politically correct” de médire en toute occasion.

C'est notre guide-conférencier, un étudiant très bien documenté, qui nous avait (fort discrètement) parlé de la question arménienne, puis remis personnellement un texte dû à l'historien Pierre A. Moser. Il faut dire qu'en juin de cette même année 87, le Parlement européen venait de voter une étrange résolution invitant le gouvernement turc à reconnaître le “génocide arménien” (sic) de 1915. Le texte ajoutait qu'un refus de cette reconnaissance serait l'un des obstacles incontournables (sic) à l'examen d'une éventuelle adhésion de la Turquie à la C.E.E.

Génocide ? Que voilà un mot dont on abuse aujourd'hui pour désigner n'importe quelle tuerie, - sauf si les bourreaux sont du bon côté selon les médias “politiquement corrects”. Ainsi, en février 88, à l'occasion de la révolte des pierres et de quelques morts en Cisjordanie, la Commission des Droits de l'Homme de l'ONU condamne Israël pour “crime de génocide à l'encontre du peuple palestinien”. Alors que ladite Commission mettra trois ans pour reconnaître, à contrecœur, le génocide cambodgien, cependant bien authentique, lui.

Mais qu'est-ce qu'un génocide authentique ? C'est un massacre général décidé en haut lieu, les victimes étant condamnées en raison de ce qu'elles sont et nullement pour ce qu'elles font ou ont fait.

De nombreuses études historiques ont montré que le drame arménien n'est pas un génocide, stricto sensu. À Paris, j'ai un jour dîné avec un juriste, Me de Malville, qui, dans un petit livre, avait démontré cette thèse avec beaucoup de précision :

En 1914-15, certains groupements arméniens ont commis l'erreur, commune à tant d'indépendantistes, de pactiser avec les ennemis de la puissance dont ils dépendaient (les exemples abondent : les Flamingants en 14-18, les Oustachis croates en 41-45). Alors, le gouvernement d'Istanbul a donné un ordre général de déporter en

Syrie les Arméniens d'Anatolie, ceux de l'ouest n'étant que peu ou pas inquiétés.

C'était un ordre de transfert, sans plus, les "ordres écrits d'extermination", dont on a beaucoup parlé, sont des faux comme en fabriquent souvent ceux qui veulent prouver sans preuves (affaire Dreyfus, dossier Kurt Waldheim). Mais les déportations se sont faites dans des conditions épouvantables (épidémie, malnutrition, tueries) et avec une barbarie certaine de la part des convoyeurs et des pillards kurdes.

Bilan ? On ne sait au juste. Au moins 600.000 d'après des historiens de l'époque. Non, un million m'ont déclaré de gentils Arméniens rencontrés au Liban. Pas du tout, deux millions selon "Le Vif" (avril 1998) et deux millions et demi d'après "Libération" (1988). Mais en 1998, la même "Libération" se contentera de un million cent à un million trois cent mille.

À l'époque, j'ai écrit plusieurs articles et lancé diverses émissions radio sur le sujet. Ce qui m'a valu, en France, les assauts du député européen Coste-Floret, l'un des promoteurs de la fameuse résolution. Il m'a attaqué dans "France-Israël" où j'avais développé les mêmes idées que celles de Me de Malville ; mais chose inadmissible, "France-Israël" ne m'a donné aucun droit de réponse, et ce fut la fin d'une longue collaboration.

Puis, pour comble, j'ai été convoqué, littéralement et non sans arrogance, par le bâtonnier de Bruxelles, Arménien d'origine ! Je lui ai expliqué que je n'étais ni l'avocat des Turcs, ni l'adversaire des Arméniens, et moins encore un révisionniste. Je cherchais la vérité, sans plus, en ennemi des mensonges, des dogmes, des désinformations, des propagandes fallacieuses.

À quelque temps de là, j'ai fait paraître, sous le titre *La Turquie, une alliée en difficulté,* un long article dans le magazine *Le Monde Atlantique.* Lors d'un congrès de l'Association du Traité Atlantique, au Palais d'Egmont à Bruxelles, j'ai eu l'émotion de voir une jeune journaliste turque venir me remercier en pleurant.

N comme Navigation

On sait que le gros de la clientèle des croisières se recrute dans le troisième âge. C'est si facile, une croisière : vous n'allez pas vers les villes ou les sites touristiques, ce sont eux qui viennent à vous, sans effort !

Eh bien, malgré mon troisième âge, je n'aurai fait que trois croisières (en ne comptant pas mon retour du Congo sur le Foch en 53). Jacqueline n'aime pas ça, sans doute par claustrophobie. Et nous ne trouvons aucun plaisir à être cloués à une table, lors des repas, en compagnie d'inconnus désignés d'office pour toute la durée de la navigation ! De ce point de vue, je préfère le Club Med, et de loin. Mais malgré cela, nos trois croisières nous ont laissé d'excellents souvenirs.

Croisière n°1 : Le Mermoz

Qui donc n'a jamais entendu parler du Mermoz, l'ancêtre des paquebots de croisière ? Bon pied, bon œil, - si j'ose dire, - il continue, gaillardement. Le 17 juillet 1981, il nous attendait sagement à Calais et se proposait de nous emmener dans le Grand Nord, jusqu'à la banquise, sous le soleil de minuit.

Ambiance classique (bingos, conférences, jeux de société, danses, orchestre, petits et grands spectacles,...) Escales aux îles Shetland (GB) puis aux Feroë (Danemark), îles très mélancoliques, rendues tristement célèbres par le massacre des dauphins auquel on se livre là chaque année. Mais des oiseaux, des oiseaux, des oiseaux...

L'Islande, superbe, mais escale trop courte, malheureusement. D'impossibles sols lunaires, une crevasse d'où part la fosse atlantique, le souvenir du plus vieux parlement du monde (le Tingvellir), une extraordinaire cascade. Et les geysers ? Sorry, nous n'en avons guère vu, ils sont captés, si bien que l'Islande, patrie de ce “Geyser” qui a donné son nom à tous les autres, l'Islande offre là beaucoup moins que le Yellowstone. Une curiosité : les bananes, cultivées dans des serres chauffées par géothermie. Tout marche à la géothermie, ici !

Le must, c'est l'escale dans la baie de la Madeleine, au Spitzberg. Là, on se sent hors du monde, loin de tout. Le vide, le calme, le silence, silence coupé seulement par les cris âpres des sternes, de vilains oiseaux dont il faut se méfier car ils vous attaquent !

À bord nous nous lions d'amitié avec Annibel, une jeune peintre italienne. Elle faisait partie des attractions du bord, si je puis dire, le Mermoz l'ayant invitée pour tenir une exposition permanente de ses œuvres, toutes non-figuratives. Nous allions rester d'excellents amis, et nous revoir assez régulièrement, à Bruxelles, Amsterdam, Paris, Venise, Rome, Jérusalem, au hasard de ses déplacements et des nôtres. Puis elle a subitement disparu de notre horizon, après un dernier coup de téléphone en septembre 1990, pour nos noces d'argent. Faut-il donc une fois de plus évoquer Rutebeuf?

Croisière n°2 : L'Amerikanis

Ce fut, en Méditerranée et en Mer Noire, la croisière de nos trente ans de mariage (octobre 1995). Départ de Gênes, puis défilé de sites que nous connaissions déjà : Syracuse, Kusadasi, Istanbul, Athènes, Naples, Pompéi, et Ephèse.

Éphèse, jadis ville de la Grande Déesse, Artémis. En 431, les Pères de l'Église, réunis en concile, durent s'apercevoir que la religion chrétienne n'avait pas de déesse. Alors, ils proclamèrent Marie “Mère de Dieu”, sans toutefois lui attribuer le rang de déesse ni le culte de latrie (adoration), dû à Dieu seul. Ce jour-là sans doute la femme chrétienne a été sauvée d'un avenir qui aurait pu être semblable à celui de la femme musulmane.

Du neuf pour nous, cependant : Yalta, en Ukraine, et les mauvais souvenirs d'une conférence internationale qui avait coupé l'Europe en deux. Puis Odessa et l'escalier rendu célèbre par Eisenstein (*Le cuirassé Potemkine*) ; et de charmantes mariées en un blanc éblouissant.

Avant le départ, nous avions pris nos précautions quant à la composition de notre table : nous voisinions avec des Niçois et des Grecs, membres des Amitiés Franco-Grecques. Ce qui nous conduira à assister, plus tard, à Nice, à un office religieux orthodoxe, une véritable splendeur : les vieux curés postconciliaires peuvent aller se rhabiller, au propre et au figuré.

Croisière n°3 : le Crown Princess

L'Alaska !... Avec un paquebot géant de la "Princess Cruises", 2 000 passagers ! Certainement la plus somptueuse de nos croisières.

Le 13 août 1997, nous prenons à Seattle (État de Washington) un avion pour Fairbanks, au cœur de l'Alaska. Et comme cette année-ci est celle du centenaire de la "Gold Rush", on nous fait visiter les sites miniers, et même procéder à de très consciencieuses batées, à la façon des prospecteurs de *La Ruée vers l'Or* de Charlie Chaplin. Voilà qui me reporte 50 ans en arrière, quand j'évaluais les gisements du Kivu. Nous conserverons précieusement les quelques milligrammes d'or à grand-peine arrachés aux flots.

Grand trek dans le magnifique parc naturel du Denali, en car sur une route en corniche, étroite, dangereuse. Le conducteur raconte : à l'entrée du paradis, saint Pierre filtre les arrivants. L'un déclare : "Je suis rabbin - Et alors ? - Par mes prières, j'ai sauvé des dizaines d'âmes. - Bon, mais il vous faudra attendre un peu ! Au suivant ! - Je suis curé. - Et alors ? - Mes messes ont sauvé des centaines de vies. - Parfait, mais attendez avec les autres ! Au suivant !" Vient un jeune homme timide : "J'étais conducteur de car dans le Denali." Alors, saint Pierre, empressé : "Entrez, entrez tout de suite !"

De Denali, traversée de l'Alaska en train touristique, et embarquement à Seward. Cabines ultra-modernes, avec de larges hublots rectangulaires. Voici bientôt Glacier Bay, un fjord où des glaciers viennent terminer leur carrière, dans le fracas étourdissant d'une muraille blanche qui s'effondre par pans entiers. Le glacier accouche, dit-on, ou encore, il vêle (he is calving).

Escale à Skagway et montée en car vers le Yukon. C'était l'une des deux pistes suivies par les chercheurs d'or, l'autre étant la fameuse Chilkoot Pass, ce gigantesque escalier de glace illustré par le film de Charlie Chaplin. Aujourd'hui, la piste du Yukon est une route sans problème, et au bout de la montée, on nous montre les canots que devaient construire eux-mêmes les chercheurs d'or pour atteindre les mirages du Klondike. Le Yukon est un territoire canadien, ce dont nous avertit un panneau : maintenant, on compte en kilomètres, et non plus en miles. Et devant la grande inscription "Welcome in Yukon" nous prenons la photo de famille, une photo avec notre chauffeur, une jeune femme vive, efficace, précise, toujours gaie, et bavarde en diable : une véritable Américaine, quoi !

Visite de Juneau, la capitale. Puis un coup d'œil aux baleines qui semblent s'amuser autour du bateau. Et aux orques qui nous ignorent. Vues superbes. Et voici Ketchikan, pays des totems ; remarquables dans les musées, ils sont exécrables dans les boutiques. Tant pis, notre jardin s'en passera.

Et enfin Vancouver, la métropole de l'Ouest canadien. Elle subit un tel afflux d'Asiatiques venant de Hong Kong, que bientôt, nous dit-on, on ne parlera plus de "quartier chinois" mais bien de "quartier européen".

Et ainsi se clôtura mon troisième voyage au Canada et le neuvième aux USA.

Croisières immobiles

Pardon, j'oubliais un dixième et un onzième séjour en territoire américain : en rade de Cannes, tout bonnement, à bord du croiseur "Thomas S. Gates" et du porte-avions "John F. Kennedy". Deux croisières immobiles, si l'on veut. Visites détaillées, agréables contacts avec les officiers, toujours très distingués.

Avant ou après chaque visite, l'association France-USA organise un dîner où sont invités ces very distinguished officers. Comme leur veste se cache derrière des flots de décorations, on nous demande d'arborer les nôtres. Bravo, j'accroche la brochette de mes sept médailles sur mon smocking, lequel ne demande qu'une chose, sortir et encore sortir... Mais le pauvre, hélas, n'en a guère l'occasion en cette Côte d'Azur où l'on ne s'habille plus comme jadis...

O comme OTAN

Voulant une fois de plus faire jouer "l'exception française", Charles de Gaulle proclame, en février 1966, que la France reprend sa liberté pour les forces armées, et qu'ainsi l'OTAN, jusqu'alors hébergée à Fontainebleau et à Roquencourt, est priée d'aller se faire voir ailleurs.

La Belgique saute sur l'occasion, et la décision est prise dans l'année même : l'OTAN aura ses bureaux à Zaventem, près de l'aéroport de Bruxelles, tandis que le SHAPE, l'état-major Centre-Europe, s'installera au nord de Mons, ma future ville universitaire.

Surprise, la première personne que je croise en me rendant un jour aux bureaux de Zaventem, c'est un colonel français en grand uniforme ! Depuis lors, combien de fois n'aurai-je pas répété : non, et contrairement à ce que tout le monde raconte, la France n'a pas quitté l'OTAN, mais seulement le commandement intégré.

Dès l'été 1983, je deviens un fidèle de ces bureaux de Zaventem. J'étais membre de *l'Association Atlantique Belge* (AAB), elle-même membre de l'ATA, *l'Association du Traité Atlantique.* Accompagné d'une fidèle militante, ma jeune amie Donatella, j'allais prendre contact avec les services d'information; nous y préparions des émissions radio, nous rédigions des documents de propagande puis organisions de petits colloques. Mais en 84, un changement de cadre à l'OTAN allait mettre fin à ces prestations bénévoles.

Il me restait les activités de l'AAB et les grands congrès de l'ATA, lesquels se tenaient chaque année dans l'un ou l'autre des pays de l'OTAN. C'est ainsi qu'en 83 je me trouve à Rome où notre groupe est reçu par Jean-Paul II en audience privée. Un petit speech en français, et le pape descend de l'estrade pour venir serrer des mains… dont la mienne, ce dont témoigne une superbe photo recueillie par Donatella. C'était le second pape que je voyais sur place, mais celui-ci m'a fait beaucoup moins d'impression que Jean XXIII, et ce pour une raison toute simple : Jean-Paul II est tellement médiatisé !

L'ATA promène ses congrès au Canada, en Allemagne, aux USA, etc, mais moi je ne la retrouve qu'à Istanbul en 88. J'en profite pour deux choses : 1°) compléter le grand et magnifique tour de Turquie, entrepris la même année avec le Club Med ; cette fois Jacqueline et moi aurons la joie de nous promener à Hattousa, chez les Hittites ; 2°) avoir audience chez des VIP pour lesquels l'ambassade nous avait fait obtenir les introductions voulues :

Chez J. Kahmi, richissime homme d'affaires juif, où nous croisons la Télévision flamande. Et le soir dîner avec le gratin juif de la capitale. Chez des érudits ensuite, où l'on nous dévoile les dessous de l'affaire “Lawrence d'Arabie”, l'un des nombreux faux archéologues que l'Angleterre avait envoyés dans l'empire ottoman. Et où l'on nous donne, preuves et chiffres à l'appui, une version très vraisemblable de l'affaire arménienne de 1915.

Et enfin aux Affaires Étrangères, où j'étonne beaucoup un jeune diplomate en lui révélant que vers 1960 Ben Gourion avait concocté un pacte secret de défense avec l'Iran, l'Éthiopie, - et la Turquie ! Aujourd'hui (1998) l'alliance israélo-turque est l'un des piliers de la politique militaire au Proche-Orient : la Syrie y est prise en étau tandis que les chars israéliens s'entraînent dans les plaines d'Anatolie. Ben Gourion était un réel visionnaire.

Paris, novembre 1990. Nous sommes reçus partout en grande pompe… par des sous-fifres, ce qui n'avait été nulle part le cas. Toujours l'exception française…

Plus modestes, les activités de l'Association belge m'auront entraîné deux fois à Berlin-Est, avec un groupe de jeunes auxquels nous voulions montrer les beautés du marxisme-léninisme. Les

Allemands de l'Est avaient réussi à cumuler les défauts des Prussiens de jadis avec ceux des communistes d'aujourd'hui. Ce n'était pas drôle, mais là pas du tout. Et même triste à en pleurer.

Une autre fois, la section flamande de l'AAB m'amène à Mu nich : réception dans les grands centres de la propagande radiodiffusée en direction de l'Est, puis visite de la base américaine d'Augsburg. L'artilleur que j'étais jadis n'est plus ici qu'un homme du Néanderthal : tout est électronique, tout doit aller vite, très vite, sinon la batterie est immédiatement repérée et détruite. Déjeuner avec les officiers et je me comporte en bon Américain : des verres de lait avec le hamburger et les baked potatoes.

En décembre 83, je découvre les délices du TGV, l'AAB m'ayant envoyé en délégation à Besançon chez son homologue française. On m'interroge principalement sur la présence française à l'OTAN. “Mes amis, il y a là des Français partout, civils et militaires”. Les généraux français participent à toutes les discussions, mais quand vient le moment des décisions, le président leur déclare poliment : “Sortez les premiers, Messieurs les Français”. Mes auditeurs semblent consternés, surtout quand j'ajoute : sans les réseaux radars de l'OTAN, vos forces de Baden-Baden seraient condamnées à l'inaction, tandis que vos missiles du plateau d'Albion seraient aveugles et sourds.

En mai 87 me voilà guide-conférencier sur les champs de bataille de Normandie, doux souvenir de mon équipée avec Pierre et Paul, alors si jeunes (1964). Que ce soit à Gisors, au Mont-Saint-Michel ou à Étretat, je reste pantois devant le manque d'intérêt de la plupart des gens du groupe. Je n'ai qu'une seule auditrice attentive, Isabelle, une jeune militante, fille d'une très vieille famille.

Les années ont succédé aux années, et pour moi aujourd'hui l'OTAN et l'AAB s'enfoncent dans les brumes d'un passé qui fut cependant passionnant. Dois-je donc évoquer Rutebeuf, une fois de plus ?

P comme Paris

- Que Paris est belle !

C'était en novembre 95, et je traversais le pont Alexandre III, venant de l'Air Terminal. Un peu auparavant, j'avais été opéré d'une double cataracte, ce qui m'avait restitué la perception des couleurs, insensiblement perdue au cours des années. Alors, là, dans la douce lumière de ce soleil d'automne, sur ce superbe pont, avec d'un côté la perspective des Invalides et de l'autre celle de l'avenue Churchill avec son Grand et son Petit Palais, je ne pouvais m'empêcher de me répéter : “Que Paris est belle !”

Et pourtant, il y avait alors 25 ans que je venais régulièrement à Paris, devenue ma capitale culturelle, tant pour le scientifique que pour le politique. D'ailleurs, cette fois-ci, mon programme parisien était chargé, comme d'habitude : le lundi après-midi, à l'Assemblée Nationale, un colloque du “Forum du Futur”, présidé par l'ancien ministre Jacques Baumel ; le soir, un séminaire “Philosophie et Mathématique” à l'École Normale Supérieure ; le mardi à midi, déjeuner dans le décor kitch du “Grand Café Capucines” avec mon petit-fils Bernard, guide-conférencier travaillant pour l'agence Clio, bien connue ; l'après-midi, visite à la Fondation Le Corbusier, dans le Seizième (je préparais alors une conférence sur le Nombre d'Or) ; à 18 heures, à nouveau à l'Assemblée Nationale où Jean-Claude Trichet, gouverneur de la Banque de France, nous démontra que le pays, dans sa marche vers l'euro, satisfaisait à presque tous les critères de Maastricht.

La lumière étant quand même trop éclatante pour moi, je circulais avec mes grosses lunettes chirurgicales bleues. Et ainsi affublé, à la sortie du Drugstore de l'avenue Franklin Roosevelt, un monsieur très aimable se propose de m'accompagner. Je refuse, arguant que mon hôtel ne se trouvait qu'à deux pas, rue de La Boétie. En vérité, je me disais qu'à Paris, quand un monsieur accoste un autre monsieur, on ne sait jamais... Jadis, c'était les dames (certaines dames...) qui vous abordaient aux Champs-Élysées. Aujourd'hui, autres temps, autres mœurs.

Ah pardon, pardon, j'oubliais Clémentine, une dame qui, effectivement, m'a abordé un jour de printemps 1988.

Je remontais les Champs et je vois venir vers moi une jeune fille, ni jolie, ni élégante, ni bien coiffée, portant des livres sous le bras. “Pardon, Monsieur, j'ai l'impression que je vous ai déjà rencontré. Je suis étudiante, et vous, n'êtes-vous pas professeur? - Euh oui, Mademoiselle, mais je ne vois pas. L'Université de Nanterre? La Fac de Droit? Je suis sûre de vous connaître. Mon nom est Clémentine.- Mademoiselle, je ne me souviens pas de vous, mais discutons-en et asseyons-nous ici.” (Nous étions devant la terrasse du George-V).

Suit un bavardage rapidement devenu sans objet. Mais voilà qu'elle me dit, tout à trac : “Soyez gentil, je voudrais acheter une petite jupe à 139 F. Pourriez-vous m'aider? - Mais, mademoiselle, pourquoi donc vous offrirais-je une petite jupe??” Puis, par acquit de conscience, et bien que cette laide personne fût le prototype même de la non-pute : “Et si quelqu'un vous l'offrait, cette jupe, que lui offririez-vous? - Mais rien, Monsieur, rien du tout. Je suis vierge!” Alors moi, excédé : “Et moi, Mademoiselle, je suis Taureau”. Là-dessus, Clémentine se drape dans sa dignité, se lève sans un mot et disparaît dans la foule, me laissant en tête-à-tête avec les consommations.

Eh bien, j'aurai à nouveau croisé Clémentine trois ou quatre fois, au moins; et toujours par hasard. On aurait dit que cette fille mal fagotée passait sa vie à déambuler sur les Grands Boulevards et sur les Champs-Élysées. On se saluait gentiment, elle me parlait de ses études de droit international; on prenait un verre, - ou on n'en prenait pas, - et une fois elle m'a demandé 350 F pour je ne sais quelle revue de luxe. J'ai dit n'avoir pas d'argent liquide, et elle a continué son errance.

Je devais la rencontrer une dernière fois à Paris. C'était en 1991, devant l'Opéra, et j'étais accompagné par Jacqueline, ma femme.

On s'arrête, on se regarde, elle demande : “On se connaît? - Mais bien sûr! Jacqueline, je te présente Clémentine, dont je t'ai déjà parlé (j'avais raconté l'histoire à tout le monde). Clémentine, voici ma femme.” Tête de la fille, que j'entraîne vers le terre-plein de l'Opéra, car nous bavardions en pleine circulation! Alors, Jacqueline, à la fois aimable et ironique : “Au revoir et bonne chance, mademoiselle!”

Croyez-le ou non, mais après cela, j'ai encore revu Clémentine, engoncée dans un tailleur impossible : à Cannes, lors du Festival de mai 1993! Elle avait obtenu son diplôme et se préparait à une carrière internationale, disait-elle. Je lui ai souhaité “Bonne chasse”. Et ce fut tout... Que voilà une histoire certes ahurissante, et qui me laissera toujours quelque peu perplexe!

Pendant plus de 20 ans, j'aurai été un fidèle du “Séminaire de Philosophie et Mathématique” fondé en 1972 par un groupe de professeurs de l'ENS; Maurice Loi allait en rester la cheville ouvrière. J'y ai moi-même parlé quelques fois, à propos de la Logique et de l'Histoire des sciences. Dans ce domaine, j'ai même inauguré un nouveau genre, la conférence universitaire en duo, Jacqueline lisant les citations et moi développant les commentaires. Nous avons réédité plus tard notre petit numéro à Paris-Jussieu puis à la Côte d'Azur.

Le titre en était *Einstein, judaïsme et physique*, et le thème : Einstein fut-il un juif physicien ou un physicien juif? Je penchais pour la seconde hypothèse, à l'encontre de “penseurs” dans le vent pour lesquels la genèse de la Relativité avait été influencée par la religion judaïque de son auteur, ce qui me paraissait dépourvu de tout fondement.

Les séances se tenaient rue d'Ulm, tous les lundis à 20h30, - ce qui était bien pénible en hiver, la colline du Panthéon et la rue Gay-Lussac étant ouvertes à tous les courants d'air. Déboulant la rue Monsieur-le-Prince, toussant et grelottant, j'allais me réchauffer avec un ou deux cognacs, dans un petit bar de la rue des Quatre-Vents, “chez Siska”. Coin typiquement parisien, fréquenté par une bonne clientèle avec qui l'on pouvait bavarder au comptoir : des étudiants, des policiers des R.G., des hommes d'affaires, des artistes, mais très peu de femmes.

La patronne, juive d'origine tunisienne, était une ancienne “clodette”, vous savez, l'une de ces jolies danseuses qui encadraient Claude François et en rythmaient les chansons (“Alexandrie”, “Comme d'habitude”,...). Le portrait de Claude trônait d'ailleurs dans un coin du bar, et il arrivait que j'en parle avec Siska. Depuis lors, on en parle encore et bien plus, de ce cher Claude François, mais là partout, partout : un extraordinaire phénomène de société, pas près de s'éteindre, vingt ans après la mort accidentelle du charmant chanteur de charme.

Au temps de la splendeur des clodettes, Siska était la maîtresse en titre d'un financier belge, marié comme il se doit. Mais la pauvre avait dû renoncer à la danse après une chute grave ; et alors son monsieur lui avait offert ce sympathique petit bar. Elle racontait tout ça sans complexe, en toute simplicité. Et elle disait : “Et ainsi me voilà maintenant dans le monde de la nuit. Un monde dur, très dur, vous ne vous en rendez pas compte, vous autres, les touristes”.

Un soir, dans son bar, de l'inattendu : une séance de strip-tease amateur, ce qui était un peu la mode, paraît-il. Les messieurs ont continué leur bavardage au comptoir et ne se sont même pas retournés pour regarder la fille. Et dans son coin, Claude François ne semblait guère apprécier ce triste amateurisme. Un mois plus tard, Siska m'apprenait que la fille s'était suicidée le lendemain du strip raté. Pourquoi ? Pourquoi se tue-t-on ?

Puis le petit bar a été repris par un “beau jeune homme”, comme on dit. La clientèle ayant complètement changé, je n'y ai plus remis les pieds. D'ailleurs, je me fatiguais de Saint-Germain, qui n'était plus qu'un nom clinquant à usage touristique. En 1948, j'y avais vu la dernière “cave”, rue des Canettes : un simple dancing, mais où planait encore l'ombre de Juliette Gréco.

Et ensuite? La “Brasserie Lipp”? Trop fréquentée par la tribu des Vwar-éh-Estrevus. Le “Café de Flore”? Bien oublié, le Jean-

Paul Sartre du temps de l'existentialisme ! Le “Procope”? Écrasé plutôt que soutenu par un glorieux passé. La “Rhumerie de la Jamaïque”, un moment célèbre grâce à Brigitte Bardot? J'y suis souvent allé, seul ou en famille ou avec des collègues. C'était assez convivial, et je me souviens d'un bavardage avec deux jeunes femmes folles de joie : les socios venaient de gagner les élections de 1981 et François-le-Florentin prenait le pouvoir (pour quatorze ans !). Comme elles me voyaient quelque peu sceptique, elles ont conclu : “Vous ne pouvez pas comprendre”... Ce que m'avait très exactement déclaré une jeune collègue parisienne après mai 68 ! Eh bien soit, je suis trop vieux, je ne comprends plus rien à rien, même pas au socialisme à la française...

J'ai abandonné Saint-Germain, et le soir, après l'ENS, je m'offrais une superbe balade en taxi dans le lumineux Paris nocturne : Saint-Michel, les quais avec leurs monuments illuminés, et le Georges-V, et le Fouquet's. Car je me choisissais un hôtel au haut des Champs, dans l'une de ces petites rues du côté pair (moins cher que le côté impair). Et c'était presque au pied de l'Arc de Triomphe, ce qui me rappelait invariablement une anecdote ayant circulé à Paris au moment où la Place de l'Etoile avait changé de nom :

- À la veille de Noël, le vieux curé monte la crèche traditionnelle. Comme il s'apprête à fixer une figurine au sommet de l'étable, le sacristain s'exclame : “Mais Monsieur le Curé, c'est la place de l'étoile ! - Non, riposte solennellement le curé, c'est la place du Général de Gaulle !”

Le mardi est un mauvais jour à Paris, tous les musées sont fermés. Mais c'était le jour des séminaires de Relativité-Gravitation, d'une part avec André Lichnerowicz au Collège de France, d'autre part avec Marie-Antoinette Tonnelat, à l'Institut Poincaré, rue Pierre-et-Marie-Curie. Et ainsi la même petite bande de spécialistes, Français et Belges, se retrouvaient amicalement. Et non seulement à Paris, mais aussi à Vendôme ou à Tel-Aviv, à Caen ou à Waterloo (Canada), à Bruxelles ou à Varsovie. Que tout cela est loin aujourd'hui : les collègues de la “petite bande” sont vieux ou découragés,-

ou bien morts. Il ne me reste rien de mon Paris scientifique de jadis, pas même mon cher séminaire de l'ENS, mort en 1998.

Et le Gai Paris ? me demandera-t-on. Et le "Queen's", au haut des Champs ? Eh bien, de mon temps, le Queen's n'existait pas. Et maintenant, c'est mon temps qui n'existe pas pour le Queen's. Qu'y ferais-je d'ailleurs, dans une atmosphère qui me rappellerait les bombardements de Hambourg, quand la nuit était déchirée par les faisceaux des projecteurs de la Flak, l'éclatement des torpilles explosives et la fulguration des fusées incendiaires ?

Et le "Lido"? Jacqueline et moi y sommes allés une et une seule fois, à l'époque où, le soir, devant ce Lido, les Champs prenaient l'allure d'un parking pour autocars. Et le "Crazy Horse"? Pas entré, un reportage télévisé m'ayant suffi : la scène finale du fameux spectacle, avec rassemblement général de toutes les filles nues côte à côte, m'avait fait penser à un mur des Halles, là où pendent, bien alignés, les cadavres blancs des vaches récemment dépiautées.

Et Chez Régine, rue de Ponthieu ? Hélas, on m'y a fermé la porte au nez : je n'étais pas parrainé.

Fatigué des Champs, je me suis trouvé un hôtel aux portes du Marais, à mi-chemin entre le Centre Pompidou, que je déteste, et la Place des Vosges, que j'adore. Quittant un séminaire du Collège de France et allant vers mon hôtel, il m'arrivait d'entrer dans l'église Saint-Nicolas-du-Chardonnet, repaire, - selon les cathos de gauche, lecteurs de "La Croix", - d'affreux intégristes inféodés à Le Pen sinon à feu Adolf. Mais non, mais non. Nous sommes là chez des traditionalistes, et non chez des intégristes. Un paisible recueillement, une messe en latin, un officiant en chasuble, un vicaire en soutane noire.

Ledit vicaire était un très jeune homme, ce qui est rare dans l'Église post-conciliaire. Il m'a invité à un séminaire du Collège Saint-Pie-X, - tout un programme, ce nom ! - rue du Cherche-Midi, là où l'on crut bon de planter une barbare statue métallique, due au sculpteur César. Dans le Collège, j'ai revécu des pans de ma jeunesse : atmosphère à la fois gaie et pieuse, dogmatisme un peu simplet, érudition sans faille. Le jeune homme en noir a parlé du New Age, sans passion mais sans complaisance, et j'ai emporté l'enregistrement de son texte, en vue de mes émissions sur radios libres.

Quant à mon "Paris politique", il se résume en une cascade de sigles dont je parlerai à la lettre "S". Mais mon assiduité à ces "cercles de pensée" m'aura valu une poignée de main de Giscard dans les couloirs de l'Assemblée Nationale, un froid sourire de Chirac dans la grande salle de l'Hôtel de Ville, une réception dans les ors du Quai d'Orsay, un déjeuner sur la Tour Eiffel, un dîner au Palais du Luxembourg (Sénat !), une bagarre au Palais des Congrès, et je ne sais plus combien de soirées et de nuitées dans les grands caravansérails de Paris, le Ritz, le Méridien, le Hilton, le Nikko, le Lutétia,...

Et les petites femmes de Paris, les petites amies ? demanderont les curieux. Eh bien il n'y a pas eu de petites mais de grandes amies, des amies de notre ménage. Nous les avions presque toutes connues à Bruxelles ou autre part, à l'occasion de l'une ou l'autre de nos activités parallèles. Il y eut ainsi Cindy l'Américaine, Colette l'Israélienne, Elsa la Sud-Africaine, Annibel l'Italienne, Donatienne la Française, Lamia la Libanaise, ...

Ici, je semble reprendre un air connu des *Cloches de Corneville*, lorsque l'intrépide marin chante "Italiennes, Algériennes, Circassiennes, de chacune j'étais épris, mais ma mémoire ne les voit plus". À ceci près que je n'étais nullement épris, me contentant d'une solide amitié et de dîners dans le Paris nocturne. Ma mémoire les voit encore très bien, toutes, mais la leur, à ces grandes amies, leur mémoire a subi des défaillances : toutes, les unes après les autres, toutes ont brusquement cessé de donner signe de vie, sans raison. Pas même une carte de vœux ! Disparues dans les *Nouveaux Mystères de Paris* chers à Nestor Burma ? Je ne sais, ô Rutebeuf, je ne sais :

"Que sont mes amies devenues ?...
Ce sont amies que vent emporte
Et il ventait devant ma porte."

Les vents de Paris seraient-ils fatals aux amitiés féminines ?...

Q comme Québec

Le hasard des rencontres scientifiques aura fait que je visite deux fois Montréal, métropole du Québec et deuxième ville francophone du monde. D'abord en 69, après mon congrès sur les fluides relativistes à Pittsburgh. Ensuite en 77, après le “GR-8”, le 8e Congrès international de Relativité et de Gravitation, lequel se tenait à Waterloo (Ontario), petite ville mais grande université, entre les lacs Huron, Erié, Ontario. Et près de Paris (Ontario). Ma femme m'accompagnait, et nous étions arrivés en voiture américaine, via Buffalo et les chutes du Niagara.

C'est là que j'ai rencontré deux physiciens destinés à devenir les plus médiatisés de la profession : Hubert Reeves, en simple débardeur, mais avec une jolie assistante, et Stephen Hawking, effondré dans sa chaise roulante, mais participant activement aux discussions.

Un soir, ma femme et moi allons dans un restaurant accompagnés de mes deux amis Philippe : Spindel, mon assistant et de Gottal un jeune collègue. Après le repas, nous bavardons avec l'hôtelier, disant que nous connaissons bien Waterloo en Belgique. Et voilà notre Canadien qui s'exclame, très étonné : “Oh, you also have a Waterloo in Belgium !”. Nous avons dû sortir en vitesse pour rire à notre aise.

Après le GR-8, Jacqueline et moi entreprenons un grand tour de la moitié est du Canada, en commençant par le Niagara, bien plus beau sur la rive canadienne que de l'autre côté. Un souterrain nous conduit sous les chutes, mais avant d'y arriver on nous coiffe d'un suroît et on nous enfouit dans un énorme imperméable bleu. Surprise, nous reconnaissons à côté de nous, dans le même accoutrement, des amis de Bruxelles.

Notre tour se révèle un peu décevant, car vingt fois nous lisons, dans notre Guide Bleu, “marina-fishing-boating”, ce qui ne nous intéresse en rien. Jusqu'à ce qu'une bonne âme nous renseigne Killarney. Un coin délicieux, au bord du lac Huron, sur lequel on nous promène d'île en île, de ces îles dont le sol rocheux appartient au "bouclier canadien", comme disent les géologues. C'est là que Jacqueline connaîtra la grande peur de sa vie : elle tombe curieusement la face en avant et ses dents heurtent le fameux "bouclier". Pas de casse, Dieu merci !

À Killarney, on nous raconte que pour se rendre à l'école les enfants font chaque jour 200 km aller-retour. Voilà qui me fait songer à Bruxelles où, pour éviter à leurs chers petits quelques minutes d'autocar, les Flamands (une minorité, 15 % de la population) ont exigé la création d'une multitude d'écoles dont certaines sont de véritables paradis pédagogiques à cause de leurs effectifs squelettiques !

Le Canada, d'ailleurs, a résolu ses problèmes de langue beaucoup plus élégamment que la Belgique : partout le bilinguisme, tout au moins par écrit ! Mais les Wallons auraient-ils supporté qu'à la poste tout "Avis" soit suivi d'un "Bericht"? Maintenant, il n'y a même plus de bilinguisme dans certains hôtels ardennais : tout le personnel est flamand et ne parle que flamand, du balayeur à la réceptionniste !

Au Canada, nous continuons à jouer aux touristes conscients et organisés : des forêts et encore des forêts, une usine à papier que nous visitons en casque, comme des ingénieurs. Une centrale nucléaire où la guide nous dit : "Vous marchez sur le réacteur, il est là, sous vos pieds". Je pense qu'à ce moment-ci les visiteurs écologistes tournent de l'œil !

Au lac Saint-Jean, nous nous arrêtons à Sainte-Rose-de-Lima,- que j'appelle bientôt Sainte-Rose-des-Vents, - pour loger chez l'habitant. La famille étant partie à un mariage, nous restons seuls avec une petite jeune fille de 14 ans, laquelle nous fait un cours sur l'indépendance du Québec : "Avoir un petit pays pour nous tout seuls, un pays où l'on ne parlera que français." Et tout à coup, elle s'étonne : "Mais vous avez un drôle d'accint, vous autres !" Eh oui, l'accent, c'est toujours chez l'autre.

Et revoici Montréal, énorme, gigantesque. Et si glaciale en hiver, nous dit-on, qu'on en a transporté une bonne moitié dans une vaste cité souterraine, Ville-Marie, 30 kilomètres de rues, des hôtels et deux lignes de métro.

Nous lui avons cependant préféré Québec, capitale de l'État de même nom et berceau de la civilisation française en Amérique. Cette bonne vieille Québec, dont la ville haute domine le Saint-Laurent, avec sa citadelle, son château Frontenac, sa terrasse bardée de canons. Gentille Québec, avec sa ville basse, ses vieux édifices, ses modernes constructions. Agréable Québec, où il est agréable de se promener (en été !) et où il arrive qu'on entende chanter, le soir, "Alouette".

Des Canadiens, que l'on dit si bons catholiques, nous ont conté une histoire drôle, si drôle qu'elle n'en est pas choquante :

Du haut de la chaire de vérité, le curé essaie d'émouvoir la foule : "Voyez ce que les soldats romains ont fait à Jésus : ils lui ont percé le flanc ! Et les mains ! Et les pieds ! - Et les pieds !" Alors, spontanément, les fidèles continuent en chantant :

"Et la tête ! - Et la tête !
Alouette, gentille alouette,
Alouette, je te plumerai.
Je te plumerai les ailes (bis) ..."

R comme Radios libres

Tout a commencé en janvier 1980. Il y avait alors dix ans que je m'occupais d'Israël, de mon mieux, par des articles, des conférences, du lobbying. Car depuis 67-68, depuis "l'Après-Guerre-des-Six-Jours", je voyais l'image d'Israël se dégrader insensiblement, sous l'influence de certains médias et de certains milieux plus ou moins gauchisants. Trop persuadé de la justesse de sa cause, Israël réagissait assez mal, et certains groupements juifs ne brillaient pas par leur ardeur défensive.

Or, en ces années 79-80, tout le monde parlait de radios libres, et celles-ci se multipliaient tellement qu'on sentait que cela ne pourrait durer, que les gouvernements finiraient par donner de solides coups de frein. Il fallait agir vite si l'on voulait avoir sa petite radio à soi.

Le 28 janvier, un lundi, je suis allé trouver un ami juif très actif, Me Henri Benkowski, lui disant : “Pourquoi ne créeriez-vous pas une radio juive?” Le lendemain même, Henri Benkowski lançait l'idée au Cercle Ben Gourion, et six semaines plus tard, *Radio Judaïca* voyait le jour.

Et elle a tenu le coup pendant bientôt deux décennies. Alors que tant et tant de ses sœurs sont mortes ou tombées aux mains de grands médias.

En 80-82, étant toujours en activité, je n'ai participé qu'à l'une ou l'autre rare émission. Puis, l'éméritat étant venu, je m'y suis mis, activement, lançant mes premières émissions non seulement sur Radio-Judaïca mais simultanément sur d'autres chaînes privées à Bruxelles, à Charleroi, à Liège et surtout à Enghien, dans le Brabant, où “Radio Cité Arenberg” marchait du tonnerre.

À cette époque j'étais devenu membre de l'*Association Atlantique,* autrement dit, des “Amis de l'OTAN”. Lors d'un séminaire de cette organisation, à Bruges, j'avais fait la connaissance de deux jeunes militantes, Sylvie et Donatella. Elles allaient devenir mes adjointes, surtout Donatella, contessa Raugei, laquelle, curieuse coïncidence, habitait à Liège non loin de l'immeuble où ma mère avait failli périr dans un bombardement anglais. Donatella travaillait activement pour une chaîne liégeoise, ce qui m'a aidé à pénétrer le milieu des radios libres.

De par leur origine, mes activités radio ont d'abord porté sur les problèmes de défense, et ma toute première émission, le 5 mai 83, fut consacrée à l'OTAN. Puis j'ai rapidement éprouvé le besoin de diversifier mon programme, aussi bien dans le fond que dans la forme. En même temps, j'adoptais comme partenaire définitive... ma propre épouse Jacqueline. Elle a une diction impeccable, et de l'avis unanime, aucun accent belge.

Notre tandem aura fonctionné sans interruption, ou presque, jusque fin décembre 1991, après que nous eûmes décidé de nous installer en France. Ce dimanche 29 décembre fut donc le jour de ma 200e et dernière émission hebdomadaire, titre “L'Atlantide” Oui, 200, dont 140 sur Radio Judaïca.

Quant aux sujets traités, ils furent des plus divers : la défense de l'Occident, la désinformation, la révolution gorbatchevienne, le terrorisme, la guerre psychologique, le cas Wallenberg, la drogue et les sectes, le pacifisme, la dérive d’Amnesty International, les grands de la science (Evariste Galois, Albert Einstein), les grands mythes (le Graal, Nostradamus,...), etc. Et Israël, bien sûr, et la Turquie, et l'Afrique du Sud.

Et aussi les services secrets, 30 émissions, mais oui ! Plusieurs fois on m'a demandé : “Mais où trouvez-vous donc tous ces renseignements ?” Réponse : “Chez mon libraire, tout simplement”. Eh oui, les services “secrets” ne sont plus ce qu'ils étaient…

Au cours de ces 200 émissions, j'aurai vu défiler devant mon micro, en direct ou en retransmission, quelque 60 personnalités, députés, militaires, médecins, avocats, étudiants, journalistes, cinéastes, politologues,...

Des Belges, certes, tels le général Close et autres militaires ; le sénateur De Decker, et deux journalistes du “Pourquoi Pas ?”, lesquels m'avaient demandé un avant-propos pour leur livre *“La Belgique étranglée”*, consacré au terrorisme en Belgique.

Et des étrangers, évidemment, dont le Cardinal Lustiger, le philosophe Jean-Marie Benoist, la soviétologue Marie Mendras, le député européen Otto de Habsbourg, le préfet Jean Rochet (ex-patron de la DST), le général Coppel, les écrivains Jean Raspail, Michaël Bar Zohar, Pascal Bruckner, Dominique Wolton, Pierre de Villemarest, les ambassadeurs Primor (Israël), Buyulkan (Turquie) et Guirma (Haute-Volta).

Et même Yves Montand, rencontré à Paris en mars 1991, lors d’un déjeuner-débat organisé par des journalistes américains. J’y avais été invité par une grande amie journaliste, Joan Shore, que j'appelais mon "Américaine à Paris". J'ai demandé à Montand ce qu'il pensait de la récente affaire Boudarel, dont parlait alors toute la France.

Communiste français, Georges Boudarel s'était vu chargé par les Viets, en 53-54, de détruire le moral de ses compatriotes prisonniers du Camp 113 au Tonkin (70% de morts). Pour ce faire, il avait déployé un zèle incroyable, torturant moralement les détenus, les transformant en zombies astreints à répéter les slogans les plus extravagants et les plus dégradants.

Démasqué par l'ancien ministre Jean-Jacques Beucler, Boudarel s'est vu assigné en justice, pour crimes contre l'humanité, par l'Association des anciens prisonniers-internés d'Indochine. Après de longues procédures, celle-ci a été déboutée : Selon la juridiction française, paraît-il, on ne peut être reconnu coupable de crime contre l'humanité que si, au moment des faits reprochés, on était au service de l'Axe Rome-Berlin. "Touche pas à mon communisme", dit la sagesse populaire…

Lors de ce déjeuner en 91, Yves Montand, ex-communiste comme on sait, a nettement condamné les actes commis par le personnage et, plus encore peut-être, le fait qu'il n'avait exprimé aucun regret, aucun repentir. Ce fut là, pour moi, l'une de mes interviews les plus mémorables.

S comme Sigles

Je parcours mes agendas 68-88, et je reste abasourdi devant la cascade des sigles qui ont marqué l'une ou l'autre de mes activités parallèles : SIDH, EIS, CNRL, RW, ILCC, IRSD, CDH, GEPE, CERIS, CID, PRL, KIB, FF, ERM, IRRI, IEPS, IGFM, ATA, ENS, IRP, AAB, IED, IIG, IAP, CILUM, CIEPHUM, FDF, ABSA, APEJ. J'en passe certes, et aujourd'hui je ne vois plus guère ce que pouvaient bien signifier la plupart des termes de cette absconse algèbre, - très à la mode de nos jours ! Quelques échantillons ici :

Paix et Sécurité

Dans mes relations actuelles, il ne reste qu'un seul survivant de ce mystérieux défilé de sigles, c'est l'IPES, *l'Institut européen pour la Paix et la Sécurité*. Le grand patron en est Robert Close, le général belge qui avait connu la célébrité lorsqu'en 1977, dans un ouvrage retentissant, il avait montré que malgré l'OTAN, l'Europe se trouverait sans défense devant une attaque-surprise des armées du Pacte de Varsovie. Ayant dû quitter l'armée, victime de très malodorantes manœuvres politiciennes, il était entré lui-même en politique d'où il avait dû se retirer après deux mandats de sénateur, à la suite, encore une fois, de peu reluisantes manœuvres.

Son Institut donne régulièrement des dîners-débats au mess de l'OTAN. Excellent public : chevaliers, comtes et comtesses, généraux et générales, professeurs et industriels, et, en ce qui me concerne, une poignée de vieux amis de toujours. Dommage que l'IPES semble maintenant se cantonner dans l'historique, alors qu'il y aurait tant de sujets d'actualité à y traiter !

J'avais connu à Paris l'EIS (traduction inconnue !), l'homologue française de l'IPES. Je l'ai perdue depuis juin 86 exactement. Ce jour-là, j'avais dû me partager entre le Sénat, où l'EIS tenait son colloque, et l'ancienne École Polytechnique, où se célébrait le jubilé de mon vieux patron et ami André Lichnerowicz. Une fois de plus, je vivais mon activité parisienne habituelle : courir entre la politique internationale et la géométrie différentielle.

Le jubilé s'est clôturé dans le grand restaurant de l'UNESCO, Place de Fontenoy, ce qui me reportait vingt ans en arrière. Retrouvailles avec les anciens de la bande à Lichné, dont Françoise Tison, ma complice de jadis en matière de théorie unitaire d'Einstein. Restée belle femme malgré ses cheveux blancs, elle badine : “N'étiez-vous pas un peu amoureux de moi ?” Pas de réponse : je n'aime pas mentir et je déteste me montrer désagréable. (NB : Cette minuscule anecdote possède la structure d'un problème de logique ; à vous, lecteur, de la découvrir).

Avec les Anticommunistes

Encore un bidule au général Close, mais d'envergure internationale cette fois : la *World Anti-Communist League*, la Ligue anticommuniste mondiale. Après la chute du communisme soviétique, la ligue a survécu grâce à l'appui de Taïwan, où d'ailleurs Close et des gens de son état-major se rendaient assez régulièrement. Je me souviens surtout du Congrès de septembre 89 à Luxembourg; j'avais comme voisine de salle Marie-France Garaud, ex-conseillère de Pompidou et candidate malheureuse aux élections présidentielles françaises de 1988.

Un des piliers de ces congrès était mon ami le député UDF Mesmin, président de France-Israël. En 1998, j'apprends qu'il est l'objet d'une attaque violente de la part d'un groupe de Juifs de gauche : la WACL, disaient ces bons jeunes gens, est un repaire d'anciens nazis. En fait, il ne s'agissait que d'une basse manœuvre menée par un adversaire politique.

Mesmin porte plainte pour diffamation, perd le procès et va en appel. Je contacte Close, et j'apprends que la WACL a en effet eu dans son sein un groupe de Mexicains d'extrême-droite, lesquels ont été éliminés il y a très longtemps déjà. J'écris au Tribunal de Paris, déclarant que je n'ai jamais perçu la moindre trace de nazisme dans la WACL, et mentionnant la présence de Marie-France Garaud à mes côtés au congrès de Luxembourg.

Le général Close est allé témoigner en personne, avec en main différentes lettres, dont l'une du député européen Otto de Habsbourg. Plus tard, il devait me confier que la partie défenderesse s'était comportée de façon absolument ignoble. Celle-ci n'en a pas moins été relaxée, pour une obscure raison de procédure.

Faut-il en conclure qu'en France il n'est pas toujours bon de se proclamer trop ouvertement anticommuniste ?

Le GRECE et la Grèce

Attention, GRECE ne désigne nullement ici la patrie de Platon et de Mélina Mercouri ; ce n'est qu'un sigle : “Groupement pour la renaissance et l’étude de la culture européenne”. L'âme en était le philosophe Alain de Benoist dont le livre *Vu de droite* (1978) m'avait particulièrement séduit par son immense érudition et par sa très grande objectivité. Hélas, je devais progressivement déchanter quant à l'auteur et à son GRECE. Le mouvement s'apparentait à ce qu'on a appelé la “Nouvelle Droite”, laquelle allait pencher de plus en plus vers le Front National.

Jacqueline et moi avons assisté à quelques-uns de leurs colloques, à Paris, à Versailles et même à Bruxelles. Car il y avait une section belge, minuscule certes, mais éditant une bonne feuille, *Renaissance européenne.*

Avec une belle objectivité, les Belges du GRECE m'ouvrirent deux fois leurs colonnes… pour me permettre de réfuter les outrances des deux colloques de Versailles. Dans le second de ceux-ci (mai 1981), intitulé *La cause des peuples*, j'avais été frappé par l'étrange retenue que la Nouvelle Droite manifestait à l'égard de l'URSS ; jamais celle-ci n'est citée parmi les persécuteurs des peuples ! En revanche, on voyait poindre, à chaque tournant, des discours d'un antiaméricanisme bien français, mais si irritant pour un non-Français.

Au Versailles de 1980, la chanson avait été tout autre. Sous le titre *Athènes ou Jérusalem* se préparait une charge furieuse contre l'Église catholique et le Saint-Siège, mais surtout contre le monothéisme judéo-chrétien (oui, judéo-chrétien, le monothéisme musulman n'ayant pas retenu l'attention de ces messieurs).

Le polythéisme, disaient les orateurs, est d'origine indo-européenne et ainsi est-il gentil, bon, humain, tandis que le monothéisme d'origine sémitique est une source de mal, de cruauté, de persécution et de massacres.

Il m'a fallu cinq longues pages pour réfuter tout ça dans la revue belge du GRECE, et il m'est évidemment impossible de me résumer ici. Deux ou trois mots, sans plus :

Argument n°1 : Sous les polythéismes indo-européens se cachent presque toujours des monothéismes qui n'ont rien de sémite ; et je cite ici Aristote, et mieux encore, un document qui m'avait été remis en Inde dans un temple de Vichnou : “Dieu est Un, Omniprésent, Tout-Puissant, Eternel et Créateur de tout l'Univers.”

Argument n°2 : Il y eut des polythéismes sanguinaires : notamment les Thughs, étrangleurs et sectateurs de Kali-Dourga, les Aztèques immolant une victime tous les quarts d'heure.

Argument n°3 : Selon des découvertes récentes, les Hébreux seraient d'origine hittite ! Ainsi leur monothéisme serait bel et bien indo-européen. La belle Nefertiti aurait été hittite et aurait ainsi apporté à son époux Akhénaton un monothéisme hittite, donc indo-européen. Alors, Moïse, hébreux selon la Bible mais égyptien selon Flavius Josèphe et Sigmund Freud, Moïse se serait trouvé à la jonction de deux monothéismes européens !

Ces arguments historiques sont sans doute discutables, mais il n'en reste pas moins qu'en opposant un gentil polythéisme européen à un méchant monothéisme sémitique, on se livre à un antisémitisme aussi larvé que subtil. Rien d'étonnant donc que le 2 décembre 1979, un commando juif ait violemment attaqué un colloque du GRECE qui se tenait au Palais des Congrès, Porte Maillot à Paris. Nous étions là, Jacqueline et moi, et avons été effrayés de voir les traces de sang qui souillaient les murs des corridors du Palais.

Et pourtant, j'en témoigne, il n'y avait pas eu un seul mot d'antisémitisme au cours de ce colloque. Mais les Juifs parisiens ne s'étaient pas trompés : le danger se cachait autre part. De jeunes Juifs belges du Betar ont alors voulu rééditer à Bruxelles le coup de la Porte Maillot. J'ai fait jouer mes influences pour empêcher cette démonstration qui aurait fait plus de tort aux Juifs qu'aux autres.

Démonstration inutile au demeurant, le GRECE belge agonisait et sa dernière réunion à Bruxelles s'est déroulée devant une salle rigoureusement vide !

Jacqueline et moi avons lâché définitivement le GRECE de Paris pour nous tourner vers un autre "cercle de pensée", infiniment plus sérieux et moins radical, - pensions-nous...

Les coups de l'Horloge

Fondé en 1974 par un énarque, Yvan Blot, que nous avons bien connu, Jacqueline et moi, le "Club de l'Horloge" fut d'abord un cercle de jeunes technocrates qui entendaient rendre à la droite ses valeurs et disputer à la gauche son hégémonie intellectuelle.

Blot et deux amis recrutent bientôt Bruno Mégret et élaborent une stratégie politique, - au Club Med, dit-on ! C'est là qu'ils concoctent l'ouvrage fondateur du Club, *Les Racines du Futur*, de Jean-Yves Gallou. Je possède le livre, et je puis témoigner qu'il est totalement étranger à la culture d'extrême-droite, au fascisme, au nazisme (aussi bien néo qu'archéo).

On sait que Bruno Mégret est maintenant le dauphin de Jean-Marie Le Pen, auquel il est largement supérieur à tous points de vue. Mais lorsque, en 1989, j'ai eu l'occasion de passer une soirée avec lui dans une boîte de nuit de Nice, en compagnie de journalistes du Figaro, je n'ai remarqué aucun extrémisme de sa part ; pour moi, c'était un monsieur très bien.

En gros, je garde un excellent souvenir du Club de l'Horloge, où l'on se trouvait vraiment dans un bon milieu. J'aurai participé à ses petits colloques à Paris. Et aussi à Nice (5 fois !), d'où le Club s'est trouvé exclu après la chute de Jacques Médecin, - et ce au moment précis où je venais habiter la région niçoise.

Il y a eu une tentative de fondation d'une branche belge baptisée Le Club du Beffroi. La réunion de fondation, dans un hôtel de Bruxelles en avril 90 fut un bide sans suite. Les fondateurs appartenaient un peu trop visiblement aux mouvements poujadistes, à l'ultra-libéralisme et à des néo-fascismes mal définis.

J'aurai été au Club de l'Horloge pour la dernière fois en octobre 1991, à Nice. J'étais en retard, ayant dû aller témoigner à Huy à propos du divorce de ma fille. Jacqueline est venue m'y rejoindre, et c'est alors que nous avons commencé à prospecter la région en vue d'un établissement définitif. Et cette fois-là, le Club nous a déçus, franchement; de plus en plus il incarnait je ne sais quelle "Nouvelle Droite", jouant copain-copain avec le Front National.

La conférence du président, Henry de Lesquen, descendant d'une vieille famille, avait pour thème : "Israël n'est pas une nation". Aïe, attention! Après l'exposé, j'ai été trouver de Lesquen, qui me connaissait de longue date : "Mon cher, vous avez commis 17 erreurs à propos d'Israël. Je puis vous en donner la liste". Il a refusé, et nous en sommes restés là. Dommage. Vraiment, Jaqueline et moi n'avons pas eu de chance avec nos "cercles de pensée".

T comme Travaux

J'ai connu bien des collègues qui, une fois en place, abandonnent délibérément la recherche. J'avais résolu de ne pas les imiter et de présenter une ou deux publications chaque année. J'ai tenu parole.

À Pittsburgh en 1969 un collègue américain m'avait donné l'idée d'apporter une contribution dans le domaine des fluides thermiques relativistes. Je ponds un manuscrit d'une quinzaine de pages, ignorant que ce modeste travail allait me faire vivre une aventure qui n'est pas rare, dit-on : le rejet radical par le "referee" (censeur) d'une revue américaine et l'acceptation enthousiaste du même manuscrit par une sommité israélienne, le professeur Gal-Or.

Je dis bien le même manuscrit, sans un iota de différence d'avec celui envoyé aux USA. Et mon article a été incorporé avec d'autres, dus à des vedettes connues, dans un fort volume, *Modern Developments in Thermodynamics,* édité à Jérusalem en 1974.

Évidemment, je m'étais écarté des sentiers battus, en accord avec ce chercheur de Pittsburgh avec lequel j'avais eu de longues conversations. Mais je n'avais rien changé au fond même de la théorie des fluides thermiques, me contentant de la réinterpréter à la lumière d'une branche assez nouvelle, la géométrie symplectique.

Le problème des jugements par referee a été analysé dans un article paru en 97 dans “The Economist” (Londres); il s'intitulait “Les revues scientifiques oublient la rigueur scientifique”. Et pourquoi ? Sourde influence des copinages, du chauvinisme, du conservatisme, du conformisme, du dogmatisme ? Et l'article concluait ainsi : Dans sa propre évaluation, la science n'applique pas les méthodes qu'elle prône par ailleurs.

De tels cas d'Inquisition Scientifique ne sont pas exceptionnels, et j'en connaissais un autre dont j'ai déjà parlé dans le présent texte : l'ostracisme prononcé par un groupe d'universitaires liégeois, ingénieurs et autres, contre les mathématiques modernes.

C'est à leur intention que j'ai publié chez Dunod à Paris, en 1970, un petit livre qui s'est très bien vendu : *Initiation aux Mathématiques nouvelles à partir de problèmes techniques*.

Partagé en trois “entretiens”, le livre part de situations vécues dans l'industrie et en dégage progressivement toutes les notions typiques des mathématiques modernes. Mes exemples industriels étaient tous issus de ma courte expérience à la Linière Saint Léonard, juste après la guerre.

Premier entretien : Du seul plan de fabrication dressé par l'ingénieur vont jaillir les ensembles et les relations, les matrices et les vecteurs, les groupes et les demi-groupes.

Second entretien : On bavarde maintenant dans le vieil ascenseur de l'usine, dont le plan des connexions électriques pose des problèmes de logique formelle, de calcul binaire, de composition des ensembles, pas moins !

Troisième entretien : L'ascenseur nous ayant conduit dans les bureaux, nous constatons que la comptabilité d'une journée est une “relation” (au sens mathématique) et que celle d'un mois est une composition de relations, ce qui nous amène à la théorie toute moderne des graphes et des processus de Markoff.

Je ne prétendais nullement demander aux ingénieurs de ne plus raisonner qu'en termes de mathématiques modernes, mais simplement leur faire comprendre qu'il n'y a aucune incompatibilité entre ces mathématiques et leur technique. Pas plus qu'il n'en existe entre la mathématique et la physique, tout le monde le sait.

Tout le monde le sait ? Voire. On m'a parfois demandé si j'étais mathématicien plutôt que physicien, ou inversement. Que répondre sinon qu'en France j'étais considéré comme mathématicien et en Belgique, comme physicien ! Et que je ne changeais pas de casquette en rédigeant un cours ou une publication ! Je n'étais que moi, oui, moi-même, un point c'est tout, et je faisais fi des étiquettes.

Néanmoins, il nous est arrivé, à mon ex-assistant Philippe Spindel et à moi-même, de nous voir accusés d'être trop mathématiciens vis-à-vis de nos étudiants en physique ou en chimie…

En fait, le physico-mathématicien se trouve un peu dans la situation de la chauve-souris du bon La Fontaine :

S'il tombe sur une Belette ennemie des souris physiciennes, il pourra toujours répondre : “Mais je suis mathématicien !”

“Je suis Oiseau, voyez mes ailes :
Vive la gent qui fend les airs !”

Et à une autre Belette, anti-mathématicienne celle-ci : “Ma chère, je suis physicien !”

“Je suis Souris : vivent les Rats !
Jupiter confonde les Chats !”

U comme UNESCO

C'est en 1975 que, d'une manière bien inattendue, j'ai eu à m'occuper à nouveau de l'UNESCO. Trahissant sa mission fondamentale, d'ordre scientifique et culturel, ma vieille amie-ennemie s'était lancée dans la politique et érigée en machine de guerre contre Israël.

L'affaire commence en 1968, lorsque l'Université Hébraïque de Jérusalem procède à de premières fouilles à proximité immédiate et en contrebas de l'esplanade du Temple à Jérusalem. Les résultats sont des plus encourageants : se dégagent, notamment, d'importants restes des civilisations omeyyade, romaine, byzantine, ainsi qu'un monumental escalier hérodien par où les pèlerins montaient au Temple, avec, parmi eux sans doute, un certain Jésus de Nazareth. Ces découvertes et bien d'autres allaient faire l'objet de nombreuses publications scientifiques de haut niveau.

Dès le début, le gouvernement jordanien proteste, arguant que les fouilles portent atteinte à l'intégrité historique de Jérusalem. Les États arabes font chorus et leurs clameurs vont s'amplifiant d'année en année. Et l'Unesco est saisie d'une plainte : les “fouilles juives”, paraît-il, mettent en danger la mosquée El Aqça, perchée sur le coin sud-ouest de l'Esplanade.

L'Unesco envoie une mission scientifique où figure une sommité connue, le professeur Lemaire de Louvain. “La mission, m'a dit un jour Lemaire lui-même, n'a rien trouvé à reprocher à ces fouilles. Mais pour faire plaisir aux Arabes, nous avons fait étançonner ce coin sud-ouest de l'Esplanade, qui n'en avait nul besoin”.

Et c'est alors qu'éclate le premier “scandale Unesco” : dominée par une majorité automatique arabo-communiste, l'Unesco condamne Israël pour “fouilles illégales et dangereuses” (novembre 1974). L'État hébreu sera privé des 20.000 dollars annuels que lui verse l'organisation culturelle.

Puis éclate le “second scandale Unesco” : pour distribuer ses subsides, celle-ci a partagé le monde en “régions idéologiques” selon des principes assez kafkaïens. Comme on n'en voit aucune où Israël pourrait s'incorporer, l'État juif est exclu de facto. C'est le délégué libanais qui aura déclaré, le plus sérieusement du monde : “Israël n'est nulle part parce qu'il n'est de nulle part.”

Chaque fois, la France s'est abstenue, fidèle à sa “politique arabe”. Mais par contre les intellectuels français ont vivement protesté, bientôt suivis par leurs confrères étrangers. Jean-Paul Sartre, Raymond Aron, Simone de Beauvoir, André Malraux, Françoise Giroud, des académiciens, des Prix Nobel, tous déclarent refuser désormais toute collaboration avec l'Unesco.

J'allais me trouver mêlé à toutes ces personnalités, et à bien d'autres encore (Robert Badinter, Abba Eban, ...) au Hilton à Paris le 15 mars 1975. Il s'était créé un important *Comité international pour l'universalité de 1' Unesco* (CIUU) et j'en étais le représentant pour la Belgique. C'était notre première réunion, et elle eut un grand retentissement médiatique.

Mais elle ne connut guère de succès sur le plan pratique. En mai de la même année 1975, le Comité Exécutif de l'Unesco décidait de ne pas inviter Israël aux réunions intéressant l'ensemble des États méditerranéens. Et la petite guerre s'étendit bientôt à d'autres organismes internationaux, tels l'OMS, le BIT, la Conférence de l'Année de la Femme (Mexico, 1975) et celle de l'Habitat (Vancouver, 1976). Pour ne pas être en reste, l'ONU pond sa résolution 3379, immédiatement adoptée par l'Unesco : le sionisme est assimilé à une forme de racisme.

Les protestations fusent de partout, tandis que les CUU se multiplient. Le 2 mai 1976, je suis invité à New-York pour une assemblée plénière du *Committee for UNESCO Integrity.* Par bravade, ce comité s'est réuni dans un immeuble faisant face à la “Maison de Verre” de l'ONU. Au nom de la Belgique, j'ai prononcé un discours ad hoc, vivement applaudi. On a même admiré la qualité de mon anglais (bien sûr, mon texte avait été préparé avec l'aide d'une charmante professeur de chez Berlitz !).

Le 2 octobre, nouvelle réunion au Hilton, nettement plus importante que celle de l'année précédente. Au nom de la Belgique encore une fois, j'y ai pris la parole, entre Abba Eban et un Prix Nobel anglais. Nous étions tous inquiets, car la prochaine réunion générale de l'Unesco devait se tenir à Nairobi en décembre.

Le lendemain, nous avons tenu une réunion plus intime groupant notamment Jacques Derogy ("L'Express"), l'ingénieur-général Darmon ("France-Israël"), le président du Bnai-Brith (loge juive). Celui-ci était invité à Nairobi en tant que représentant d'une ONG, mais empêché, il me proposait de le remplacer là-bas. Comme je ne suis pas juif, je n'ai pas osé accepter. Ce fut un tort, car les Affaires Étrangères, sur lesquelles je comptais, refusèrent de me donner une accréditation au nom de la Belgique, et ce malgré les interventions de haut niveau en ma faveur.

Finalement, Nairobi ne s'est pas trop mal déroulée, pour la bonne raison que les USA avaient menacé de couper les vivres à l'UNESCO ! Loin d'être exclu, Israël est admis dans la "région Europe", en même temps que la république de San Marino. Mais il reste condamné pour crime de fouilles archéologiques.

Les divers CUU resteront vigilants, recueillant des centaines de signatures, mobilisant les médias, alertant les opinions publiques et les gouvernements. Puis les tensions se sont progressivement apaisées. Ayant changé de directeur général, l'Unesco s'est occupée de choses plus importantes que les fouilles en Israël.

Depuis lors, c'est avec leurs propres nationaux que les archéologues israéliens ont des problèmes. Dès qu'ils creusent un trou quelque part, ils voient fondre sur eux, tels de noirs corbeaux, les rabbins des groupes les plus fanatiques : la Halacha interdit de déplacer des ossements humains reposant dans le sol ! Pauvre Israël…

V comme Voyages

Un soir à Cannes je rencontre quelqu'un qui prétendait avoir visité 200 pays. Piqué au vif, je fais mes comptes et, déçu, je n'arrive qu'à 80. Et encore, j'avais arrondi en ajoutant au total de mes 79 pays la “Principato di Seborga”.

Seborga ? Kèk-cèk-ça ? Un canular : le petit village de Seborga en Ligurie, près de Bordighera à la frontière française, s'est auto proclamé principauté indépendante. Le restaurateur est Ministre des Affaires Étrangères, et le reste à l'avenant.

Surfait, même pas farfelu.

Notre retour définitif d'Afrique nous ayant supprimé l'exotisme professionnel, nous décidons de nous trouver des compensations. Nous commençons modestement par la Grande-Bretagne et la (Petite) Bretagne, tandis qu'un GR (Congrès de Gravitation) me fait revoir Copenhague, alors en pleine révolution pornographique (1971) :

En toute gentillesse et sans éclat, les Danois avaient fait sauter les barrières traditionnelles de la pudeur et de la décence, si bien que, dans tous les coins, on vous présentait des spectacles-X (live !!). Rarissimes chez nous à l'époque, ces exhibitions sont devenues tellement banales aujourd'hui que les jolies stars du porno tiennent leur petit festival à Cannes, avec remise du “Hot d'or”, en marge du Grand Festival !

En 72 ; l'inspiration nous vient en entendant La Belle Hélène : “Part pour la Crête, part pour la Crête,” chante-t-on à Ménélas. Et il part, le brave vieux mari. Nous en faisons autant, et nous voici à Elounda Beach, superbe hôtel tout neuf dont les bungalows étaient imbriqués dans les rochers, les pieds dans l'eau. Avec notre Volks de location, nous découvrons en huit jours les extraordinaires sites minoens, et en même temps le nom du génial archéologue Evans, statufié dans le palais de Knossos. C'est à partir de là, peut-être, que s'est trouvé tellement renforcé notre goût inné pour l'archéologie.

En 74, nous commençons à voir les choses en plus grand, et nous voici partis pour le Mexique avec le Club Europe-Vacances que nous venions de découvrir. Son président, Pierre-Michel Cartuyvels, allait devenir un ami et le rester. Dans le groupe, Mme Vanden Boeynants, la femme d'un ministre (surnom VDB) que j'ai pu rencontrer plus tard grâce à elle. Ce qui m'a permis une démarche importante : toujours aussi anti-militaristes, les socialistes belges voulaient fermer la vénérable et prestigieuse École Royale Militaire ; son commandant, le général Paul Dath, un vieil ami, me demande de faire jouer mes relations. Je vais voir VDB, qui est formel : “Je tiens sous le coude le dossier ERM, il n'en bougera pas”. Si bien que l'École est toujours là...

Les Aztèques et les Toltèques, les Olmèques et les Mayas, nous les rencontrons, tous. Et voici la pyramide du Soleil et celle de la Lune, les stades du jeu de balle et les temples, les cités d'Uxmal et de Chitchen Itza, on ne nous passe rien, tant mieux.

Fin de parcours à la Jamaïque, dans le bel hôtel de Montego Bay. Là, nous découvrons (sur disque) Harry Belafonte chantant... en hébreu, mais oui :

“Hinema tov, ouhouma nahaïm...”

“Qu'il fait bon être ensemble”. C'est ce nous pensions, - et pensons encore, - du Club de Pierre-Michel (“Pico” pour les intimes).

Et nous élargissons notre champ d'action : en 75 c'est le grand tour de l'Ouest américain (5 semaines et 9 000 km), et en 76 celui de l'Inde (5 semaines encore, mais bien plus de kilomètres, grâce à une dizaine d'avions !). Jacqueline revoit avec joie la famille indienne qui l'a hébergée pendant 30 mois, - et qu'elle appelle “ma” famille,- et aussi la maison où elle a vécu à New Delhi, “sa” maison ! Ce fut certes l'un de nos plus beaux voyages, et il est bien difficile de le résumer tant nous aurons admiré de splendeurs. Quelques-unes, parmi d'autres :

Forts et mosquées à Delhi et environs, tombeau somptueux à Agra. Du sacré à Bénarès : Gange, escaliers, palais, incinérations. Le monde si pauvre mais si foisonnant de Calcutta. Les temples de Bubaneshvar et de Konarak. La luxuriance des sculptures érotiques et même franchement porno, mais toujours soutenues par une mystique sous-jacente. Les ex-palais des ex-maharadjahs, où par deux fois nous serons les seuls locataires, dans une atmosphère digne de *L'an dernier à Marienbad* !

Puis le Sud, si différent du Nord : Mahaballipuram, Mysore, Bangalore, Bombay, et le fantastique temple monolithique d'Ellora. Repos au Cachemire, où nous croisons le Dalaï Lama ; montée vers Gulmarg, vers le golf le plus élevé du monde. Et finale dans l'atmosphère idyllique des sikarahs (bateaux plats) sur le grand lac Dal, au milieu des lotus.

Deux réveillons à Malte cette année-là, puis à Ténérife l'année suivante. Entre les deux, le Québec et l'Est des États-Unis. En août 78, grand tour de l'Amérique du Sud ! L'Amazone, de l'embouchure à Manaos (prononcez Manaouch) avec traversée de l'immense fleuve, en pirogue, comme des Indiens ! Avion, puis Lima, Cuzco et Machu Picchu, le must des must ! À l'entrée de la ville cependant, une vieille Parisienne s'assied et refuse d'aller plus loin, pestant : “Encore des vieilles pierres !”. Les lamas voisins en sont restés tout babas…

Montée dans l'Altiplano : un carnaval haut en couleurs, un marché idem ; le lac Titicaca, un nom qui fait toujours rire, et la toute mystérieuse Tiahuanaco, dont le portique resté seul, isolé, debout, avec ses curieux hiéroglyphes, fait rêver tous les ésotéristes.

Traversée de Brasilia, ville rationnelle et cependant très belle, contrairement à certaines opinions. Et finale à Rio, en plein hiver (mois d'août) : là-haut le Christ, et en bas, “l'Obao-Obao”, une boîte à sambas avec de bien jolies filles. Et par un heureux hasard, une véritable Macumba, une authentique séance de vaudou avec consultations de mediums et transes quasi-épileptiques.

En 79, ce sera plus modeste, l'Italie en auto, Sicile comprise. Rien à signaler sinon l'Etna, bien calme cette année-là. Mais en 80, nous verrons plus grand : Japon, Chine, Thaïlande

Voyage semi-raté par la faute du chef de groupe, un médecin belge, chinomaniaque exaspérant, et qui s'est révélé incapable de résoudre un petit problème de contacts humains :

Il y avait dans le groupe un jeune couple, en voyage de noces. Diamantaires à Anvers et juifs très pratiquants, ils touchaient à peine à la cuisine chinoise, laquelle, avec ses plats bizarres, contenait certainement du porc absolument indétectable. Jacqueline et moi prenons ces jeunes en sympathie, et nous demandons, dans un restaurant, s'il est possible de recevoir d'autres plats. Aimable réponse : “Mais certainement, nous préparons “toutes” les cuisines ; il suffit de nous demander ce que vous voulez.”

Nous avons alors mangé plusieurs fois à l'européenne et cela a déplu à nos compagnons. Se groupant autour du docteur chinomaniaque, ils nous ont tenus à l'écart, les jeunes et nous, jusqu'au dernier jour. Bonjours grognons, tables séparées. Pas joli joli.

À cela près, ce fut un beau voyage, et même notre premier (et seul) tour du monde : Amsterdam, Anchorage (Alasaka), Tokyo, Pekin, Xi'an, Nanking, Canton, Hong Kong, Bangkok, Delhi, Londres. Voyage devenu tellement banal de nos jours que je ne jouerai pas ici au Guide Bleu. Deux petits faits cependant :

Profitant d'une ouverture dans le régime marxiste, quantité de jeunes Chinois attendaient les touristes à la sortie des hôtels pour leur poser des tas de questions : “May we talk with you?” Jacqueline et moi nous sommes trouvés entourés de cyclistes, lesquels ont fini par nous séparer et nous faire errer en bavardant dans le dédale des ruelles de la Cité Interdite. Ce fut là une expérience absolument passionnante, sentir cette curiosité qui se développait après la vie en vase clos qui avait été imposée à tout un peuple.

Notre guide chinois, un ancien “Garde Rouge”, aimable au possible, s'étonne de nous voir déserter les boutiques de Shanghaï, alors que nos compagnons s'y achetaient force souvenirs. “Cela n'est pas possible pour nous, dit Jacqueline, ces personnes sont dans les affaires, et mon mari est simplement professeur d'université. Et si moi je ne travaillais pas, nous ne pourrions même pas être ici.” Réponse du Chinois, stupéfait : “Mais avec un tel système vous allez paralyser chez vous la recherche scientifique !”

Après, nos voyages se font plus modestes : l'Allemagne, très souvent, et le Portugal, l'Italie, l'Autriche, Israël, la Grèce. Et la France, bien sûr. Plus de nombreux déplacements professionnels pour Jacqueline, mais plus guère pour moi, l'heure de la retraite ayant sonné.

Mais la bougeotte ne nous a pas quittés pour autant : nous voici au Kenya (réveillons 82-83), en Malaisie et en Indonésie (réveillons 83-84), en Afrique du Sud (Réveillons 84-85). Puis un tour en Amérique du Sud, splendidement organisé par les Anciens de mon Université de Liège.

Au Pérou, nous nous offrons le survol de Nazca, dans un minuscule coucou à deux places. En Équateur, une escale (en bateau !) aux Îles Galapagos où nous bavardons un peu avec les pinsons de Darwin. Et au Chili, pour terminer, l'île de Pâques, où les Moaïs géants semblent nous inviter à revenir les distraire de leur solitude.

À Santiago, notre guide chilien, très décontracté, pose la main gauche sur son index droit : “Pinochet, il est un peu méchant, comme ça ; mais vous autres, en Europe, vous en avez fait un grand méchant, comme ça”. Et la main remonte le long du bras jusqu'à l'épaule. Il ajoute : “Mais maintenant, il est temps qu'il s'en aille et que nous retrouvions notre démocratie, la plus vieille du continent”.

1989 fut l'année de nos deux Atlantides, je l'ai raconté au chapitre de l'iconoclastie. En été, dans l'île de Santorini, où l'on nous loge dans une chambre troglodyte, au creux de la falaise. Et en hiver, profitant ici aussi d'une ouverture de régime, nous voici dans le Sahara algérien : victime de la désorganisation communiste, notre hôtel me fait penser au palais d'une Antinéa tombée en faillite : Du téléphone, il ne restait que les fils, et tout était à l'avenant. Pauvre Algérie, ses malheurs étaient encore loin de leur fin…

Après notre installation à la Côte d'Azur, les voyages vont d'abord se limiter à des allers-retours vers la famille en Belgique. Puis nous retombons dans la bougeotte. Avril 94, voici le Liban, quelque peu ruiné, et où les derniers cèdres (du Liban !) sont parqués dans une minuscule réserve. À Tripoli, de petites écolières nous déclarent, en un excellent français : “Comme c'est gentil à vous, les touristes, de revenir ici.”

Ensuite la Syrie, où, hélas, seules les personnes âgées parlent encore français. À Apamée, un guide nous dit, en montrant les ruines : “C'est vous, les Belges, qui en avez emporté les pièces principales !” Exact, elles reposent au musée du Cinquantenaire, ce qui les a probablement sauvées.

Et ici, à Apamée, dans ce prestigieux décor, une petite dame âgée, une Belge celle-ci, nous réédite le coup de la vieille Parisienne de Machu Picchu : “Oh vous savez, moi, les vieilles pierres… J'avais dit à mon agence : envoyez-moi au soleil ! Où vous voulez !”

En 96, nous voici chez les Mayas au Guatemala, puis dans les Rocheuses du Sud, aux USA. En 97, Jacqueline réalise son rêve ultime : le Cambodge. Oh, ce ne fut pas facile, et par trois fois l'agence contactée, à Bruxelles aussi bien qu'à Paris, nous dit : “Voyage annulé, pour cause de troubles là-bas”. Enfin, en février, nous voilà partis par la Birmanie (régime détestable, temples sublimes).

Et là, la poisse : une double bronchite, due à ces insensées climatisations dont raffole l'Asie des touristes. Entre deux avions, Jacqueline doit être transportée en chaise roulante ; et moi, à l'arrivée, je reste un jour au lit, fiévreux. Finalement, nous avons pu tout voir, - tout ou presque ! - ce fut merveilleux.

Peu après, l'Alaska, ses glaciers, ses baleines, ses totems. Et maintenant ? Perplexité. On nous dit : “Il vous reste l'Australie. Allez-y !” Perplexité… Mais une petite voix nous ressasse du Joachim du Bellay :

"Heureux qui, comme Ulysse, a fait un beau voyage...
Et puis est retourné, plein d'usage et raison,
Vivre entre ses parents le reste de son âge."

Pourquoi pas? Notre jardin est si beau, dans le soleil de la Côte d'Azur. Et la famille n'est guère loin...

W comme Wallonie

Les hasards de cette présentation alphabétique m'amènent à clôturer mon chapitre XXXII en parlant de la Wallonie, et par extension, de la Belgique. N'étant ni Jérémie ni Cassandre ni Nostradamus, je me garderai bien de jouer ici au prophète, ni même au chroniqueur sentencieux.

Un écrivain flamand notait récemment que les consciences nationales flamande et wallonne sont si développées et la conscience belge si faible que des deux côtés on fera de moins en moins de concessions. Ce en quoi il se trompe : il y a certes un nationalisme flamand, très actif, mais il n'y a guère de nationalisme wallon.

Le 4 juin 1998, une commission parlementaire a sans doute cru y remédier en adoptant un hymne officiel pour la Wallonie : une traduction française, quasi-littérale, du Chant des Wallons, dont le texte original avait été écrit, il y a quelque cent ans, en dialecte liégeois.

Dans ce "Wallonhymne à la joie (dixit le "Courrier International"), "la mièvrerie le dispute au désuet, la banalité nostalgique au ringard boudiné" (dixit "Le Vif-L'Express"). Qu'on en juge : couplet 1 : "Le monde entier admire ses enfants". Couplet 2 : "La Charité visitant les chaumières s'y prend le soir avec cent précautions". Etc, etc.

C'est le chanteur Julos Beaucarne qui a émis le jugement le plus pertinent quant au triste Wallonhymne : "On ne construit pas l'avenir en regardant dans un rétroviseur."

Pour comble, les Wallons se heurtent à trois ennemis qui les empêchent de développer un nationalisme normal :

1°) Les Wallons eux-mêmes : Liège contre Charleroi, Mons contre Namur, sous-région contre sous-région.

2°) Les Belgicains, dont la "Libre Belgique" a été longtemps le porte-parole : pour sauver l'unité belge, faisons-nous petits, tout petits, devant les revendications des Flamands; quand ils auront obtenu ce qu'ils demandent, ils se tiendront tranquilles. C'est ce qu'on appelle l'esprit de Munich.

3°) Les Flamands, les moins dangereux de ces ennemis, mais oui. Sauf pour ces Wallons qui ont eu le tort de naître dans des régions bruxelloises plus ou moins francophones, mais annexées au "Heilige Vlaamse Grond". Car comme tous les nationalistes, les Serbes entre autres, les Flamands ne peuvent supporter l'existence de minorités : le droit du sol prime le droit du sang.

D'où ces tentatives répétées de purification ethnique contre les communes dites "à facilités", celles où, en territoire flamand ô horreur, des citoyens belges sont constitutionnellement autorisés à rédiger en langue française les actes administratifs. Pour eux, ce sera la valise ou le dictionnaire...

Mais en 1998, les extrémistes flamands n'ont pas eu de chance, pour une fois ! Ils avaient cependant préparé un plan d'action, selon le schéma qu'ils appliquent sans faille depuis plus de 50 ans :

Phase n°1 : Un caucus lance l'idée et mobilise les futurs acteurs.

Phase n°2 : Des extrémistes, amenés depuis le nord du pays, viennent hurler en lançant des œufs à la tête de la présidente de la communauté francophone, venue visiter une bibliothèque d'expression française dans l'une desdites communes à facilités. La dame a dû être protégée par une quarantaine de gendarmes.

Phrase n°3 : Un ministre flamand puis deux y vont de leur petite circulaire exigeant que les "facilités" ne soient désormais accordées que sur demande précise, au cas par cas, et non plus globalement.

Phase n°4 : La Flandre exulte, Bruxelles proteste, la Wallonie s'en fout.

Mais patatras, voilà que le célèbre pédophile Marc Dutroux s'évade du palais de justice de Neufchâteau. Dutroux enlève l'arme d'un de ses gardiens, braque un automobiliste... et se fait reprendre trois heures plus tard par un jeune garde-chasse. Et voilà toute la presse mondiale mobilisée, de Tegucigalpa à Oulan-Bator ! Et voilà le Belge moyen qui se dit que vraiment tout va de mal en pis dans ce f... pays. Du coup, l'affaire des "facilités" est remise au frigo, - jusqu'à des temps meilleurs.

Pas de chance donc, cette fois, pour les Flamingants. Je suis certain que l'un ou l'autre a dû jurer un bon coup : "Godverdomme (Nom de D...), tout ça à cause de ce Dutroux, - un Wallon, évidemment !"

Ai-je romancé ? Je ne crois pas. Les activistes flamands remettront ça puis déploieront une fois de plus une tactique qui leur a cent fois réussi. L'ancien sénateur André Lagasse écrivait à ce sujet :

"J'ai compris que lorsqu'on négocie avec les Flamands, le compromis qu'ils signent un jour est toujours rejeté le lendemain. Et que la prochaine revendication n'est jamais la dernière !"

C'est à peu près ce que j'avais écrit il y a quelques années, de façon plus humoristique, à un ami, sénateur de Bruxelles :

Les Flamands négocient à la manière arabe, très exactement :

"Labès, mon zami, on va nigocier. Toi, ti l'en a huit et moi l'en a deux. On nigocie, mon frère, on nigocie... Fissa, fissa, voilà ci nigocié. Moi ji prends li dix, et fini, fini, mon frère. Ci bon, ci très bon. Allah Akbar ! Allah is groot !..."

Ce qui est certain, c'est que de grignotage en grignotage, un État flamand indépendant se construit sous nos yeux avec une constante détermination. Les séparatistes (20 % de la population flamande !) disent ouvertement aux Wallons : Votre avenir ne nous intéresse en rien ; quand nous aurons notre indépendance, rattachez-vous à la France, si ça vous chante.

Le rattachement de la Wallonie ? Cette idée n'est partagée que par une très faible minorité. Moi-même, en bon Liégeois, j'ai parfois rêvé à ces temps lointains de la Révolution franco-liégeoise, où ma province natale s'appelait "département de l'Ourthe".

Et aujourd'hui ? Une conclusion s'est imposée à beaucoup d'esprits : Un tel rattachement ne marchera probablement pas, car de trop longs passés, trop différents, séparent les deux pays. D'ailleurs si les Flamands en arrivent à casser la Belgique, la Wallonie pourrait très bien se constituer en un petit État aussi viable que la Slovanie par exemple. À condition qu'elle sorte enfin de son archéo-socialisme paralysant. À condition surtout qu'elle s'applique à redresser sa désastreuse situation économique et financière... Et qu'elle cesse de regarder l'avenir dans un rétroviseur, comme nous le disions à l'instant.

Quant à “ma” ville de Liège... Un récent sondage a révélé que 65 % des Liégeois ne croient plus en l'avenir de leur ville, cette ville qu'on appelait jadis “La Cité Ardente”. L'affaire du TGT, du Très Grand Trou de la Place Saint-Lambert, est un singulier révélateur de cet état d'esprit. Que dire d'une cité qui aura accepté de vivre tranquillement, pendant un quart de siècle, autour d'un centre ville totalement saccagé, sans volonté d'en sortir, sans projet précis de reconstruction ?

Et qui entache la rénovation, enfin entreprise, par l'édification de huit hauts piliers à clairevoie, coupant la perspective du superbe palais des princes-évêques. Que sont donc ces bizarres machins ? Les fantômes des piliers de la fameuse cathédrale détruite par les Liégeois eux-mêmes, lors de la Révolution! Mais oui, le rétroviseur, encore une fois!!

L'avenir de Liège dépend des Liégeois, et d'eux seuls. Moi, je ne suis plus de la partie, et je ne puis qu'exprimer de mélancoliques nostalgies. “Liégeois un jour, Liégeois toujours”, écrivais-je en commençant ces notes. C'est ce que la poète Marguerite Dussouroux répète à sa façon :

“Si dji polêve on djou
mète Lidje è m'dreute min
ét Moûse dès long dèl rôye di vèye !...”

“Si je pouvais, un jour mettre Liège dans ma main droite et la Meuse tout au long de la ligne de vie !...”

Et le poème continue : “Je pourrais de la sorte, à mon gré, quand je dois quitter pour longtemps, en fermant le poing sur mon cœur, sans ...

... sins fê les qwanses di rin,
èpwerter Lîdje mi-amoûr à m'dreute min !

... sans en rien montrer, emporter Liège, la ville que j'aime, dans ma main droite.”

<u>XYZ comme point final</u>

* * *

XXXIII - LA NEUVIEME VIE

"Q : Quand mourrons-nous ?
R : L'heure de la mort est incertaine,
souvent elle arrive quand on y pense le moins."
Petit catéchisme du diocèse de Liège, éd.1924

Ma neuvième vie, - la dernière selon les Chats, - a commencé très exactement le 5 mars 1998 à 10 heures 45, quand le facteur m'a remis un pli émanant d'une clinique niçoise où je venais de subir une biopsie. À l'intérieur, un rapport rédigé en termes très très scientifiques, et une conclusion : "Carcinome moyennement différencié de la prostate de grade 3."

Je plonge sur l'excellent "Dictionnaire universel de Poche", et je lis : "Carcinome, variété de cancer".

Alea jacta est… À vrai dire, le médecin avait déjà prévenu ma femme : "Il n'y aura pas d'opération, mais un traitement avec des médicaments modernes. Il n'y aura pas davantage de complication ni de danger réel. Si tous les messieurs atteignaient l'âge de cent ans, tous seraient dans le même cas que votre mari. Et celui-ci a déjà 86 ans…"

Que faire après qu'une pareille nouvelle vous soit tombée sur le crâne ? La réponse m'est donnée par une anecdote que me racontaient les jésuites : le très jeune saint Louis de Gonzague jouait au ballon quand un ami lui demande : "Que ferais-tu si l'on te disait que tu dois mourir dans un quart d'heure ?" Et le (futur) saint de répondre : "Mais je continuerais à jouer au ballon !"

Eh bien, j'ai continué... Notamment continué à rédiger ces notes. Mais voilà, il faut les terminer. Comment ? Eh bien, comme elles ont commencé, par une citation d'Edmond Rostand. À l'acte 5, scène VI, Cyrano, mourant, dicte une épitaphe qui semble me convenir comme un gant, - un gant de plomb, comme le dit le même Cyrano :

"Philosophe, physicien,
Rimeur, bretteur, musicien,
Et voyageur aérien, (...)
Ci-gît Hercule-Savinien
De Cyrano de Bergerac
Qui fut tout, et qui ne fut rien."

Non, je ne vais pas quitter le lecteur sur une note aussi mélancolique. Puisqu'un "préambule" a ouvert ces notes, je les clôturerai par un "postambule", - du latin : ce qui vient après la promenade (ambulacrum) que l'auteur vous a imposée.

Et en une dernière pirouette, je choisirai, comme "postambule", des extraits du "préambule" que Philippe Bouvard place en tête de son excellent *Journal de Bouvard*, éditions du Cherche Midi (1997).

* * *

POSTAMBULE

“On ne devient pas diariste sans vanité ni folie ni nécessité. Vanité d'estimer que son ego intéressera autrui ; folie de penser que ce qu'on a vécu, entendu et observé méritait d'être noté ; nécessité de témoigner de son époque. La démarche du diariste est triple :

1) Regarder, écouter, penser. 2) S'aviser qu'on pense. 3) Retranscrire ce qu'on a pensé. (...)

“Les débuts sont merveilleux. On ne peut se défendre d'un certain vertige quand on s'arroge soudain le droit de tout dire sur tous les sujets. Même bâti à la diable et peu étayé, un journal intime constitue un monument de franchise puisqu'on ose écrire ce que, depuis des décennies, on n'avait pas toujours eu le courage de dire. En se demandant avec angoisse jusqu'où il faudra descendre dans le puits de sa conscience pour pêcher la vérité. (...)

“Historiographe à la petite semaine des fins de mois difficiles, des années noires et des lustres qui n'éclairent plus, moraliste d'une société qui a de moins en moins de morale, on voit autour de soi de plus en plus de violences, de désordres, de magouilles et de faillites. Pour garder le moral il faut s'accrocher aux bons mots qui commentent les plus mauvaises situations, (...), et à ses propres boutades, lorsqu'en période de disette humoristique on s'avise que se piller soi-même constitue le comble de l'honnêteté intellectuelle et du manque d'imagination réunis.

“Certes, l'esprit qu'on emprunte aux autres dispense d'en avoir soi-même, mais taire les traits qui ne sont pas de soi finirait par relever de l'égoïsme et de la jalousie. Enfin, certaines pensées sont dictées par un subconscient dont on espère qu'il aura l'élégance de ne pas réclamer de droit d'auteur.

"J'ai tardivement conscience de n'avoir pas toujours su trier le bon grain de l'ivraie, d'avoir parfois confondu le primordial et l'interstitiel, d'avoir noté ce qui n'était guère notable et de m'être laissé aller à quelques regrettables indiscrétions.

"Ce journal est une somme d'hésitations. (...)"

* * *

La Colle-sur-Loup, Alpes Maritimes
6 Décembre 1996, Fête de Saint Nicolas
14 Juin 1998, Fête des Pères

RÉCEPTIONS…

au Vatican, 1983

39

À Mafeking, 1988, à l'Université du Bophutatswana

40

À Bruxelles, 1980, à l'École Royale Militaire

41

RÉCEPTIONS…

À Paris (Conciergerie), 1983.
Rentrée du Barreau, avec le Bâtonnier et Madame Guy Danet

42

À Lisbonne, 1983.
Réunion de travail chez le Premier Ministre Mario Soarès.

43

VOYAGES…

1996, chez les Mayas.

44

45

1997, chez les Khmers.

VOYAGES...

46 *1986, Île de Pâques*

47 *1954, Inde : Jacqueline et son amie indienne*

48 *1976, Inde : Jacqueline et son mari*

49

1997, Alaska

50

1997, à la barre du porte-avions J.F.Kennedy

51

Entre deux voyages
nous vivions
chez un chat !

52

1998 : Moi et toute ma descendance…
Nous sommes 9… Neuf vies, aussi !

53

Où peut-on être mieux, (bis)
Qu'au sein de sa famille.
Tout est content (bis)
Le cœur, les yeux. (bis)
Vivons, aimons, (bis)
Comme nos bons aïeux. (bis)

André-Modeste GRETRY
Musicien et compositeur.
Liège, 1741
Paris, 1813.

LES CHATS N'ONT-ILS PAS NEUF VIES ?

Quatrième vie

Cinquième vie

Sixième vie

Septième vie

Huitième vie